10가지 핵심이론으로 만나는
지속가능경영과 ESG

김종성 지음

ESG FOR SUSTAINABLE MANAGEMENT

지은이 김종성 lean-startup@naver.com

중앙대학교에서 사회학 박사학위를 취득했으며 한국노동연구원, 한국고용정보원, 대통령직속청년위원회, 한국청년기업가정신재단을 거쳐 2018년부터 국민대학교 경영대학에서 창업학을 가르치고 있다. 한국벤처창업학회 최우수논문상(2019), 한국청년기업가정신재단 이사장상(2021), 국민대학교 개교 76주년 공로상(2022), 한국진로창업경영학회 우수논문상(2024)을 수상했다. 현재 국민대학교에서 기업가정신창업허브 원장, 글로벌창업벤처대학원 부원장, 창업보육센터장, ㈜국민대학교기술지주 이사를 맡아 '창업 교육–보육–투자 파이프라인' 구축에 힘쓰고 있다. 또한 한국진로창업경영학회 부회장, 한국벤처창업학회 상임이사, 윤민창의투자재단 비상임이사로 활동 중이다. 최근에는 벤처기업의 ESG 역량이 수출 진입, 해외 매출 확대, 시장 다변화를 촉진하는 조건과 효과를 검증하는 연구를 수행하고 있다.

10가지 핵심이론으로 만나는 **지속가능경영과 ESG**

초판발행 2025년 11월 5일

지은이 김종성 / **펴낸이** 전태호
펴낸곳 한빛아카데미㈜ / **주소** 서울시 서대문구 연희로2길 62 한빛아카데미㈜ 2층
전화 02-336-7112 / **팩스** 02-336-7199
등록 2013년 1월 14일 제2017-000063호 / **ISBN** 979-11-7340-036-0 93320

총괄 · 책임편집 김은정 / **기획 · 편집** 김정희 / **교정** 박소현
디자인 윤혜원 / **전산편집** 지소영 / **제작** 박성우, 김정우
영업 김호철, 김태진, 김성삼, 이정훈, 임현기, 이성훈, 김주성, 심지연

이 책에 대한 의견이나 오탈자 및 잘못된 내용은 출판사 홈페이지나 아래 이메일로 알려주십시오.
파본은 구매처에서 교환하실 수 있습니다. 책값은 뒤표지에 표시되어 있습니다.
홈페이지 www.hanbit.co.kr / 이메일 question@hanbit.co.kr

10가지 핵심이론으로 만나는

지속가능경영과 ESG

김종성 지음

ESG FOR SUSTAINABLE MANAGEMENT

한빛아카데미
Hanbit Academy, Inc.

미리보기

주요 용어와 개념

핵심이 되는 용어와 개념을 한눈에 파악할 수 있게 보여줍니다.

7.1 이해관계자이론의 개념

이해관계자이론Stakeholder Theory은 기업 활동에 영향을 미치거나 영향을 받는 모든 **이해관계자**의 요구와 기대를 기업이 경영 의사결정 과정에 통합해야 한다고 주장하는 이론이다. 이는 주주 이익 극대화에 치중하던 전통적인 경영 방식에서 탈피한 경영 철학으로, 여기서 말하는 이해관계자의 범주에는 주주, 직원, 고객, 공급자, 지역사회, 정부, 환경 등 기업과 직간접적으로 연결된 모든 주체가 포함된다. [그림 7-1]은 기업과 이해관계자의 관계를 그림으로 나타낸 것이다.

개념도

해당 이론을 시각적 자료를 통해 직관적으로 이해할 수 있게 돕습니다.

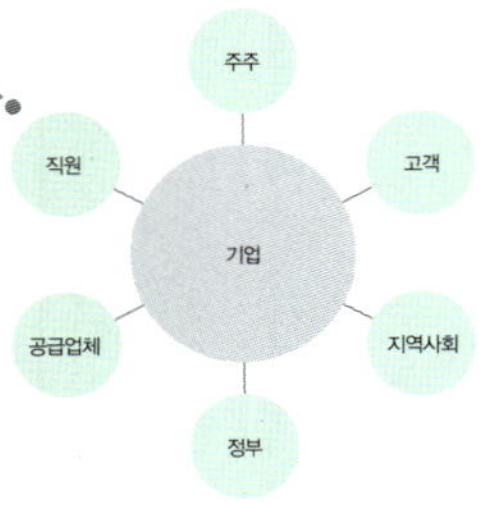

그림 7-1 기업과 이해관계자

이론별 주요 학자

해당 이론과 관련하여 꼭 알아야 할 학자들에 대해 소개합니다.

기업시민이론의 주요 학자

도나 우드

우드는 기업의 사회적 성과 이론을 정립함으로써 기업시민이론의 학문적 토대를 구축한 주요 학자로, 1991년에 발표한 대표 논문 〈기업의 사회적 성과 재조명Corporate Social Performance Revisited〉에서 기업의 CSR이 도덕적·윤리적 의무에 그쳐서는 안 되며 명확한 체계를 통해 성과와 연결되어야 한다고 주장하였다.[15] 우드는 기업의 사회적 요구 대응 방식이 조직 구조 및 경영 전략에 통합되는 과정을 분석하기 위한 다층적 CSP 모델을 제시하였다. 이 모델은 원칙, 과정, 성과라는 3가지 차원으로 구성되며 기업의 CSR 수행을 평가하고 분석할 수 있는 체계적 프레임워크를 제공한다.

우드는 사회정책적 기대, 조직적 책임의식, 기업의 실질적 행동 결과 간 연계를 강조하며 CSR을 개념적 수준에서 실천 가능성과 측정 가능성을 갖춘 이론으로 확장시켰다. 이러한 이론적 접근은 기업시민이론이 전략적이면서 실행을 중심에 두는 프레임워크로 발전하는 계기가 되었다. 그녀의 연구는 기업이 경제적 행위자를 넘어 사회적 책임을

기업 사례

풍부한 기업 사례를 통해 학습한 내용이 현실에 어떻게 나타나는지 보여줍니다.

주석

본문에 소개된 논문 등 전문 자료 정보를 책의 뒷부분 〈주석〉에 제공합니다.

혼합가치이론과 기업 사례 연구 **파타고니아**

파타고니아는 친환경 아웃도어 의류 기업으로, 설립 초기부터 환경 보호와 지속가능성을 핵심 경영 철학으로 삼고 제품 생산에 있어 재생가능한 자원과 재활용 소재를 적극 활용함으로써 환경적 책임을 실현하는 동시에 고품질의 제품을 시장에 제공하고 있다. 예를 들어 재활용 플라스틱병, 폐어망, 폐섬유 등을 원료로 한 섬유를 활용해 의류를 제작하는데, 이와 같은 제품 혁신을 통해 자원 순환과 탄소발자국 감소를 동시에 추구한다. 파타고니아는 2025년까지 전사적으로 탄소 중립을 달성하겠다는 명확한 목표를 수립하고 공급망 단계까지 포괄하여 재생가능에너지 전환, 공정무역 인증Fair Trade Certification 확대, 물 소비 절감 기술 도입 등을 추진하고 있다.

파타고니아의 전략은 환경적 차원뿐만 아니라, 사회적 책임 영역에서도 강력한 실천을 보여 준다. 이 기업은 '지구를 위한 1퍼센트1퍼센트 for the Planet' 캠페인을 통해 연간 수익의 1퍼센트를 환경 보호 단체에 기부하고 있으며 1985년 이후 누적 기부금은 1억 달러 이상에 달한다.[22] 이러한 활동은 실제로 파타고니아에 어떤 영향을 미쳤을까? 단순한 이미지 마케팅에 머무르지 않고 실제로 재무적 성과와 긍정적인 소비자 반응을 불러왔다는 점이 핵심이다. 예를 들어 파타고니아는 공정무역 인증 시스템을 확대하고 지역사회와의 교육 협력, 근로자 복지 강화 등 다양한 방식으로

강의 보조자료를 홈페이지에서 다운로드할 수 있습니다. http://www.hanbit.co.kr/academy

한빛아카데미 홈페이지에서 '교수회원'으로 가입하신 분은 인증 후 교수용 강의 보조자료를 제공받을 수 있습니다. 홈페이지 상단 '교수전용공간' 메뉴를 클릭하세요.

토론 과제

학습한 내용을 비판적으로 검토한 후 학생들이 직접 토론해볼 수 있게 합니다. 2부는 각 장 마지막마다, 1부와 3부는 각 부 마지막에 토론 과제가 제시되어 있습니다.

> **DISCUSSION** 7장 | 토론 과제
>
> **주제 1: 기업은 주주의 이익과 이해관계자의 이익 중 무엇을 우선시해야 하는가**
>
> **배경**
>
> 전통적인 주주이론은 기업의 존재 목적이 주주의 부를 극대화하는 데 있다고 본다. 반면 이해관계자이론은 기업이 고객, 직원, 공급업체, 지역사회 등 다양한 이해관계자의 이익을 균형 있게 고려해야 한다고 주장한다. ESG 경영이 확산되며 이해관계자 중심 경영이 기업의 지속가능성을 높이는 전략으로 주목받고 있으나, 일부에서는 이러한 접근이 기업의 책임 경계와 의사결정 구조를 모호하게 만든다고 우려한다.
>
> **의견 ❶: 기업은 이해관계자의 이익을 우선시해야 한다**
>
> - 기업은 다양한 이해관계자의 이익을 고려함으로써 사회적 신뢰를 확보하고 장기적인 지속가능성과 브랜드 가치를 제고할 수 있다.
> - ESG 경영은 이해관계자 중심 사고를 전제로 하며 이는 기업의 평판 리스크를 낮추고 투자자를 유치하는 데에 긍정적인 영향을 준다.
> - 주주가치 역시 고객 충성도, 직원 만족도, 공급망 안정성 등 이해관계자 관리의 성과를 통해 간접적으로 강화된다.
>
> **의견 ❷: 기업은 주주의 이익을 우선시해야 한다**
>
> - 기업의 법적·제도적 책임은 우선적으로 주주에 있으며 이해관계자의 이익은 부수적인 고려 사항이다.
> - 모든 이해관계자의 이익을 동등하게 고려하면 의사결정이 느려지고 경영 효율성이 저하될 수 있다.
> - 이해관계자 간 이해 충돌 시 우선순위를 정하기 어렵고 경영진의 책임 소재가 불분명해질 수 있다.
>
> **생각의 확장**
>
> 기업의 존재 이유는 시대에 따라, 각자의 입장에 따라 다르게 해석할 수 있다. 위에 제시된 두 가지 의견도 시대에 따라, 각자의 입장에 따라 해석한 결과일 수 있다. 어떤 의견이 타당하고 생각하는가? 두 의견을 조화시킬 방법은 없는가?

생각의 확장

서로 다른 의견에 대해 더 깊이 분석해봄으로써 독자적인 관점을 구축하게 합니다.

> | 7장 연습문제 |
>
> **01.** 프리드먼의 주주 이익 극대화론과 프리먼의 이해관계자이론의 가장 큰 차이점을 설명하시오.
>
> **02.** 이해관계자이론에서 말하는 '균형 있는 관계 관리'의 의미와 그것이 기업 경영에서 중요한 이유를 구체적 사례를 들어 설명하시오.
>
> **03.** 도널드슨과 프레스턴이 제시한 이해관계자이론의 3가지 접근법(기술적·도구적·규범적)을 각각 설명하고 ESG 경영에 어떻게 적용될 수 있는지 논하시오.
>
> **04.** 미첼, 아글, 우드의 이해관계자 중요도 모델(권력·정당성·긴급성)을 활용하여 기업이 특정 이해관계자

연습문제

학습한 내용 중 기본 개념을 점검할 수 있게 돕습니다.

연구

해당 이론의 대표 논문을 심도 있게 분석합니다.

> **12.4 거래비용이론으로 바라본 지속가능경영과 ESG 연구**
>
> 연구 1 **〈선형경제에서 순환경제로: 기업의 생태적 전환에 대한 거래비용 접근법〉***
>
> 현대 기업들은 환경을 보호하고 사회적 책임을 다하는 지속가능경영을 실천하고자 노력하고 있다. 하지만 실제로 이 과정에서 예상치 못한 비용이 발생하거나 협력업체의 비윤리적 행동으로 인해 기업의 신뢰가 무너지는 일이 빈번하게 발생한다. 이 연구는 이러한 문제를 거래비용의 관점에서 설명하며, 특히 기업들이 기존의 선형경제에서 순환경제로 전환하면서 발생하는 새로운 위험 요소에 주목한다.
>
> 이 연구는 특정 기업을 직접 조사한 실증 연구가 아니라 거래비용이론의 관점을 적용하여 기업들이 선형경제에서 순환경제로 전환할 때 직면하는 구조적 위험과 비용 요인을 개념적으로 분석한 것이다. 특히 이러한 전환 과정에서 발생할 수 있는 새로운 위험 요소를 '생태적 기회주의ecological opportunism'

지은이 머리말

21세기 글로벌 경영 환경에서 지속가능경영과 ESG는 기업의 전략적 의사결정과 성과 평가의 핵심 패러다임으로 부상하였다. 이는 경영 트렌드를 초월하여 기업의 장기적 경쟁 우위 확보와 사회적 가치 창출을 동시에 추구하는 통합적 경영 철학으로 정착해 가고 있다. 특히 ESG는 기업의 재무적 성과뿐만 아니라 이해관계자들의 신뢰 확보, 투자자본 유치, 그리고 궁극적으로는 기업의 지속가능성을 좌우하는 핵심 평가 기준으로 작용하고 있다.

이러한 ESG와 지속가능경영의 실질적 구현을 위해서는 실무적으로 접근하기 전에 이론적 기반을 확립할 필요가 있다. 지속가능경영과 ESG는 경영학·경제학·사회학 등 다학제적 이론 체계와 밀접하게 연관되어 있어 이러한 이론적 프레임워크에 대한 체계적 이해 없이는 ESG의 각 구성 요소가 갖는 본질적 의미와 상호 연관성을 파악하기 어렵기 때문이다.

본서는 이러한 문제의식을 바탕으로 ESG와 지속가능경영을 이론적 관점에서 체계적으로 분석하고 실무 적용 방안을 제시하는 것을 목적으로 한다. 특히 2부에서는 지속가능경영과 ESG의 기초가 되는 10개의 핵심이론을 상세히 고찰하며 각 이론의 실무 적용 사례를 통해 이론과 실제 간의 연결고리를 명확히 제시한다.

이론 학습에 깊이를 더하기 위해 주요 논문을 〈연구〉로 소개했으며, 논문을 단순히 번역하는 데에 그치지 않고 구체적인 예시와 저자의 해설을 추가해 학습자의 이해를 돕고자 했다. 따라서 그 내용을 인용하고자 한다면 반드시 원문의 내용을 확인하길 권한다.

또한 본서는 단순한 지식 전달을 넘어 비판적 사고 능력과 분석적 관점 형성을 돕는 교육법을 채택하였다. 주제별로 마지막 부분에 배치된 〈토론 과제〉와 그 안의 '생각의 확장' 코너는 학습자로 하여금 습득한 이론을 보다 심층적으로 분석해 본 후 독자적인 관점을 구축하도록 설계되었다. 이를 통해 학습자는 수동적 지식 수용자가 아닌 능동적 지식 창조자로서의 역량을 배양할 수 있을 것이다.

끝으로 본서가 지속가능경영과 ESG의 이론적 토대를 견고히 구축하고 이론과 실무 간의 유기적 연계를 강화하는 데 기여하기를 기대한다. 더 나아가 ESG를 규제 차원에서만 바라보지 않고 전략적 사고와 혁신적 실행을 가능하게 하는 경영 도구로 인식하는 계기가 되기를 희망한다.

지은이 **김종성**

지속가능경영과 ESG의 10가지 이론적 토대

10가지 핵심이론의 주요 내용

1. 혼합가치이론 Blended Value Theory

경제적 가치와 사회적 가치가 상호 배타적이지 않으며 동시에 창출될 수 있다는 가치 창출 패러다임이다. 이 이론은 ESG 경영의 통합적 접근법에 대한 이론적 정당성을 제공하며 재무적 성과와 사회적 임팩트의 동시 달성이 가능하다는 점을 보여 준다.

2. 공유가치이론 Shared Value Theory

기업이 사회적 니즈와 문제를 해결하는 과정에서 새로운 시장 기회와 경쟁 우위를 창출할 수 있다는 전략적 경영 접근법이다. ESG의 사회 요소과 밀접히 연결된 이론으로, 사회적 가치 창출을 통해 지속가능한 경쟁 우위를 확보할 수 있음을 보여 준다.

3. 이해관계자이론 Stakeholder Theory

기업이 주주 가치 극대화를 넘어 고객·직원·지역사회·공급업체 등 다양한 이해관계자 집단의 권익을 균형 있게 고려해야 한다고 주장하는 이론이다. 이 이론은 ESG의 핵심 전제인 '이해관계자 자본주의'와 직접적으로 연결되며, 책임 있는 지배구조를 통해 지속가능한 가치를 달성하는 데에 토대가 된다.

4. 기업시민이론 Corporate Citizenship Theory

기업이 사회 구성원으로서 법적·윤리적 책임을 이행하고 공동체 발전에 능동적으로 기여해야 한다는 규범적 기업 이론이다. 이는 ESG 전반을 관통하는 핵심 철학으로서, 기업의 사회적 책임 수행과 지속가능한 사회 발전에 대한 이론적 당위성과 실천적 지침을 제공한다.

5. 사회자본이론 Social Capital Theory

조직 내외부의 신뢰, 네트워크, 호혜적 규범이 협력을 촉진하고 집합적 행동의 효율성을 제고한다는 사회학적 이론이다. ESG의 사회 요소가 사회자본의 축적과 활용을 통해 작동한다는 점에서 ESG와 관련이 깊으며, 기업과 지역사회 간 신뢰 기반 파트너십을 통한 지속가능성장을 추구한다.

6. 제도이론 Institutional Theory

조직이 생존과 정당성을 확보하기 위해 사회적 규범, 법적 요구사항, 문화적 기대 등 외부의 제도적 압력에 순응하게 된다는 조직사회학적 관점을 보여주는 이론이다. ESG 공시 의무화, 규제 대응, 사회적 정당성 확보와 같은 기업 활동은 이 이론의 제도적 동형화 개념을 통해 설명할 수 있다.

7. 자원의존이론 Resource Dependence Theory

조직이 외부 환경으로부터 필요한 자원을 획득하고 통제하기 위해 내부화 혹은 외부 조달이라는 전략적 행동을 통해 환경적 불확실성을 관리한다고 주장하는 이론이다. 이 이론의 관점에서 보면 ESG는 지속가능한 자원 확보와 이해관계자와의 협력적 관계 구축을 통해 기업이 외부 의존성을 줄이고 조직적 회복탄력성을 제고하는 전략적 도구로 기능한다.

8. 거래비용이론 Transaction Cost Theory

조직이 시장 거래에 수반되는 탐색·협상·계약·감시 비용을 최소화하는 구조로 진화한다고 보는 이론이다. 이 이론의 관점에서 보면 ESG는 투명성·윤리성·신뢰성을 제고함으로써 이해관계자 간 거래비용을 낮추는 메커니즘으로 작동하며 경제적 효율성과 지속가능성 간의 상호 보완적 관계를 설명해 준다.

9. 사회혁신이론 Social Innovation Theory

기존의 제도적 메커니즘으로 해결되지 않는 복합적인 사회 문제를 창의적이고 지속가능한 방식으로 해결하려는 혁신적 접근법을 다룬다. 이 이론은 ESG 실천이 규제 차원을 넘어 시스템적 변화를 추동하는 혁신적 활동이어야 함을 강조하며 사회적 임팩트 확대의 이론적 근거를 제공한다.

10. 하이브리드조직이론 Hybrid Organization Theory

사회적 목적과 경제적 수익 창출을 동시에 추구하는 조직 형태의 정당성, 운영 메커니즘, 성과 측정 방식을 설명하는 조직 이론이다. ESG 기반 사회적 기업, 임팩트 기업 등의 조직적 정체성과 운영 구조를 이론적으로 뒷받침하며 지속가능성과 수익성의 균형적 추구에 대한 실천적 모델을 제공한다.

목차

PART 02 지속가능경영과 ESG를 바라보는 이론적 프레임

CHAPTER 05 혼합가치이론

CHAPTER 06 공유가치이론

CHAPTER 07 이해관계자이론

목차

목차

PART 03 지속가능경영과 ESG, 그 미래와 전망

PART 01 지속가능경영과 ESG의 필요성

CHAPTER 01

지속가능경영이란 무엇인가

1.1 지속가능성의 개념

전 세계적으로 '**지속가능성**sustainability'이라는 키워드가 상식이 된 지 오래다. 이 개념은 환경 보전의 관점에서 처음 등장했으나 이제는 경제적 발전, 사회적 형평성, 환경 보전이라는 3가지 핵심 요소가 상호 유기적으로 작용하는 하나의 시스템으로 이해되고 있다. 21세기에 들어서면서 지속가능성은 기업·정부·시민사회를 포함한 다양한 **이해관계자**stakeholder가 공유하는 핵심 가치로 확고히 자리매김하게 되었다.

지속가능성이란 '현재와 미래 세대 모두의 복지를 보장하기 위해 환경적 건전성, 사회적 형평성, 경제적 활력을 통합적으로 추구하는 발전 패러다임'으로 정의할 수 있다. 이 개념은 1987년 유엔 세계환경개발위원회(UNWCED)UN World Commission on Environment and Development가 발간한 브룬트란드 보고서 〈우리 공동의 미래Our Common Future〉에서 최초로 체계화되었으며, 해당 보고서에서는 지속가능한 발전sustainable development을 "미래 세대가 그들의 필요를 충족할 수 있는 능력을 저해하지 않으면서 현재 세대의 필요를 충족시키는 발전"이라고 정의했다. 이러한 정의는 현재까지도 지속가능성 담론의 이론적 기반으로 작용하며, '세대 간 정의intergenerational equity'라는 본질적 가치를 내포하고 있다. 특히 주목할 점은 지속가능한 발전이 환경 보전의 영역을 넘어서 경제·사회 시스템의 공정성과 회복탄력성까지 포괄하는 통합적 패러다임으로 확장되었다는 것이다.

이후 **존 엘킹턴**John Elkington이 1997년 '트리플 보텀 라인Triple Bottom Line' 개념을 통해 지속가능성의 삼중 구조를 체계적으로 정립하였다. 그는 기업이 단순히 이윤profit만 추구해서는 안 되고, 사람people을 중요하게 생각하는 사회적 책임과 지구planet를 보호하는 환경적 책임도 실천해야 한다고 주장하였다.[1] 엘킹턴이 중요시한 이윤, 사람, 지구는 3P로 일컬어지기 시작했고, 3P는 기업의 경영 전략 및 성과 평가 체계에 지속가능성을 통합하는 데 있어 중요한 개념적 기초를 제공하였다. [그림 1-1]은 트리플 보텀 라인과 3P, 지속가능성이 어떻게 연결되어 있는지를 보여 준다.

또한 지속가능성은 복잡계 이론complex systems theory 및 생태적 회복탄력성resilience 개념과도 밀접하게 연계된다. 지속가능한 시스템은 본질적으로 단기적 충격이나 외부 환경의 변화에 대응하여 적응하고 회복할 수 있는 내재적 역량을 보유하며, 이는 **ESG**Environmental, Social, and Governance 기반 경영 전략의 핵심 원칙으로 작용한다.[2]

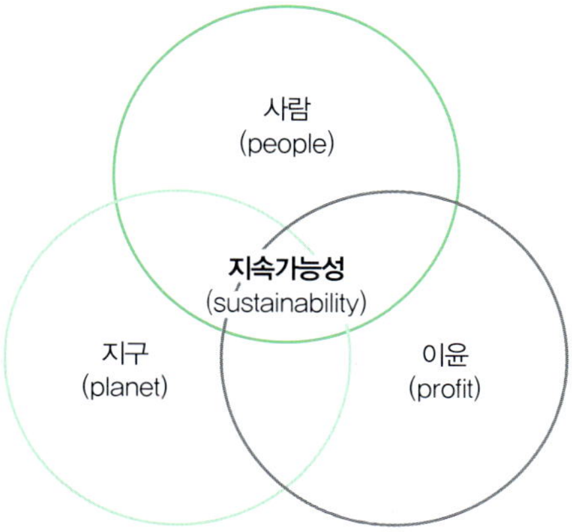

그림 1-1 **트리플 보텀 라인과 3P, 지속가능성의 관계**

이와 같이 현대사회에서 지속가능성은 기업의 전략적 방향성을 설정하는 준거점이자 정부 정책의 판단 기준, 투자자의 의사결정 요인, 소비자의 윤리적 행동을 규정짓는 글로벌 메가트렌드로 확립되었으며 미래 세대를 위한 장기적 가치 창출의 토대로서 그 중요성이 더욱 강조되고 있다.

1.2 지속가능경영의 이론적 체계와 진화 과정

이렇게 지속가능성 패러다임이 확산됨에 따라 기업 경영에 이를 통합하는 **지속가능경영**sustainable management의 이론적·실천적 중요성이 부각되었다. 지속가능경영은 '단기적 수익성만을 추구하는 전통적 경영 패러다임에서 탈피하여, 환경적 책임과 사회적 공정성을 전략적으로 통합하는 체계'로 정의된다. 즉 기업의 의사결정 및 전략 수립 프로세스에서 경제·사회·환경이라는 세 요소의 균형적 통합을 추구함으로써 장기적 가치 창출을 도모하는 경영 철학이라 할 수 있다. 이러한 관점은 기업을 사회적 책임과 생태계 내 지속가능한 발전을 선도할 수 있는 핵심 행위자로 재정립하는 패러다임의 전환을 보여 준다. 특히 기후위기, 생물다양성 감소, 사회적 불평등, 글로벌 공급망의 복잡성 등 다차원적 리스크가 심화되는 21세기 상황은 기업에 재무 성과를 초월한 책임과 전략적 역할을 요구하고 있으며, 지속가능경영은 이러한 요구에 대응하기 위한 이론적·실천적 프레임워크를 제공한다.

지속가능경영의 확산은 기업의 이해관계자 중심적 사고의 확장으로 이어졌다. 과거 주주가치 극대화에만 집중했던 기업들은 근로자, 소비자, 지역사회, 환경, 공급업체 등 다양한 이해관계자들의 기대와 요구까지도 경영의 핵심 변수로 인식하고 있다. 이러한 변화는 에드워드 프리먼Edward Freeman의 이해관계자이론에서 체계적으로 논의된 바 있으며,[3] 지속가능경영은 이 이론을 실현하는 전략적 메커니즘으로 기능한다.

또한 지속가능경영은 전통적인 재무 성과 외에도 환경·사회·지배구조, 즉 ESG 측면의 비재무적 성과를 통합적으로 관리할 것을 요구한다. 이러한 움직임은 글로벌 보고 기준의 제정 및 확산으로 구체화되었으며, 이와 관련하여 국제 표준을 만드는 비영리기구 글로벌 리포팅 이니셔티브(GRI)Global Reporting Initiative, 미국 지속가능성회계기준위원회(SASB)Sustainability Accounting Standards Board, 국제통합보고위원회(IIRC)International Integrated Reporting Council, 기후변화 관련 재무정보 공개 협의체(TCFD) Task Force on Climate-related Financial Disclosure 등이 기업의 지속가능성 보고 및 평가를 위한 체계적 지침을 제공하고 있다. 이는 기업이 투자자, 소비자, 사회와의 신뢰 관계를 형성하고 지속가능한 경쟁 우위를 확보하는 데 핵심적 역할을 수행한다.

지속가능경영은 국제사회 차원에서도 다양한 제도적 메커니즘과 가이드라인을 통해 체계화되고 있다. 유엔의 지속가능개발목표(SDGs)Sustainable Development Goals, 유엔 글로벌 콤팩트UN Global Compact, OECD 다국적 기업 가이드라인, ISO 26000 등이 대표적 사례이다. 이러한 글로벌 프레임워크는 기업의 지속가능경영 실천을 촉진했으며, 특히 2015년 채택된 SDGs는 기업이 달성해야 할 구체적 목표와 지표를 명확히 제시함으로써 실천의 방향성을 체계화했다.

이러한 맥락에서 지속가능경영은 더 이상 선택적 요소가 아닌 필수적 경영 패러다임으로 자리매김하고 있다. 규제 대응이나 기업 이미지 제고의 차원을 넘어 장기적 생존과 성장을 위한 전략적 필수요건으로 인식되고 있는 것이다. 기업이 지속가능성을 경영의 핵심 축으로 설정할 때, 이는 사회적 신뢰 확보, 체계적 리스크 관리, 혁신 역량 강화의 핵심 경로가 된다. 궁극적으로 지속가능경영은 기업이 미래 사회와 공존하며 가치 있는 존재로 존속하기 위한 전략적 필수 조건이라 할 수 있다.

1.3 브룬트란드 보고서와 SDGs의 이론적·실천적 연계성

앞서 언급했듯이 지속가능성이 국제사회의 담론이 된 결정적 계기는 1987년 UNWCED가 발간한 브룬트란드 보고서 〈우리 공동의 미래〉였다. 이 보고서는 환경 보전과 경제 발전을 이분법적인 대립 구도로 보던 기존의 시각에서 탈피하여 양자의 통합 가능성을 제시하였다. 자연자원의 고갈과 생태계 파괴에 대한 경고이자 인간 중심의 경제 성장을 보다 지속가능한 방식으로 재구성해야 한다는 철학적 기반을 확립한 것이다. 이를 통해 지속가능성은 환경 영역에 국한된 담론이 아닌 정치·경제·사회 전반의 제도적 혁신을 요구하는 포괄적 패러다임으로 발전하게 되었다.

브룬트란드 보고서의 철학적 토대는 이후 다양한 국제 협약과 제도적 프레임워크에 반영되었으며, 그 중에서도 가장 체계적인 진전은 2015년 유엔 총회에서 만장일치로 채택된 SDGs였다. SDGs는 2030년까지 인류 공동의 지속가능한 미래를 구현하기 위해 설정된 17개 목표와 169개 세부 지표로 구성되어 있으며 환경 문제뿐만 아니라 빈곤 퇴치, 교육 기회 확대, 보건 증진, 성평등 실현, 양질의 고용 창출, 산업 혁신, 기후변화 대응 등 다차원적인 사회 문제를 포괄적으로 다루고 있다.[4] [그림

1-2]와 [표 1-1]은 SDGs가 어떤 목표들로 구성되어 있는지를 보여 준다.

그림 1-2 유엔의 지속가능개발목표

표 1-1 유엔의 지속가능개발목표 17개의 구체적 내용

1	빈곤 종식	7	적정한 청정 에너지	13	기후변화 대응
2	기아 종식	8	양질의 일자리와 경제 성장	14	해양생태계 보호
3	건강과 웰빙	9	산업, 혁신, 사회기반시설	15	육상생태계 보호
4	양질의 교육	10	불평등 감소	16	평화, 정의, 제도
5	성평등	11	지속가능한 도시와 공동체	17	SDGs를 위한 파트너십
6	깨끗한 물과 위생	12	책임감 있는 소비와 생산		

SDGs는 기존의 개발 지표가 국가 단위의 정부 중심 목표에 한정되었던 한계를 초월하고자 하였으며, 특히 기업의 적극적 참여와 책임을 강조하면서 지속가능경영이라는 중요한 패러다임적 전환을 이끌었다. 예컨대 목표 8은 모든 인류를 위한 지속가능한 경제 성장과 양질의 일자리 창출을, 목표 12는 지속가능한 생산 및 소비 패턴의 확립을, 목표 13은 기후변화와 그 영향에 대한 긴급 대응을 핵심 과제로 설정하고 있다. 이러한 목표들은 기업의 운영 방식, 공급망 구조, 제품 설계, 에너지 활용 패턴 등에 직접적인 영향을 미치며, 기업이 경제적 행위자에 머물지 않고 인류 공동의 목표 달성에 있어 핵심 주체가 되어야 함을 강조한다.

결국 SDGs는 기업이 지속가능경영을 실천하도록 구체적인 목표와 체계적인 방향성을 제공하는 글로벌 공통의 준거 체계라 할 수 있다. 뒤에서 논의하겠지만 ESG 경영이 기업 내부의 전략적 조정 메커니즘에 해당한다면, SDGs는 보다 거시적인 거버넌스 차원의 목표 체계로서 ESG 실천을 외부 환경과 유기적으로 연결한다. 따라서 현대적 의미의 지속가능경영은 브룬트란드 보고서에 제시된 철학적 토대 위에 SDGs라는 글로벌 실천 규범을 결합한 것이라고 볼 수 있다.

1.4 경제적·환경적·사회적 지속가능성의 통합적 접근

앞서 설명하였듯이 오늘날 기업 경영에서 지속가능성은 더 이상 선택이 아니라 필수가 되었다. 기후위기, 사회 불평등, 공급망 리스크, 지배구조 부실 등이 동시에 발생하는 상황에서 기업이 장기적으로 생존하고 성장하려면 지속가능한 전략이 핵심 축이 될 필요가 있다. 여기서 지속가능성은 경제적·환경적·사회적 차원을 모두 포함하는 복합적 개념이다. 이 3가지 축을 어떻게 바라보고 조화롭게 통합하느냐에 따라 기업의 지속가능경영 전략은 완전히 다른 방향을 지향하게 된다.

이러한 통합적 접근을 가장 명확하게 보여주는 이론이 앞서 소개한 엘킹턴의 트리플 보텀 라인이다. 이 개념은 1997년 엘킹턴이 《포크를 든 식인종Cannibals with Forks》라는 책에서 처음 제시한 것으로, 기업의 성과를 측정할 때 재무적 이익만 보는 것이 아니라 사회적 책임과 환경 보전까지 함께 고려해야 한다는 주장과 함께 등장했다. 엘킹턴은 기존의 단일 재무 성과 지표에서 벗어나 기업 성과 평가 기준을 경제·사회·환경의 3가지 보텀 라인(바닥선)으로 확장시켰다. 이것이 지속가능성의 삼중 구조, 즉 3P 구조이며 이는 이후 ESG 경영의 철학적 기초가 되었다.

지속가능성의 3가지 축은 다음과 같은 중요한 의미를 갖고 있다. 첫째, 경제적 지속가능성은 전통적 의미의 수익성을 넘어서 기업이 장기적으로 시장에서 생존하고 가치를 창출하는 능력을 의미한다. 회복탄력성, 리스크 관리 역량, 장기 투자 전략, 이해관계자 신뢰 확보 등이 핵심 요소이며 단기 이익보다는 조직의 미래지향적 성장을 중시한다. 둘째, 환경적 지속가능성은 자원 고갈, 탄소 배출, 생태계 파괴 등에 대한 기업의 영향을 통제하고 책임 있게 자원을 관리하는 능력을 말한다. 온실가스 감축, 에너지 전환, 순환경제circular economy, 친환경 제품 개발 등이 주요 실천 방안이며 넷제로Net Zero 같은 국제적 목표와도 연결된다. 셋째, 사회적 지속가능성은 고용·인권·다양성·포용·지역사회 관계 등에서 기업이 부담하는 책임 범위와 조직 내외부의 신뢰, 공정성을 측정한다. 이는 근로자 복지, 공급망의 윤리적 기준, 지역사회 기여 등과 직결되며 도덕적 차원을 넘어 기업의 평판과 브랜드 가치에 중대한 영향을 미치는 전략적 요소이기도 하다.

이 3가지 축은 서로 독립적이지 않고 유기적으로 연결되어 있다. 예를 들어 단기적 수익성을 위해 환경 기준을 완화하면 장기적으로는 브랜드 가치 훼손, 규제 리스크 증가, 고객 이탈 등으로 인한 재무적 손실이 발생할 수 있다. 하지만 세 축 간의 균형을 전략적으로 조율해 나간다면 새로운 시장 기회를 창출하고 이해관계자의 신뢰를 구축하며 지속가능한 경쟁 우위를 확보할 수 있다.

트리플 보텀 라인이 제시한 3P는 이후 ESG라는 평가 프레임워크로 진화했다. ESG는 기업의 비재무적 요소를 체계적으로 평가할 수 있도록 설계된 체계로, 투자자·소비자·정부·시민사회 등 다양한 이해관계자의 판단 기준이 되고 있다. ESG는 기업이 환경Environment, 사회Social, 지배구조Governance 세 분야에서 조직을 얼마나 책임 있게 운영하는지를 평가하며 이는 트리플 보텀 라인의 3P 개념과 긴밀히 연결되는데, 구체적으로 환경은 지구planet, 사회는 사람people, 지배구조는 이윤profit 영역에 해당한다. 결국 트리플 보텀 라인은 ESG의 사상적 전신이며, ESG는 트리플 보텀 라인을 제도화하고 실천 가능하도록 진화시킨 구조라 할 수 있다. 즉 트리플 보텀 라인은 ESG의 철학을 설명하는 출발점이며, ESG는 그 실천과 평가의 구체적 언어다. [그림 1-3]은 트리플 보텀 라인과 ESG의 관계를 나타낸다.

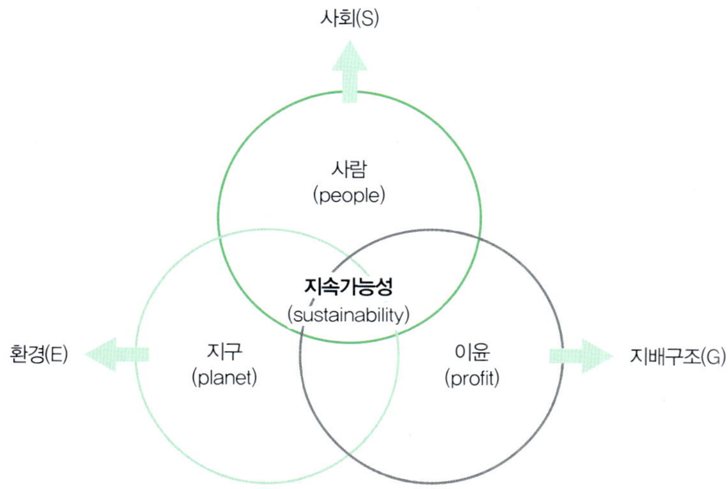

그림 1-3 트리플 보텀 라인과 ESG

지속가능성을 실질적으로 실현하려면 단편적이고 분절적인 접근이 아닌 경제·사회·환경을 통합적으로 사고하고 전략화할 수 있는 체계가 필요하다. 이러한 통합적 지속가능성은 단순히 3요소를 나열하는 것이 아니라 3요소의 상호 작용과 균형, 갈등의 조율까지 고려한 복합적 전략이어야 한다. 트리플 보텀 라인은 그러한 전략으로서의 지속가능성을 가장 명확하게 표현한 개념이며 ESG는 이를 실행하는 구체적 방법론이다.

따라서 기업의 지속가능경영은 통합과 전략을 기반으로 한 조직의 총체적 경쟁력 확보 과정이 된다. ESG는 지속가능성의 철학을 실행으로 전환하는 언어로, 통합적 사고가 그 중심에 있다. 이러한 관점을 명확히 이해하는 것은 이후 ESG 평가 기준, 전략 설계, 실행 사례 학습으로 나아가기 위한 중요한 기초가 된다.

CHAPTER 02

ESG 경영이란 무엇인가

2.1 ESG 경영의 정의

ESG 경영은 기업이 단기적 이윤 극대화에서 탈피하여 환경적 책임, 사회적 책무, 지배구조 투명성까지 통합적으로 고려하는 경영을 펼치는 것으로, 현대 경영의 전략적 패러다임이다. 이제 ESG는 윤리적 실천을 넘어 기업의 장기적 재무 성과와 비재무적 리스크 관리를 위한 핵심 운영 원칙으로 인식되고 있다.

이 개념은 2004년 유엔 글로벌 콤팩트와 스위스 외교부의 주도하에 금융기관들이 발표한 〈마음 쓰는 쪽이 이긴다Who Cares Wins〉 보고서를 통해 공식적으로 체계화되었다. 이 보고서는 기업가치 평가 시 재무지표뿐 아니라 환경·사회·지배구조 요인을 고려해야 한다는 관점을 제시하며 지속가능성과 재무 성과 간의 상관관계를 강조함으로써 ESG의 투자 기준화를 촉진하였다.[1]

2006년 출범한 유엔 책임투자원칙(UN PRI)United Nations Principles for Responsible Investment은 ESG 요소를 투자 판단의 핵심 지표로 통합하는 글로벌 패러다임을 제도화하고, 투자자와 기업에게 ESG 통합의 명확한 준거 틀을 제공하였다.[2] [표 2-1]은 UN PRI가 제시하는 6가지 원칙을 설명한 것이다.

표 2-1 유엔 책임투자원칙의 6가지 원칙

원칙	내용
1. ESG 요소를 투자 분석과 의사결정 과정에 통합	투자자는 환경, 사회, 지배구조 이슈를 전통적인 재무 분석과 함께 종합적으로 고려하여 지속가능한 투자 결정을 내린다.
2. '적극적 소유권' 정책과 관행에 ESG 요소 반영	투자자는 단순한 자본 제공자를 넘어 적극적 소유자로서 기업과의 대화, 의결권 행사 등을 통해 ESG 관점을 투자 보유 전략에 반영한다.
3. 투자 대상 기업의 ESG 정보 공개 요구	투자자는 기업이 ESG 관련 정보를 투명하고 성실하게 공개하도록 요구함으로써 투자의 투명성과 책임성을 제고한다.
4. 투자업계 전반의 책임투자 원칙 확산 촉진	투자자는 다른 투자기관들과 협력하여 책임투자 문화가 금융 산업 전체에 정착될 수 있도록 적극적으로 장려하고 지원한다.
5. 협력을 통한 원칙 이행 효과성 제고	다양한 이해관계자와의 네트워킹 및 공동 행동을 통해 경험과 지식을 공유하고, 책임투자의 영향력과 실효성을 확대한다.
6. 원칙 이행 활동과 성과의 정기적 보고	투자자는 자신의 책임투자 활동과 진척 상황을 투명하게 보고함으로써 신뢰성을 확보하고 지속적 개선을 도모한다.

ESG 개념은 '**기업의 사회적 책임(CSR)**Corporate Social Responsibility'과 본질적으로 구별된다. CSR이 주로 기업의 자발적 윤리 활동이나 사회 공헌 프로그램에 국한되는 경향이 있는 반면, ESG는 비재무적 요소를 정량화하고 기업 전략에 체계적으로 통합함으로써 경영 성과와 직결되는 포괄적 프레임워크로 기능한다.[3] ESG는 투자자뿐만 아니라 규제 당국, 소비자, 시민사회 등 다양한 이해관계자들에 의한 객관적 평가와 정보 공시가 요구되는 경영 기준으로 진화하였으며 공급망 관리, 리스크 평가, 인적자원 정책, 법적 규제 대응 등 기업 운영 전반에 내재화된 경영 철학으로 정착되고 있다.

실증 연구 결과에 따르면 ESG 요소는 실제 재무 성과에 유의미한 긍정적 영향을 미치는 것으로 나타났다. 대표적인 실증 연구로 2016년 하버드 경영대학원의 모자파르 칸Mozaffar Khan, 조지 세라페임George Serafeim, 애런 윤Aaron Yoon이 발표한 연구가 있다. 이들은 S&P500 기업을 대상으로, 각 산업의 특성에 따라 '재무적 중요성financial materiality'이 높은 ESG 이슈에 집중적으로 투자하고 관리한 기업이 그렇지 않은 기업보다 장기적으로 우수한 투자 수익률을 기록했음을 입증했다.[4] 재무적 중요성이 높은 ESG 이슈에 집중한 기업 포트폴리오는 그렇지 않은 포트폴리오에 비해 연평균 약 4.83퍼센트포인트 높은 초과 수익률을 창출한 것으로 나타났다.

여기서 재무적 중요성이란 '이중 중요성double materiality'에서 등장하는 개념이다. 이중 중요성이란 기업이 사회와 환경에 미치는 영향inside-out뿐만 아니라 역으로 해당 사회적·환경적 이슈가 기업의 재무 상태, 현금 흐름, 리스크 등에 미치는 영향outside-in도 중요하다는 것이다. 이때 전자를 '영향 중요성impact materiality,' 후자를 재무적 중요성이라고 부른다. 예를 들어 기업이 탄소를 배출하는 경우, 환경과 사회가 어떠한 피해를 입는지 고려하는 것은 영향 중요성이 크기 때문이다. 역으로 탄소 배출 규제가 도입되어 기업의 비용이 크게 증가할 경우, 재무 성과에 얼마나 큰 영향을 미치는지 고려하는 것은 재무적 중요성이 크기 때문이다. 이중 중요성은 이 두 가지가 모두 중요하므로 한 이슈의 중요도를 두 가지 관점에서 동시에 평가해야 한다고 주장한다. 위 연구는 기업이 재무적 중요성을 의사결정 과정에서 고려했을 때 실질적으로 이익을 얻었음을 보여주는 사례로, ESG 요소를 적극 관리하는 것이 기업의 경제적 성과로도 이어짐을 증명한다.

2.2 ESG 경영의 3가지 핵심 요소

ESG 경영은 기업의 지속가능한 경영 실천을 위해 환경·사회·지배구조를 포괄적으로 고려하는 전략적 접근법이다. 이들 요소는 단순한 평가 항목이 아닌 기업 경영 활동 전반에 통합되어야 하는 운영 기준으로, 상호 긴밀하게 연계되어 작동한다.

■ 환경 요소(E)

환경 요소는 기업의 환경 영향 최소화와 기후변화 대응 노력을 뜻한다. 탄소 배출 저감, 에너지 효율화, 재생에너지 활용, 순환경제, 생물다양성 보전, 폐기물 및 오염 관리가 대표적 항목이다. 기후위기는 현대 ESG 경영의 핵심 이슈로, 넷제로 목표 설정, 탄소 회계 시스템 구축, 기후재무정보 공개 등이 기업의 기후 리스크 대응 역량 평가의 중요한 준거가 되고 있다.[5] 미국의 친환경 패션 브랜드 파타고니아Patagonia는 ESG의 환경 요소를 실천하는 대표적 사례로, 재활용 소재 활용과 제품 수명 연장 전략을 통해 환경적 지속가능성을 실현하고 있다.

■ 사회 요소(S)

사회 요소는 노동자 권리 보호, 고용에서의 다양성과 포용성Diversity & Inclusion 증진, 산업 안전 확보, 고객 프라이버시 존중, 지역사회 상생 협력, 공급망 인권 보호 등 광범위한 영역을 포괄한다. 따라서 사회적 책임은 단기적 규제 차원보다는 장기적 신뢰 구축과 사회적 가치 창출의 관점에서 접근해야 한다.

유니레버Unilever의 '컴패스 전략Compass Strategy'은 기업이 글로벌 차원에서 사회적 포용성을 실현하는 대표적 사례로 평가받는다.[6] 이 프로그램은 성별, 연령, 장애, 성적 지향, 인종 등과 무관하게 모든 직원과 지역사회의 삶의 질 향상을 목표로 하며, 공정한 고용과 포용적 조직 문화 조성을 지향한다.

스타벅스Starbucks의 인종 및 젠더 다양성 정책 역시 사회 영역에서 실질적인 ESG 경영 모델로 인정받고 있다.[7] 스타벅스는 직원 채용과 리더십 개발 과정에서 인종과 젠더 다양성을 적극 고려하며, 이를 명확한 기업 정책과 정기적 투명성 보고서를 통해 공개한다. 이러한 접근은 고용 평등성뿐만 아니라 다양성과 포용성이 브랜드 가치와 고객 신뢰를 강화하는 핵심 경영 전략임을 보여 준다.

■ 지배구조 요소(G)

지배구조 요소는 기업의 의사결정 시스템, 경영 투명성, 윤리적 경영 체계, 리스크 관리 및 내부 통제 관련 구조적 메커니즘을 다룬다. 이사회 구성 및 다양성, 경영진 보상 체계, 감사위원회 독립성, 내부 고발 시스템 등은 지배구조 영역의 중요한 평가 기준이다. 경영진의 독단적 의사결정을 견제하고 외부 이해관계자와 신뢰를 유지하기 위해서는 견실한 지배구조가 필수적이기 때문이다. SK하이닉스는 이사회 내 지속가능경영위원회를 설치하여 ESG 관련 전략을 최고 의사결정 단계에서 다루며 구조적으로 관리하고 있는데, 이는 지배구조 영역의 ESG 실천 사례로 꼽을 수 있다.[8]

ESG의 3가지 핵심 요소는 독립적으로 기능하지 않고 상호 밀접하게 연계되어 기업의 지속가능성 실현을 위한 통합적 프레임워크를 구성한다. 이 요소들은 사회적 명분에 그치지 않고 장기적으로 가치를 창출하며 재무 성과에 실질적 영향을 미치는 경영의 핵심 기준으로 자리 잡았다. 이제 ESG에 대한 균형 잡힌 접근은 기업 경쟁력의 중요한 원천이 되고 있다.[9]

2.3 CSR과 ESG 경영의 차이: 철학, 구조, 전략의 전환

ESG 경영이 글로벌 기업과 투자자들 사이에서 전략적 핵심 개념으로 부상하면서 기존의 CSR 개념과의 차이점이 무엇인지에 대해 학술 및 실무 영역에서 활발한 논의가 전개되고 있다. CSR은 20세기 중반에 등장한 개념으로, 기업이 경제적 존재를 넘어 사회적 존재로서의 책임을 수행해야 한다는 윤리 의식을 기반으로 한다. 초기 CSR은 주로 기업의 자발적 기부, 봉사 활동, 환경 보호 캠페인, 지역사회 지원 등 기업의 본업과 다소 분리된 '외부적 부가 활동'으로 구현되었다.[10]

반면 ESG는 기업의 사회적 기여 활동에 머무르지 않고 기업의 지속가능성과 장기적 리스크 관리 역량에 직결된 경영 전략으로 간주된다. ESG는 환경·사회·지배구조라는 3가지 핵심 영역을 중심으로 정량화된 지표와 성과 중심의 평가 체계를 통해 측정된다. CSR이 '기업이 사회에 어떤 기여를 했는가'에 초점을 둔다면, ESG는 '기업이 얼마나 지속가능한 방식으로 운영되고 있는가'를 진단하고 개선하는 전략적 틀이다.[11] 즉 ESG는 CSR보다 구조적·제도적 요건이 강화된 형태로 발전했다. CSR이 기업의 자율적 윤리 실천에 그치는 경우가 많았던 반면, ESG는 각국의 법제화, 투자자 요구, 정보 공개 의무 등의 영향을 받으며 객관적 평가와 공시 의무를 수반하게 되었다. GRI, SASB, TCFD와 같은 글로벌 가이드라인의 확산은 ESG를 전 지구적 공통 기준에 따른 보고 체계로 정착시키는 데 기여하고 있다.[12]

두 개념의 또 다른 본질적 차이는 조직 내 적용 방식에서 확인할 수 있다. CSR이 주로 홍보부나 사회공헌 팀 등 특정 부서의 활동으로 한정되는 경향이 있다면, ESG는 이사회 수준의 전략적 의사결정부터 공급망, 인사, 회계, 리스크 관리 등 전사적 경영 체계 전반에 통합된다. 이는 ESG가 '윤리적 행동지침'에 그치는 것이 아니라 기업의 지속가능성과 가치 창출을 위한 시스템적 접근임을 분명히 보여준다.[13] CSR은 윤리적 책임의식에 기반한 자율적 실천으로서 기업의 '**사회적 정당성**social legitimacy' 확보에 주력해온 반면, ESG는 지속가능성과 재무 성과의 연계를 기반으로 경영의 핵심 전략으로 기능한다. 다시 말해 ESG는 외부 기대에 대응하는 차원을 넘어 기업의 존재 방식과 성장 전략을 구조적으로 재구성하는 프레임워크로 작용하고 있다. [표 2-2]는 CSR과 ESG의 차이점을 정리한 것이다.

표 2-2 CSR과 ESG의 차이점

구분	CSR(기업의 사회적 책임)	ESG(환경·사회·지배구조)
초점	기업이 사회에 어떤 기여를 했는가	기업이 얼마나 지속가능한 방식으로 경영되고 있는가
활동 형태	기부, 봉사, 지역사회 지원, 환경 캠페인 등 단기적 이미지 개선 활동 중심	환경·사회·지배구조 세 축을 중심으로 정량적 지표와 성과 중심 평가
조직 내 적용 범위	주로 홍보·사회 공헌 팀 등 일부 부서 활동에 한정	이사회를 비롯한 공급망, 인사, 회계, 리스크 관리 등에 전사적 통합
목표 및 초점	기업의 사회적 기여와 사회적 정당성 확보	기업 지속가능성과 재무 성과 연계, 가치 창출 및 성장 전략의 핵심 요소
법적·제도적 요건	주로 자율적 실천, 법적·공시 의무 미약	각국 법제화, 투자자 요구, 정보 공개 의무 부과 (GRI, SASB, TCFD 등 가이드라인 활용)
평가 및 보고 방식	비정량적·질적 평가 중심	정량화된 지표와 체계적 평가, 국제 공통 기준에 따른 투명한 보고
전략적 중요성	외부 기대 대응 및 기업 이미지 제고에 중점	기업의 존재 방식과 성장 전략 재구성, 생존과 경쟁력 확보의 필수 조건

2.4 ESG 경영의 효과와 실증적 성과

ESG 경영이 요구하는 환경 보호, 사회 공헌, 지배구조 개선 활동은 과거의 재무적 관점에서는 '비용 부담'으로 여겨졌으나 최근 많은 학술 연구와 글로벌 기업 사례들을 통해 이러한 인식에 변화가 생겼다. ESG를 효과적으로 통합한 기업들이 장기적 수익성과 시장 경쟁력 측면에서 더 우수한 성과를 달성한다는 사실이 입증되고 있기 때문이다.[14]

ESG 경영의 재무적 효과는 기업이 산업 내 '재무적으로 중요한 ESG 이슈'에 얼마나 집중하는지에 따라 차별적으로 나타난다. 앞서 언급했던 칸, 세라페임, 윤의 2016년 연구는 미국 상장기업 분석을 통해 산업별로 중요한 ESG 이슈에 대응하는 데 집중한 기업들이 그렇지 않은 기업보다 유의미한 초과 수익률과 회계적 성과를 실현했음을 보여주었다. 이는 ESG가 투자 판단과 기업 가치 평가의 기준으로 작동함을 의미한다.

군나르 프리더Gunnar Friede, 티모 부시Timo Busch, 알렉산더 바센Alexander Bassen이 2015년에 발표한 메타연구는 ESG와 재무 성과 간의 관계를 체계적으로 분석한 대표적 실증 연구로 평가받는다. 연구진은 전 세계에서 발표된 2,000건 이상의 ESG 관련 논문을 종합 분석한 결과, 전체 사례의 약 90퍼센트 이상에서 ESG 성과와 재무 성과 간 긍정적 상관관계가 나타났다고 보고했다. 약 63퍼센트의 연구에서 명확한 긍정적 상관관계가, 약 22퍼센트에서 중립적 관계가 나타났으며 부정적 상관관계를 보고한 연구는 약 8퍼센트에 불과했다.

이 연구는 ESG 활동이 수익성을 저해할 수 있다는 기존 우려를 해소하고 ESG를 위험 감소와 새로운 기회 창출을 위한 전략적 수단으로 재해석하는 중요한 근거를 제공했다. 특히 ESG를 도덕적 책임을 넘어 재무 성과와 직결되는 기업 전략의 핵심 요소로 인식해야 한다는 점을 명확히 제시한 연구로 평가된다.

ESG 경영은 수익성 제고뿐 아니라 기업의 평판 자산 관리 및 위기 대응력 향상 측면에서도 전략적 가치를 지닌다. ESG 수준이 낮은 기업이 환경 오염, 인권 침해, 회계 조작 등의 사회적 문제에 연루될 경우 브랜드 이미지 손상, 소비자 불매, 주가 급락 등 막대한 손실을 초래할 수 있다. 반면 ESG 수준이 높은 기업은 잠재적 리스크를 사전에 인식하고 구조적으로 대응할 수 있는 회복탄력성을 보여주며, 위기 발생 시에도 신속하고 효과적인 대응 역량을 발휘하는 경향이 있다.[15]

이는 실제 기업 사례에서도 확인된다. 유니레버는 ESG 요소를 핵심 사업 전략에 통합함으로써 다른 브랜드군보다 더 높은 매출 성장률을 달성했다.[16] 세계 최대 자산운용사 블랙록BlackRock은 2020년 이후 ESG 성과가 낮은 기업에 대한 투자 철회divestment를 공언하며 ESG를 자산 운용의 기준으로 삼고 있음을 명확히 했다.[17] 이러한 사례는 투자자들이 ESG를 단순한 참고 지표가 아닌 본질적인 투자 리스크 및 기회 요인으로 간주하고 있음을 보여 준다.

ESG 경영은 더 이상 기업의 이미지 제고나 자발적 윤리 활동에 국한되지 않으며, 기업의 생존 가능성과 수익성을 동시에 높이는 '**이중 가치 창출**(이중 성과)double bottom line 전략'으로 정착되고 있다. ESG 요소에 대한 구조적이고 체계적인 대응은 투자자, 고객, 정책 당국, 지역사회 등 주요 이해관계자와의 신뢰를 형성하는 기반이 되며, 이는 기업의 지속가능한 성장 경로를 실현하는 핵심 역량이다.

CHAPTER

03 지속가능경영과 ESG의 관계

3.1 ESG 경영과 지속가능경영의 개념 비교

ESG 경영과 지속가능경영은 상호 연관성을 지닌 개념이지만, 그 적용 방식과 초점에서 본질적 차이가 있다. 지속가능경영은 기업의 철학적 지향점이자 장기적 목표로서 환경 보호, 사회적 책임, 윤리적 지배구조를 통해 장기적 가치를 창출하고자 하는 방향성을 담고 있다. 이에 비해 ESG 경영은 지속가능경영의 철학을 구체적이고 실천 가능한 방식으로 구현하기 위한 수단인 동시에 기업 활동을 정량적으로 평가할 수 있는 기준 체계로 기능한다. ESG는 환경·사회·지배구조라는 3가지 축을 중심으로 기업이 직면한 지속가능성 관련 위험 요소와 기회 요인을 체계적으로 식별하고 대응할 수 있도록 돕는다.[1] 즉 ESG는 추상적 개념이었던 지속가능경영을 실행 가능하고 측정 가능한 경영 전략으로 구체화한 결과로, 이러한 ESG 기반 경영 체계는 기업의 전략 수립, 리스크 관리, 성과 평가 전반에 걸쳐 실질적이고 직접적인 영향을 미치고 있다. [표 3-1]은 지속가능경영과 ESG의 차이점을 정리한 것이다.

표 3-1 **지속가능경영과 ESG의 차이점**

구분	지속가능경영	ESG 경영
개념	포괄적 경영 철학 및 장기 목표	지속가능경영의 목표를 구체화한 실행 전략 및 평가 체계
초점	환경 보호, 사회적 책임, 장기적 생존 가능성과 가치 창출	환경·사회·지배구조 요소 중심의 리스크 진단과 기회 모색
성격	철학적 가치, 조직 내 내재화된 장기적 방향성	실행 가능한 전략, 정책 수립, 정량적 평가 및 공시 체계
평가 방법	대체로 질적이고 포괄적인 가치 평가	정량적 수치화 및 글로벌 공시 기준에 따른 투명한 보고
활용 주체	기업 내부 경영 방향 설정 및 조직 문화 형성	투자자, 금융기관, 규제 당국 등 외부 이해관계자 대상 의사소통 수단
대표 기준/도구	–	GRI, SASB, TCFD, EU의 CSRD 등 ESG 공시 기준에 기반한 보고 체계
목적 및 효과	경제적 성과를 넘어선 환경·사회 가치 추구와 균형적 창출	ESG 이슈에 따른 리스크 관리, 성과 측정, 이해관계자 신뢰 구축 및 자본시장 대응

ESG 경영의 특징은 지속가능성을 객관적으로 수치화하고 공시할 수 있다는 점에 있다. 기업들은 탄

소 배출량 감축, 노동자 인권 보호, 이사회 독립성 강화와 같은 ESG 정책을 수립하고, 이를 정기적으로 ESG 공시나 지속가능성 보고서를 통해 공개함으로써 이해관계자들과의 신뢰를 형성한다.[2] 이 과정은 ESG 경영이 기업의 자발적 실천 영역에 국한되지 않고, 투자자, 금융기관, 규제 당국이 기업을 평가하는 주요 기준이 되었음을 보여 준다. 특히 GRI, SASB, TCFD, 그리고 최근 유럽연합(EU)이 제시한 '기업 지속가능성 보고 지침(CSRD)Corporate Sustainability Reporting Directive' 등 다양한 국제 ESG 공시 기준이 도입되면서 ESG는 지속가능경영의 구체적 실행 도구이자 글로벌 표준으로 자리매김하고 있다. 기업들은 ESG 지표를 기반으로 전략을 설계하고 실행하며, 이를 통해 지속가능경영의 성과를 가시화하고 평가받을 수 있는 구조를 구축하고 있다.

요컨대 지속가능경영이 기업이 궁극적으로 지향해야 할 철학적 가치와 목표라면, ESG 경영은 그 목표를 실현하기 위한 실천 전략이자 정량적 평가 메커니즘이라 할 수 있다. ESG는 지속가능성을 수치화하고 제도화함으로써 기업이 보다 구체적인 전략을 수립하고 이해관계자들과 투명하게 소통할 수 있도록 돕는다. ESG 경영이 기업의 윤리적 선택을 넘어 지속가능경영을 실현하기 위한 필연적인 경영 방식이자 전략적 도구가 된 이유다.

3.2 지속가능경영을 목표로 하는 이유

앞서 언급했듯이, 오늘날 기업이 지속가능경영을 고려해야 하는 이유는 단순한 도덕적 의무가 아닌 조직의 생존 가능성, 전략적 유연성, 글로벌 연계성 확보 측면에서 설명될 수 있다. 특히 기업 활동이 고도로 글로벌화되고 이해관계자 요구가 다변화되는 환경에서 지속가능경영은 내부적 효율성과 외부적 정당성을 동시에 확보할 수 있는 핵심 전략으로 부상하고 있다.

첫째, 지속가능경영은 기업의 리스크 관리 체계를 고도화하는 데 직접적으로 기여한다. ESG와 연관된 비재무적 리스크는 이제 부차적 문제가 아니라 기업 운영 전반에 중대한 영향을 미치는 핵심 위험 요소로 간주된다. 협력업체의 인권 침해, 기후 재난으로 인한 물류 중단, 탄소 배출 규제 위반 등은 공급망 전체가 작동을 멈추는 공급망 중단supply chain disruption 현상으로 이어질 수 있으며, 이는 생산 지연, 비용 증가, 고객 이탈 등 심각한 경영 손실을 초래할 수 있다.

ESG 이슈와 관련된 규제 위반이나 기업 이미지 실추는 투자자와 소비자의 신뢰를 훼손하여 장기적 재무 건전성을 위협한다. 특히 기후위기와 같은 환경 리스크의 경우, 발생 가능성은 낮지만 일단 발생하면 피해 규모가 큰 '저빈도-고영향low-probability, high-impact' 리스크로서, 이에 대응하기 위한 통합적 리스크 관리 체계 구축이 점점 더 중요해지고 있다.

둘째, 지속가능경영은 기업이 글로벌 가치사슬Global Value Chain 내에 지속적으로 참여하기 위한 조건으로 기능하고 있다. 국제적 브랜드와 다국적 기업들은 협력업체와 하청기업에도 ESG 기준을 적용하고 있으며, 이는 중소기업이나 이머징 마켓 기업에도 지속가능경영을 요구하는 실질적 압력으로 작용한다. 다시 말해 지속가능경영은 선택 가능한 전략이 아닌 글로벌 비즈니스 환경에 참여하기 위한 자격 조건으로 작동하고 있는 것이다.[3]

셋째, 기업의 조직 문화와 내부 혁신 역량은 지속가능경영과 밀접한 연관을 갖는다. 지속가능경영은 부서 간 협업 증진, 윤리 중심의 리더십 확립 등 조직 전반의 내부 역량 강화를 유도한다. 특히 MZ세대와 같은 차세대 인재들은 기업의 ESG 철학을 중요하게 여기며 윤리적 경영과 사회적 책임을 확고히 실천하고 있는 기업을 선호하는 경향이 있다.[4] 이는 지속가능경영이 우수 인재 확보와 조직 몰입도 강화에도 긍정적 효과를 미칠 수 있음을 시사한다.

넷째, 지속가능경영은 기업의 전략적 유연성과 대응 속도를 향상시키는 기반이 된다. 시장과 제도의 불확실성이 심화되는 환경에서 지속가능경영을 실행하는 기업은 변화 신호를 조기에 인지하고 제도 변화에 선제적으로 대응할 수 있는 민감도를 보인다.[5] 이는 단순한 규제 대응 차원을 넘어 ESG 기반의 경쟁 우위 확보 전략으로 전환되고 있다.

다섯째, 지속가능경영은 기업이 사회적 신뢰를 제도적으로 구축하는 수단이다. 이해관계자 자본주의의 확산과 함께 기업의 사회적 책임은 단순한 이미지 관리 수준이 아닌 법적 규제와 시장 평판을 모두 포괄하는 통합 리스크 요인으로 진화하고 있다. 기업은 지속가능경영을 통해 시장·정부·시민사회와의 신뢰 관계를 구축하고 이를 바탕으로 장기적 파트너십과 정책 수혜의 가능성을 높일 수 있다.

이렇듯 지속가능경영은 더 이상 부수적 선택이 아닌 조직의 미래 경쟁력을 확보하기 위한 핵심 전략으로 기능하고 있다. 단기 성과와 장기 지속가능성 간의 균형, 조직 내부 역량 강화, 외부 이해관계자와의 정당성 확보, 불확실성 환경에서의 적응성 측면에서 기업은 지속가능경영을 통해 생존과 성장의 조건을 동시에 충족시킬 수 있다.

3.3 ESG 투자와 기업 가치

이러한 변화는 투자 방식에도 영향을 미쳐 최근에는 기업의 지속가능성과 사회적 책임을 반영한 ESG 투자가 중요한 투자 기준으로 부상하고 있다. ESG 투자란 기업에 투자할 때 단순히 재무적 성과뿐 아니라 환경·사회·지배구조와 관련된 요소들을 함께 고려하는 투자 전략을 의미한다. 이는 단기 수익률만을 추구하던 기존의 투자 방식과 달리, 장기적 가치와 지속가능성을 판단 기준으로 삼는다. 예를 들어 한 투자자가 수익률이 동일한 두 기업 중 하나를 선택해야 한다면 해당 기업의 탄소 배출 수준, 직원 다양성, 이사회 독립성 등의 ESG 요인을 평가한 뒤 보다 책임 있는 경영을 수행하는 기업에 투자 결정을 내리는 것이 ESG 투자라고 할 수 있다.

이렇듯 ESG 투자는 투자자가 단순히 수익 추구를 넘어 환경과 사회에 긍정적 영향을 미치는 기업을 선별해 자본을 배분하려는 움직임으로, 최근 금융 시장에서 빠르게 확산되고 있다. 투자자들은 이제 기업의 재무 성과뿐 아니라 ESG 리스크 노출 정도, 기후변화 대응 전략, 사회적 책임 이행 수준 등을 통합적으로 고려하며, 이에 따라 자산 배분과 투자 유지 여부를 결정하고 있다.[6] 이러한 ESG 투자의 확대는 금융 생태계의 포괄적 변화를 촉진하고 있다. 과거에는 사회적 가치와 경제적 수익이 양립 불가능한 것으로 여겨졌지만, **임팩트 투자**impact investing나 지속가능금융은 이 둘의 통합을 가능케 하는 새로운 프레임워크를 제시한다. 이러한 투자 방식은 단기 수익률만이 아닌 사회적·환경적 성과를 함께 고려하는 복합 성과 평가 기준을 적용함으로써 기업의 포괄적 가치 창출을 지원한다.[7]

금융기관과 정책 당국도 다양한 ESG 연계 금융 상품을 통해 기업의 지속가능경영을 실질적으로 유도하고 있다.[8] 대표적 사례인 전환채권transition bond은 ESG 이행이 아직 완료되지 않은 산업군에 대해 점진적인 ESG 전환을 지원하는 자금을 제공하며, 지속가능성 연계 대출sustainability-linked loan은 기업이 사전에 설정한 ESG 목표를 달성할 경우 대출 금리 등의 인센티브를 제공한다. 최근 국내외에서 빠르게 확산되고 있는 지속가능성 연계 채권sustainability-linked bond은 기업이 사전에 정한 ESG 목표 달성 여부에 따라 채권의 재무적 조건이 연동되도록 설계되어 있다.

또한 투자자뿐만 아니라 금융기관도 ESG 정보를 핵심 신용평가 자료로 활용하고 있으며, ESG 등급이나 공시 수준에 따라 자본 조달 비용에 차등을 두는 사례가 점차 증가하고 있다. 실제로 글로벌 금융기관들은 이를 구체화한 정책을 본격 도입하고 있다. 이는 ESG 경영의 실천 수준이 기업의 자금 접근성, 시장 내 신뢰도, 나아가 투자 유치 가능성에 실질적 영향을 미친다는 사실을 보여주는 사례다. 예를 들어 프랑스국립파리은행(BNP 파리바), 홍콩상하이은행(HSBC), 독일개발은행(KfW) 등은 ESG 평가 등급이 일정 기준에 미치지 못하는 기업은 대출 조건을 강화하거나 이자율을 인상하는 등의 인센티브 차등화 방식을 적용하고 있다. 국내에서도 한국신용평가와 같은 신용평가사들이 ESG 요소를 반영한 기업 등급을 도입하고 있다. 이에 따라 다수의 기업들은 GRI나 SASB의 가이드라인을 준수하면서 지속가능성 보고서의 질적 수준과 공시 체계 개선에 힘쓰고 있다.

이제 ESG 투자는 '착한 투자'라는 개념을 넘어 기업의 지속가능성 수준을 정량적으로 평가하고 자본 흐름을 전략적으로 재구성하는 도구로 자리 잡고 있다. ESG 경영을 이행하는 기업은 투자 유치에서 경쟁 우위를 확보할 수 있지만 ESG 기준을 무시하거나 형식적으로 대응하는 기업은 점점 더 글로벌 금융 시장에서 배제될 위험에 직면하고 있다. ESG 투자가 전략적 생존 조건이 된 만큼 기업은 ESG 성과의 내실화를 통해 미래 투자 기반을 확립해야 한다.

3.4 ESG 경영을 조직에 내재화하는 실행 체계로서의 지속가능경영

한편 지속가능경영은 비전 제시 차원에만 머물지 않고 ESG 경영을 전사적 전략과 실천으로 구체화하기 위한 통합적 실행 체계로 기능한다. ESG가 환경·사회·지배구조의 세 영역에서 기업의 비재무 성과를 정량적으로 평가하는 기준과 척도라면, 지속가능경영은 이 기준을 조직의 전략과 운영 전반에 '내재화'하는 실행 프레임워크로 작동한다.

우선 지속가능경영은 '전사적 지속가능성 전략enterprise sustainability strategy'을 통해 ESG 이슈를 조직의 핵심 사명 및 비즈니스 모델과 일치시킨다. 개별 부서의 단편적 대응이 아니라 조직 구조, 인사 시스템, 성과 관리 체계 전반에 ESG 가치를 통합적으로 반영하는 것이다. 예컨대 일부 다국적 제조기업은 경영 전략 수립 초기 단계부터 탄소 중립 목표와 순환경제 원칙을 내재화함으로써 단기적 수익성과 장기적 지속가능성 간 균형을 모색하고 있다.[9]

지속가능성 전략의 핵심 축 중 하나는 '지속가능한 운영sustainable operation'이다. 운영 과정에서 에너지 효율 개선, 자원순환 설계, 친환경 소재 도입, 탄소 중립 전환 등 전반적인 기술 및 공정 혁신을 꾀하는 것이다. 예를 들어 많은 제조기업이 제품 수명주기 전반에 걸쳐 환경 영향을 최소화하기 위해 '생산–소비–폐기'의 전 과정을 최적화하고 있다. 자동차 제조업의 경우, 전기차 생산라인으로 전환하는 동시에 배터리 재활용 시스템을 구축하는 중이다. 현대자동차는 울산 공장에 태양광 발전 설비를 설치해 연간 3만 톤의 이산화탄소를 절감하고 있으며, BMW는 폐배터리를 에너지 저장 장치로 재활용하는 순환경제 모델을 도입했다. 화학업계의 경우, LG화학이 2024년에 재활용 기반 친환경 소재를 적용해 표준 소재 대비 탄소 배출량을 46퍼센트 감소시켰다. 지속가능한 운영을 통해 ESG 평가 항목 중 환경 요소가 개선된 것이다. [그림 3–1]은 태양광 발전 설비를 설치한 공장의 모습이다.

그림 3–1 태양광 발전 설비로 탄소 배출 감축을 도모하는 공장 시설

이러한 지속가능한 운영은 공급망 전반의 리스크를 완화하고 운영 효율성을 향상시키는 효과도 가져온다.[10] 실제로 나이키는 공급업체 600여 곳에 친환경 인증을 요구하고 정기 감사를 실시함으로써 환경 리스크를 사전에 차단하고 있으며, 이를 통해 연간 원자재 비용을 15퍼센트 절감했다.

또한 지속가능경영은 성과 기반 지표 시스템performance-linked KPIs을 설계하고 운영함으로써 ESG를 조직에 내재화한다. 탄소 배출 감축률, 여성 임원 비율, 공급망 감사 이행률 등과 같은 ESG 목표를 조직의 성과 관리 및 보상 체계에 직접 연계함으로써 ESG 전략의 실행력을 강화하고 임직원의 행동 변화를 유도한다.[11] 실제로 다수의 글로벌 기업들은 ESG 성과 지표를 임원 인센티브 구조에 포함시키고 있으며, 이를 통해 ESG 목표 달성을 위한 내부 유인 시스템을 제도화하고 있다.

이렇듯 지속가능경영 전략은 ESG 이슈를 실질적 경영 행위로 전환하는 메커니즘으로 기능한다. ESG는 외부에서 기업을 어떻게 바라보는지에 대한 정보를 평가와 투자를 통해 제공하는 반면, 지속가능경영은 그 평가와 투자의 기준을 내부 시스템으로 끌어들여 조직 전반의 운영 원리로 통합하는 역할을 한다. 기업이 지속가능한 가치를 실현하기 위해서는 ESG 지표를 외부 보고 수단으로 인식하는 것이 아니라 전략·문화·조직구조 차원에 내재화할 수 있어야 하며, 이는 지속가능경영 전략이 병행되어야만 실행 가능하다.

3.5 지속가능경영과 ESG 성과의 평가 및 공시

지속가능경영과 ESG 경영이 제도화되고 금융 시장 및 사회적 감시의 대상이 되면서 기업의 지속가능성 성과를 체계적으로 평가하고 공시하는 활동이 점차 전략적 경영의 핵심 요소가 되었다. ESG 공시와 지속가능성 보고는 단순한 정보 제공을 넘어 기업의 투명성, 책임성, 전략 실행력을 외부에 입증하는 수단이며, 투자자 및 이해관계자들과의 신뢰 관계 형성에 중대한 영향을 미친다.[12]

ESG 성과 측정 및 보고 체계는 국제적 표준화 기구들이 제시한 다층적 프레임워크를 통해 구조화되고 있다. 이러한 프레임워크들은 각기 차별화된 이론과 방법론을 토대로 ESG 정보의 수집·분석·보고에 관한 체계적 지침을 제공한다. 주요 국제 표준들의 개념적 차이와 실무적 함의를 분석해 보면 ESG 성과 평가의 복합적 특성을 이해할 수 있다. [표 3-2]는 ESG 관련 국제 표준들의 차이점을 간략히 정리한 것이다.

표 3-2 ESG 관련 국제 표준 간 차이점

구분	GRI	SASB	TCFD	ISSB
주요 목적	조직의 경제적·환경적·사회적 영향 전반에 대한 지속가능성 공시	산업별로 재무 성과에 중요한 ESG 이슈 관련 정보 제공	기후변화로 인한 재무 리스크와 기회를 식별·공시	전 세계적으로 일관된 지속가능성 공시 기준의 통합 제공
적용 범위	모든 산업 및 조직 유형에 적용 가능한 전방위적 범위 (환경·사회·지배구조 전체)	산업별 ESG 이슈 중심의 재무적 중요성 기준에 따른 공시	기후 정보에 특화된 공시 기준으로 전 산업에 적용 가능	모든 산업에 공통 적용되며, SASB·TCFD 기준을 기반으로 한 글로벌 통합
대상 독자	광범위한 이해관계자 (사회, NGO, 정부 등)	주로 투자자 및 자본시장 참여자	투자자, 금융기관, 정책입안자, 기업	투자자 등 자본시장 중심
정보 초점	조직 활동이 사회와 환경에 미치는 영향	재무적 중요성	기후 관련 재무 리스크와 기회, 시나리오 분석 등 강조	재무에 영향을 미치는 모든 지속가능성 이슈에 대한 통합적 공시 체계
대표 특징	영향 중심의 보편적 공시 기준	산업 특화·재무 연결성 강조	4대 축(거버넌스, 전략, 위험 관리, 지표/목표)	SASB·TCFD 등 기존 체계 통합, 글로벌 단일 기준 지향

우선 GRI는 다양한 이해관계자(사회, NGO, 정부 등)의 관점을 반영하여 기업 활동이 사회와 환경에 미치는 폭넓은 영향을 공시하는 체계를 제공한다. 예컨대 유니레버는 GRI 기준에 따라 자사의 환경 발자국, 공급망 내 인권 보호 활동, 지역사회 참여 실적 등을 매년 지속가능성 보고서에 상세히 공개하고 있다. 이러한 공시는 투자자뿐 아니라 소비자, 시민사회단체 등 외부 이해관계자의 신뢰와 정당성을 확보하는 중요한 수단이 된다.

반면 SASB는 산업별로 재무 성과에 실질적인 영향을 미치는 ESG 이슈에 주목한다. 예를 들어 항공업종에서는 탄소 배출량과 항공기 연료 효율성, 보험업종에서는 기후 리스크와 고객 정보 보호가 핵심 공시 항목으로 설정된다. 실제로 델타항공Delta Air Lines은 SASB 기준을 토대로 연료 사용량, 탄소 집약도, 노후 기체 교체율 등 재무적 연결성이 높은 항목을 공시하여 투자자의 ESG 평가에 직접적인 참고 지표를 제공하고 있다.

TCFD는 기후변화가 기업의 재무와 전략에 미치는 리스크를 정량화하고 시나리오 기반으로 공시할 것을 요구한다. HSBC과 같은 금융기관은 TCFD 권고에 따라 온실가스 배출 규제 강화, 기후 재난 발생 등의 전환 및 물리적 리스크가 자산 포트폴리오에 미치는 영향을 시나리오 분석을 통해 제시하고 있으며 그 결과를 투자자에게 투명하게 공유하고 있다. 이는 기후 리스크가 재무적 손실로 이어질 수 있다는 경고이기도 하다.

한편 국제지속가능성기준위원회(ISSB)International Sustainability Standards Board가 발표한 IFRS 지속가능성 공시 기준 제1호(IFRS S1)[13]와 IFRS 지속가능성 공시 기준 제2호(IFRS S2)[14]는 '이중 중요성' 개념에 기반하여 ESG 성과와 기업의 재무 성과가 어떻게 상호 작용하는지 구체적인 증거를 제공할 것을 요구하고 있다. IFRS S1은 지속가능성 관련 공시의 일반 요구사항을 규정한 기준으로, 기업이 직면한 사회적·환경적 이슈가 기업의 현금 흐름, 자금 조달, 기업 가치 등에 중대한 영향을 줄 수 있다고 판단될 경우 반드시 이를 공시하도록 요구한다. 이는 재무적 중요성에 근거한 접근으로, 투자자와 이해관계자가 기업의 재무적 건전성과 미래 가치를 평가할 수 있도록 돕기 위함이다. 한편 IFRS S2는 같은 취지의 지침이지만 특히 기후변화 관련 위험에 초점을 맞춘다. 여기에는 온실가스 배출량뿐 아니라 물리적 위험(예 기후 재해)과 전환 위험(예 정책 변화, 탄소세, 신기술 도입) 등이 포함된다. 따라서 기후변화로 인한 잠재적 리스크가 기업의 전략, 비즈니스 모델, 재무제표에 중요한 영향을 줄 것으로 예상된다면 이를 반드시 공시해야 한다.

이는 '통합보고Integrated Reporting'의 개념을 ESG 공시 체계로 확장한 접근이라고 볼 수 있다. 통합보고란 재무 정보뿐 아니라 비재무 정보(ESG 관련 정보)를 함께 통합해서 보고하는 방식을 뜻한다. 이 지점에서 IFRS 공시는 이중 중요성을 기반으로 한다고 볼 수 있다. 투자자의 의사결정에 유용성을 제공(재무적 중요성 고려)하는 한편 사회적 책임 이행의 정당성도 확보(영향 중요성 고려)하려 하기 때문이다. 이러한 통합적 접근은 ESG 정보가 기업 가치 평가와 사회적 영향 측정이라는 두 가지 차원을 동시에 충족시켜야 한다는 학문적 인식을 반영한다.[15]

이러한 흐름에 따라 공시 방식 또한 연차보고서 내 ESG 섹션 마련, 통합보고서 마련, 웹 기반 ESG 정보 공개 등 다양한 형태로 발전하고 있다. 기업들은 이 과정에서 ESG 관련 성과 지표를 설정하고 이를 정량화하여 공시함으로써 전략적 실행력을 평가받게 된다.

실제로 한 글로벌 소비재 기업은 ESG 성과 지표 중 '재생에너지 사용 비중'을 KPI로 삼고 매년 증가율을 공개하고 있다. 이는 에너지 비용 절감과 기후 리스크 대응이라는 재무적 성과와 연결된다. 또 다른 기업은 '여성 임원 비율'을 KPI로 설정하고 이를 경영진 인센티브에 연동시켜 다양성 강화를 통한 의사결정의 질적 향상을 도모하고 있다. 이외에도 공시 항목으로 자주 활용되는 탄소 배출량, 공급망 감사 이행률, 산업 재해 발생률 등은 이미 기업의 전략 실행력과 리스크 대응 능력을 외부 이해관계자에게 전달하는 핵심 수단으로 기능하고 있다. 글로벌 투자자들은 이러한 ESG 데이터의 추세, 목표 대비 실적, 제3자 검증 여부 등을 종합적으로 평가하며 공시의 신뢰성 및 전략 정합성 여부를 중시하고 있다.[16]

한편 ESG 공시를 준비하는 과정은 기업 내부에서도 자사 운영상의 리스크를 재점검하고 ESG 관련 지배구조를 강화하며 각 부서의 실행력을 통합적으로 조정하는 계기가 된다.[17] 즉, ESG 공시 자체가 조직 내부의 지속가능성 역량을 향상시키는 일종의 '실천 메커니즘'인 것이다.

CHAPTER 04

지속가능경영과 ESG의 10가지 이론적 토대

4.1 현상에서 본질로: 왜 이론이 필요한가

지금까지 지속가능경영과 ESG가 현대 기업 환경에서 얼마나 중요한지를 살펴보았다. 이 개념들이 거대한 파도처럼 밀려오는 시대적 요구이자 기업이 반드시 갖추어야 할 새로운 역량이라는 점은 분명하지만 동시에 혼란스러움도 존재한다. 수많은 용어와 글로벌 표준, 그리고 서로 상충하는 것처럼 보이는 요구들이 '그렇다면 경영자는 무엇을 어떻게 해야 하는가?'라는 의문을 남기기 때문이다.

예를 들어 장기적인 관점에서 막대한 투자가 필요한 친환경 설비 도입이 단기적인 재무 성과를 원하는 주주들의 의사에 가로막힌다면 어떤 결정을 내려야 할까? ESG 성과가 높은 기업을 선호하는 사회적 분위기 속에서도 정작 소비자들은 저렴한 제품을 원한다면 어떻게 대응해야 할까? 수많은 기업이 발표하는 지속가능성 보고서는 진정한 변화를 위한 약속일까, 아니면 그저 기업 이미지 관리 수단으로만 ESG를 활용하는 '그린워싱greenwashing'에 불과할까?

이러한 질문들에 답하기 위해 필요한 것이 바로 '이론'이라는 지도이자 나침반이다. 이론은 학자들만을 위한, 복잡한 언어로 이루어진 체계가 아니다. 이론은 현상의 이면에 숨겨진 본질적인 작동 원리를 이해하도록 돕는 강력한 도구이다. 나침반과 지도 없이 망망대해를 항해하는 선원은 눈앞의 폭풍에 즉흥적으로 반응할 수밖에 없다. 하지만 나침반과 지도를 가진 선원은 해류의 방향과 별의 위치를 읽으며 일관된 항로를 개척할 수 있다. 이론은 나침반이자 지도와 같다. 이론이라는 렌즈를 통해 세상을 바라보는 경영자는 시류에 흔들리지 않고 문제의 근본 원인을 파악하여 장기적이고 일관된 전략을 수립할 수 있다.

지속가능경영, ESG 경영에서도 마찬가지다. GRI, SASB, TCFD와 같은 수많은 글로벌 표준들은 기업이 지금 당장 따라야 할 표준은 제시해 주지만, 왜 그러한 표준이 등장했고 자사의 특수한 상황에 어떻게 적용해야 하는지에 대한 답은 주지 않는다. 이론을 공부하는 이유도 바로 이 때문이다. 이러한 표준이 등장한 역사와 배경, 핵심 사상을 담은 이론을 알면 비로소 각 기업의 사정에 맞는 정답을 직접 찾아가는 힘을 기를 수 있다.

이런 이유에서 이어지는 2부에서는 지속가능경영과 ESG의 토대가 되는 10가지 핵심이론을 소개하고자 한다. 경영학·사회학·경제학 등 다양한 학문적 배경을 지닌 10가지 핵심이론은 현재와 미래의 경영자들이 복잡하고 불확실한 경영 환경을 헤쳐나갈 때 가장 신뢰할 수 있는 나침반이자 지도가 되어 줄 것이다.

4.2 10가지 이론이라는 렌즈를 통해 바라보는 지속가능경영과 ESG

여기에 제시된 10가지 이론은 구체적으로 어떤 도움을 줄 수 있을까? 이 이론들을 각각 독립된 학문 분야가 아니라 지속가능경영과 ESG라는 주제를 다각도로 점검해 보는 '10개의 렌즈'라고 생각해 보자. 예를 들어 '이윤 극대화'라는 렌즈로만 기업과 지속가능경영, ESG를 바라본다면 ESG는 매우 비효율적이고 수지 타산이 맞지 않는 경영 전략일 것이다. 하지만 다양한 렌즈를 번갈아 사용하며 초점을 맞출 때 비로소 입체적이고 총체적인 시각을 확보할 수 있는 것처럼, 10가지 이론을 통해 바라보면 ESG야말로 장기적 관점에서 가장 효율적이고 이익을 극대화하는 경영 전략임을 알게 될 것이다.

2부에서 다룰 렌즈, 즉 10가지 이론은 각 이론이 어떤 질문에 답하고 어떤 관점을 제공하는지를 중심으로 크게 4가지 범주로 나뉜다. 첫 번째는 새로운 가치를 창출하고자 하는 렌즈로, 혼합가치이론과 공유가치이론이 이에 해당한다. 이 이론들은 '어떻게 이윤과 사회적 선善을 동시에 창출할 수 있는가?'라는 현대 경영의 가장 큰 딜레마를 다룬다. 혼합가치이론과 공유가치이론은 사회 문제 해결이 비용이 아니라 새로운 시장을 창출하는 기회가 될 수 있음을 보여주며, 경제적 가치와 사회적 가치의 이분법을 넘어서는 혁신적인 비즈니스 모델의 가능성을 제시한다.

두 번째는 관계를 이해하고자 하는 렌즈로, 이해관계자이론, 기업시민이론, 사회자본이론이 이에 해당한다. 이 이론들은 '기업은 사회와 어떻게 관계를 맺는가?'라는 근본적인 질문에 답하며, 기업이 더 이상 고립된 존재가 아니라 직원·고객·지역사회·정부 등 수많은 주체와의 신뢰와 협력이라는 네트워크 속에서만 생존하고 성장할 수 있음을 보여 준다.

세 번째는 환경에 적응하고자 하는 렌즈로, 제도이론, 자원의존이론, 거래비용이론이 이에 해당한다. 이 이론들은 '조직이 외부의 사회적 압력에 어떻게 대응하고, 생존에 필요한 자원을 어떻게 확보하는가?'를 설명하며, 기업이 법과 규제, 사회적 규범, 시장의 기대 속에서 정당성을 확보하고 불확실성을 관리하며 효율적인 조직 구조를 만들어 가는 방법에 대해 논한다.

네 번째는 새로운 모델을 구축하고자 하는 렌즈로, 사회혁신이론과 하이브리드조직이론이 이에 해당한다. 이 이론들은 '어떻게 기존과 근본적으로 다른 조직을 설계할 수 있는가?'라는 질문에 집중해 영리 기업의 효율성과 비영리 단체의 사회적 사명을 결합하여, 기존의 틀로는 해결할 수 없었던 복잡한 사회 문제에 대응하는 새로운 조직 형태에 대해 설명한다.

이처럼 10개의 이론은 서로 다른 질문에 답하지만, 궁극적으로는 하나의 목표를 향한다. 바로 기업이 어떻게 급변하는 세상 속에서 경제적 성과와 사회적 신뢰를 동시에 추구하며 지속가능한 존재로 살아남을 수 있는가에 대한 해답을 찾는 것이다. 2부에서는 이 10개의 렌즈를 하나씩 자세히 들여다보며 경영 환경을 더 깊고 넓게 이해하는 훈련을 시작할 것이다.

4.3 이론에서 실행으로: 전략적 경영 도구의 활용

2부에서 본격적으로 다룰 10가지 핵심이론의 본질을 각각 한 문장으로 요약하면 [표 4-1]과 같다. 이 표는 앞으로의 학습 여정에서 방향을 잃지 않도록 도와주는 간략한 지도 역할을 할 것이다.

표 4-1 **지속가능경영과 ESG의 10가지 이론적 토대**

이론	핵심 내용
1. 혼합가치이론	모든 조직의 활동은 분리할 수 없는 경제적·사회적·환경적 가치를 동시에 창출하며, 경영의 목표는 이 혼합된 가치를 의도적으로 극대화하는 것이라는 이론이다.
2. 공유가치이론	기업이 사회적 문제를 해결하는 과정 자체를 비즈니스의 핵심 전략으로 취함으로써 사회적 가치와 경제적 이익을 동시에 창출할 수 있다는 이론이다.
3. 이해관계자이론	기업의 성공은 주주뿐만 아니라 직원·고객·지역사회 등 모든 이해관계자의 이익을 균형 있게 고려하고 관리하는 능력에 달려 있다는 이론이다.
4. 기업시민이론	기업을 단순히 경제적 주체가 아닌 사회 구성원으로서 권리와 책임을 지닌 '시민'으로 간주하며, 공동체의 발전에 적극적으로 기여해야 한다는 이론이다.
5. 사회자본이론	개인이나 조직이 소유한 신뢰, 네트워크, 협력관계와 같은 사회적 자산이 정보 공유, 혁신, 공동의 목표 달성에 중요한 자원으로 작용한다는 이론이다.
6. 제도이론	조직의 생존과 성공은 효율성뿐만 아니라 사회적으로 공유된 규범, 규칙, 기대를 따름으로써 얻는 '정당성'에 의해 결정된다는 이론이다.
7. 자원의존이론	조직은 생존에 필요한 핵심 자원을 외부 환경에 의존하므로 외부 행위자들과의 관계를 전략적으로 관리하여 불확실성을 줄이고 자율성을 확보해야 한다는 이론이다.
8. 거래비용이론	기업이 시장 거래 대신 내부 조직을 통해 직접 생산 활동을 수행하는 이유가 거래 과정에서 발생하는 비용(탐색·협상·감독 비용 등)을 최소화하려는 합리적 선택의 결과라고 설명하는 이론이다.
9. 사회혁신이론	기존 시장이나 정부가 해결하지 못하는 사회 문제를 새로운 아이디어, 협력 구조, 비즈니스 모델을 통해 해결하려는 창의적이고 체계적인 접근법을 다루는 이론이다.
10. 하이브리드조직이론	영리 기업의 시장 논리와 비영리 단체의 사회적 사명 논리를 결합하여 사회 문제 해결과 경제적 지속가능성을 동시에 추구하는 새로운 형태의 조직을 설명하는 이론이다.

본서에 제시된 이론들은 실무에서 활용 가능한 전략적 분석 도구이다. 이러한 이론적 프레임워크를 체계적으로 습득하고 활용할 수 있을 때 현상을 넘어 구조적 패턴을 분석하는 눈을 가질 수 있다. 예를 들어 제도이론의 분석틀을 통해 한 기업의 ESG 보고서가 외부의 압력에 의한 요식 행위에 불과한

지, 아니면 조직에 일어난 실질적인 변화를 담고 있는지를 비판적으로 분석할 수 있을 것이다. 또한 공유가치이론과 사회혁신이론을 활용하면 전통적인 이윤 극대화 모델을 넘어 사회적 니즈 해결과 경제적 가치 창출을 동시에 달성하는 혁신적인 비즈니스 모델을 설계할 수 있을 것이다. 한편 이해관계자이론과 자원의존이론을 통해 불확실한 경영 환경에서 다양한 이해관계자와의 전략적 관계 구축함으로써 조직의 적응 역량adaptive capacity과 회복탄력성을 제고하는 전략을 수립할 수 있을 것이다.

더불어 이론을 실제 경영 상황에 적용하는 분석적 사고 훈련을 위해 스타벅스, 파타고니아, 네슬레Nestlé 등의 기업 사례 연구와 토론 주제들도 마련했다. 이론적 프레임워크 없이 접근하는 사례 분석은 단편적인 성공 스토리에 지나지 않지만, 체계적인 이론을 통한 분석은 성과 이면의 전략적 의사결정과 구조적 메커니즘을 규명해 준다.

2부에서 전개될 학습 과정은 수동적 지식 수용자에서 벗어나 현상을 분석하고 문제를 정의하며 대안을 구성하는 전략적 사고 역량을 갖추도록 도울 것이다. 10가지 분석 도구를 바탕으로 지속가능한 미래 경영 패러다임을 주도할 차세대 경영자로서의 전문 역량을 체계적으로 구축해 나가길 바란다.

DISCUSSION 1부 | 토론 과제

주제 1: ESG 경영은 기업의 지속가능성을 보장하는가

배경

ESG 경영은 기업이 환경, 사회, 지배구조를 고려하여 지속가능성을 추구하는 방식이다. 글로벌 기업들은 탄소 중립 실천, 친환경 제품 개발, 윤리적 노동 관행 정립 등을 통해 ESG를 실천하고 있으며 ESG 투자와 지속가능 금융도 확대되고 있다. 하지만 일부 기업들은 ESG 경영이 단기적인 비용 부담을 초래하고 실질적인 지속가능성을 보장하지 못할 수도 있다는 우려를 제기한다.

의견 ❶ : ESG 경영은 기업의 지속가능성을 보장한다

- ESG 경영은 기업의 장기적인 경제적 가치 창출에 기여하며 지속가능한 성장을 유도한다.
- ESG 경영은 단순한 규제 대응 수단이 아니라 기업이 환경 및 사회적 책임을 다하면서도 경쟁력을 유지할 수 있는 전략적 접근 방식이다.
- 기업의 ESG 활동은 브랜드 이미지 제고와 투자 유치에 긍정적인 영향을 미치며, 장기적으로 기업의 평판을 강화한다.
- ESG 공시 의무화와 규제 강화는 기업이 투명 경영을 실천하고 지속가능성을 유지하는 데 도움이 된다.

의견 ❷: ESG 경영은 기업의 지속가능성을 보장하지 못한다

- ESG 경영은 단기적인 비용 부담을 초래하며, 일부 기업들에게 과도한 재정적 압박을 가할 수 있다.
- ESG 기준과 규제가 기업의 단기적 ESG 성과에만 집중하도록 만드는 부작용을 초래할 수 있다.
- 기업들이 ESG 경영을 마케팅 전략으로 활용하는 경우, 실질적인 지속가능성보다는 이미지 개선에 초점을 맞출 위험이 있다.
- ESG 공시 의무화와 규제 강화가 기업 운영을 경직시키고 경쟁력을 저하시킬 가능성이 있다.

생각의 확장

ESG 경영의 효과는 기업의 산업, 규모, 실행 수준에 따라 다르게 평가될 수 있다. 앞서 제시된 두 가지 의견은 각각 ESG의 이상적 역할과 현실적 제약을 반영한 시각이라고 할 수 있다. 두 입장 모두 타당한 논거를 갖고 있으며, ESG의 실행 방식이 그 효과를 좌우할 수 있다는 점에서 절충적 접근도 가능하다. 둘 중 어떤 관점에 공감하는가? ESG 경영의 긍정적 효과를 극대화하면서도 현실적 부담을 완화할 수 있는 실행 방안은 무엇인가?

주제 2: 기업은 ESG 경영과 지속가능경영 중 무엇을 우선시해야 하는가

배경

지속가능경영은 기업이 장기적인 경제적·환경적·사회적 균형을 고려하는 경영 방식이며, ESG 경영은 이를 실현하기 위한 구체적인 실행 전략이다. 지속가능경영은 포괄적인 접근 방식을 취하는 반면 ESG 경영은 측정 가능한 지표와 공시 기준을 바탕으로 운영된다. 기업들은 ESG를 실천하면서 지속가능성을 확보해야 하지만 ESG 기준을 맞추는 과정에서 오히려 기업의 본질적인 지속가능성 전략이 왜곡될 수 있다는 비판도 있다.

의견 ❶: ESG 경영을 우선시해야 한다

- ESG 경영은 지속가능경영을 실현하는 구체적인 도구이며 기업이 사회적 책임을 체계적으로 관리하고 평가할 수 있도록 돕는다.
- ESG 지표와 공시 기준을 따름으로써 기업의 지속가능성을 객관적으로 측정할 수 있으며 투자자 및 이해관계자와의 신뢰를 구축할 수 있다.
- ESG 경영을 강화할수록 기업의 경제적 가치와 지속가능성이 높아지며 장기적인 경쟁력을 확보할 수 있다.
- 규제와 공시 기준을 통해 ESG 경영이 강화될 경우, 기업들이 보다 책임 있는 경영을 실천하도록 유도할 수 있다.

의견 ❷: 지속가능경영을 우선시해야 한다

- 지속가능경영은 기업이 본질적으로 추구해야 할 경영 철학이며, ESG 기준을 맞추는 데 집중하는 것은 기업의 장기적 지속가능성을 왜곡할 수 있다.
- ESG 공시 기준과 규제가 기업을 단기적 ESG 성과에 집중하게 만들고 실제 지속가능성을 고려하지 못하도록 유도할 위험이 있다.
- 기업이 ESG 성과 지표를 충족하는 것보다 근본적인 지속가능성 전략을 고려하는 것이 장기적인 기업 생존과 성장에 더 중요하다.
- ESG 경영이 모든 산업과 기업에 동일하게 적용되기 어려우며 각 기업이 고유한 지속가능경영 전략을 개발하는 것이 필요하다.

생각의 확장

기업이 우선시해야 할 것이 ESG 경영인지 지속가능경영인지는 시대적 맥락과 기업의 전략적 상황에 따라 달라질 수 있다. 앞서 제시된 두 가지 관점은 각각 실천적 관리 도구로서의 ESG와 철학적 지향점으로서의 지속가능경영을 강조한 결과다. 어떤 입장이 더 타당하다고 생각하는가? 혹은 두 입장을 조화시킬 방법은 없을까? 예를 들어 기업은 지속가능경영을 장기적 비전으로 삼되, ESG 경영을 이를 구체화하는 실행 도구로 활용함으로써 두 관점을 통합할 수 있는가?

1부 연습문제

01. 브룬트란드 보고서에서 정의한 '지속가능한 발전'의 개념을 서술하고 그 철학적 의미를 설명하시오.

02. ESG와 CSR을 비교하고 두 개념의 철학적·구조적·전략적 차이점을 구체적으로 설명하시오.

03. ISSB가 발표한 IFRS S1 및 S2의 주요 내용과 '이중 중요성'의 의미를 설명하시오.

04. ESG 경영이 단기 재무 성과와 장기 지속가능성 간의 균형 문제를 어떻게 해결할 수 있는지 설명하고 관련 기업 사례를 제시하시오.

05. ESG 투자의 개념을 정의하고, 지속가능 금융 상품(예 전환채권, 지속가능성 연계 채권)이 기업 경영에 미치는 영향을 설명하시오.

PART

02 지속가능경영과 ESG를 바라보는 이론적 프레임

CHAPTER 05

혼합가치이론

5.1 혼합가치이론의 개념

혼합가치이론Blended Value Theory은 **제드 에머슨**Jed Emerson이 2003년에 최초로 제시한 개념으로, 경제적 가치와 사회적 가치를 이분법적으로 구분하지 않고 본질적으로 통합하여 추구해야 함을 전제한다. 초기에는 제안proposition 수준으로 제시된 개념이었지만, 이후 알렉스 니콜스Alex Nicholls의 후속 연구를 통해 해당 이론의 핵심 개념인 **혼합가치**와 혼합가치 회계blended value accounting가 명확한 용어로 사용되기 시작했고 현재 사회적 회계social accounting, **사회적 기업**social enterprise 전략 등 다양한 영역에서 활용하는 실질적 이론이 되었다. 기업의 활동은 단순히 재무적 성과를 창출하는 데 그치지 않고, 사회적·환경적 영향까지 결합된 혼합가치를 창출해야 한다는 것이 이 이론의 핵심 주장이다. 그리고 이러한 주장은 "가치는 본질적으로 통합되어 있으며 분리될 수 없다"는 관점으로부터 나온다.[1]

1장에서 언급했듯이, 전통적인 경영은 주로 주주가치 극대화와 같은 재무적 성과에 초점을 맞춰 왔다.[2] 그러나 20세기 후반부터 환경 파괴, 노동 착취, 사회적 불평등 등 기업 활동의 외부효과에 대한 비판이 고조되면서 단일 가치 중심의 접근이 지속가능성을 해친다는 관점이 부각되었다. 이에 따라 사회적 가치, 환경적 지속가능성, 윤리적 책임을 기업 경영의 핵심에 포함하려는 흐름이 확산되었고, 이러한 시도는 사회적 기업, 지속가능경영, ESG 경영 등 다양한 형태의 실천으로 발전하였다.

이러한 변화의 흐름 속에서 2003년 에머슨은 사회적 가치, 환경적 가치, 경제적 가치는 궁극적으로 상호 보완적이며, 이를 인위적으로 분리할 것이 아니라 통합적 관점에서 관리하고 창출해야 한다고 강조하였다.[3] 그는 혼합가치이론을 통해 "모든 조직은 일정한 혼합가치를 창출하며, 조직의 핵심 과제는 이 혼합을 전략적으로 설계·관리하는 것"이라고 주장하였다. [그림 5-1]은 3가지 가치가 통합되어 혼합가치를 창출하는 과정을 보여 준다.

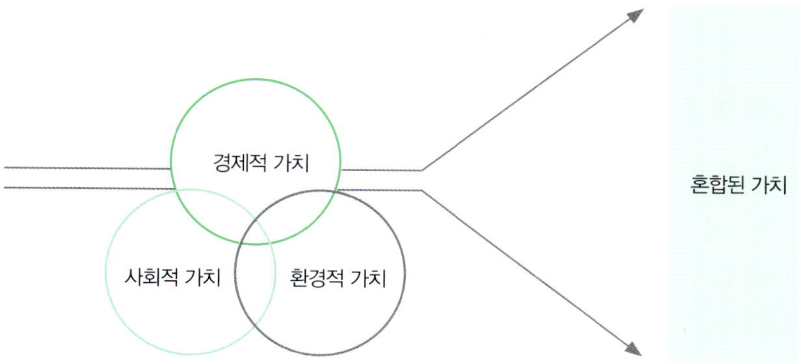

그림 5-1 혼합가치의 창출 과정

혼합가치이론은 특히 사회적 기업과 임팩트 투자 분야에서 널리 적용되어 왔으며,[4] 최근에는 전통적 영리 기업에서도 ESG 경영과 관련하여 이 이론을 받아들이고 있다. 기업이 ESG 요소를 고려해 전략을 설계할 경우, 단기적으로는 비용이 증가할 수 있으나 장기적으로는 브랜드 가치 제고, 투자자 신뢰 확보, 소비자 선호도 증가 등 긍정적 효과가 나타날 수 있다.[5] 예를 들어 친환경 제품을 생산하는 기업은 환경적 책임을 다하는 동시에 친환경 소비를 선호하는 시장의 수요를 충족시켜 경제적 이익도 실현할 수 있다. 마찬가지로 공정무역 원칙을 따르는 기업은 공급망에서의 인권 보호와 윤리적 책임을 강화함으로써 사회적 신뢰를 획득하고 고객 충성도를 높일 수 있다. 이처럼 혼합가치이론은 기업이 사회적 가치를 고려하는 것이 '비용'이 아니라 전략적 '자산'으로 작용할 수 있음을 이론적으로 정당화한다.

한편 요한나 마이어Johanna Mair와 이그나시 마르티Ignasi Martí는 2006년에 발표한 논문에서 **사회적 기업가정신**social entrepreneurship의 맥락에 혼합가치이론을 적용하면서 "사회적 기업은 수익 창출과 사회적 변화를 동시에 추구하며 이를 통해 새로운 조직적 형태를 창출한다"고 설명하였다.[6] 이들은 가치 창출의 기준을 단일한 지표(예 이익, 성장률)로 한정하는 것이 아니라 사회적 영향, 환경적 지속가능성, 조직의 사명 달성 등 다양한 지표를 통합적으로 고려해야 한다고 주장했다.

이와 같이 혼합가치이론은 현대 경영 환경에서 기업이 경제적 효율성과 사회적 책임 사이의 균형을 전략적으로 설계하고 조율할 수 있는 이론적 도구가 된다. 특히 ESG 경영이 확산되면서, 혼합가치이론은 '가치'에 대한 기업의 관점을 단순한 주주 수익을 넘어 사회적·환경적 이해관계자까지 확장하도록 유도하며 기업의 지속가능성과 정당성을 뒷받침하는 핵심 프레임워크로 자리 잡고 있다.

5.2 혼합가치이론의 특징

■ 경제적 가치와 사회적 가치의 통합

앞서 언급했듯이 혼합가치이론은 기업이 경제적 가치와 사회적 가치를 분리된 목표로 설정할 것이 아니라, 이를 통합하여 더 큰 전략적 가치를 창출해야 한다고 주장한다. 즉 기업의 재무적 성과와 사회적 기여는 상충되는 관계가 아니라 상호 보완적인 요소이며, 두 가치를 통합적으로 추구할 때 장기적인 경쟁 우위와 지속가능성을 확보할 수 있다는 것이다. 기존의 주류 경제학적 기업 모델은 사회적 가치를 실현하는 활동을 부차적인 비용이나 규제 대응으로 간주하는 경향이 강했다. 그러나 ESG 경영이 확대되는 최근의 흐름은 CSR 이행이 곧 기업의 평판 리스크 완화, 고객 충성도 제고, 자본 조달의 용이성 등과 직결되는 전략적 자산이라는 인식을 강화시키고 있다.[7]

앞서 예로 들었듯이 친환경 제품을 생산하거나 탄소 배출 감축을 위한 시스템을 도입하는 기업은 소비자에게 윤리적 선택지를 제공하는 동시에 자사의 운영 효율성을 제고하고 장기적인 브랜드 가치를 높이는 이중 효과를 실현할 수 있다. 이러한 통합적 접근은 공정무역, 노동권 보호, 공급망 투명성 제고 등 다양한 사회적 가치 실현 활동에서도 유사하게 나타난다. 공정무역 원칙을 준수하는 기업은 생산자에게 정당한 보상을 제공하면서도 CSR을 이행하는 기업으로서 시장 내 차별화된 신뢰를 구축할 수 있다. 이러한 전략은 단순히 윤리적 기준을 충족하는 데 그치지 않고 소비자와 투자자의 선호를 자극하여 실제 재무 성과에 긍정적 영향을 미치는 방식으로 작용한다.[8] 이러한 CSR 실현은 더 나아가 이해관계자와의 장기적 신뢰 형성에 기여한다. 예컨대 재생가능에너지를 활용하거나 자원 효율성을 높이기 위한 기술적 혁신은 환경 보호에 기여할 뿐 아니라 에너지 비용 절감 및 운영 안정성을 제고하는 결과로 이어질 수 있다. 그리고 환경 보호는 지역사회와 정부의 신뢰를, 에너지 비용 절감 및 운영 안정성 제고는 주주의 신뢰를 높인다.

이처럼 혼합가치이론은 규범적 주장에 그치지 않고 실천적 전략과 재무적 성과를 연결하는 이론적 기반을 제공한다. 혼합가치이론은 기업이 경제적 가치와 사회적 가치를 통합적으로 고려할 때 단기 성과를 넘어 지속가능한 성장을 실현할 수 있다고 주장한다. 이는 기업이 재무 성과와 사회적 책임을 대립항으로 설정할 것이 아니라 조화롭게 결합된 하나의 가치 창출 시스템으로 이해하고 이를 전략적으로 실행에 옮겨야 한다는 점을 시사한다.

■ 환경적 지속가능성 강조

혼합가치이론은 기업이 환경적 책임 이행을 법적 규제 준수 차원이 아니라 장기적인 성과 창출과 경쟁력 확보를 위한 전략적 자산 차원에서 접근해야 한다고 강조한다. 환경적 지속가능성은 현대 기업

경영에서 리스크 대응, 브랜드 가치 향상, 투자 유치 등 다양한 방면에서 재무적 성과에 직결되는 핵심 요소로 작동하기 때문이다.

환경적 지속가능성 추구란 기업이 자원 소비, 에너지 사용, 탄소 배출 등과 같은 환경적 영향을 최소화하는 동시에 생태계의 장기적 보전을 고려한 경영 전략을 수립하는 것을 의미한다.[9] 이러한 전략은 더 이상 단기적 비용으로 인식되지 않고, 기업의 평판 자산reputational capital 축적과 ESG 투자자 유치를 위한 핵심 기준이 된다.[10] 예컨대 재생가능에너지 전환, 순환경제 체계 도입, 탄소 중립 선언과 같은 활동은 소비자에게는 윤리적 소비의 선택지를 제공하고 투자자에게는 장기적 리스크 관리 및 성장 잠재력 확보가 이루어지고 있음을 암시한다.

결론적으로 혼합가치이론은 기업이 환경을 고려한 전략을 수립함으로써 경제적 가치와 환경적 가치를 동시에 창출할 수 있으며, 이는 조직의 생존가능성과 지속가능한 경쟁 우위를 공고히 하는 실천 전략으로 기능한다고 강조한다. 그런 만큼 기업은 환경적 지속가능성을 단순한 규제 대응이 아닌 가치 창출을 위한 구조적·전략적 선택으로 재인식할 필요가 있다.

■ 측정 가능한 비재무적 성과 중시

현대 기업은 이해관계자·환경·지역사회와의 관계에서 발생하는 비재무적 요소가 기업의 지속가능성과 장기 성장에 실질적인 영향을 미친다는 사실을 점점 더 인식하고 있다.[11] 이에 따라 혼합가치이론은 폐기물 감소율, 재활용률, 탄소 배출량, 공급망 내 윤리 기준 준수 비율, 사회 공헌 프로그램 운영 개수 등과 같은 정량적인 비재무적 성과 지표를 적극적으로 도입할 것을 제안한다.

예를 들어 기업이 탄소 배출 저감 기술을 도입하고 그 효과를 연도별 배출량 변화로 수치화하여 ESG 보고서를 통해 공개하는 경우, 이는 지속가능경영의 신뢰성과 실행력을 입증하는 지표가 된다. 이러한 정량적 성과는 투자자와 소비자에게 투명성을 제공하고 기업의 책임성과 미래 성장 가능성에 대한 신뢰를 높이는 역할을 한다. 따라서 기관투자자들이 비재무적 성과에 기반한 ESG 평가 지수를 활용하여 자산 배분 결정을 내리는 경향이 증가하고 있으며, 이는 기업이 지속가능성과 재무 건전성을 동시에 확보해야 할 필요성을 강화한다.[12]

혼합가치이론은 **사회적 영향의 계량화**를 통해 기업의 CSR 활동이 실제로 어떤 변화를 창출했는지 증명할 수 있어야 한다고 주장한다. 예컨대 한 기업이 청년 고용 지원 프로그램을 운영하면서 교육 이수자 수, 취업 전환률, 소득 변화 등을 정기적으로 추적하고 공개하면 이를 통해 해당 기업은 실질적이고 측정 가능한 사회적 가치를 창출하고 있음을 외부에 전달할 수 있다.[13]

이렇듯 혼합가치이론은 기업이 창출하는 모든 가치가 재무적 수치로 환원될 수 없다는 점을 전제로 경제적 성과와 비재무적 성과를 통합적으로 측정·관리하는 프레임워크를 제시한다. 이는 ESG 시대의 기업 전략 수립에 있어 핵심적인 실천 원리로 작용하며 지속가능한 성장과 이해관계자 기반의 신뢰 구축을 위한 이론적 근거를 제공한다.

■ 혁신을 통한 문제 해결

한편 혼합가치이론은 기업이 단순히 경제적 성과에 집중하는 기존 경영 패러다임을 넘어 사회적·환경적 문제를 혁신적으로 해결함으로써 통합적인 가치를 창출할 수 있다는 관점을 제시한다. 에머슨은 "경제적 가치와 사회적 가치는 상호 독립적인 요소가 아니라 전략적 통합을 통해 상호 강화될 수 있는 혼합가치"라고 설명하면서 이러한 통합은 전통적인 방식과는 다른 방식의 사고와 실행, 즉 '혁신'을 통해 실현 가능하다고 보았다.

혼합가치이론에서 말하는 혁신은 기술 혁신을 넘어 조직 모델, 비즈니스 프로세스, 가치사슬 전반에 걸친 구조적 재설계를 포함한다.[14] 예컨대 지속가능한 원자재를 활용하거나 폐기물을 자원으로 전환하는 기술은 기업의 생산 비용을 절감함과 동시에 환경적 영향을 최소화하여 경제적 이익과 환경적 책임을 동시에 달성하는 이중 가치 창출을 가능하게 한다. 특히 디지털 전환과 플랫폼 기반 서비스의 발전은 혼합가치 창출에 있어 강력한 혁신 수단으로 기능한다. 예를 들어 모바일 기술을 활용한 **마이크로금융**microfinance 서비스는 은행 시스템에서 소외된 저소득층에게 금융 접근성을 제공하는 동시에 새로운 시장을 개척하여 기업의 수익을 증대시키는 성과를 낳았다.[15] 이러한 방식은 기업이 전통적인 고객군에서 더 나아가 새로운 사회적 수요를 발견하고 **포용적**inclusive **비즈니스 모델**을 통해 사회 문제 해결과 수익 창출을 동시에 달성할 수 있음을 보여 준다.

또한 혁신은 이해관계자 참여 기반의 협력적 문제 해결로도 확장된다. 기업이 지역사회, 시민단체, 정부기관과 협력하여 지속가능성 과제를 공동으로 해결하는 접근은 **공동설계**co-creation 전략으로 기능한다. 이 과정에서 기업은 이해관계자와의 신뢰를 바탕으로 사회적 정당성을 확보하고 새로운 시장 기회를 지속적으로 창출할 수 있다.[16] 이처럼 공동설계를 통해 기업이 사회적 정당성을 확보하고 새로운 시장 기회를 지속적으로 창출하는 과정은 운영 전략을 넘어 하나의 혁신이 된다. 따라서 공동설계는 혼합가치 창출에서 중요한 혁신적 접근 방식이다.

혼합가치이론에서의 혁신은 제품이나 서비스의 개선 차원에 머물지 않고 기업의 사명, 운영 방식, 가치 창출 메커니즘 전반을 재정의하는 데 초점을 둔다. 기업은 혁신을 통해 단기적인 효율성뿐만 아니라 장기적인 지속가능성과 사회적 임팩트를 실현할 수 있는 경영 전략을 수립할 수 있다. 이처럼 혼합가치이론은 경제적 이익과 사회적 책임을 혁신적으로 통합하는 조직 역량을 강조하는 이론적 틀로서 오늘날 ESG 시대의 핵심적 실천 전략을 제시한다.

혼합가치이론의 주요 학자

존 엘킹턴

존 엘킹턴John Elkington은 지속가능성 연구 및 CSR 논의에 선구적인 역할을 한 학자로, 1997년에 트리플 보텀 라인 개념을 제시하며 기업 경영의 패러다임 전환을 촉진하였다.[17] 그는 전통적인 기업 경영이 재무적 성과, 즉 이윤에만 초점을 맞추는 것은 기업의 지속가능성과 사회적 정당성을 확보하는 데 한계를 가져온다고 비판하였다. 이에 따라 기업의 성과를 평가할 때 환경, 사회, 경제의 3가지 축을 통합적으로 고려해야 한다고 주장하였다. 이 3가지 축은 각각 '지구', '사람', '이윤'이라는 요소로 연결되며, 이를 종합적으로 관리하는 것이 지속가능경영이라고 보았다.

엘킹턴은 기업이 사회와 환경에 미치는 영향을 단순히 외부 비용으로 전가하는 것이 아니라 그 책임을 내부화하고 지속가능한 경영 전략으로 전환해야 한다고 강조하였다. 이는 기업이 경제적 가치와 사회적·환경적 가치를 통합적으로 추구해야 한다는 혼합가치이론의 주장에 이론적 토대를 제공한다. 특히 엘킹턴의 트리플 보텀 라인 개념은 혼합가치이론의 실천적 구현 수단으로도 간주되며, 기업의 전략 수립, 성과 측정, 이해관계자와의 관계 설정에 있어 중요한 철학적·조직적 지침이 된다. 그는 또한 2018년 《하버드비즈니스리뷰》에 기고한 칼럼에서 '트리플 보텀 라인 개념의 재점검'을 선언하며, 이 개념이 초기에 마케팅 수단으로 과도하게 왜곡되었음을 지적하고 보다 근본적인 시스템 변화와 가치 재정립이 필요하다고 주장하였다.[18] 이는 혼합가치이론이 경제적 성과에 사회적 책임을 덧붙이는 수준을 넘어 가치 창출 구조 전반을 재구성해야 한다는 점을 시사하며 오늘날 ESG 경영과도 밀접한 이론적 연계성을 갖는다.

제드 에머슨

제드 에머슨Jed Emerson은 혼합가치이론의 개념을 최초로 체계화한 학자로, 사회적 가치와 재무적 가치는 상호 배타적인 목표가 아니라 본질적으로 통합되어야 한다고 주장하며 기업 경영의 새로운 패러다임을 제시하였다. 그는 2003년에 발표한 논문 〈혼합가치 제안: 사회적 가치와 재무적 수익의 통합The Blended Value Proposition: Integrating Social and Financial Returns〉에서 "조직은 단순히 사회적 혹은 재무적 수익만을 창출하는 것이 아니라 본질적으로 '혼합가치'를 창출한다"고 주장하였다.[19] 에머슨은 기존의 기업 경영이 경제적 이익만을 중심으로 운영되어 왔던 방식을 비판하며 사회적 투자social investment, 임팩트 투자, CSR, 사회적 기업과 같은 다양한 형태의 조직 활동이 경제적 수익성과 사회적 임팩트를 동시에 추구할 수 있다고 설명하였다.

이러한 관점은 전통적인 '이윤 vs. 공익'이라는 이분법적 사고에서 벗어나 기업이 창출하는 가치의 총합을 보다 통합적이고 다차원적으로 평가해야 함을 알려준다. 특히 혼합가치의 실현 가능성을 뒷받침하기 위해 사회적 성과 측정의 필요성을 강조하면서 사회적 투자 수익률(SROI)Social Return on Investment과 같은 측정 도구를 통해 기업 활동이 환경·사회·경제에 미치는 영향을 정량화하고 이를 경영 전략 수립과 의사결정에 반영해야 한다고 주장하였다.

에머슨의 이론은 사회적 기업뿐만 아니라 전통적 영리 기업에도 적용 가능하다는 점에서 혼합가치이론의 확장성과 실천 가능성을 높였다. 또한 기업이 지속가능한 방식으로 경제적 이익을 창출하려면 사회적·환경적 책임을 경영 전략의 중심에 통합해야 하며 이는 단기적 성과보다 장기적 가치 창출에 있어 더 효과적인 접근이라고 강조하였다.

요한나 마이어와 이그나시 마르티

요한나 마이어Johanna Mair와 이그나시 마르티Ignasi Marti는 사회적 기업가정신과 혼합가치이론을 연결하는 연구를 통해 혼합가치 창출의 실천적 메커니즘을 구체화한 학자들이다. 이들은 2006년에 발표한 논문 〈사회적 기업가정신 연구: 설명, 예측, 그리고 기쁨의 원천Social Entrepreneurship Research: A Source of Explanation, Prediction, and Delight〉에서 사회적 기업가정신이 경제적 가치와 사회적 가치를 통합하는 핵심 경로임을 강조하였다.[20] 두 학자는 사회적 기업이 전통적인 시장 기반 논리와 공공의 이익을 동시에 추구함으로써 혼합가치를 실현할 수 있는 제도적 실험장이 될 수 있다고 분석하였다. 또한 사회적 기업가들이 사회 문제를 해결하는 데 그치지 않고 새로운 조직 모델과 자원 활용 방식을 통해 기존 시스템을 혁신하며 경제적 지속가능성과 사회적 영향력을 동시에 확보하는 방식을 제시한다고 주장하였다. 이러한 주장은 혼합가치이론이 단지 이론적 개념이 아니라 실제 조직 운영과 전략 설계에 있어 구체적인 실행 기반을 가질 수 있음을 보여 준다.

특히 사회적 기업가정신이 제도적 공백을 메우고 사회적 약자의 역량을 강화하는 과정에서 사회적 약자의 경제적 자립과 이로 인한 사회의 변화라는 이중 목적을 달성할 수 있는 메커니즘이라고 보았다. 이들은 사회적 기업의 활동이 기존 시장 구조나 국가 개입만으로 해결되지 않는 문제를 다루는 데 효과적이며, 이러한 활동이 곧 혼합가치 창출과 연결된다고 설명하였다. 이들의 연구는 혼합가치이론이 사회적 기업가정신의 핵심 철학이자 실천 전략임을 이론적으로 증명하는 동시에 복잡한 사회 문제 해결을 위한 경영학적 접근의 가능성을 확장시켰다.

알렉스 니콜스

알렉스 니콜스Alex Nicholls는 사회적 기업과 혼합가치 회계 분야에서 중요한 공헌을 한 학자이다. 그는 2009년에 발표한 논문 〈"우리는 좋은 일을 하고 있잖아요, 그렇죠?": 사회적 기업가정신에서의 '혼합가치 회계'We do good things, don't we?": 'Blended Value Accounting' in Social Entrepreneurship〉에서 혼합가치이론을 사회적 회계의 맥락에서 발전시켰다. 니콜스는 사회적 기업이 창출하는 경제적 가치와 사회적 가치를 이분법적으로 분리하는 기존 측정 방식을 비판하고 이 두 가지 가치를 통합적으로 평가할 수 있는 회계 프레임워크의 필요성을 제시하였다. 그는 혼합가치가 실제 조직 경영과 전략 수립에 영향을 미치는 실천적 개념임을 강조하였으며 혼합가치이론이 사회적 기업의 정체성 형성과 경영 성과 분석에도 활용될 수 있음을 입증하였다.

5.3 혼합가치이론과 지속가능경영, 그리고 ESG

■ 경제적 가치와 사회적 가치를 통합하는 ESG 전략

혼합가치이론과 지속가능경영, ESG 경영이 얼마나 밀접하게 연결되어 있는지 알려주는 연구가 바로 2장에서 소개했던 바로 프리더, 부시, 바센의 연구이다. 이들은 ESG와 기업의 재무 성과 간의 관계를 실증적으로 분석한 대표적인 연구를 통해 혼합가치이론의 실천적 근거를 제공했다. 2015년 발표한 메타연구 〈ESG와 재무 성과: 2,000편 이상의 실증 연구로 종합한 증거ESG and Financial Performance: Aggregated Evidence from More than 2000 Empirical Studies〉에서 이 세 명의 학자들은, ESG 요소를 고려하는 기업들이 장기적으로 경제적 성과와 사회적 성과를 동시에 달성할 가능성이 높다는 점을 밝혔다.[21] 이 연구는 2,000건 이상의 실증 연구 결과를 종합해 분석한 것으로, ESG 경영이 단기적인 비용 증가로 귀결된다는 기존의 비판적 시각과는 달리 ESG를 통합적으로 고려하는 기업들이 재무 성과 측면에서도 일관되게 긍정적인 효과를 경험하고 있다는 점을 입증하였다.

이 메타연구에 인용된 개별 연구 중 하나는 다국적 제약 기업 존슨앤드존슨Johnson & Johnson이 ESG 지표에서 높은 평가를 받을수록 주가 안정성과 장기 수익률이 개선되었다는 분석 결과를 보여 준다. 특히 존슨앤드존슨은 제품 안전성과 윤리적 공급망 관리, 지속가능한 사회 공헌 전략을 통해 고객과 투자자의 신뢰를 유지하였고, 이는 금융 위기 시기에도 상대적으로 높은 기업 가치를 유지할 수 있었던 요인이 되었다. 이 사례는 경제적 가치와 사회적·환경적 가치를 상호 배타적인 요소가 아니라 상호 보완적이며 통합 가능한 가치로 간주하는 혼합가치이론의 핵심 명제를 증명한다.

그림 5-2 **경제적 가치와 사회적 가치를 통합할 수 있음을 보여 준 존슨앤드존슨의 로고**

특히 이들은 환경적 지속가능성, 사회적 책임, 지배구조의 투명성과 같은 ESG 요소가 기업의 리스크를 줄이고 자본 비용을 절감하며 장기적인 투자 안정성을 제고하는 방식으로 작용한다고 분석하였다. ESG 성과가 뛰어난 기업은 투자자와 이해관계자들로부터 더 높은 신뢰를 얻고 시장에서 긍정적인 평판을 확보하여 경쟁 우위를 확보할 수 있다는 것이다. 이는 혼합가치이론이 주장하는 '경제 성과와 사회 성과의 동시 실현'이라는 가치 지향적 프레임을 실증적으로 뒷받침하는 연구로 평가된다.

이 연구는 ESG 경영이 전략적으로 혼합가치 창출에 기여할 수 있는 구체적 경로를 제시함으로써 기업이 단순한 규제 대응이 아닌 장기적 성과 기반의 통합적 가치 창출 전략을 수립할 수 있도록 이론적·경험적 토대를 제공하였다. 예를 들어 한 글로벌 자동차 제조업체가 전기차 생산에 집중함으로써 탄소 배출을 줄이고 동시에 전 세계 소비자들에게 혁신적인 교통 수단을 제공했다면 경제적 가치(전기차 판매 수익)와 사회적 가치(환경 보호)를 통합한 혼합가치 창출을 보여준 모범 사례로 볼 수 있다.

이렇듯 혼합가치이론은 기업이 ESG 경영을 통해 소비자, 투자자, 지역사회와 같은 이해관계자들의 요구를 만족시키는 동시에 기업의 경쟁력을 강화한다는 사실을 보여 준다.

혼합가치이론과 기업 사례 연구 파타고니아

파타고니아Patagonia는 친환경 아웃도어 의류 기업으로, 설립 초기부터 환경 보호와 지속가능성을 핵심 경영 철학으로 삼고 제품 생산에 있어 재생가능한 자원과 재활용 소재를 적극 활용함으로써 환경적 책임을 실현하는 동시에 고품질의 제품을 시장에 제공하고 있다. 예를 들어 재활용 플라스틱병, 폐어망, 폐섬유 등을 원료로 한 섬유를 활용해 의류를 제작하는데, 이와 같은 제품 혁신을 통해 자원 순환과 탄소발자국 감소를 동시에 추구한다. 파타고니아는 2025년까지 전사적으로 탄소 중립을 달성하겠다는 명확한 목표를 수립하고 공급망 단계까지 포괄하여 재생가능에너지 전환, 공정무역 인증Fair Trade Certification 확대, 물 소비 절감 기술 도입 등을 추진하고 있다.

파타고니아의 전략은 환경적 차원뿐만 아니라, 사회적 책임 영역에서도 강력한 실천을 보여 준다. 이 기업은 '지구를 위한 1퍼센트1퍼센트 for the Planet' 캠페인을 통해 연간 수익의 1퍼센트를 환경 보호 단체에 기부하고 있으며 1985년 이후 누적 기부금은 1억 달러 이상에 달한다.[22] 이러한 활동은 실제로 파타고니아에 어떤 영향을 미쳤을까? 결론은, 단순한 이미지 마케팅에 머무르지 않고 실제로 재무적 성과와 긍정적인 소비자 반응을 불러왔다는 점이 핵심이다. 예를 들어 파타고니아는 공정무역 인증 시스템을 확대하고 지역사회와의 교육 협력, 근로자 복지 강화 등 다양한 방식으로 사회적 책임을 실행 왔으며, 이러한 활동은 소비자들에게 파타고니아가 '믿을 수 있는 브랜드,' '윤리적 소비의 대표 브랜드'라는 인식을 심어 주었다.

특히 2022년 창립자 이본 취나드Yvon Chouinard가 자사의 모든 주식을 환경 보호와 기후위기 대응에 전용하는 신탁기구Patagonia Purpose Trust에 양도함으로써 기업 전체를 '지속가능성과 사회적 사명'을 위한 도구로 전환한 사례로도 주목받았다.[23] 이와 같은 경영 방식은 파타고니아가 사회적·환경적 책임을 수행하면서 이를 통해 시장에서의 차별성과 경쟁력을 확보하며 장기적 재무 성과를 실현하고 있음을 보여 준다. 실제로 파타고니아는 지속가능한 소비를 지향하는 글로벌 소비자층의 신뢰와 충성도를 기반으로 매출과 브랜드 가치 모두를 안정적으로 성장시켜 왔다.[24]

이러한 신뢰는 수치로도 입증된다. 파타고니아는 2011년 기준 약 5억 7천만 달러였던 연매출을 2017년까지 약 10억 달러로 성장시켰으며 이후로도 안정적인 성장세를 이어오고 있다. 파타고니아의 브랜드 가치는 최근 추정에 따르면 35억 달러로 평가되며, 이는 환경적·사회적 책임의 강력한 실천이 장기적 경쟁력으로 전환되었음을 의미한다.

파타고니아 사례는 혼합가치이론의 핵심 명제, 즉 사회적 책임과 경제적 이익은 통합적으로 추구될 수 있으며 이 통합은 기업의 지속가능성과 전략적 성장을 가능하게 한다는 주장을 실증한다. 혼합가치이론이 단지 이론적 선언이 아니라 기업 경영의 실질적인 전략과 성과 창출 구조로 작동할 수 있음을 보여주는 대표적 사례인 것이다. 특히 ESG 요소를 경영 전반에 내재화하고 이를 통해 기업의 목적과 운영 방식을 재정의함으로써 이해관계자 기반의 가치 창출 전략이 어떻게 구체적 성과로 이어질 수 있는지를 잘 보여 준다. 요컨대 혼합가치이론이 ESG 경영과 지속가능성을 실현하는 데 있어 효과적이고 실천적인 이론적 기반이 될 수 있음을 재확인시켜 주는 모범 사례다.

5.4 혼합가치이론으로 바라본 지속가능경영과 ESG 연구

2부에서는 각 이론들을 기반으로 수행된 대표적인 연구 논문들을 소개하고자 한다. 이 연구들은 지속가능경영과 ESG 경영이 학문적 논의에 갇히지 않고 기업의 전략과 성과, 나아가 사회적 정당성 확보와 같은 실질적 영역에 영향을 미치고 있음을 실증적으로 보여 준다. 이 연구들을 통해 해당 이론이 어떠한 방식으로 기업의 지속가능성과 연결되는지를 좀더 구체적으로 이해할 수 있을 것이다.

연구 1 〈혼합가치 창출: 역량의 매개적 역할〉*

이 연구는 인도의 사회적 기업가들이 사회적 사명과 상업적 목표를 어떻게 조화롭게 실현해 나가는지를 탐구한 실증 연구이다. 연구자는 기업가들의 의도를 탐색하고, 이들이 조직을 실제로 운영해 나가는 과정에서 어떤 생각과 행동을 통해 혼합가치를 만들어 내는지를 주의 깊게 관찰하였다. 연구에 참여한 사람들은 비영리 단체인 아쇼카Ashoka재단과 연결된 사회혁신가들로, 주로 농촌의 빈곤 문제, 여성 교육의 접근성, 깨끗한 물 공급 등 다양한 사회적 문제를 해결하고자 노력하고 있었다. 이들은 사회적 가치를 추구하는 동시에 경제적 지속가능성을 확보해야 했기에 일반 기업과 마찬가지로 수익 창출, 고객 관계, 시장 경쟁이라는 도전에 직면해 있었다.

이 기업가들이 보여준 가장 인상적인 점은 사회적 이상만으로는 혼합가치를 실현할 수 없으며 복합적인 경영 역량이 반드시 뒷받침되어야 한다는 사실이었다. 이들은 변화하는 시장 환경을 민감하게 읽고 자신이 속한 지역사회의 의견을 경청하며 때로는 수익성과 사회적 사명의 균형을 유지하기 위해 팀의 운영 방식을 새롭게 조정하기도 했다.

한 여성 기업가는 지역 여성을 고용하여 수공예 제품을 만들고 이를 도시 소비자에게 판매하는 방식을 통해 일자리와 수익을 동시에 창출하였다. 또 다른 기업가는 마을 주민들과 정기적인 소통을 이어가며 고객의 목소리를 제품과 서비스에 반영하였고, 그 결과 고객 충성도를 높일 수 있었다. 한 기업가는 기존의 기부금 의존형 사업 모델에서 벗어나 자력으로 수익을 내는 구조로 전환하면서도 장애인을 고용하겠다는 초기의 사명을 포기하지 않았다.

이러한 사례들은 일견 사회적 기업가의 이야기로 보일 수 있으나 실상은 오늘날 일반 영리 기업이 ESG 경영을 실천하면서 마주하는 문제와 매우 유사하다. ESG 경영도 환경·사회·지배구조라는 3가지 가치를 함께 실현해야 하며 그 과정에서 발생하는 충돌과 균형의 문제는 이중 목표를 추구하는 사회적 기업과 동일한 양상을 보인다.

---

* Kummitha, R. K. R. 2022. Blended Value Creation: The Mediating Role of Competences, *California Management Review*, 65(1), 147–170.

이 연구는 ESG 경영이 단순히 평가 지표를 준수하는 기술적 활동이 아니라 조직 내부의 구성원과 외부 이해관계자 간의 협력, 신뢰 구축, 윤리적 판단 등 다차원적인 역량의 결합이 필요하다는 점을 강조한다. 특히 혼합가치이론의 관점에서 ESG는 추상적 개념이 아니라 다양한 가치 사이에서 조정과 통합을 실현하려는 실천적 전략이며, 이러한 통합의 중심에는 사람과 관계, 그리고 경영 역량이 있다는 사실을 뚜렷하게 보여 준다.

결과적으로 이 연구는 개발도상국이라는 맥락 속에서도 혼합가치 창출은 가능하며 비영리적 활동에 머무르지 않고 전략적 경영의 형태로 확장될 수 있음을 보여 준다. 이는 ESG 경영을 보다 인간 중심적이고 관계 지향적인 방향에서 재해석할 수 있도록 돕는 이론적·실천적 기반을 제공한다.

연구 2 〈격동의 시대에 나타나는 제도적 복잡성: 형식화, 협력, 그리고 혼합 논리의 출현〉**

이 연구는 서로 다른 목적과 규범이 동시에 작동하는 환경에서 조직이 어떤 방식으로 상충되는 가치를 조율하고 새로운 조직 운영 방식을 만들어 내는지를 보여 준다. 특히 환경이 불안정하고 외부의 요구가 복잡한 상황에서는 조직 내부에서 두 가지 상반된 논리가 충돌하게 된다. 하나는 시장 논리, 즉 수익성과 효율성 중심의 경제적 가치이고, 다른 하나는 사회적 논리, 즉 사회적 책임, 고용 창출, 공동체 기여 등의 가치이다.

연구 대상이 된 조직은 비영리 사회적 기업이었지만, 이들은 외부의 정부지원금이나 공공계약을 통해 기업을 운영하고 있었기 때문에 시장 논리의 압력 또한 강하게 받고 있었다. 예를 들어 실적과 품질 기준을 달성하기 위해 업무 절차를 엄격히 표준화하는 동시에, 취약 계층에 일자리 및 훈련을 제공할 수 있도록 유연한 운영도 실행해야 했다. 이처럼 한 조직 안에서 두 가지 제도 논리가 동시에 중심적 역할을 했고, 이로 인해 조직 내부에서는 끊임없는 긴장과 갈등이 발생하였다.

이 연구가 주목한 지점은 이러한 갈등이 단순히 "협력하라"는 지시나 "규칙에 따르라"는 접근만으로는 해결되지 않았다는 점이다. 연구에서 소개한 사례 중 하나인 '델타Delta' 조직은 처음에는 두 논리를 분리하여 적용하였다. 일상 운영에서는 규칙을 적용하고 사회적 미션은 별도 활동으로 다루는 방식이었다. 그러나 시간이 지나면서 두 목표가 충돌하게 되었고 구성원들 사이에서도 혼란이 발생하였다.

이에 따라 델타는 새로운 방식을 시도하였다. 규칙과 협력이 단계적으로 연결된 구조를 만든 것이다. 예를 들어 회의 절차를 문서화하고 각자의 역할을 분명히 하면서도 회의 도중에는 다양한 입장을 가진 사람들이 자신의 우선순위와 판단 근거를 자유롭게 설명하도록 요구하였다. 단순히 형식화 또는

** Ramus, T., Vaccaro, A., and Brusoni, S. 2017. Institutional Complexity in Turbulent Times: Formalization, Collaboration, and the Emergence of Blended Logics, *Academy of Management Journal*, 60(4), 1253–1284.

협력 중 하나를 강요하는 것이 아니라 '형식화된 협력'과 '협력적 형식화'가 동시에 작동하게 하는 구조를 만든 것이다. 그 결과, 조직 내에서 서로 다른 가치를 추구하는 사람들이 공동의 판단을 내릴 수 있는 틀이 마련되었고 그 과정에서 완전히 새로운 운영 원칙, 즉 '혼합 논리blended logic'가 자연스럽게 형성되었다.

이 연구는 비영리 사회적 기업의 사례에 초점을 맞추고 있지만 일반 기업의 ESG 경영에도 직접적인 시사점을 준다. 실제로 ESG 경영에서도 환경·사회·지배구조라는 가치가 서로 충돌할 수 있으며, 이러한 갈등은 단순히 매뉴얼로 해결하거나 조직 문화에만 맡겨서는 안 된다. 오히려 이 연구는 상충되는 가치들을 조직 내 제도 설계를 통해 구조적으로 조율할 수 있어야 한다는 점을 강조한다. 특히 ESG 실천이 조직 내부의 의사결정 구조, 절차, 구성원 간 상호 작용을 어떻게 설계하느냐에 따라 성공 여부가 결정된다는 점을 보여 준다.

이 연구가 ESG 경영을 준비하는 기업에 주는 교훈은 서로 다른 가치가 조직 내에 존재할 때 그 긴장을 없애려 하기보다는 조율할 수 있는 구조적 장치를 만들라는 것이다. 그 장치가 바로 협력과 형식화를 연결해 주는 운영 구조이며 이것이 혼합가치 창출의 핵심 조건이다.

연구 3 〈짚을 금으로 바꾸기: 마이크로금융에서 표준화와 유연성 간의 조직적 긴장 관리〉***

이 연구는 멕시코의 대형 마이크로금융 기관을 연구 대상으로 설정하고 5개월간의 현지 참여 관찰, 인터뷰, 문서 수집을 통해 조직 내부의 규율 시스템과 실무 실행 방식을 분석한 결과물이다. 동시에 2004년부터 2008년까지 수집된 약 45만 건의 대출 데이터를 기반으로 통계적 분석을 수행하여 규율 중심의 집행 스타일과 관계 중심의 집행 스타일이 각각 성과에 미치는 영향을 측정하였다.

마이크로금융 기관은 효율적인 운영을 위해 규칙과 절차의 일관된 적용을 필요로 하는 한편, 저소득층 고객들의 다양한 사정과 예외 상황에도 민감하게 대응해야 한다는 이중 과제에 직면한다. 이러한 상반된 요구는 곧 조직 내부의 갈등과 긴장으로 나타난다. 연구 대상 기관은 약 45만 건의 대출을 실행하며 전국적으로 운영되는 조직으로, 서로 다른 방식으로 일하는 두 유형의 대출 담당자들이 존재했다. 첫 번째 유형은 '규율 중심' 집행자로, 이들은 조직에서 정한 규칙을 철저하게 따르며 업무를 처리했다. 두 번째 유형은 '관계 중심' 집행자로, 이들은 고객의 개별 상황을 고려하여 유연하게 판단하고 예외를 인정하며 업무를 처리했다.

연구 결과에서 가장 중요한 발견은 조직 내에 두 집행 유형 중 하나만 존재할 경우 조직 성과가 낮아

*** Canales, R. 2014. Weaving Straw into Gold: Managing Organizational Tensions Between Standardization and Flexibility in Microfinance. *Organization Science*, 25(1), 1–28.

진다는 점이었다. 규율 중심 직원만 있는 지점에서는 고객의 현실을 반영하지 못해 불만이 누적되었고 관계 중심 직원만 있는 지점에서는 일관성과 내부 기준이 흔들려 운영의 안정성이 약화되었다. 반면 두 유형의 집행자가 함께 존재하는 지점, 즉 다양한 스타일이 공존하면서 서로의 시각을 조율해야 하는 구조를 가진 지점은 오히려 가장 뛰어난 성과를 보여주었다. 이 지점에는 단지 다양한 직원이 존재하기만 한 것이 아니었다. 이들은 정기적인 회의와 상호 검토를 통해 의사결정의 정당성과 조직 전체의 방향성을 유지하려 노력하였다. 이와 같은 구조는 조직 내부에서 가치 충돌이 문제로 상존하지 않고 오히려 성과로 전환되는 조건이 될 수 있다는 점을 보여 준다.

이 연구는 혼합가치이론의 관점을 실증적으로 보여준 대표적 사례이다. 혼합가치이론은 조직이 경제적 가치와 사회적 가치를 동시에 추구할 수 있으며 이 두 가치가 서로 충돌하는 것이 아니라 조율과 구조적 설계를 통해 통합될 수 있음을 전제로 한다. ESG 경영의 실천에서도 이와 같은 가치 간 긴장이 빈번히 발생하는데, 본 연구는 그러한 긴장을 단순히 억제하거나 회피하기보다는 제도적 장치를 통해 생산적으로 관리하는 것이 효과적인 전략이 될 수 있음을 보여 준다. 또한 조직 내부의 상충된 논리가 어떻게 조율될 수 있는지 그 방법을 제시하며 혼합가치이론이 실제 조직 운영에 적용될 수 있는 유효한 틀임을 경험적으로 입증함으로써 ESG 경영의 전략적 설계와 지속가능한 조직 운영에 매우 유용한 통찰을 제공한다.

DISCUSSION 5장 | 토론 과제

주제 1: 기업은 이윤 극대화와 사회적 가치 창출 중 무엇을 우선시해야 하는가

배경

전통적인 경영 이론에서는 기업의 주요 목적이 주주의 이익을 극대화하는 것이라고 보았다. 그러나 혼합가치이론은 경제적 이익과 사회적 가치를 동시에 창출할 수 있다고 주장한다. ESG 경영이 중요해지면서 기업이 반드시 사회적 책임을 수행해야 한다는 목소리가 커지고 있는 반면, 일각에서는 사회적 가치를 추구하는 것이 비용 증가로 이어지고 단기적인 이익을 저해할 수 있다는 우려하기도 한다.

의견 ❶: 기업은 사회적 가치 창출을 우선시해야 한다

- 기업은 단순한 이윤 극대화보다 지속가능한 경영을 목표로 해야 하며 사회적 가치를 창출하는 것이 장기적인 성장과 경쟁력 강화에 기여한다.
- ESG 경영과 사회적 가치 실현은 기업의 브랜드 이미지 개선과 투자 유치에 긍정적인 영향을 미친다.
- 이해관계자 중심의 경영은 기업의 지속가능성과 재무적 성과를 동시에 달성하는 효과적인 전략이 될 수 있다.

의견 ❷: 기업은 이윤 극대화를 우선시해야 한다

- 기업의 본질적인 목적은 주주의 이익을 극대화하는 것이며 사회적 가치 창출은 필수적인 요소가 아니다.
- 사회적 가치 창출을 강조하면 기업 운영의 효율성이 저하될 가능성이 있다.
- 주주와 이해관계자 간의 균형을 맞추는 것은 현실적으로 어려울 수 있다.

생각의 확장

기업의 존재 목적은 시대적 환경과 사회적 요구, 그리고 이해관계자의 기대에 따라 다르게 해석할 수 있다. 위에 제시된 두 의견 역시 기업이 무엇을 우선시해야 하는지에 대한 서로 다른 관점을 반영한다. 사회적 가치 창출을 강조하는 입장은 지속가능성과 장기적 경쟁력을 중시하는 반면, 이윤 극대화를 우선시하는 입장은 기업의 본질적 목적을 강조한다. 어느 쪽 입장이 더 설득력이 있는가? 나아가 두 의견을 절충하여 이윤과 사회적 가치를 동시에 추구할 수 있는 조화로운 경영 전략을 마련할 방법은 없는가?

주제 2: 혼합가치이론은 모든 기업에 적용될 수 있는가

배경

혼합가치이론은 경제적 가치와 사회적 가치를 동시에 창출하는 것이 가능하다고 주장하지만, 일부 업종이나 기업 환경에서는 적용이 어려울 수도 있다. 예를 들어 비용 절감이 중요한 중소기업이나 전통적인 제조업에서는 ESG 경영이 부담으로 작용할 수 있으며, 단기적인 수익성 저하로 인해 혼합가치 창출이 현실적으로 어렵다고 볼 수도 있다. 반면 친환경 기업이나 사회적 기업은 혼합가치 창출을 경영 전략의 핵심 요소로 삼고 있다.

의견 ❶: 혼합가치이론은 모든 기업에 적용될 수 있다

- 혼합가치이론은 산업과 기업 규모에 관계없이 일률적으로 적용될 수 있으며 기업의 장기적인 지속가능성을 높이는 전략이 된다.
- 중소기업이나 신생 스타트업도 혼합가치를 창출하는 전략과 실행 방안을 마련할 수 있다.
- ESG 경영은 기업의 재무 성과에 긍정적인 영향을 미치며 단기적인 투자 부담이 아닌 장기적인 수익성을 확보하는 요소가 된다.

의견 ❷: 혼합가치이론은 모든 기업에 적용될 수 없다

- 혼합가치이론은 특정 산업이나 기업 규모에서만 효과적이며 모든 기업에 보편적으로 적용되기 어렵다.
- 중소기업과 스타트업이 ESG 경영을 실천하는 것은 현실적으로 과도한 부담을 초래할 수 있다.
- ESG 경영이 단기적인 재무 성과를 저해할 가능성이 있으며 기업은 이를 극복하기 위한 구체적인 방안을 마련해야 한다.

생각의 확장

혼합가치이론의 적용 가능성은 기업의 규모와 산업 특성에 따라 다르게 해석할 수 있다. 일부는 모든 기업에 적용 가능하다고 보지만, 또 다른 일부는 현실적 제약으로 인해 어렵다고 본다. 기업 여건에 맞춘 단계적 적용을 통해 두 의견을 조화시킬 방안은 없는가?

5장 연습문제

01. 혼합가치이론의 개념에 대해 서술하시오.

02. 마이어와 마르티가 사회적 기업가정신과 혼합가치이론을 어떻게 연결시켰는지 설명하시오.

03. 환경적 지속가능성을 강조하는 것은 기업에 어떻게 장기적인 이익을 가져다주는지 설명하시오.

04. 존 엘킹턴의 트리플 보텀 라인과 혼합가치이론이 어떤 이론적 토대를 공유하는지 설명하시오.

CHAPTER

06 공유가치이론

6.1 공유가치이론의 개념

공유가치이론Shared Value Theory은 CSR을 넘어서는 새로운 경영 패러다임으로, 경제적 가치와 사회적 가치의 통합적 창출을 지향한다. 공유가치이론은 혼합가치이론과 개념적으로 유사해 보일 수 있으나 그 출발점과 강조점에 차이가 있다. 혼합가치이론은 사회적·환경적·경제적 가치가 불가분의 통합체라는 전제에서 시작하며 주로 사회적 투자와 임팩트 금융의 맥락에서 발전하였다. 반면 공유가치이론은 기업의 경쟁 전략 관점에서 출발하여 비즈니스 활동 자체가 사회적 문제를 해결할 수 있음을 강조하며 경쟁 우위 확보와 사회적 가치 창출의 동시 달성을 지향한다. 즉, 공유가치이론은 기업이 이익을 창출한 이후 사회에 환원하는 방식이 아니라 비즈니스 모델 자체를 사회 문제 해결과 연계함으로써 지속가능한 성장을 도모할 수 있다는 관점을 전제로 한다. 기업이 제품과 서비스의 생산·유통·소비 전 과정에서 사회적 문제를 해결하는 동시에 수익을 창출할 수 있으며 이는 기업의 장기적인 경쟁력 제고로 이어진다는 것이다. [표 6-1]은 혼합가치이론과 공유가치이론의 차이점을 정리한 것이다.

표 6-1 **혼합가치이론과 공유가치이론의 차이점**

구분	혼합가치이론	공유가치이론
주창자	제드 애머슨(2000년대 초반)	마이클 포터와 마크 크레이머(2011)
이론적 정의	사회적·환경적·경제적 가치가 불가분하게 통합되며 동시에 창출된다는 관점	기업의 장기적 경쟁 우위를 위해 사회 문제를 경영 전략의 일부로 통합하여 수익과 사회적 가치를 동시에 창출한다는 관점
출발점	사회적 가치와 경제적 가치의 통합적 창출에 대한 철학적·윤리적 주장	CSR을 넘어선 전략적 접근으로, 사회 문제 해결을 기업 경쟁력 제고와 연결
초점	사회적·환경적·경제적 가치의 통합	기업의 수익 창출과 사회 문제 해결의 접점을 전략적으로 모색
적용 대상	모든 조직(기업, 정부, 비영리, 사회적 기업 등)	영리 기업 중심
관점	가치 자체의 통합	가치 창출의 전략적 방법론
측정 방식	가치의 총합(Blended Return): 재무적·사회적·환경적 성과의 통합적 평가	재무 성과와 사회적 성과를 연결·분석 (예 CSV, KPI, SROI 등 활용 가능)
주요 활용 영역	임팩트 투자, 사회적 회계, ESG 통합 경영, 사회적 기업 설계	CSV, 지속가능한 공급망, 친환경 제품 개발, ESG 중 'S' 강화(E·G 영역으로 확장 가능)

공유가치이론은 마이클 포터Michael E. Porter와 마크 크레이머Mark R. Kramer가 2011년 《하버드비즈니스리뷰》에 발표한 **'공유가치 창출(CSV)**Creating Shared Value' 개념으로부터 본격적으로 이론화되었다. 이들은 기존의 CSR이 '기업이 이윤을 추구한 뒤 사회에 환원하는 행위'로 한정되는 반면, CSV는 '사회적 가치를 창출하는 과정 자체가 기업의 경쟁 우위와 직결된다'는 점에서 구조적으로 차이가 있다고 설명했다.[1] 공유가치이론은 본질적으로 사회와 기업 간의 이해관계는 충돌하지 않고 상호 보완적이며, 통합적인 가치 추구 또한 가능하다고 본다는 점에서 기업의 전략적 사고방식을 전환시켰다.

포터와 크레이머는 CSV를 위한 3가지 핵심 전략을 제시하였다. 첫째, 제품 및 시장 재정의redefining products and markets를 통해 사회 문제를 해결하는 제품·서비스를 혁신함으로써 새로운 수익 창출 기회를 만들 수 있다. 예컨대 더 건강한 식품, 친환경 건축 자재, 금융 접근성이 낮은 계층을 위한 포용적 금융 상품 등을 개발함으로써 새로운 시장을 개척하는 경우가 이에 해당한다.

둘째, **가치사슬의 생산성 재설정**reconfiguring the value chain을 통해 환경적 책임과 사회적 영향을 고려한 운영 방식을 구현함으로써 생산성과 사회적 효과를 동시에 향상시킬 수 있다. [그림 6-1]이 보여주듯이, 포터와 크레이머가 말하는 가치사슬이란 기업이 제품 또는 서비스를 생산하고 고객에게 전달하기까지의 모든 과정에서 부가가치를 창출시키는 것이다. 생산 과정에서 에너지 효율화, 지속가능한 공급망 구축, 지역 노동력 활용 등을 추구하면 제품과 서비스뿐만 아니라 효율성, 지속가능성, 지역사회 실업률 개선이라는 새로운 부가가치가 만들어지는데, 이때 생산성과 사회적 효과를 동시에 향상시킬 수 있다는 것이다.

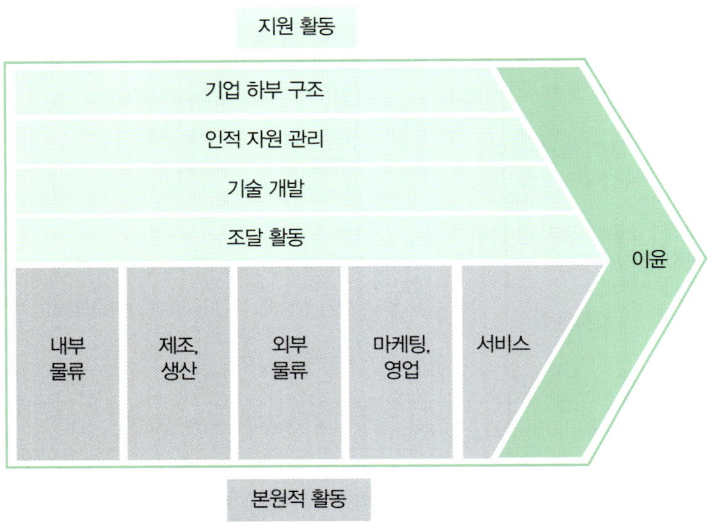

그림 6-1 마이클 포터와 마크 크레이머의 가치사슬[2]

셋째, 지역사회 산업 클러스터 발전enabling local cluster development을 통해 기업이 활동하는 지역사회의 인프라와 제도, 협력 네트워크를 강화함으로써 생태계 기반의 장기적 성장을 추구할 수 있다.[3] 예를 들어 네슬레는 아프리카 및 남미 지역에서 커피 농가와 협업해 지역 인프라(도로, 학교, 농업 기술)를 지원함으로써 장기적으로 안정적인 원두 공급망을 확보하고 지역사회 발전에 기여하였다. 이처럼 기업의 활동 지역에서 클러스터를 강화하는 것은 생태계 기반의 공동 성장으로 이어질 수 있다.

최근 공유가치이론은 ESG 경영의 기반이 되는 핵심이론으로 주목받고 있다. ESG 경영은 CSR 이행이 선택적 윤리 활동이 아니라 위험 관리 및 기회 창출의 전략적 요소임을 강조하는데, 이는 공유가치이론의 기본 전제와 관련성이 깊다. 실제로 공유가치이론은 ESG 전략을 실행에 옮기기 위한 구체적 방향성을 제공하며, 기업의 경제적 이익과 사회적 영향력을 동시에 실현할 수 있는 통합적 접근법으로 기능한다.[4]

기업은 이러한 접근을 통해 **지속가능한 비즈니스 모델(SBM)**Sustainable Business Model을 구현하고, 사회적 신뢰와 장기적 경쟁력을 동시에 확보할 수 있다. 또한 비즈니스의 목적을 재정의하고 시장의 지속가능성을 높이며 이해관계자들과의 신뢰 기반 관계를 구축할 수 있다. 이러한 전환은 기업과 사회가 상생하는 새로운 경제 시스템의 정립 가능성을 보여 준다.

6.2 공유가치이론의 특징

■ 경제적 가치와 사회적 가치의 동시 창출

공유가치이론의 핵심은 혼합가치이론과 마찬가지로, 기업이 경제적 가치와 사회적 가치를 분리된 목표가 아닌 통합 가능한 전략적 과제로 인식해야 한다는 데 있다. 포터와 크레이머는 기업이 사회적 문제를 단지 규제 대응이나 사회 공헌 활동의 영역으로 한정하기보다는 기업의 본원적 가치 창출 활동에 내재시킬 때 지속가능한 경쟁력을 확보할 수 있다고 주장하였다.[5] 이러한 시각은 기존의 CSR 접근이 이윤 창출 이후의 '사후적 책임 이행'에 초점을 맞췄던 것과는 구조적으로 구분된다. CSV는 사회적 문제 해결 자체가 기업의 경제적 이익으로 연결되는 구조를 지향한다. 이는 기업이 제품과 서비스의 기획·생산·유통·소비 전반에서 사회적 효용을 고려함으로써 새로운 시장을 창출하거나 기존 시장의 한계를 극복할 수 있는 기회를 제공한다.[6] 예를 들어 저소득층을 위한 건강식품 개발, 농업 생산성을 높이는 기술 공급, 지역사회의 인프라 개선 등은 사회적 문제 해결인 동시에 수익 모델로 전환 가능한 전략적 선택이 된다.

또한 앞서 설명하였듯이 포터와 크레이머는 CSV가 가치사슬 전반의 재설정을 수반해야 한다고 강조했는데,[7] 이 과정에서도 경제적 가치와 사회적 가치가 동시에 창출된다. 기업은 에너지 절감, 공급망 투명성 확보, 지역 인재 활용 등 지속가능성을 고려한 운영 방식을 통해 운영 효율성과 사회적 기여를 동시에 실현할 수 있기 때문이다. 이러한 방식은 단기적 비용 증가로 보일 수 있으나 장기적으로는 생산성 향상, 브랜드 신뢰도 상승, 규제 리스크 감소 등 다양한 측면에서 경제적 이익을 가져올 수 있다. 이는 공유가치이론의 중요한 특징으로 다음 절에서 더 자세히 다룬다.

한편 앤드류 크레인Andrew Crane과 동료 연구자들은 공유가치이론이 CSR보다 한층 진화된 개념임을 강조하면서 이를 통해 기업이 경제적 성과와 사회적 성과의 통합을 위한 근본적인 전략 패러다임의 전환을 꾀할 수 있다고 주장한다.[8] 기업이 사회적 책임을 별개의 의무가 아니라 경쟁 우위 확보의 기회로 인식하고 행동할 때 사회와 기업 모두에게 긍정적인 성과가 발생할 수 있다는 것이다. 이러한 점에서 공유가치이론은 사회적 가치와 경제적 가치를 통합적으로 평가하고 관리하려는 ESG 경영의 실행 전략으로 기능할 수 있다. 공유가치이론은 기업이 환경적·사회적 맥락을 기업 전략에 내재화함으로써 지속가능성을 기반으로 한 장기적 경쟁력을 확보할 수 있도록 돕는 핵심 철학으로 작동한다. 이는 기업이 재무적 성과 추구를 넘어 이해관계자 중심의 가치 창출 체계로 전환하는 데 있어 실질적인 이론 기반을 제공한다.

■ 제품과 시장의 재정의

공유가치이론은 기업이 기존 제품의 품질을 개선하거나 시장 점유율을 확대하는 데에 머무르지 않고 제품과 시장 자체를 사회적 문제 해결의 관점에서 재정의해야 한다는 점을 강조한다. 이는 기업이 전통적인 시장 논리를 넘어 공공의 문제를 해결함으로써 새로운 수요를 창출하고 지속가능한 성장의 기반을 마련할 수 있음을 시사한다. 예컨대 저소득층을 위한 저가형 건강보험 상품이나 오염을 줄이는 대체 에너지 제품은 시장 확대와 사회적 기여를 동시에 실현할 수 있는 대표적인 사례다.

크쥐시토프 뎀베크Krzysztof Dembek와 프라카시 싱Prakash Singh, 비크람 바쿠Vikram Bhakoo는 공유가치 창출 전략 중 '제품과 시장의 재정의'가 실질적 가치 창출로 이어지기 위해 사회적 요구와 고객 니즈를 통합적으로 반영한 설계가 필수적이라고 주장하였다.[9] 이는 기업이 단순히 시장 확대를 위한 도구로서 사회적 가치를 이용하는 것이 아니라 사회적 문제 해결을 기업의 본원적 가치 창출 활동으로 내재화하는 구조를 형성해야 함을 의미한다.

이러한 제품 및 시장의 재정의는 기업에 단기적인 수익 이상의 전략적 효과를 제공한다. 첫째, 기존에 간과되었던 소비자 집단에 접근함으로써 시장을 확장할 수 있으며 둘째, 이해관계자들의 신뢰와 정당성을 확보함으로써 장기적인 브랜드 충성도를 제고할 수 있다. 특히 ESG 경영이 강조되는 시대에 사회적 가치를 고려한 제품 혁신은 기업의 지속가능성을 강화하는 핵심 수단으로 작용할 수 있다.

■ 가치사슬의 생산성 재설정

앞서 논의했듯이 포터와 크레이머가 언급한 가치사슬 내 생산성 재설정은 공유가치이론의 주요 특징이다. 공유가치이론은 기업의 가치사슬 전체를 사회적 가치와 환경적 책임이 통합된 생산성 중심 구조로 재편성할 것을 강조하는데, 이는 기존의 비용 절감과 생산성 극대화 중심의 운영 방식에서 벗어나 환경적 지속가능성과 사회적 책임을 내재화한 경영 전략으로 전환해야 함을 의미한다. 이 전략에서는 에너지 효율 향상, 자원 관리, 직원 건강 증진, 물류 개선, 지역 조달 확대 등과 같은 운영상의 문제를 비용 항목으로 보는 것이 아니라 혁신과 사회적 가치 창출의 기회로 인식한다. 예를 들어 공급망에서 에너지 소비를 줄이고 탄소 배출을 감축하는 것은 환경 규제의 대응책이자 장기적으로 비용 절감과 브랜드 신뢰 제고를 동시에 달성할 수 있는 전략 수단이 된다.

로라 미첼리니Laura Michelini와 다니엘라 피오렌티노Daniela Fiorentino는 가치사슬 재설정이 사회적 혁신의 확산과도 밀접하게 연관된다고 지적했다.[10] 이들은 기업이 물류·구매·생산 등 각 부문에서 지속가능성을 강화하는 방식으로 운영 체계를 재설계할 때 내부 효율성만 향상되는 게 아니라고 설명한다. 거기서 더 나아가 기업이 사회 시스템의 일부로서 책임을 다하는, 구조적 차원의 변화가 일어난다는 것이다. 특히 노동자 복지 증진, 지역사회 고용 창출, 건강한 원자재 공급망 구축 등은 생산성 향상과 사회적 성과를 동시에 이끌어내는 요소가 된다.

'가치사슬의 재설정'이라는 개념은 혼합가치이론에서도 유사하게 언급된다. 2장에서 다루었듯이 혼합가치이론은 경제적 가치와 사회적 가치가 분리될 수 없고 모든 조직 활동은 본질적으로 이 두 가치를 동시에 창출해야 한다는 전제에서 출발했다.[11] 하지만 공유가치이론은 이러한 통합적 가치 창출을 경쟁 전략과 연결시켜 사회 문제 해결의 전략적 도구로 본다는 점에서 명확히 구분된다. 이러한 가치사슬 중심의 공유가치 전략은 ESG 경영의 실천적 기반과도 연결된다. ESG 경영이 강조하는 투명성, 지속가능성, 이해관계자 책임은 모두 기업의 운영 프로세스와 밀접하게 연계되어 있기 때문이다. 가치사슬의 각 단계에서 이를 반영하는 전략은 혼합가치를 실현하는 출발점이 될 수 있다.[12] 예컨대 사회적 기업들이 공급망 투명성과 공정노동 원칙을 강화하면 가치사슬 전반에서 신뢰가 축적된다.

이렇듯 공유가치이론은 기업이 경제적 성과와 사회적 가치를 단절된 목표로 보지 않고 가치사슬 혁신을 통해 동시 실현 가능한 통합적 성과 체계로 접근해야 한다는 전략적 비전을 제시한다. 이러한 관점은 기업이 ESG 경영을 내재화하고 지속가능한 성장을 위해 사업의 근본 구조를 재설계해야 할 필요성을 강하게 시사한다. 기업은 이제 가치사슬을 '비용 중심의 운영 체계'가 아닌 장기적 경쟁력과 사회적 정당성을 동시에 구축하기 위한 '전략적 가치 창출 플랫폼'으로 이해해야 한다.

■ 기업의 장기적인 경쟁력 확보

앞서 공유가치이론은 기업이 단기적인 재무 성과에 집중하기보다 지속가능한 성장 기반 위에서 장기적인 경쟁력을 확보해야 한다는 전략적 사고를 제시한다고 언급했다. 특히 포터와 크레이머는 사회적 문제를 해결하는 과정에서 기업이 새로운 수익원을 발견할 수 있으며, 이 과정 전체가 기업의 지속가능성과 경쟁력 강화로 이어질 수 있음을 강조한다.[13] 크레인은 이러한 공유가치 관점이 CSR과는 달리 사회적 가치 창출을 기업의 중심 전략으로 통합함으로써 재무 성과를 장기적으로 증대시킬 수 있는 실질적인 경영 모델을 형성한다고 분석하였다.[14] 이는 ESG 경영과의 접점에서도 드러나는데, ESG 요소를 전략적으로 내재화한 기업은 이해관계자의 지지를 확보하고 시장에서의 신뢰성과 브랜드 가치를 향상시킬 수 있다. 이는 장기적인 투자 유치, 고객 충성도, 공급망 안정성 등의 요소로 전이되며 기업 경쟁력의 지속성을 강화하는 결과로 이어진다.

실제로 기업이 지속가능성과 공유가치를 중심에 둔 전략을 지속적으로 실행할 경우, 단기적인 외부 충격에도 흔들리지 않는 회복력이 강화된다. 이는 시장 환경의 불확실성이 높아지는 오늘날의 경영 환경에서 특히 중요한 전략적 자산이다. 또한 장기 경쟁력 확보를 위한 공유가치 전략은 기업이 사회 기반시설, 지역사회, 교육, 환경 등과 같은 외부 시스템에 전략적으로 개입함으로써 기업 외부 생태계의 안정성과 지속가능성을 제고하는 역할을 하도록 유도한다.[15] 이는 기업과 사회가 함께 성장하는 생태계 기반의 경영 모델을 이끌어내며 사회적 자본을 기업의 자산으로 전환하는 구조를 형성한다.

■ 지역사회 산업 클러스터 발전

공유가치이론은 기업이 고립된 경제 주체가 아니라 지역사회 및 산업 생태계의 일원으로서 지역 및 산업 클러스터의 발전을 통해 장기적인 경쟁력을 구축해야 한다는 전략적 관점을 제시한다.[16] 기업은 단기적인 수익 실현에만 집중하기보다 장기적으로 해당 산업 생태계와 지역의 지속가능성을 제고하는 방식으로 비즈니스 환경을 조성하고 이를 통해 경제적 가치와 사회적 가치를 동시에 창출할 수 있다. 이러한 전략은 '지역사회 산업 클러스터 발전' 개념으로 구체화되는데, 이는 기업이 외부 환경의 질적 수준을 향상시킴으로써 내부 경쟁력을 강화하는 전략이다.

포터와 크레이머는 기업이 활동하는 지역의 교육, 기반시설, 공급업체 네트워크, 정부 규제 등과 같은 외부 요인이 기업 성과에 지대한 영향을 미친다는 점을 강조한다.[17] 기업은 이러한 외부 요소를 개선하는 데 전략적으로 투자함으로써 지역사회와의 상생 구조를 형성하고 산업 클러스터 전반의 효율성과 생산성을 증대시킬 수 있다. 예를 들어 기업이 현지 중소기업과의 협력을 통해 공급망을 강화하거나 지역 인재 양성을 위한 교육·훈련 프로그램에 투자하는 것은 지역의 고용 창출과 기업의 안정적 운영을 동시에 달성하는 혼합가치 창출 전략이 된다.

크레인은 이러한 클러스터 기반 접근이 CSR 차원을 넘어 기업의 핵심 전략과 긴밀하게 연결된 실행 모델이라는 점에서 공유가치이론의 차별성과 실천 가능성을 보여주는 중요한 사례라고 지적한다.[18] 기업이 지역 내 기반시설에 투자하거나 제도적 환경 개선에 참여하는 것은 단지 자선적 행위가 아니라 자신의 사업 환경을 보다 유리하게 재구성하는 동시에 사회 전체의 발전에 기여하는 전략적 활동이 된다. 이는 기업이 ESG 요소를 내재화하고 지역사회와의 파트너십을 강화하는 과정에서 실현될 수 있다.

뎀베크, 싱, 바쿠는 산업 클러스터 발전 전략이 기업의 혁신 역량 강화와도 연결된다고 보았다.[19] 클러스터 내 다양한 이해관계자, 즉 공공기관, 교육기관, NGO, 스타트업 등과의 협업은 기업이 기술 혁신, 사회적 수요 대응, 자원 활용 최적화 등을 효율적으로 수행하는 기반을 제공하며, 이는 결과적으로 기업의 재무 성과 향상과도 직결된다. 또한 지역사회와의 상호 작용은 브랜드 이미지와 고객 충성도를 강화하고 투자자의 신뢰 확보에도 긍정적인 영향을 미친다.

공유가치이론은 기업이 산업 클러스터와 지역사회에 전략적으로 개입하여 장기적인 비즈니스 생태계를 구축함으로써 지속가능한 성장을 위한 토대를 마련할 수 있음을 강조한다. 즉 기업이 단순히 내부 성과를 최적화하는 데에서 더 나아가 외부 환경을 개선하고 이해관계자와의 협력 구조를 강화함으로써 경제적 가치와 사회적 가치를 동시에 창출할 수 있는 경영 철학이자 실행 수단으로 기능한다는 것이다.

공유가치이론의 주요 학자

마이클 포터

마이클 포터Michael E. Porter는 전략경영 분야의 세계적인 석학으로, 기업 경쟁력 이론뿐 아니라 사회적 가치 창출과 기업 전략의 융합을 시도한 공유가치이론의 공동 창시자이다. 그는 마크 크레이머와 함께 2011년에 발표한 논문 〈공유가치 창출Creating Shared Value〉에서 기업이 사회적 문제를 해결하는 과정을 통해 경제적 성과를 실현할 수 있다는 새로운 전략 개념을 제시하였다.[20] 이들은 CSV를 "사회적 가치 창출이 경제적 가치로도 이어질 수 있는 전략적 활동"으로 정의하고 CSR과 명확히 구분하였다. 즉 CSR이 주로 이윤 창출 이후의 기부나 윤리적 활동에 국한된다면 CSV는 기업의 핵심 비즈니스 활동 자체가 사회 문제 해결과 연계되어야 한다는 점에서 차별화된다.

포터는 CSV 실현을 위한 3가지 전략적 접근을 제시하였다. 첫째, 기업은 제품과 시장을 사회적 문제 해결과 연결하여 재정의해야 한다. 둘째, 가치사슬 전반에서 환경적·사회적 비용을 절감하고 자원의 효율성을 제고하는 방식으로 생산성을 재설정해야 한다. 셋째, 기업이 활동하는 지역사회의 발전과 연계하여 산업 클러스터를 강화해야 한다. 이러한 3가지 전략은 공유가치가 일회성의 사회 공헌이 아닌, 기업 전략과 경영 시스템의 핵심으로 내재화되어야 함을 보여 준다.

포터는 공유가치이론이 단순한 윤리적 요구나 규범적 주장에 그치지 않고 기업의 경쟁 전략과도 깊이 연결된 실천적

이론이라고 보았다. 그는 헬스케어, 교육, 식품 산업, 지속가능한 공급망 구축 등 다양한 분야에서 CSV의 실천 가능성을 제시하며 CSV가 궁극적으로는 기업의 장기적인 수익성, 브랜드 신뢰, 시장 확대 등에 긍정적 영향을 미친다고 강조하였다. 이러한 주장은 ESG 경영이 주류로 부상하는 오늘날, CSV가 기업의 지속가능성과 전략적 차별화를 위한 이론적 기반으로서 실천적 타당성을 갖는다는 점을 시사한다.

마크 크레이머

마크 크레이머Mark R. Kramer는 공유가치이론의 공동 창시자로서, 기업이 사회적 문제 해결을 통해 경제적 이익을 실현하는 전략적 접근을 체계화했다. 그는 포터와 함께 2006년에 발표한 논문 〈전략과 사회: 경쟁 우위와 사회적 책임 간의 연결 고리Strategy and Society: The Link Between Competitive Advantage and Corporate Social Responsibility〉에서 CSR과 CSV 개념을 비교하며, 기존의 CSR이 주로 이윤 창출 이후의 사회 공헌에 머무른다면 CSV는 사회적 가치를 창출하는 과정이 곧 기업의 경쟁력 강화로 연결될 수 있음을 강조하였다.[21] 이 논문은 기업이 사회적 책임을 윤리적 부담이 아닌 전략적 기회로 인식해야 한다는 새로운 관점을 제시한 연구로 평가받는다.

크레이머는 이후 발표한 논문 〈공유가치 창출〉에서 공유가치이론의 이론적 토대를 보다 명확히 정립하였다. 그는 기업이 비즈니스 전략의 중심에 사회적 문제 해결을 배치함으로써 새로운 시장을 개척하고 지속가능한 성장 기반을 마련할 수 있다고 주장하였다. 특히 그는 농업·금융·의료·교육 등 사회적 니즈가 뚜렷한 산업 영역에서 공유가치 전략이 효과적으로 구현될 수 있으며 이를 통해 기업이 사회와 상호 이익을 위한 구조를 설계할 수 있다고 보았다.

크레이머는 또한 공유가치 실현을 위한 협력적 거버넌스의 중요성을 강조하였다. 그는 기업이 지속가능성과 사회적 가치를 내재화하기 위해서는 정부·시민사회·지역사회와의 파트너십 구축이 필수적이라고 주장하였다. 이는 기업이 고립된 존재가 아니라 광범위한 이해관계자 네트워크 속에서 가치사슬을 혁신하고 사회적 자본을 축적해 나가야 하는 존재라는 관점을 반영한 것이다. 이러한 주장은 ESG 경영 논의가 확산되는 오늘날, 전략적 실천과 정책 연계를 통해 CSV를 구현할 수 있는 가능성을 제시한다.

앤드류 크레인과 동료 연구자들

앤드류 크레인Andrew Crane과 그의 동료들은 공유가치이론의 이론적 한계를 비판적으로 고찰한 대표적인 학자들이다. 이들은 2014년에 발표한 〈'공유가치 창출'에 대한 비판적 검토Contesting the Value of 'Creating Shared Value'〉에서 포터와 크레이머가 제시한 CSV 개념이 지나치게 기업 중심적인 시각에 기반하고 있으며, 기업의 이윤 추구와 사회적 가치 창출 간의 조화가 항상 가능하다고 보기 어렵다는 점을 지적하고 CSV의 실행 가능성과 윤리적 정당성 문제를 제기함으로써 공유가치이론에 대한 대표적인 비판적 담론을 제시하였다.[22]

이들은 CSV가 실제 기업 환경에서 적용될 경우, 경제적 이익을 우선시하는 경향이 사회적 가치 실현을 제약할 수 있으며, 특히 구조적이고 복합적인 사회 문제(예 기후위기, 노동권 침해, 불평등 등)에 충분히 대응하지 못할 수 있다고 주장하였다. 또한 공유가치의 개념이 기업의 기존 활동을 '사회적 기여'로 포장하는 데 사용될 가능성이 있으며, 이러한 전략은 실질적인 사회 변화보다는 기업의 평판 개선이나 브랜드 마케팅 도구로 활용될 위험을 내포한다고 비판하였다.

또한 공유가치 개념이 기업의 긍정적 역할을 부각시키는 데 기여할 수는 있으나 사회적 문제의 해결이 단순히 시장 논리로 환원될 수 없다는 점에서 보다 비판적이고 복합적인 접근이 필요하다고 강조하였다. 특히 이해관계자이론이나 정치적 CSR과 같은 대안적 프레임워크와의 연계가 필요하며 CSV가 이러한 비시장적·윤리적·제도적 맥락까지 포괄하지 못한다면 제한적 실천에 그칠 수 있다고 경고했다.

크레인과 동료들의 연구는 공유가치이론의 이론적 성장을 위한 견제와 균형의 역할을 수행하였으며, CSV가 보다 포괄적인 사회적 책임 구조로 발전하기 위해 필요한 방향을 제시하였다는 점에서 학문적으로 중요한 기여를 하였다.

크쥐시토프 뎀베크

크쥐시토프 뎀베크Krzysztof Dembek는 공유가치이론의 개념적 구조와 실천 가능성에 대한 체계적인 문헌 분석을 통해 이론적 타당성과 경영 실무 적용 가능성을 평가한 연구자이다. 그는 2016년에 싱, 바쿠와 공동 저술한 논문 〈공유가치에 대한 문헌 고찰: 이론적 개념인가, 경영 유행어인가?A Literature Review of Shared Value: A Theoretical Concept or a Management Buzzword?〉에서 공유가치이론이 경영학 담론에서 차지하는 위상과 실제 기업 전략에 미치는 영향을 비판적으로 검토하였다.[23]

이 연구는 공유가치이론이 이론적으로 매력적인 경영 프레임워크를 제공하지만 실무 적용에서는 다양한 도전 과제를 안고 있음을 강조하였다. 특히 뎀베크는 기업이 공유가치를 효과적으로 실현하기 위해서는 다음 3가지 조건이 필요하다고 제시하였다. 첫째, 명확하고 일관된 성과 측정 지표의 개발, 둘째, 다양한 이해관계자와의 파트너십 구축, 셋째, 공유가치 창출 활동의 장기적인 사회적·경제적 영향을 평가할 수 있는 시스템의 마련이다. 이러한 조건은 CSV를 선언적으로 도입하는 데에 머무르지 않고 하나의 경영 전략으로 정착시키는 필수적인 요소로 간주되었다.

또한 뎀베크의 연구는 공유가치이론이 ESG 경영과 상호 보완적인 관계를 형성할 수 있음을 시사하였다. 그는 CSV 접근법이 기업의 지속가능성 전략과 통합될 경우, 사회적 책임 수행뿐만 아니라 장기적인 기업 경쟁력 제고에도 기여할 수 있다고 분석하였다. 특히 ESG 평가 기준이 점차 정교화되고 있는 상황에서 공유가치 창출 활동의 정량적 측정 가능성은 기업의 비재무적 성과 관리에 중요한 시사점을 제공한다. 그의 연구는 공유가치이론이 최신 유행 경영 담론에 그치지 않고 실질적인 경영 도구로 자리 잡기 위한 이론적 정교화를 시도하고 실행 조건을 제시하였다는 점에서 이론적·실천적 가치를 지닌다.

6.3 공유가치이론과 지속가능경영, 그리고 ESG

기업이 ESG 경영을 효과적으로 실행하기 위해서는 경제적 가치와 사회적 가치를 동시에 창출하는 공유가치 창출 전략이 필수적이다.[24] ESG 경영 철학은 기업이 환경·사회·지배구조 요소를 경영의 핵심 요소로 삼아야 한다고 주장하는 만큼 공유가치이론은 ESG 경영을 실현하는 핵심적인 틀을 제공한다고 볼 수 있다.

■ 환경과 CSV: 지속가능한 혁신

공유가치이론은 기업이 환경적 지속가능성을 추구하는 과정에서 경제적 이익과 환경 보호를 동시에 고려해야 한다는 점을 강조한다. 이는 ESG 경영의 환경 요소와 밀접하게 연결되며 기업이 환경 문제를 해결하는 동시에 새로운 비즈니스 기회를 창출할 수 있도록 하는 전략적 접근 방식이 된다.

환경적 지속가능성을 위한 혁신은 규제 준수 효과를 가져올 뿐 아니라 기업의 장기적인 경쟁력을 강화하는 요소로 작용할 수 있다. 공유가치 창출의 관점에서 보면 기업이 환경 문제를 해결하는 것은, 지속가능한 혁신을 통해 새로운 가치를 창출하는 과정이다. 기업은 친환경 기술 개발, 자원 효율성 향상, 지속가능한 생산 방식 도입 등을 통해 환경 보호와 경제적 이익을 동시에 실현할 수 있기 때문이다. 이러한 접근은 기업이 환경 문제를 해결하는 과정에서 새로운 시장을 개척하고 소비자 및 투자자로부터 긍정적인 평가를 받을 수 있는 기회를 제공한다. 공유가치이론이 강조하는 지속가능한 혁신은 기업이 환경 보호를 비용 부담이 아닌 경쟁력 확보의 수단으로 활용할 수 있도록 한다. 기업이 환경적 지속가능성을 혁신의 기회로 적극적으로 활용하면 비용 절감과 새로운 시장 창출이라는 두 가지 목표를 동시에 달성할 수 있다.[25] 이처럼 환경 보호와 공유가치 창출은 기업이 장기적으로 지속가능한 경영을 실현하는 핵심 전략이 될 수 있으며, 이를 통해 기업은 사회적 책임을 다하는 동시에 지속적인 성장과 경쟁력을 확보할 수 있다.

■ 사회와 CSV: 사회적 가치 기반의 비즈니스 모델

공유가치 창출은 기업이 사회적 문제를 해결하는 과정을 통해 장기적인 경제적 가치를 창출할 수 있도록 한다. 이는 ESG 경영의 사회 요소와 긴밀하게 연결되며 기업이 사회적 책임을 다하면서도 지속가능한 비즈니스 모델을 구축할 수 있도록 돕는다.

공유가치이론의 관점에서 보면 기업이 사회적 가치를 창출하는 과정은 경제적 성과와 분리된 것이 아니라 장기적인 경쟁력을 확보하는 데 필수적인 과정이다. 어떤 기업이 공급망 개선, 금융 포용성 확대, 지역사회 개발 등에 참여하며 사회적 가치를 창출할 때 해당 기업은 이해관계자와의 신뢰를 구축하고 브랜드 가치를 높이며 지속가능한 시장 환경을 조성하는 효과를 누릴 수 있다. 여기서 '금융 포용성 확대'란 기존 금융 시스템의 접근에서 소외된 계층에게 금융 서비스를 제공함으로써 모두가 금융 혜택을 누릴 수 있도록 한다는 의미이다. 예를 들어 신용도가 낮거나 은행 계좌가 없는 사람들, 농촌 지역주민, 저소득층, 소상공인 등은 일반적으로 대출을 받거나 금융 상품에 접근하기 어렵다. 금융 포용성은 이들에게 적정 금리의 대출, 소액 저축 계좌, 디지털 결제 수단 등을 제공하는 것을 뜻하며, 경제적 불평등을 줄이고 자립 기반을 마련해 주는 사회적 효과가 큰 까닭에 공유가치 창출 전략 중 하나로 자주 언급된다. 요컨대 기업이 공유가치를 창출하는 데에 있어 핵심은 사회적 문제를 해결하려는 시도를 새로운 시장 기회로 전환할 수 있어야 한다는 것이다. 이를 통해 기업은 지속가능성을 고려한 장기적인 경영 전략을 수립하고 ESG 요소를 효과적으로 내재화할 수 있다.[26]

■ 지배구조와 CSV: 투명성과 윤리적 경영

공유가치이론은 ESG 경영의 지배구조 요소와도 긴밀하게 연계되며 기업이 장기적인 신뢰를 구축하기 위해서는 윤리적 경영과 투명한 지배구조를 강화해야 한다는 점을 강조한다. 기업의 지배구조는 단순한 법적 준수를 넘어 이해관계자와의 신뢰를 바탕으로 지속가능한 경쟁력을 확보하는 핵심 요소로 작용하는데, 이를 통해 기업은 장기적인 성장을 도모하고 사회적 책임과 경제적 성과를 동시에 실현할 수 있다.

기업이 공유가치를 창출하기 위해서는 지배구조의 투명성을 강화하고 윤리적 의사결정을 실천하는 것이 필수적이다. 이는 기업 내부의 의사결정 과정에서 단기적인 이익 극대화보다 지속가능한 성장을 우선적으로 고려하도록 하는 경영 방식을 의미한다. 투명한 정보 공개, 이해관계자와의 협력 강화, 윤리적 기업 문화 정착 등은 기업이 신뢰를 구축하고 ESG 목표를 실현하는 데 중요한 역할을 한다.

기업이 이렇게 지배구조를 개선하면 다음과 같은 이익을 얻을 수 있다. 첫째, 소비자와 투자자의 신뢰가 강화되며 브랜드 평판이 향상된다. 둘째, 투명한 지배구조는 투자 안정성을 높여 자본 조달 비용을 낮추는 데 도움이 되며, 장기적으로 기업의 재무적 안정성도 높아진다. 셋째, 윤리적 의사결정과 이해관계자 참여는 내부 직원의 만족도와 조직 문화의 질을 높여 인재의 유입과 이탈 방지에도 긍정적인 영향을 준다. 이런 이유로 공유가치이론은 지배구조 개선을 기업의 핵심 경영 전략으로 삼아 경제적 가치와 사회적 가치를 동시에 창출할 수 있는 지속가능한 경영 방식을 구축하는 것이 필요하다고 강조한다.

공유가치이론과 기업 사례 연구 네슬레

네슬레Nestlé는 공유가치이론을 비즈니스 전략 전반에 적용한 대표적인 다국적 식품 기업으로 평가받는다. 포터와 크레이머가 제시한 공유가치이론의 3가지 실행 축에 부합하는 전략을 통해 ESG 경영을 구체적으로 실천하고 있는 네슬레는 농업·영양·수자원·환경 등의 분야에서 사회적 문제를 해결함과 동시에 지속가능한 경쟁 우위를 창출하고 있으며, 공유가치이론이 지향하는 경제적 가치와 사회적 가치의 통합을 실증적으로 보여주는 사례로 널리 인용된다.

우선 원재료 공급망의 지속가능성을 강화함으로써 공유가치를 실현하고 있다. 네슬레는 커피·코코아·유제품 등 주요 원료의 공급망에서 윤리적 조달을 확대하고 있으며, 지속가능한 농업sustainable agriculture 프로그램을 통해 농민을 위한 기술 교육, 금융 서비스, 품질 개선 훈련을 제공한다.[27] 이 프로그램은 농민의 소득 증대와 지역 경제 활성화에 기여하는 동시에 고품질 원료를 안정적으로 확보할 수 있도록 해 준다. 이러한 방식은 포터와 크레이머가 주장한 가치사슬 생산성의 재설정 전략에 부합하며 공급망의 생산성을 높이면서도 사회적 가치를 함께 창출하는 대표적 사례로 꼽힌다.

둘째, 영양 부족 문제를 해결하기 위한 제품 혁신을 통해 사회적 가치를 창출하고 있다. 특히 저소득층이 밀집한 개발도상국 시장에 철분·아연·비타민 A 등 필수 영양소를 강화한 저가 식품과 음료를 개발하여 공급하는 방식은 소비자의 건강을 증진시키는 동시에 새로운 시장을 개척하는 전략이 되고 있다.[28] 또한 아동과 청소년을 대상으로 영양 교육 프로그램을 운영하며 식생활 개선 및 건강한 소비 문화 형성에도 기여하고 있다. 이러한 접근은 '제품 및 시장의 재정의'에 해당하며 기업이 본업을 통해 사회 문제 해결에 기여할 수 있음을 입증한다.[29]

셋째, 환경적 지속가능성을 위한 자원 관리 전략도 주목할 만하다. 네슬레는 '물에 대한 책임 있는 관리Caring for Water' 이니셔티브를 통해 수자원 보호에 적극 나서고 있으며 글로벌 사업장에서 물 재활용 시스템을 도입하여 공정 내 물 사용량을 현저히 줄이고 있다. 일부 공장에서는 물 사용량을 50퍼센트 이상 절감하는 성과를 달성하였고, 지역사회와 협력하여 식수 공급과 수질 보호 프로젝트도 병행하고 있다.[30] 또한 2025년까지 100퍼센트 재활용 혹은 생분해 가능한 포장재 사용을 목표로 설정하고 있으며 이는 환경적 책임을 기업 전략의 핵심으로 내재화하는 접근으로 볼 수 있다. 이와 같은 활동은 ESG의 환경 요소를 실천하는 동시에 자원 절약을 통한 비용 절감과 브랜드 이미지 강화라는 경제적 성과로 이어진다.

이상은 CSR 차원을 넘어 기업 전략의 중심에 사회적 문제 해결을 통합한 CSV의 실제 모델들이다. 네슬레는 기업이 ESG 경영을 실행하는 데 있어 공유가치이론이 어떻게 현실적인 경영 프레임으로 작동할 수 있는지를 보여주는 대표적 예로, 기업이 장기적 관점에서 사회적 과제를 비즈니스 기회로 전환할 때 단기적 재무 성과를 넘어 지속가능성을 확보하고 이해관계자와의 신뢰까지 구축할 수 있음을 시사한다.

6.4 공유가치이론으로 바라본 지속가능경영과 ESG 연구

연구 1 〈기업 지배구조와 경영진 보상에 CSR 기준을 통합하는 추세: 효과성과 기업 성과에 대한 시사점〉*

이 연구는 기업이 경영진의 보상 기준에 CSR 목표를 포함할 경우 실제로 기업의 사회적 성과와 지속가능성에 어떤 영향을 미치는지를 실증적으로 분석함으로써 이익 중심의 보상 방식이 아니라 사회적 가치 창출 목표를 보상 체계에 반영할 때 기업 경영이 어떻게 달라지는지를 보여 준다.

연구자들은 미국의 주요 상장기업들을 대상으로 여러 해에 걸친 데이터를 분석하였으며 CSR 기준이 경영진 보상에 처음 도입된 시점을 기준으로 전후 변화를 비교하였다. 이를 위해 통계 모형을 활용하여 이러한 보상 기준 변화가 실제 성과에 어떤 영향을 주는지를 정밀하게 추정하였다.

연구 결과는 3가지 중요한 결론을 제시했다. 첫째, CSR 기준을 보상 체계에 포함하는 기업이 점차 증가하고 있으며, 외부 이해관계자의 요구나 사회적 압력이 클수록 해당 기준을 채택할 가능성이 높아진다는 점이 확인되었다. 둘째, 경영진 보상에 CSR 기준을 포함한 기업들은 환경·노동·윤리 등 다양

* Flammer, C., Hong, B., & Minor, D. 2019. Corporate governance and the rise of integrating corporate social responsibility criteria in executive compensation: Effectiveness and implications for firm outcomes. *Strategic Management Journal*, 40(7), 1097-1122.

한 영역에서 실제로 더 나은 사회적 성과가 나타났다. 이는 단순한 선언이나 형식적 정책이 아니라 경영 전략의 일부로서 사회적 책임을 실행한 결과로 해석된다. 셋째, 이러한 변화는 기업의 재무 성과에 부정적인 영향을 미치지 않았으며 오히려 장기적으로 기업의 신뢰도와 가치 창출 가능성을 높이는 방향으로 작용하였다. 다시 말해 사회적 가치와 경제적 가치가 양립 가능하며 서로를 강화하는 관계임을 실증적으로 보여준 것이다.

공유가치이론은 기업이 사회 문제 해결을 비즈니스 전략에 통합함으로써 수익과 사회적 영향을 동시에 창출해야 한다고 본다. 이 연구는 CSR 목표를 경영진 보상에 포함시키는 방식이 조직 운영에 실제 영향을 미치며, ESG 요소가 외부 평가 대응이 아닌 내부 경영 시스템의 핵심 요소로 작동할 수 있음을 보여 준다. 예를 들어 환경 보호나 다양성 확보 같은 목표가 보상 기준에 반영되면 경영진은 자연스럽게 해당 가치를 실현하기 위한 전략을 수립하고 실행하게 된다. 이는 도덕적 선택이 아니라 실질적인 성과와 연결된 전략적 실행 방식이며 공유가치이론이 강조하는 '기업 전략과 사회 문제 해결의 통합'을 실현한 사례로 평가할 수 있다. 그런 점에서 이 연구는 ESG 경영이 어떻게 기업의 내부 제도, 특히 지배구조와 보상체계에 내재화될 수 있는지를 보여주는 실증적 사례로서, 공유가치이론을 이해하고 적용하는 데 핵심적인 이론적·실천적 함의를 제공한다.

연구 2 〈다단계 공급망에서의 연쇄적 책임: 지속가능하지 않은 행위를 한 공급업체에 대한 책임은 누구에게 있는가?〉**

이 연구는 다단계 공급망에서 환경 문제가 발생했을 때 소비자들이 그 책임을 누구에게 돌리는지, 그리고 그에 따라 어떤 감정과 행동을 보이는지를 실험을 통해 분석한 것이다. 특히 하청업체나 하위 단계의 공급업체에서 문제가 생겼을 경우에도 최종 브랜드 기업이 책임을 져야 하는가에 대해 소비자들의 인식을 알아보는 것이 핵심 목적이었다.

연구 참가자들은 각기 다른 상황을 담은 가상 시나리오 몇 가지를 제시받았다. 이 시나리오들은 하청업체가 독성 폐수를 무단으로 배출했거나 안전 수칙을 지키지 않아 노동자에게 피해가 발생한 상황 등 공급망 안에서 환경 문제가 발생한 사례로 구성되었다. 이러한 상황은 해당 기업이 직접 일으킨 것이 아니라 기업이 거래 관계를 맺고 있는 하청업체에서 발생한 것으로 가정했다.

참가자들은 시나리오를 읽은 뒤 다음과 같은 작업을 수행했다. 첫째, 이번 사건이 누구의 책임인지를 택하고, 둘째, 해당 브랜드 기업에 대해 어떤 감정이 드는지를 표현했으며, 셋째로는 앞으로 그 기업의 제품을 계속 구매할 의향이 있는지를 밝혔다.

** Hartmann, J., & Moeller, S. 2014. Chain liability in multitier supply chains? Responsibility attributions for unsustainable supplier behavior. *Journal of Operations Management*, 32(5), 281-294.

이 연구에서 대다수 참가자들은 문제를 일으킨 하청업체보다는 해당 브랜드 기업 자체에 더 큰 책임이 있다고 판단하였다. 다시 말해 소비자들은 기업이 하청업체의 행위까지도 관리하고 감독할 책임이 있다고 생각한다는 점을 보여 주었다. 이는 기업이 공급망 전체에 대해 폭넓은 책임을 져야 한다는 사회적 인식이 확산되고 있음을 보여 준다.

또한 소비자들의 책임 판단은 단순한 감정적 반응에 의한 것이 아니었다. 그들은 사건을 판단할 때 몇 가지 중요한 기준을 적용하였다. 예를 들어 기업이 그 문제를 사전에 막을 수 있었는지, 즉 통제 가능성이 있었는지를 살펴보았다. 또 문제가 일회적인 예외 상황인지, 구조적으로 반복될 수 있는 상황인지, 그리고 그 사건이 얼마나 심각한 결과를 낳았는지도 판단 기준으로 삼았다. 이와 같은 인식은 소비자들의 감정에도 영향을 미쳤다. 책임이 있다고 판단될수록 분노나 실망 같은 부정적 감정이 커졌으며, 결과적으로 그 기업에 대한 불매 의향으로 이어지는 경향을 보였다. 예를 들어 기업이 일정한 관리 체계를 갖추고 있었다면 방지할 수 있었던 상황임에도 불구하고 문제가 발생한 경우, 소비자들은 해당 기업에 더 큰 분노를 느끼고 신뢰를 잃었다는 반응을 보였다. 반대로 기업이 문제를 통제하기 어려운 상황이었다면 그에 대한 책임 인식이나 감정적 반응은 상대적으로 약했다.

이 연구는 소비자들이 윤리적 기준과 도덕적 판단에 따라 기업의 책임을 인식하고 행동을 변화시킬 수 있음을 실증적으로 보여 준다. 공급망에서 발생하는 환경 문제는 단순한 사건이 아니라 기업의 브랜드 이미지와 신뢰, 그리고 장기적인 소비자 관계에 영향을 미칠 수 있는 핵심 요소라는 점을 입증한 것이다. 이는 기업이 하청업체까지도 포함한 공급망 전체에 대해 지속가능성과 윤리성을 갖춘 관리 체계를 마련해야 할 이유를 명확히 설명해 주는 결과라고 할 수 있다.

이 연구는 공유가치이론의 관점에서 매우 의미 있는 내용을 담고 있다. 공유가치이론은 기업이 단지 이익만을 추구하는 것이 아니라 사회 문제를 해결하면서 동시에 경제적 가치도 만들어 내야 한다고 본다. 기업이 공급망의 하위 단계까지 책임을 다하고 환경과 사회적 문제를 고려하며 운영해야 소비자의 신뢰를 얻을 수 있으며 장기적으로도 경쟁력을 유지할 수 있다는 것을 이 연구가 실험을 통해 증명한 것이다.

또한 ESG 경영이 단순히 외부 평가를 위한 형식적인 활동이 아니라 소비자들이 실제로 기업을 평가할 때 중요하게 생각하는 요소임을 보여 준다. 기업이 공급망 전반에 대해 투명하고 책임 있는 태도를 보여 줄수록 사회적 신뢰를 얻고 지속가능한 성장을 이룰 수 있다는 점에서 이 연구는 ESG 전략과 공유가치이론의 접점을 보여주는 좋은 사례라 할 수 있다.

연구 3 〈CSR의 미시적 기반과 이념: 경영진은 왜 CSR의 사업적 타당성을 믿는가? 그리고 이 믿음은 기업의 CSR 투자에 어떤 영향을 미치는가?〉***

이 연구는 기업 경영자들이 왜 CSR이 경제적으로도 가치가 있다고 믿는지, 그리고 그 믿음이 실제로 CSR 활동에 얼마나 영향을 주는지를 알아보기 위해 수행되었다. 연구자들은 단순히 숫자나 재무적 보상이 아니라 경영자의 이념이나 가치관, 감정이 CSR 참여에 어떤 역할을 하는지에 주목했다.

연구는 총 4가지 실험을 통해 진행되었다. 첫 번째 실험은 실제 경영 실무에 종사하거나 중간관리자 수준의 교육을 받고 있는 스위스 EMBA 과정 수강생들을 대상으로 진행되었다. 연구자들은 실험 참가자들에게 가상의 기업 데이터를 제공한 뒤 CSR 활동 수준이 향후 재무 성과에 얼마나 긍정적인 영향을 미치리라고 예측하는지를 물었다. 이 예측을 통해 참가자들이 CSR의 경제적 효과에 대해 어떤 신념을 가지고 있는지를 간접적으로 측정할 수 있었다. 이후 설문에서 참가자들의 시장 경제에 대한 이념적 태도, 즉 공정시장 이데올로기 점수를 측정했고, 그 결과 CSR의 경제적 당위성을 강하게 믿는 사람일수록 시장 논리에 대한 신뢰도(공정시장 이데올로기)가 높은 경향을 보였다. 이는 경영자들이 CSR을 지지하는 이유가 실제 데이터보다는 자신의 세계관이나 경제관에 더 크게 영향을 받는다는 점을 보여 준다.

두 번째 실험에서는 공정시장 이데올로기가 실제로 CSR 신념에 영향을 주는 원인인지 인과관계를 확인하기 위해 실험적 조작을 도입하였다. 참가자들을 두 집단으로 나누어 한 집단은 시장 경제의 효율성과 공정성을 강조하는 글을 읽도록 하고 다른 집단은 중립적 텍스트를 읽도록 하였다. 그 후 두 집단에 CSR 활동의 사업적 효과에 대한 믿음을 묻는 설문을 실시하였다. 그 결과 시장 경제의 공정성을 강조하는 내용을 접한 집단은 CSR이 수익에도 도움이 된다고 더 강하게 믿는 경향을 보였다. 이 실험은 이념적 자극이 CSR 신념에 영향을 줄 수 있다는 인과적 관계를 뒷받침하는 근거가 된다.

세 번째 실험에서는 참가자들의 교육 배경이 이념 형성에 어떤 영향을 미치는지를 살펴보았다. 경영·경제·법학을 전공하는 학생들과 사회학·심리학·철학 등 인문사회 계열 학생들을 대상으로 두 집단의 공정시장 이데올로기 수준, 도덕적 감수성, CSR에 대한 태도 등을 비교 분석한 결과, 경영·경제 전공 학생들은 CSR에 대해 더 경제적인 관점에서 접근하는 경향이 강했고 도덕적 반응(예 분노, 불의에 대한 민감성)은 상대적으로 낮은 것으로 나타났다. 이는 기업 경영자들이 어떤 교육을 받았는지가 향후 CSR 인식과 참여 태도에 영향을 줄 수 있음을 시사한다.

네 번째 실험에서는 앞서 살펴본 요소들, 즉 이념(공정시장 이데올로기), 감정적 반응(도덕적 분노), 행동 의향(CSR 참여)이 서로 어떻게 연결되는지를 통합적으로 분석하였다. 연구진은 구조적 분석을

*** Hafenbrädl, S., & Waeger, D. 2017. Ideology and the micro-foundations of CSR: Why executives believe in the business case for CSR and how this affects their firms' CSR investments. *Academy of Management Journal*, 60(4), 1582-1606.

통해 이념이 CSR 참여에 미치는 긍정적 영향('CSR이 이익에 도움이 된다'는 믿음)과 도덕 감정을 약화시켜 CSR 참여를 저해하는 부정적 영향을 미친다는 것을 실증적으로 입증하였다.

요컨대 공정시장 이데올로기 성향이 강한 사람은 CSR이 수익에 도움이 된다고 믿지만 도덕적 분노 정도가 약하기 때문에 실제로는 CSR에 적극적으로 나서지 않는 이중적 경향이 나타났다. 이 실험은 단순한 논리적 판단이나 경제적 계산이 아니라 이념과 감정이 함께 CSR 행동을 형성한다는 점을 보여 준다. 이처럼 4가지 실험은 서로 연결되면서도 각기 다른 측면에서 CSR에 대한 경영진의 믿음, 이념적 배경, 교육, 감정적 반응의 영향을 설명하고 있으며 CSR 실천이 가치관과 깊이 연관되어 있다는 사실을 명확히 보여 준다.

이 연구의 핵심은 기업 경영자가 CSR을 실천하는 이유가 단지 돈이 되기 때문만은 아니라는 점을 밝혔다는 데에 있다. 오히려 어떤 교육을 받았고, 어떤 이념을 가지고 있으며, 사회 문제를 얼마나 민감하게 바라보는가가 CSR 참여에 큰 영향을 준다는 것이다.

공유가치이론의 관점에서 이 연구는 매우 중요한 시사점을 준다. 공유가치이론은 기업이 사회 문제를 해결하는 동시에 수익도 얻을 수 있다고 주장한다. ESG 경영이 경영자의 개인적 신념과 감정, 교육적 배경에서 비롯된 가치관에서 시작된다는 점을 실증하는 이 연구는 ESG 정책을 설계하거나 기업 리더를 훈련시킬 때 개인의 신념과 감정, 배경까지 함께 고려해야 한다는 점을 알려주는 매우 의미 있는 연구라 할 수 있다.

DISCUSSION 6장 | 토론 과제

주제 1: 기업의 CSV 전략은 실질적인 사회적 변화를 가져올 수 있는가

배경

공유가치이론은 기업이 경제적 가치와 사회적 가치를 동시에 창출할 수 있다고 주장한다. 하지만 일부 연구자들은 기업이 공유가치를 강조하는 것이 단순한 마케팅 전략일 뿐이며, 실제로는 단기적인 이익 극대화에 초점을 맞출 가능성이 있다고 비판한다. 그런 점에서 기업이 공유가치를 실천할 경우 단순한 이미지 개선 전략인지, 아니면 실질적인 사회적 변화를 일으키는 전략인지를 평가할 필요가 있다.

의견 ❶: CSV 전략은 실질적인 사회 변화를 가져온다

- CSV 전략은 기업이 경제적 성과와 사회적 책임을 동시에 달성할 수 있게 해 주며 장기적인 지속가능성을 높이는 데 기여한다.
- 기업은 공급망 개선, 지속가능한 제품 개발, 지역사회 투자 등을 통해 실질적인 사회적 변화를 이끌어 낼 수 있다.
- CSV를 실천하는 기업은 브랜드 신뢰도를 높이고 이해관계자의 적극적인 지지를 확보하여 장기적인 경쟁력을 강화할 수 있다.

의견 ❷: CSV 전략은 실질적인 사회 변화를 가져올 수 없다

- CSV 전략이 기업의 핵심 비즈니스 모델에 실질적으로 통합되지 않고 마케팅 전략으로 활용될 가능성이 있다.
- 기업이 공유가치를 강조하면서도 단기적인 이익 극대화에 집중할 위험이 있으며, 따라서 실질적인 사회적 변화를 일으키지 못할 가능성이 있다.
- CSV 전략은 기업의 경쟁력을 높이는 데 효과적이지만 사회적 가치 창출의 핵심 동력이 되기에는 한계가 있다.

생각의 확장

CSV 전략이 실질적인 사회 변화를 가져올 수 있다는 주장과 단순한 마케팅 전략에 불과하다는 비판 중 어느 쪽이 더 타당한가? 나아가 두 의견을 조화시킬 수 있는 방법은 무엇인가?

주제 2: CSV는 CSR보다 효과적인 접근 방식인가

배경

공유가치이론은 기존의 CSR이 사회 공헌 활동에 머무른다고 비판하며 기업의 핵심 비즈니스 모델 자체에 사회적 가치를 통합해야 한다고 주장한다. 그러나 CSR이 실제로 사회 문제 해결에 중요한 역할을 해 왔다는 점을 고려하면 CSR이 CSV보다 더 효과적인 접근 방식이라는 주장도 제기되고 있다.

의견 ❶: CSV가 CSR보다 효과적이다

- 공유가치이론은 기업이 사회적 가치를 비즈니스 전략에 통합함으로써 지속가능한 성장을 도모하게 해 준다.
- CSR이 기부나 사회 공헌 활동에 머무르는 반면, 공유가치 창출 전략은 경제적 가치와 사회적 가치를 동시에 실현할 수 있는 구조를 제공한다.
- 기업이 공유가치 창출 전략을 활용하면 장기적인 경쟁력 확보와 이해관계자의 신뢰를 동시에 얻을 수 있다.

의견 ❷: CSV는 CSR보다 효과적이지 않다

- CSR은 기업의 사회적 책임을 강조하며 규제 준수 및 윤리적 경영을 포함하는 포괄적인 개념이므로 공유가치이론보다 더 폭넓은 사회적 역할을 수행할 수 있다.
- 공유가치이론이 기업의 이익 창출과 연계된 만큼 사회적 가치 실현보다는 경제적 성과를 우선시하

는 결과를 초래할 가능성이 있다.

- CSR이 사회적 문제 해결에 일정한 역할을 담당한 사실로 미뤄볼 때, 공유가치이론이 CSR을 대체하기보다 보완적인 접근 방식으로 활용되는 것이 바람직하다.

생각의 확장

CSV가 CSR보다 효과적이라는 주장과 CSR이 여전히 더 폭넓은 역할을 수행한다는 주장은 시대와 기업의 상황에 따라 다르게 해석할 수 있다. 어떤 의견에 더 타당성이 있다고 생각하는가? 두 접근 방식을 조화롭게 결합할 방법은 없는가?

6장 연습문제

01. 공유가치이론과 혼합가치이론의 출발점과 강조점에서 나타나는 차이를 설명하시오.

02. 포터와 크레이머가 제시한 공유가치이론의 3가지 전략(제품 및 시장 재정의, 가치사슬의 생산성 재설정, 지역사회 산업 클러스터 발전)의 구체적 사례와 효과를 각각 서술하시오.

03. ESG 경영에서 공유가치이론이 환경·사회·지배구조 요소와 각각 어떻게 연결되는지를 설명하시오.

04. 네슬레의 CSV 전략 실행 사례를 중심으로 공유가치이론이 실제 기업 전략에 어떻게 적용되고 있는지를 분석하시오.

05. 앤드류 크레인과 동료 연구자들이 공유가치이론에 대해 제기한 주요 비판적 관점을 설명하고, 이러한 비판이 CSV의 한계를 이해하는 데 어떤 의미를 갖는지 서술하시오.

CHAPTER

07 이해관계자이론

7.1 이해관계자이론의 개념

이해관계자이론Stakeholder Theory은 기업 활동에 영향을 미치거나 영향을 받는 모든 **이해관계자**의 요구와 기대를 기업이 경영 의사결정 과정에 통합해야 한다고 주장하는 이론이다. 이는 주주 이익 극대화에 치중하던 전통적인 경영 방식에서 탈피한 경영 철학으로, 여기서 말하는 이해관계자의 범주에는 주주, 직원, 고객, 공급자, 지역사회, 정부, 환경 등 기업과 직간접적으로 연결된 모든 주체가 포함된다. [그림 7-1]은 기업과 이해관계자의 관계를 그림으로 나타낸 것이다.

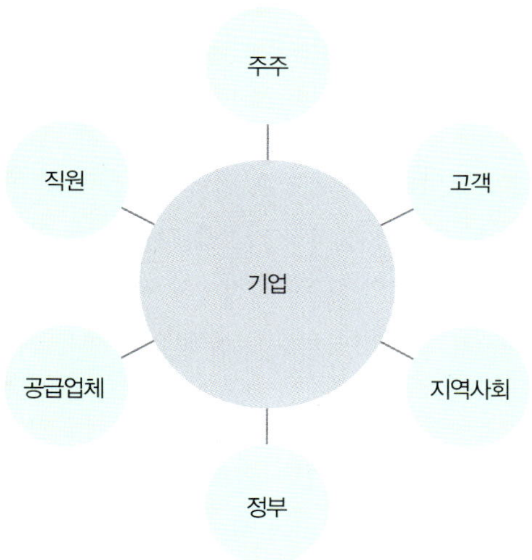

그림 7-1 **기업과 이해관계자**

이해관계자이론이 등장하기 전에 학자들은 기업의 역할을 주로 주주 이익 극대화 중심으로 설명하였다. **밀턴 프리드먼**Milton Friedman은 1970년 《뉴욕타임스 매거진The New York Times Magazine》에 기고한 〈기업의 사회적 책임은 이윤을 증대시키는 것이다The Social Responsibility of Business is to Increase Its Profits〉라는 글에서 기업의 존재 목적이 주주의 경제적 이익 극대화에 있으며 이는 이윤 창출을 통해 실현된다고 주장하였다. 프리드먼은 기업 경영진이 주주의 자산을 활용하여 사회적 문제를 해결하거나 공익을 추구하는 행위는 주주의 이익을 침해하는 것이며 정당한 권한 없이 세금을 징수하는 행위와 다름없다고 비판하였다. 그의 견해에 따르면 기업은 시장에서 자유롭게 경쟁하고 법적 틀과 윤리적 규범을 준수하는 범위 내에서 최대한의 이윤을 추구해야 하며, 사회적 책임은 정부나 개인의 몫이지 기업의 책무가 아니다. 이러한 주장은 고전적 자유시장 자본주의에 기반하여 기업의 효율성과 생산성, 주주 이익의 극대화를 경영의 핵심 원칙으로 상정한다. 그러나 이는 기업이 직면한 복잡한 사회적·환경적 문제들과 더 다양해지는 이해관계자들의 요구를 적절히 설명할 수 없다는 점에서 주주 이익 극대화 논리에 한계가 있음을 방증한다.

이러한 문제의식을 바탕으로 이해관계자이론은 1984년 **에드워드 프리먼**Edward Freeman의 저서《전략경영: 이해관계자 접근법Strategic Management: A Stakeholder Approach》를 통해 체계적으로 정립되기에 이른다. 프리먼은 전통적인 주주 중심의 경영 패러다임, 즉 주주 이익 극대화라는 단선적 목표가 현대 기업 환경의 복잡성과 사회적 책임을 충분히 반영하지 못한다고 비판하였다. 그는 기업이 실제로 존재하고 기능하는 방식이 다양한 이해관계자들과의 상호 작용 및 협력을 통해 이루어진다는 점을 강조하였다.[1]

프리먼은 이해관계자를 '조직의 목표 달성에 영향을 미치거나 그로부터 영향을 받는 모든 집단 또는 개인'으로 정의하였다. 이는 전통적 주주 개념을 확장한 것으로 고객, 직원, 공급자, 지역사회, 정부, 환경 등 조직과 상호 작용하는 모든 주체를 포괄하며, 그는 기업의 지속가능성과 윤리적 운영을 위해 이러한 다양한 이해관계자의 권리와 기대를 동시에 고려해야 한다고 주장하였다.

또한 프리먼은 이해관계자 간의 관계를 '윤리적 계약' 관계로 보았다. 즉, 기업은 법적 책임을 넘어 이해관계자와 신뢰에 기반한 협력관계를 구축해야 하며 이러한 관계가 장기적 가치를 창출할 수 있는 전제 조건이라고 강조하였다. 이러한 접근법은 기업의 전략 수립과 의사결정 과정에서 이해관계자의 의견과 영향력을 실질적으로 고려하는 방향으로 발전했다. 이는 기업이 외부 압력에 의해 실행하는 '사회적 책임 활동'과 본질적으로 구별된다.

그는 기업 경영에서 가장 중요한 원칙 중 하나로 '이해관계자들 간의 균형 있는 관계 관리'를 제시하였다. 여기서 말하는 '균형'은 모든 이해관계자를 똑같이 대우하라는 뜻이 아니라 서로를 존중하고 책임을 나누면서 조화롭게 긴장감을 유지하는 상태를 의미한다. 쉽게 말해 기업은 주주, 직원, 소비자, 공급업체, 지역사회 등 다양한 이해관계자들의 기대와 요구를 적절히 조율해야 한다는 것이다. 한쪽의 이익만을 일방적으로 우선시하는 경영은 바람직하지 않다는 것인데, 예를 들어 기업이 단기적으로 주주의 이익만 추구하면서 직원 복지를 줄이거나 공급업체에게 정당한 대가를 지불하지 않는다면 당장은 이익을 창출할 수 있을지는 몰라도 장기적으로는 기업에 대한 신뢰가 떨어지고 지속적인 성장이 어려워진다. 따라서 이해관계자 간의 균형을 유지하는 것은 '착한 기업이 되자'는 도덕적 차원의 시도가 아니라 기업이 오래 살아남고 경쟁력을 유지하기 위한 필수 전략이 된다.

프리먼의 이론은 1990년대 이후 등장한 지속가능발전, ESG 경영 등 현대 경영 담론의 이론적 토대가 되었으며, 특히 기업이 단순한 경제적 주체가 아닌 사회적 행위자로서의 책임을 수행해야 한다는 점을 명확히 하는 데 기여하였다. 또한 전략적 경영과 윤리의 통합을 주장하며 경영이 효율성을 넘어 가치 창출까지 목표로 해야 함을 강조하였다.[2] 예를 들어 글로벌 제조업체가 탄소 배출 감소를 목표로 재생가능에너지를 도입하고 지역사회와 협력하여 환경 프로젝트를 실행하는 것은 환경적 책임을 이행하는 것일 뿐만 아니라 지역사회의 신뢰를 구축하고 기업의 장기적 운영 안정성을 확보하는 일이기도 하다. 이해관계자이론은 이처럼 기업이 다차원적 접근을 통해 경제적 성과와 사회적 가치를 동시에 추구할 수 있는 체계적 틀을 제공함으로써 기업이 경제적 성과에만 집중하는 데에서 벗어나 사회적 책임과 지속가능성을 통합한 경영을 통해 신뢰받는 조직으로 발전하도록 지원하는 중요한 이론적 기반이 되었다.

7.2 이해관계자이론의 특징

▪ 다양한 이해관계자 고려

앞서 언급하였듯이 이해관계자이론은 기업의 목적이 주주의 이익을 극대화하는 데 있지 않으며 기업 활동에 영향을 미치거나 영향을 받는 모든 이해관계자의 요구와 기대는 기업의 의사결정 과정에 균형 있게 반영되어야 한다고 강조한다. 이는 전통적인 주주 중심의 경영 모델에서 벗어나 기업을 다수 이해관계자 간의 상호 작용과 책임의 중심축으로 재정의하는 것이다. 기업의 지속가능성과 장기적인 경쟁력 확보에 이해관계자와의 협력이 필수적이라는 점에서 이러한 관점은 전략적 유효성을 갖는다.[3]

고객, 직원, 공급업체, 투자자, 정부, 지역사회, 환경 등으로 구성된 이해관계자들은 각각 고유한 기대와 요구를 지니고 기업의 운영에 직간접적인 영향을 미친다. 예를 들어 고객은 품질과 윤리성을 갖춘 제품과 서비스를 요구하며, 직원은 공정한 근로 조건과 직무 안정성을 기대한다. 공급자는 안정적인 계약과 신뢰 기반의 관계를 선호하고, 지역사회는 기업이 지역경제 발전과 환경 보호에 기여하기를 원한다. 정부는 법률 및 규제 준수를 요구하며, 투자자는 지속가능한 재무 성과와 장기적인 기업 가치를 중요시한다.[4]

기업이 이와 같은 다양한 이해관계자의 기대를 무시하거나 불균형적으로 대응하면 평판 리스크, 고객 이탈, 내부 조직의 동기 저하, 정부 규제 강화, 투자자 신뢰 상실 등의 문제가 발생할 수 있으며, 이는 결국 기업의 생존 가능성과 지속가능한 성장 기반을 위협하게 된다.[5] 반면 이해관계자들의 기대를 균형 있게 반영하는 기업은 장기적인 신뢰를 구축하고 외부의 위협에 보다 유연하게 대응할 수 있는 조직 역량을 확보할 수 있다. 이해관계자이론은 이러한 다차원적 협력의 중요성을 경영 전략 내부에 통합할 것을 요구하며 단기적인 성과뿐 아니라 장기적인 지속가능성을 동시에 추구할 수 있도록 해 준다. 이는 기업의 사회적 책임과 ESG 경영의 이론적 기초로 작용하여 기업이 윤리적 정당성과 전략적 정합성을 동시에 확보하게 해 주는 실천적 지침이 된다. 그런 점에서 이해관계자를 경영의 주체로 포섭하는 접근은 기업의 운영을 윤리적이고 효과적인 방향으로 이끄는 현대 경영의 핵심 원리라 할 수 있다.

■ 상호 의존성 인식

이해관계자이론은 기업과 이해관계자 간의 관계를 교환적 거래 관계나 한쪽이 일방적으로 가치를 제공하는 관계로 보지 않고 상호 의존적 관계로 설명한다. 이러한 **상호 의존성**은 조직이론과 **자원의존이론**에서도 핵심이 되는 개념으로서, 기업이 지속가능성과 성과를 달성하기 위해 외부 환경과의 관계에서 자율성과 대응성을 동시에 확보해야 함을 강조한다.[6]

현대 기업은 더 이상 주주의 이익만을 위해 존재하는 조직이 아니라 고객, 직원, 공급업체, 정부, 지역사회, 투자자 등 다양한 이해관계자와의 긴밀한 상호 작용 속에서 가치를 창출하는 주체로 재정의되고 있다. 다양한 이해관계자들은 기업에 각각 다음과 같은 영향을 미친다. 고객은 제품과 서비스를 소비함으로써 기업의 매출에 기여하고 성장을 가능하게 하며, 직원은 자신의 노동력과 전문성을 바탕으로 생산성과 혁신을 이끌어낸다. 공급업체는 안정적인 자원과 기술을 제공함으로써 기업의 운영을 지원하고, 지역사회는 물리적 공간과 사회적 정당성, 인적 자원을 제공하는 동시에 기업이 환경적 책임을 다하고 일자리를 창출하며 지역 발전에 기여할 것을 기대한다. 정부는 제도적·법적 틀을 마련하여 기업 활동의 방향을 규정하고, 투자자는 자본을 공급하는 동시에 지속가능한 성과를 요구한다.

한편 기업은 다양한 이해관계자들에게 다음과 같은 영향을 끼친다.[7] 고객에게는 제품과 서비스를 제공하면서 소비자의 생활양식과 가치관을 형성하고 삶의 질에 직접적인 영향을 준다. 안전하고 혁신적인 제품은 고객의 만족과 신뢰를 높이며 지속가능한 소비 문화를 확산시킨다. 그러나 품질이 낮거나 비윤리적인 제품은 소비자 피해와 사회적 불신을 초래할 수 있다. 또한 직원에게는 고용 안정성과 임금을 제공할 뿐 아니라 경력 개발과 자기실현의 기회를 부여한다. 공정한 인사제도와 건강한 조직 문화는 직원의 직무 만족도와 삶의 질 향상에 기여한다. 반대로 과도한 업무 부담이나 불공정한 대우는 직무 스트레스와 이직률 증가로 이어질 수 있다. 공급업체에게는 안정적인 거래처이자 기술 혁신을 촉진하는 파트너 역할을 한다. 지속가능성 기준을 제시하는 기업은 공급망 전반에 긍정적 변화를 일으킬 수 있다. 그러나 불합리한 단가 인하 요구나 불공정 거래 관행은 공급업체의 경영 불안정을 초래하고 장기적으로는 공급망의 건전성을 해칠 수 있다. 지역사회에는 일자리 창출과 경제적 활력을 제공하며 사회 공헌 활동과 환경 보호 실천을 통해 지역사회의 신뢰와 지지를 얻는다. 그러나 기업이 초래하는 환경 오염이나 무분별한 개발은 주민의 삶의 질을 떨어뜨리고 지역사회의 지속가능한 발전을 저해할 수 있다. 마지막으로 세금 납부를 통해 국가 재정에 기여하고, 정부 정책 실행에 있어서는 중요한 협력자가 된다. 특히 탄소 중립이나 디지털 전환 등 국가적 과제를 추진하는 과정에서 기업의 역할은 결정적이다. 반면 기업의 법규 위반이나 조세 회피는 제도의 신뢰성과 사회적 공정성을 약화시킬 수 있다.

이러한 상호 의존적 관계에서 이해관계자의 요구와 우려를 경시할 경우, 기업은 심각한 위험에 직면할 수 있다. 고객의 안전 기준을 무시하거나 개인정보 보호를 소홀히 하면 불매운동과 집단소송은 물론 사회적 신뢰 상실이라는 치명적 결과를 초래할 수 있다. 직원의 복지와 노동권을 외면하는 기업은 높은 이직률과 조직 내 동기 저하로 인해 결국 생산성 감소와 경쟁력 약화에 직면하게 된다. 지역사회와의 갈등 역시 중대한 리스크를 수반한다. 환경 파괴나 지역사회 기대에 부응하지 못하는 행위는 규제 강화, 사업 허가 취소, 지역사회의 강력한 반발을 불러온다. 결국 이해관계자의 요구를 무시하는 것은 관계 악화를 넘어 기업 전체의 안정성과 지속가능성을 위협하는 구조적 위험으로 발전한다. 따라서 기업은 이해관계자와의 상호 영향을 경영 전략의 핵심 요소로 적극 고려해야 한다.[8]

기업이 이해관계자와의 신뢰 관계를 구축함으로써 얻게 되는 평판 자산, 사회적 승인, 고객 충성도, 조직 내부 결속력은 모두 비재무적 가치이지만 장기적으로 재무적 성과와 직결되는 요소들이다. 그런 만큼 상호 의존성은 기업의 경영 전략과 조직 운영 방식 전반에 내재화되어야 할 구조적 원리로 작용한다. 기업이 내부 이해관계자와 외부 이해관계자 간의 요구를 균형 있게 조정하고 상호 협력적 관계를 제도화할 때 지속가능성과 경쟁력은 단기적 성과를 넘어 구조적 강점으로 전환될 수 있다.

■ 의사결정의 다원화

글로벌 경제 환경의 복잡성 증가와 ESG 경영의 확산은 기업 의사결정의 방향을 다원적 구조로 전환하고 있다. 이제 기업의 의사결정 모델은 다양한 이해관계자의 기대와 요구를 전략적으로 반영하는 경영 모델로 진화 중이다.[9]

이해관계자들의 다양한 의사를 반영하는 과정은 기업이 직면한 위험을 완화하고 시장에서 정당성을 확보하는 전략적 도구가 된다.[10] 예를 들어 고객의 피드백은 제품 품질 향상 및 서비스 개선에 직접적인 자료가 되며, 직원들의 제안과 참여는 조직의 내적 혁신과 생산성 향상에 기여한다. 기업의 환경 및 사회적 영향에 민감하게 반응하는 지역사회는 기업이 사회적 이슈에 선제적으로 대응하도록 유도하고 이러한 대응은 기업의 사회적 정당성을 공고히 한다.[11] 환경 단체와의 협력은 지속가능성을 위한 규범적 기준을 제공하며, 정부의 규제와 정책은 기업이 법적 안정성과 사회적 신뢰를 유지하는 기반이 된다. 이와 같이 다양한 이해관계자의 의견을 포괄적으로 반영하는 다원적 의사결정 구조는 기업의 리스크 관리뿐 아니라 기회 포착에도 유리하게 작용한다.[12]

그러나 이러한 구조는 복잡성과 비용 증가의 위험도 동반한다. 이해관계자 간의 이익이 상충할 경우 기업은 다양한 관점을 조율하고 타협안을 도출해야 하며, 이 과정은 시간과 자원의 추가적 투입을 요구한다. 그럼에도 이러한 다원화된 접근은 단기적 효율성을 일부 희생하는 대신 장기적인 기업 신뢰도, 고객 충성도, 규제 회피 비용 감소 등의 형태로 실질적인 이익을 창출한다. 따라서 의사결정의 다원화는 단순한 경영 기법의 변화가 아니라 기업이 이해관계자 기반의 관계에서 책임 있는 행위자로 기능하기 위한 제도적 전환이라고 볼 수 있다.

■ 윤리적 경영 강조

윤리적 경영은 이해관계자이론의 **규범적 핵심**을 구성하는 요소로서, 기업이 다양한 이해관계자들에 대한 도덕적 책임을 져야 함을 전제한다.[13] 이는 법적 요구사항을 충족하는 수준을 넘어 기업의 모든 전략과 운영 활동이 사회적·환경적·윤리적 측면에 미칠 영향까지 포괄적으로 고려해야 한다는 확장된 책임 개념을 반영한다. 이러한 관점은 이해관계자이론이 단순한 경영 전략의 도구가 아니라 기업 활동의 윤리적 정당성을 뒷받침하는 이론임을 명확히 한다.[14]

윤리적 경영은 기업과 이해관계자 간의 관계를 단순한 계약 관계가 아니라 신뢰와 존중을 기반으로 한 도덕적 계약ethical contract 관계로 간주한다.[15] 이에 따라 기업은 고객, 직원, 지역사회, 환경 등 다양한 이해관계자에게 긍정적 영향을 미치기 위해 적극적인 책임을 수행해야 한다. 고객에게는 안전하고 신뢰할 수 있는 제품과 서비스를 제공해야 하며, 직원에게는 공정한 근로 조건, 고용 안정성, 성장 기회를 보장해야 한다. 지역사회에 대한 경제적 기여뿐 아니라 사회적 통합과 공동체 발전에도 이바지해야 하며, 환경을 위해 재생가능에너지 사용, 자원 순환, 탄소 배출 감축 등 지속가능한 경영을 실천해야 한다.[16]

윤리적 경영이 결여된 기업은 단기적으로는 브랜드 신뢰도 하락과 고객 이탈, 장기적으로는 법적 소송, 투자자 철수, 운영 차질 등 심각한 평판 및 재무 리스크에 직면할 수 있다. 실제로 기업의 비윤리적 행위는 기업에 대한 이해관계자 집단의 지지를 약화시키고 기업 정당성을 훼손시킨다.[17] 반면 윤리적 경영을 실천하는 기업은 다양한 이해관계자의 신뢰와 지지를 확보할 수 있으며, 이는 장기적으로 기업의 회복탄력성과 지속가능성, 그리고 사회적 정당성의 기반이 된다. 특히 현대의 소비자와 투자자들은 윤리적 기준을 중시하는 경향이 뚜렷해지고 있으며 이는 ESG 평가 요소에도 직접적으로 반영된다. 윤리적 경영은 ESG 경영의 규범적 기반으로 작용해 기업이 단기적 성과를 넘어 장기적인 가치 창출을 실현하는 전략적 수단이 된다. 달리 말해 이해관계자이론의 도덕적 정당성을 실현하는 실천적 통로이자 기업의 전략과 지속가능성을 동시에 담보하는 필수 조건이라 할 수 있다.

이해관계자이론의 주요 학자

에드워드 프리먼

에드워드 프리먼Edward Freeman은 1984년에 발표한 저서 《전략경영: 이해관계자 접근법》을 통해 이해관계자이론을 체계적으로 정리한 학자이다.[18] 그는 기업이 주주의 이익만을 추구해야 한다는 전통적 관점을 비판하며 고객, 직원, 공급업체, 지역사회, 정부 등 다양한 이해관계자의 요구와 기대를 균형 있게 반영해야 한다고 주장했다.

특히 기업이 이해관계자들과 신뢰를 기반으로 윤리적 관계를 맺어야 한다고 강조하면서, 이들과의 협력을 통해 장기적이고 지속가능한 가치를 창출해야 한다고 보았다. 이후 이 이론은 더욱 확장돼 환경 또한 기업의 지속가능성과 직결되는 대상으로 간주되면서 이해관계자의 범주에 포함되었다. 물론 환경은 스스로 직접 목소리를 낼 수 없으므로 정부의 정책, 시민단체의 요구, 지역사회의 반응 등 인간 주체들을 통한 '대리적 이해관계자'로서의 의미를 갖는다. 이러한 확장된 이해관계자 관점은 오늘날 ESG 경영과 지속가능경영의 사상적 기반으로 널리 받아들여지고 있다.

토마스 도널드슨과 리 프레스턴

토마스 도널드슨Thomas Donaldson과 리 프레스턴Lee Preston은 1995년에 발표한 논문 〈기업의 이해관계자이론: 개념, 증거, 그리고 함의The Stakeholder Theory of the Corporation: Concepts, Evidence, and Implications〉에서 이해관계자이론의 개념적 기초를 더욱 구체화하였다.[19] 이들은 이해관계자이론이 기술적descriptive·도구적instrumental·규범적normative 측면에서 작동한다고 주장하며 이론의 실질적인 적용 가능성을 제시하였다. 기술적 접근은 기업이 실제로 이해관계자들과 어떻게 상호 작용하는지를 설명하며 기업이 운영되는 방식과 그 과정에서 이해관계자들이 어떤 역할을 하는지를 객관적으로 서술한다. 도구적 접근은 이해관계자이론이 기업의 성과에 어떤 영향을 미치는지를 분석하며 기업이 이해관계자들의 요구를 적극적으로 반영할 때 경쟁력 강화, 장기적 성장, 재무적 성과 향상 등의 효과를 얻을 수 있음을 강조한다. 규범적 접근은 기업이 이해관계자를 고려해야 하는 윤리적·도덕적 정당성을 제공하며 기업이 단순히 이윤 극대화를 추구하는 것이 아니라 사회적 책임을 수행하고 지속가능성을 고려해야 하는 근거를 제시한다.

두 학자는 기업이 이해관계자의 요구를 반영하면 재무적 성과와 사회적 성과를 동시에 달성할 수 있으며 기업이 지속가능성을 확보하는 데 있어 이해관계자 관리가 필수적인 요소임을 강조하였다. 이들은 기업이 주주의 이익을 최우선으로 고려하는 것이 아니라 다양한 이해관계자의 기대와 요구를 균형 있게 반영할 때, 장기적인 기업 성장과 사회적 책임 이행을 동시에 달성할 수 있는 전략임을 주장하였다.

로날드 미첼과 브래드 아글, 도나 우드

로날드 미첼Ronald Mitchell, 브래드 아글Brad Agle, 도나 우드Donna Wood는 1997년에 발표한 논문 〈이해관계자 식별과 중요도에 관한 이론 구축Toward a Theory of Stakeholder Identification and Salience〉에서 기업이 이해관계자의 우선순위를 어떻게 설정해야 하는지를 제시하는 새로운 모델을 개발하였다.[20] 이 모델은 권력, 정당성, 긴급성이라는 3가지 기준을 기반으로 이해관계자를 분류하고 기업이 누구를 우선적으로 고려해야 하는지에 대한 실질적인 기준을 제공하였다. 권력은 이해관계자가 기업 의사결정에 영향을 미칠 수 있는 능력을 의미하며, 정당성은 이해관계자가 기업과의 관계에서 가지는 법적·도덕적·사회적 타당성을 나타낸다. 긴급성은 기업이 이해관계자의 요구를 즉각적으로 반영해야 하는 필요성을 의미한다.

이해관계자는 이 3가지 기준 중 몇 가지를 충족하느냐에 따라 핵심 이해관계자definitive stakeholder, 우선적 이해관계자expectant stakeholder, 잠재적 이해관계자latent stakeholder 등으로 분류된다. 핵심 이해관계자는 3가지 요소를 모두 갖춘 집단으로 기업의 의사결정에 가장 큰 영향을 미치는 반면, 잠재적 이해관계자는 하나의 요소만 보유하여 상대적으로 영향력이 낮은 집단이다.

이러한 모델은 기업이 다양한 이해관계자의 영향력을 평가하는 데 중요한 기준으로 작용하고 있으며, ESG 경영에서도 기업이 어떤 이해관계자와 협력해야 하는지를 결정하는 데 활용되고 있다. ESG 경영에서 기업이 지속가능성을 실현하기 위해서는 주주뿐만 아니라 다양한 이해관계자의 요구를 반영해야 하며, 특히 환경적·사회적 책임을 다하기 위해 주요 이해관계자들과 협력하는 것이 필수적이다. 기업이 ESG 경영을 효과적으로 수행하기 위해서는 핵심 이해관계자의 요구를 우선적으로 반영해야 하며, 우선적·잠재적 이해관계자와의 관계도 전략적으로 고려해야 한다. 이러한 이해관계자 분석 모델은 기업이 복잡한 이해관계자 네트워크 속에서 최적의 의사결정을 내릴 수 있도록 돕는 중요한 도구로 자리 잡고 있다.

마이클 젠슨

마이클 젠슨Michael C. Jensen은 2001년에 발표한 논문 〈가치극대화, 이해관계자이론, 그리고 기업 목표의 설정Value Maximization, Stakeholder Theory, and the Corporate Objective Function〉에서 이해관계자이론과 주주가치 극대화 이론 간의 갈등을 탐구하며 두 이론 간의 조화를 모색하는 새로운 접근법을 제시하였다.[21] 그는 전통적인 주주 중심 경영이 단기적인 수익성만을 중시하는 한계를 지적하며 기업이 다양한 이해관계자의 가치를 통합적으로 관리할 때 장기적으로 최적의 경제적 성과를 창출할 수 있다고 강조하였다.

젠슨은 기업이 이해관계자들의 다양한 요구를 수용하면서도 명확한 경제적 목표를 설정해야 한다고 주장하며, 이를 '조정된 이해관계자이론enlightened stakeholder theory'으로 설명하였다. 즉, 기업이 무조건적으로 모든 이해관계자의 요구를 수용하는 것이 아니라 기업 가치 극대화라는 목표 아래 이해관계자들의 이해를 조정하는 방식으로 운영되어야 한다는 것이다.

로버트 필립스

로버트 필립스Robert Phillips는 2003년에 출간한 그의 저서 《이해관계자이론과 기업 윤리Stakeholder Theory and Organizational Ethics》에서 기존의 이해관계자이론이 지나치게 전략적·도구적 접근에 치우쳐 있다는 점을 비판하며 윤리적 정당성의 회복을 통해 이론적 깊이와 실천적 정당성을 강화하고자 하였다.[22] 그는 기업이 이해관계자를 고려해야 하는 이유가 단순히 경제적 효율성 확보나 장기적 성과 극대화를 위해서가 아니라 보다 근본적으로 도덕적 책임과 윤리적 의무를 다하기 위함이라고 주장하였다.

특히 필립스는 이해관계자와의 관계에서 '상호주의 원칙principle of reciprocity'을 핵심 기준으로 제시하였다. 이 원칙은 기업과 이해관계자가 단순한 계약이나 이해타산적 교환 관계를 넘어 상호 신뢰와 책임에 기반한 윤리적 계약 관계를 형성해야 함을 의미한다. 예를 들어 고객은 기업에 정직하고 안전한 제품을 기대하고, 직원은 공정한 보상과 존중을 요구하며, 공급업체는 지속적인 거래와 협력적 관계를 희망한다. 반면 기업은 이러한 이해관계자들로부터 충성도, 협력, 생산성, 사회적 정당성 등의 비재무적 자산을 얻는다. 이와 같은 교환은 단지 계산 가능한 경제적 이익을 주고받는 수준을 넘어 도덕적 의무에 대한 상호 인식과 준수를 기반으로 유지된다는 것이 필립스의 핵심 주장이다.

또한 그는 도덕적 정당성의 부여 기준으로 다음 두 가지 조건을 제시하였다. 첫째, 해당 이해관계자가 기업의 의사결정과 결과에 실질적으로 영향을 받는가? 둘째, 기업이 그러한 영향을 인식하고 그에 대해 응답할 윤리적 의무를 수용하는가? 이 기준을 통해 필립스는 조직의 책임 범위를 보다 정교화하고 이해관계자라는 개념이 무제한적으로 확장되는 것을 방지하면서도 정당한 윤리적 책임 구조를 설정하는 데 기여하였다.

7.3 이해관계자이론과 지속가능경영, 그리고 ESG

■ 지속가능경영의 전략적 방향성 제공

앞서 살펴보았듯이 이해관계자이론은 기업이 단기적인 이윤 창출에 매몰되지 않고 장기적인 지속가능성을 달성하기 위한 전략적 방향성을 수립하는 데 중요한 이론적 틀을 제공한다. 특히 ESG 경영의 확산은 기업이 다양한 이해관계자의 요구와 기대를 경영 의사결정의 핵심 요소로 통합하도록 요구하고 있으며, 이는 이해관계자이론의 핵심 원칙인 상호 의존성 및 협력과 밀접하게 연결되어 있다.

ESG 경영은 단순히 법적 규제의 준수나 위험 회피를 위한 소극적 대응을 넘어 환경적 책임, 사회적 가치 창출, 투명한 지배구조 확보라는 3가지 축을 중심으로 기업의 지속가능한 경쟁 우위를 구축하는 전략적 접근법으로 자리매김하고 있다.[23] 예컨대 독일의 글로벌 기업 지멘스Siemens는 '2050 탄소 중립'을 목표로 재생가능에너지 도입, 에너지 효율화, 스마트 공정 개선 등 지속가능경영을 위한 전략을 실행하고 있으며, 이 과정에서 환경 NGO, 지방 정부, 지역사회 등과의 협력을 적극적으로 모색하고 있다. 이와 같은 ESG 전략은 고객과 투자자와의 신뢰를 구축하고 규제 당국과의 우호적 관계를 형성하며 지역사회와의 장기적 협력 기반을 마련하는 데 기여한다.

이해관계자이론은 이러한 ESG 실천이 가능하도록 기업이 이해관계자의 다층적인 요구를 구조적으로 파악하고 각 집단과의 지속적인 소통과 상호 작용을 통해 전략을 구체화해 나갈 것을 제안한다. 따라서 이해관계자 중심 접근법은 ESG 경영을 '대응'의 차원이 아닌 '창조적 전략'의 차원으로 승화시키는 데 중요한 이론적·실천적 기반을 제공한다고 볼 수 있다.

■ 위험 관리와 기업 신뢰성 강화

기업이 경영 활동에 다양한 이해관계자의 기대와 요구를 포괄적으로 반영해야 한다는 이해관계자이론의 입장은 리스크 관리의 새로운 패러다임을 제시한다. 특히 ESG 경영이 중시되는 현재의 경영 환경에서 전략적 유효성을 지니는데, 이는 무엇보다 비재무적 리스크를 사전에 식별하고 구조적으로 대응하는 통합적 접근을 가능하게 해 주기 때문이다.

현대 기업은 글로벌 공급망과 디지털 기술 기반의 복잡한 네트워크 환경 속에서 운영되며 이로 인해 다양한 윤리적·환경적·사회적 리스크에 노출된다. 예컨대 공급망 내부에서 아동 노동, 환경 파괴, 노동 착취와 같은 문제가 발생할 경우, 이는 곧 기업의 평판 리스크로 이어져 소비자의 불매 운동, 투자자의 이탈, 규제 당국의 제재 등으로 확산될 수 있다.[24] 이러한 리스크는 단기적인 손실을 초래하는 데 그치지 않고 기업의 장기적인 가치와 지속가능성에 심대한 위협이 된다.

이해관계자이론은 이러한 리스크를 완화하고 대응하기 위한 전략으로서 이해관계자와의 사전적 협력과 소통을 강조한다. 고객, 공급업체, 지역사회, 시민사회단체 등과의 신뢰 기반 상호 작용은 리스크 회피뿐만 아니라 기업의 브랜드 자산 축적과 경쟁 우위 확보를 보장하는 수단이 된다. 예컨대 공정무역 인증을 받은 원자재를 사용하거나 ESG 기준을 반영한 공급망 관리 시스템을 구축하는 것은 정부 규제를 준수하는 동시에 기업의 신뢰성과 윤리성을 제고하는 전략이 된다. 특히 기업과 지역사회 간의 관계는 이해관계자이론의 핵심적인 실천 영역 중 하나이다. 기업이 공장, 생산 설비, 물류센터 등 환경에 영향을 미칠 수 있는 대규모 시설을 건설하거나 사회적으로 민감한 프로젝트를 추진하는 경우에는 해당 지역의 주민, 지방 정부, 시민단체와의 지속적인 소통과 피드백 반영이 사회적 갈등을 사전에 예방해 준다.

사회학자 **마크 수흐만**Mark C. Suchman은 이를 사회적 정당성의 개념으로 설명하며 기업이 제도적 승인을 확보하고 지역사회로부터 신뢰를 얻기 위해서는 '전략적 포용strategic inclusiveness'의 태도를 실천해야 한다고 주장하였다. 사회적 정당성에 대해서는 10장 제도이론 전반을 통해 다시 자세히 다룰 예정이다.

■ ESG 목표 달성을 통한 장기적 가치 창출

앞서 ESG 경영은 지속가능성을 달성하는 전략적 수단으로 작용한다고 설명한 바 있다. 지속가능성이란 기업이 직면한 환경·사회·지배구조 영역의 위험을 장기적으로 관리해 생존 기반을 안정화하는 경영 철학이다. 기후위기, 노동권 침해, 공급망의 불평등 구조 등은 더 이상 기업 외부의 문제가 아닌 만큼 오늘날 기업은 이런 위험들을 미리 파악하고 대비해서 조직 전체의 회복력을 높여야 한다.

그러나 지속가능성만으로는 충분하지 않다. 지속가능한 경영은 **장기적 가치 창출**을 위한 기반이지 그 자체가 목적이 아니기 때문이다. 즉, ESG 경영의 진정한 전략적 목표는 단순히 위험을 피하거나 규제를 준수함으로써 지속가능성을 확보하는 데에 있지 않으며 이해관계자와의 신뢰, 평판 강화, 브랜드 충성도, 투자 유치의 용이성, 시장 점유율 확대 등 실질적인 경제적·사회적 성과를 만들어 내는 데 있다. 이러한 성과들이 바로 장기적 가치에 해당하며 이는 기업의 생존을 넘어 지속적인 경쟁 우위를 보장하는 핵심 요소로 작용한다.

이의 대표적인 사례로 애플Apple의 ESG 전략을 들 수 있다. 애플은 재생가능에너지 기반의 생산 공정 도입, 재활용 소재를 활용한 제품 설계, 탄소 배출 저감 목표 설정 등을 통해 환경적 책임을 적극 이행하고 있다. 이러한 전략은 환경을 보호하는 데에 그치지 않고 친환경 소비에 민감한 고객의 충성도를 높이고 ESG를 중시하는 글로벌 투자자들과의 신뢰도 강화한다. 이렇게 강화된 고객 충성도와 투자자들의 신뢰는 안정적인 자금 조달과 시장 경제력 확보로 이어진다. 결과적으로 ESG 전략이 실질적인 경제적·사회적 성과를 낳은 것이다.

이해관계자이론과 기업 사례 연구 스타벅스

미국 스타벅스Starbucks 본사는 이해관계자 중심의 경영 철학을 바탕으로 ESG 경영을 실천하며 이를 통해 지속가능한 성장 기반을 구축하는 데 주력하고 있다. 특히 이윤 추구를 넘어 이해관계자들과의 신뢰와 협력을 기반으로 한 가치 공동설계를 지향하며 사회적 책임과 기업 경쟁력을 동시에 달성하는 것을 목표로 하는 ESG 전략을 실행하고 있다.

스타벅스는 내부 이해관계자인 직원들의 복지 향상을 경영의 핵심 전략으로 설정하고 있다. 정규직뿐 아니라 시간제 근로자 전원에게 건강보험을 제공하고 있으며, 고등교육 기회를 확대하기 위해 스타벅스 대학 교육 지원 프로그램Starbucks College Achievement Plan을 운영하고 있다. 또한 공정한 노사 협상을 촉진하고 임금 인상과 복지 확대를 통해 장기 근속을 유도하고 있다. 이러한 정책은 직원 만족도와 충성도를 높여 조직 내 생산성 향상과 이직률 감소라는 긍정적 성과로 나타나고 있으며 기업 내부의 사회적 자본을 강화시킴으로써 장기적 지속가능성을 뒷받침하고 있다.

그림 7-2 **스타벅스의 내부 이해관계자, 파트너들**

사회적 책임 실현을 위한 지역사회와의 파트너십도 적극적으로 전개한다. 스타벅스는 2030년까지 1,000개의 커뮤니티 스토어를 설립하고 이를 통해 취약 계층의 고용을 확대하고 지역경제를 활성화하려는 전략을 추진 중이다. 각 커뮤니티 스토어는 지역 비영리기관이나 사회적 기업과의 협력 구조 속에서 운영되며 지역사회 문제 해결에 직접적으로 자금 및 자원을 지원한다. 아울러 스타벅스 재단은 교육 및 환경 보호 활동을 지원하는 다양한 프로그램을 확대하며 기업의 사회적 정당성을 제고하고 있다.

스타벅스의 글로벌 공급망 관리는 환경적 지속가능성과 윤리적 책임의 균형을 실현하는 대표적 사례이다. '스타벅스 C.A.F.E. 프로그램–커피와 농민의 공정한 거래C.A.F.E. Practices-Coffee and Farmer Equity' 프로그램을 통해 전 세계 커피 농가에 공정한 가격을 제공하고 지속가능한 농업 기술을 확산하고 있다. 이 프로그램은 원재료 조달만을 목적으로 하는 것이 아니라 기후변화에 따른 생산 불안정성에 대응하고 농업 생태계를 장기적으로 보호하기 위해 설계되었다. 동시에 공급망 전반에 걸쳐 노동 착취 방지와 인권 보호 기준을 강화하고 있으며 이를 위해 협력업체에 대한 정기적인 윤리 감사를 시행하고 있다. 이러한 윤리적 공급망 관리는 글로벌 시장에서의 브랜드 신뢰성을 높이는 데 크게 기여하고 있다.

스타벅스는 ESG 목표를 기업 지배구조 차원에서 제도화하고 있다. 경영진의 성과 평가 체계에 ESG 항목을 반영함으로써 환경적·사회적 책임 이행을 실질적 보상과 연결하고 있다. 또한 환경 보호, 파트너(직원) 관리, 지역사회에 미치는 영향 분석 등을 전담하는 ESG위원회를 설립하여 ESG 전략이 순조롭게 이행되고 있는지 모니터링함으로써 경영 전반에 ESG 기준을 내재화하고 있다. 이는 ESG가 전사적 전략의 중심축으로 자리 잡고 있음을 보여주는 구조적 개혁으로 볼 수 있다.

이처럼 스타벅스는 ESG 경영을 통해 고객, 직원, 지역사회, 투자자 등 주요 이해관계자의 요구와 기대를 조직 전략에 체계적으로 반영하고 있다. 이러한 포괄적 접근은 브랜드 신뢰 형성과 고객 충성도 강화, 투자자 신뢰 확보 등 실질적인 경제적 성과로 이어지고 있다. 스타벅스의 ESG 전략은 기업의 지속가능성과 글로벌 경쟁력 확보에 기여하는 전략적 인프라로 작용하고 있으며 이는 현대 경영의 새로운 표준으로 기능하는 모범 사례로 평가된다.

7.4 이해관계자이론으로 바라본 지속가능경영과 ESG 연구

연구 1 〈지속가능성을 위한 비즈니스 사례: 이해관계자이론 관점〉*

이 연구는 이해관계자 중심 경영이 실제로 기업 성과에 어떤 영향을 미치는지를 검증하기 위해 미국 S&P500 기업들을 대상으로 수행된 것이다. 연구자들은 경영진에게 지급되는 보너스의 기준에 CSR 항목이 포함되는지에 초점을 두고 경영자의 보상 체계에 이해관계자와 관련된 요소를 얼마나 반영하느냐에 따라 기업의 행동과 성과가 어떻게 달라지는지를 살펴보았다.

예를 들어 한 기업은 기존의 재무적 성과 외에 탄소 배출 감소, 다양성 확대, 윤리적 공급망 운영과 같은 CSR 지표들을 보너스 평가 기준에 포함했다. 이 제도 변화 이후 해당 기업에서는 투자자 신뢰 상승, 장기 주가 향상, 조직 내 윤리 의식 강화와 같은 긍정적인 결과가 나타났다. 이는 이해관계자 관점을 반영한 보상 체계가 이미지 개선이나 형식적 제도에 그치는 것이 아니라 실제 기업 가치에 기여할 수 있다는 점을 보여 준다.

* Schaltegger, S., Hörisch, J., & Freeman, R. E. 2019. Business Cases for Sustainability: A Stakeholder Theory Perspective. *Organization & Environment*, 32(3), 191–212.

이 연구는 이와 같은 다수의 사례를 분석하여 다음과 같은 결론을 도출했다. 첫째, CSR 지표를 보상 체계에 반영한 기업은 그렇지 않은 기업보다 장기적인 재무 성과가 우수했다. 둘째, 이러한 CSR 보상 제도는 단기 수익과는 무관하게 기업의 지속가능성과 깊은 관련이 있는 것으로 나타났다. 셋째, CSR 기준이 명확하게 제도화된 기업일수록 직원·소비자·투자자 등 주요 이해관계자들로부터 더 높은 신뢰를 얻고 있었다.

이 연구는 이해관계자이론이 기업의 실질적 전략과 성과에 중요한 영향을 미친다는 점을 잘 보여 준다. 특히 기업이 이해관계자들의 기대를 보상 제도와 같은 핵심 운영 구조에 반영할 때 장기적 가치 창출로 이어질 수 있다는 사실을 실증한 사례라 할 수 있다. 그런 점에서 이해관계자이론은 경영의 윤리적 정당성뿐만 아니라 지속가능성과 경제적 성과를 동시에 추구하게 해 주는 이론적 틀이 된다.

연구 2 〈지속가능한 비즈니스 모델에서 이해관계자와의 상호 작용이 하는 역할에 관한 체계적 문헌 검토〉**

이 연구는 기존의 지속가능한 비즈니스 모델 연구들이 주로 기업 내부 전략이나 가치 제안에 집중되어 있었던 한계를 지적했다. 연구진은 기업이 진정한 지속가능성을 실현하기 위해서는 내부적 혁신이나 기술 변화만으로는 충분하지 않으며 이해관계자와의 지속적인 상호 작용이 필수적이라는 가설을 제시하고 이를 입증하기 위해 200편 이상의 관련 문헌을 체계적으로 검토하고 분석하는 문헌 연구를 수행했다.

연구진은 다양한 산업 및 국가의 사례를 분석하면서 이해관계자들과의 상호 작용이 단순한 소통 수준을 넘어 가치 공동설계, 신뢰 기반의 협업, 지속적인 피드백 순환 구조를 가능하게 한다는 점에 주목했다. 예컨대 일부 기업들은 제품 개발 초기부터 고객, 지역사회, 공급업체와 협의하며 지속가능성 요소를 설계에 통합했고, 그 결과 더 높은 시장 수용도와 사회적 지지를 얻은 것으로 나타났다. 미국의 대표적인 카펫 타일 제조업체 인터페이스Interface는 지속가능성을 핵심 경영 전략으로 정하고 제품을 개발할 때부터 고객, 공급업체, 환경 NGO, 지역사회 등 여러 관련 집단들과 지속적으로 대화하는 시스템을 구축했다. 또한 모든 제품에 대해 '전 생애주기 평가'를 실시해 제품이 만들어지고 사용되고 버려지는 전 과정에서 환경에 미치는 영향을 점검했으며 이를 통해 폐기물을 줄이고 재활용 소재를 적극적으로 활용하여 환경친화적인 제품을 만들 수 있었다.

그 결과 인터페이스는 자사의 카펫 제품에서 탄소발자국을 크게 줄이는 데 성공했다. 탄소발자국이란 제품을 만들고 사용하는 과정에서 발생하는 온실가스의 양을 의미한다. 더 나아가 100퍼센트 재생가

** Fobbe, L., & Hilletofth, P. 2021. The role of stakeholder interaction in sustainable business models: A systematic literature review. *Journal of Cleaner Production*, 327, 129510.

능한 자원만을 사용하는 생산 체계를 구축하기도 했다. 이러한 성과가 시장에서도 좋은 반응을 얻어 인터페이스는 친환경 선도기업으로 인정받았으며, 고객들의 브랜드 충성도와 시장 점유율도 크게 향상되었다. 이는 관련 이해관계자들과의 소통이 비즈니스 모델 자체를 근본적으로 바꾸는 계기가 될 수 있음을 보여주는 대표적인 예라고 할 수 있다.

이와 같은 분석을 바탕으로 이 연구는 다음과 같은 3가지 주요 결론에 도달했다. 첫째, 지속가능한 비즈니스 모델은 기업이 단독으로 설계하고 실행하는 것이 아니라 다양한 이해관계자와의 상호 작용 속에서 공동으로 형성되는 구조이다. 둘째, 이해관계자와의 상호 작용은 기업의 전략 수립, 운영 방식, 사회적 정당성 확보에 실질적인 영향을 미친다. 셋째, 이러한 상호 작용은 경영 전략, 조직 구조, 사회적 맥락이라는 3가지 차원에서 동시에 작동하며 이를 통합적으로 고려해야 진정한 지속가능성이 구현될 수 있다.

이 연구는 이해관계자이론의 관점에서 볼 때 다음과 같은 함의를 가진다. 기업은 더 이상 외부 환경으로부터 독립된 주체가 아니며 이해관계자들과의 역동적 관계 속에서만 지속가능성과 경쟁력을 확보할 수 있는 존재임을 이론적으로 뒷받침한다. 또한 이해관계자들 간의 협력과 상호 작용이 부수적인 활동이 아니라 지속가능한 비즈니스 모델의 핵심 설계 원리라는 점을 강조한 데에도 의의가 있다.

연구 3 〈국가 제도, 이해관계자 참여, 그리고 기업의 ESG 성과〉***

이 연구는 다국적 기업의 ESG 성과가 내부 전략이나 리더십에 의해서만 결정되는 것이 아니라 기업이 속한 국가의 제도 환경과 기업 외부 이해관계자와의 상호 작용 수준에 의해 달라질 수 있다는 점에 주목했다. 연구진은 이를 검증하기 위해 세계 여러 나라의 S&P 상장 기업 데이터를 활용하여 실증 분석을 수행했다.

예를 들어 미국에 본사를 둔 A기업은 ESG 전략을 실행하면서 정부의 규제를 충실히 따르는 동시에 지역사회와의 정기적인 대화, NGO와의 협업 등을 적극적으로 추진했다. 반면 제도적 규제가 약한 국가에 소재한 B기업은 내부적으로 ESG를 추구하려 했지만 외부 이해관계자와의 연계가 미흡하여 실질적인 성과는 높지 않았다. 이처럼 같은 ESG 목표를 가진 기업이라 하더라도 제도 환경과 이해관계자 참여 방식에 따라 실제 결과는 매우 다르게 나타났다.

이와 같은 방식으로 세계 각국의 기업들을 비교 분석한 결과, 연구자들은 다음과 같은 3가지 결론을 도출했다. 첫째, 국가 제도가 투명하고 규범이 잘 작동하는 환경에 속한 기업일수록 ESG 성과가 높

*** Ortas, E., Gallego-Álvarez, I., & Álvarez, I. 2019. National institutions, stakeholder engagement, and firms' environmental, social, and governance performance. *Corporate Social Responsibility and Environmental Management*, 26(3) 598–611.

았다. 둘째, 외부 이해관계자와의 소통 및 협력 수준이 높은 기업은 환경적·사회적 책임 이행에 있어 더욱 우수한 성과를 나타냈다. 셋째, 국가 제도와 이해관계자 참여는 상호 보완적으로 작용했으며, 둘 중 하나가 약할 경우 다른 하나를 통해 보완이 가능했다.

이 연구는 이해관계자이론의 관점에서 기업의 ESG 경영이 내부 의사결정이나 최고경영자의 의지에 의해 결정되는 것이 아니라 국가의 제도적 기반과 외부 이해관계자와의 신뢰 기반 관계 속에서 실현된다는 점을 입증한다. 또한 기업이 진정한 지속가능성을 추구하고자 한다면 제도 환경을 고려한 전략 수립과 더불어 다양한 이해관계자와의 적극적인 상호 작용을 경영 시스템에 통합할 필요가 있다는 것을 시사한다.

DISCUSSION 7장 | 토론 과제

주제 1: 기업은 주주의 이익과 이해관계자의 이익 중 무엇을 우선시해야 하는가

배경

전통적인 주주이론은 기업의 존재 목적이 주주의 부를 극대화하는 데 있다고 본다. 반면 이해관계자이론은 기업이 고객, 직원, 공급업체, 지역사회 등 다양한 이해관계자의 이익을 균형 있게 고려해야 한다고 주장한다. ESG 경영이 확산되며 이해관계자 중심 경영이 기업의 지속가능성을 높이는 전략으로 주목받고 있으나, 일부에서는 이러한 접근이 기업의 책임 경계와 의사결정 구조를 모호하게 만든다고 우려한다.

의견 ❶ : 기업은 이해관계자의 이익을 우선시해야 한다

- 기업은 다양한 이해관계자의 이익을 고려함으로써 사회적 신뢰를 확보하고 장기적인 지속가능성과 브랜드 가치를 제고할 수 있다.
- ESG 경영은 이해관계자 중심 사고를 전제로 하며 이는 기업의 평판 리스크를 낮추고 투자자를 유치하는 데에 긍정적인 영향을 준다.
- 주주가치 역시 고객 충성도, 직원 만족도, 공급망 안정성 등 이해관계자 관리의 성과를 통해 간접적으로 강화된다.

의견 ❷: 기업은 주주의 이익을 우선시해야 한다

- 기업의 법적·제도적 책임은 우선적으로 주주에 있으며 이해관계자의 이익은 부수적인 고려 사항이다.
- 모든 이해관계자의 이익을 동등하게 고려하면 의사결정이 느려지고 경영 효율성이 저하될 수 있다.
- 이해관계자 간 이해 충돌 시 우선순위를 정하기 어렵고 경영진의 책임 소재가 불분명해질 수 있다.

생각의 확장

기업의 존재 이유는 시대에 따라, 각자의 입장에 따라 다르게 해석할 수 있다. 위에 제시된 두 가지 의견도 시대에 따라, 각자의 입장에 따라 해석한 결과일 수 있다. 어떤 의견이 타당하고 생각하는가? 두 의견을 조화시킬 방법은 없는가?

주제 2: 이해관계자이론은 ESG 경영의 이론적 기반으로서 충분한가

배경

이해관계자이론은 ESG 경영의 철학적 기반으로 자주 언급된다. ESG는 기업이 다양한 이해관계자의 요구를 수용하고 사회적 책임을 수행할 것을 요구한다는 점에서 이해관계자이론과 관계가 깊다. 그러나 ESG는 규범적 가치뿐만 아니라 실증적 성과와 투자 지표를 요구하는 영역으로 발전하고 있어 이해관계자이론이 ESG 경영의 실천 전략으로서 타당한 실증적 기반을 갖고 있는지에 대해 논의가 이루어지고 있다.

의견 ❶: 이해관계자이론은 ESG 경영의 이론적 기반으로서 충분하다

- 이해관계자이론은 ESG 경영이 요구하는 환경·사회·지배구조 요소를 포괄적으로 설명할 수 있는 유연하고 포용적인 이론이다.
- 이해관계자이론은 기업의 사회적 정당성을 확보하는 데 중요한 기준을 제공하며 ESG 공시와 지배구조 설계에도 응용될 수 있다.
- 기업의 이해관계자 관리가 재무 성과에 긍정적 영향을 미친다는 실증 연구들이 증가하고 있어 이론적 타당성이 강화되고 있다.

의견 ❷: 이해관계자이론은 ESG 경영의 이론적 기반으로서 충분하지 않다

- 이해관계자이론은 철학적·윤리적 주장에 치우쳐 ESG의 성과 측정이나 실행 전략에 대해 구체적 방향을 제시하지 못한다.
- 자원의존이론, 거래비용이론, 제도이론 등이 ESG의 전략적 실행 가능성과 외부 환경과의 상호 작용을 설명하는 데 더 적합하다.
- 이해관계자이론은 이해관계자 간 우선순위 설정에 대한 기준이 불명확하기 때문에 ESG 경영에서 실무적 의사결정을 어렵게 만들 수 있다.

DISCUSSION 7장 | 토론 과제

생각의 확장

이해관계자이론이 ESG 경영의 타당한 이론적 기반이 될 수 있는지에 대해서는 시대적 맥락과 해석의 관점에 따라 다른 결론이 도출될 수 있다. 앞서 제시된 두 의견 역시 ESG가 추구하는 규범적 가치와 실질적 성과 요구 사이의 균형을 어떻게 이해하느냐에 따라 상반된 해석을 낳는다. 그렇다면 이해관계자이론이 ESG 경영의 토대로 충분한가, 아니면 다른 이론의 보완이 불가피한가? 나아가 두 관점을 조화시켜 ESG 경영을 보다 효과적으로 설명할 수 있는 통합적 접근법은 없는가?

7장 연습문제

01. 프리드먼의 주주 이익 극대화론과 프리먼의 이해관계자이론의 가장 큰 차이점을 설명하시오.

02. 이해관계자이론에서 말하는 '균형 있는 관계 관리'의 의미와 그것이 기업 경영에서 중요한 이유를 구체적 사례를 들어 설명하시오.

03. 도널드슨과 프레스턴이 제시한 이해관계자이론의 3가지 접근법(기술적·도구적·규범적)을 각각 설명하고 ESG 경영에 어떻게 적용될 수 있는지 논하시오.

04. 미첼, 아글, 우드의 이해관계자 중요도 모델(권력·정당성·긴급성)을 활용하여 기업이 특정 이해관계자 집단을 우선시해야 하는 이유를 설명하시오.

05. 스타벅스의 ESG 전략 사례를 바탕으로 이해관계자이론이 기업의 장기적 지속가능성과 경쟁력 확보에 어떻게 기여하는지 논하시오.

CHAPTER 08

기업시민이론

8.1 기업시민이론의 개념

기업시민이론Corporate Citizenship Theory은 기업의 역할을 단순한 경제적 행위자에서 사회적 구성원으로 확장하여 재개념화한 포괄적 이론 체계이다. 이 이론에 따르면 기업은 사회적 계약에 근거해 존재하는 법적 주체로서, 경제적 가치 창출이라는 본래의 목표 달성뿐 아니라 윤리적·법적 책임을 이행하고 공공선 증진에 기여해야 한다. 다시 말해 기업이 법률이나 규제가 요구하는 최소한의 기준만 지키는 소극적인 태도에서 벗어나 사회 문제 해결에 능동적으로 참여하고 사회적 가치 창출을 통해 정당성과 지속가능성을 확보해야 한다는 규범적 기준을 제시한다.

기업시민이론의 역사는 1990년대 기업의 CSR 개념과 긴밀히 연계되어 진화해 왔다. 초기 CSR이 주로 자선 활동과 법적 책임 준수에 중점을 뒀다면 기업시민이론은 이를 질적으로 확장하여 기업의 공공정책 참여, 사회 문제 해결을 위한 혁신적 접근, CSR의 전략적 통합을 강조하는 방향으로 발전하였다. 글로벌화와 디지털 전환 시대의 도래로 환경 보호, 인권 존중, 데이터 윤리, 기후위기 대응 등 국가나 정부가 단독으로 해결하기 어려운 복합적 문제들에 대한 기업의 주도적 역할이 강조되면서 기업시민이론의 중요성은 더욱 부각되었다. [표 8-1]은 CSR과 기업시민이론의 차이점을 정리한 것이다.

표 8-1 CSR과 기업시민이론

구분	CSR(기업의 사회적 책임)	기업시민이론
개념적 초점	자선, 윤리, 법적 준수 중심, 사회에 이익 환원	기업을 사회의 '시민'으로 간주, 상생과 공존 중심
실천 방식	주로 자선, 후원 등 부수적·소극적 활동 위주	핵심 경영 철학으로 적극적인 사회 참여와 가치 창출
범위	주로 경제적·법적 책임, 일부 윤리적·자선적 책임	경제, 사회, 정치, 환경 등 전면적·포괄적 역할
전략적 통합	본업과 분리된 독립적 사회 공헌 프로그램	핵심 사업과 전략, 조직 문화까지 통합
이해관계자 관점	기업의 윤리적 의무 이행에 중점	다양한 이해관계자와 협력·공존 추구
기대 효과	사회별 평가·인가, 이미지 제고	기업 신뢰, 장기적 경쟁력 및 지속가능성 제고
진화 방향	'사회적 책임'에서 출발, 시민성 강조로 심화	CSR에서 발전된 진보적·통합적 기업 책임 원리

기업시민이론의 이론적 기반은 정치철학, 조직이론, **사회계약론**social contract theory의 다학제적 융합을 통해 마련되었다. 특히 사회계약론적 관점에서 볼 때 기업은 사회적 합의를 통해 존재하는 법적 주체

로서, 한 국가의 시민과 마찬가지로 권리와 의무를 지니며 사회적 공동체에 기여해야 할 책임이 있다. 이 관점은 기업이 법적 의무 이행을 넘어 윤리적·도덕적 책임을 수행할 때 사회적 정당성과 존속 기반을 확보할 수 있다는 논리적 체계를 제공했다.

또한 기업시민이론은 기업을 '**윤리적 주체**ethical actor'로 규정하며 다양한 이해관계자, 즉 고객, 직원, 협력업체, 지역사회, 환경 등의 이익을 균형적으로 고려하고 이들과의 신뢰 기반 관계를 구축해야 한다는 다원주의적 접근을 제시한다. 가령 글로벌 IT 기업들이 추진하는 데이터 윤리, 개인정보 보호, 다양성 및 포용성 강화 이니셔티브는 이해관계자 신뢰 구축을 통한 전략적 가치 창출의 메커니즘을 실증하는 사례다.

기업시민이론은 크게 3가지 이론적 관점으로 분화된다. 첫째, **윤리적 기업시민**ethical corporate citizenship 관점은 기업의 사회적 책임 수행을 도덕적 의무로 인식하고 이를 통해 장기적 신뢰와 정당성을 확보하는 메커니즘을 강조한다. 예를 들어 1982년 존슨앤드존슨이 자사의 타이레놀 제품에 독극물이 주입되어 사망자가 발생했을 때 투명한 정보 공개와 신속한 리콜을 통해 대응했던 사건은 윤리적 기업시민으로서의 행동으로 평가된다.

둘째, **전략적 기업시민**strategic corporate citizenship 관점은 CSR 이행이 기업의 경쟁 우위 확보와 브랜드 가치 제고로 이어지는 전략을 제시한다. 예를 들어 파타고니아가 도입한 환경 보호 중심의 지속가능한 생산 방식과 순환경제 모델은 환경 의식이 높은 소비자층 확보와 브랜드 충성도 향상을 유도해 장기적 경제 성과를 실현한 전략적 기업시민 관점의 성공적인 사례다.

셋째, **제도적 기업시민**institutional corporate citizenship 관점은 기업이 사회적 규범과 제도를 수동적으로 준수하는 데에 그치지 않고 이를 능동적으로 변화시키고 확산시키는 주체임을 강조한다. 이러한 관점에서 유니레버의 '지속가능한 생활 계획(USLP)Sustainable Living Plan'은 단순히 수익을 극대화하려는 전략이 아닌, 고객의 생활 환경을 지속가능하게 만드는 제품과 서비스를 통해 지속가능한 성장을 도모하려는 활동으로 꼽힌다. 실제로 유니레버는 "지속가능한 생활을 일상으로 만드는 것"을 기업의 핵심 목표로 설정하였다. 이는 지속가능성을 중심 가치로 삼은 브랜드 포트폴리오를 통해 시장 내에서 영향력을 강화하고자 한다는 점에서 '지속가능한 브랜드' 전략과도 연결된다. 또한 윤리적 조달 기준 도입을 통해 글로벌 공급망 전반에 지속가능성을 내재화하고 이를 업계 표준으로 확산시킴으로써 유니레버가 기업 내부의 변화에 머물지 않고 산업 전반에 영향을 미치는 제도적 기업시민으로서의 역할을 수행하고 있음을 보여 준다.

이러한 기업시민이론은 비재무적 성과를 전략적 가치 창출의 핵심으로 인식하는 경영 트렌드와 맞물려 현대 ESG 경영 패러다임과 유기적으로 연계되면서 그 중요성이 심화되고 있다. ESG 프레임워크에서 기업은 '법적 규제 준수'라는 최소주의를 넘어 환경 보호와 사회적 책임을 능동적으로 실천하며 투명하고 윤리적인 거버넌스 체계를 구축해 장기적인 지속가능성과 다층적 이해관계자의 신뢰를 확보해야 한다는 통합적 접근을 요구받고 있는데, 이는 기업시민이론을 바탕에 둔 전략이다.

앞에서 언급한 사례 외에도 현대 기업 환경에서 기업시민이론의 실천적 사례는 다양하게 관찰된다. 테슬라Tesla의 친환경 모빌리티 비즈니스 모델과 혁신 생태계 구축 전략은 투자자와 소비자의 신뢰를 획득하는 과정이 글로벌 경쟁력 강화로 이어지는 메커니즘을 보여 준다. 파타고니아의 환경 중심 경영철학과 '지구는 우리의 유일한 주주'라는 비전 역시 기업시민이론의 가치가 실질적인 기업 경쟁력으로 전환될 수 있음을 입증한다.

그림 8-1 **친환경 비즈니스 모델을 구축한 테슬라의 전기차 충전소**

기업시민이론은 기업을 경제적 이익 추구라는 단선적 목표만 좇는 존재에서 사회적 책임을 다하며 공공선을 증진하는 시민적 존재로 재정립한다. 이는 현대 기업이 다층적인 사회적 기대에 부응하며 장기적 경쟁 우위를 확보하는 방향으로 전략을 수립해야 하는 이유다. 글로벌화, 디지털 전환, 기후위기, 사회적 불평등 심화 등 복합적인 문제에 직면한 현대사회에서 기업시민이론의 중요성은 더욱 증대되고 있고, 이러한 배경을 바탕으로 ESG 경영 프레임워크와의 통합적 접근을 통해 기업의 지속가능한 성장을 위한 이론적·실천적 기반이 되고 있다. 특히 MZ세대 소비자 및 투자자들의 가치 중심 의사결정 패턴 강화, 글로벌 규제 환경의 변화, 디지털 투명성 확대 등의 환경적 요인은 기업시민이론의 실천적 중요성을 더욱 부각시키고 있다.

8.2 기업시민이론의 특징

■ 법적·윤리적 책임의 수행

앞서 언급했듯이 기업시민이론은 기업의 책임을 법적 규제의 준수에 한정하지 않고 사회적 기대와 윤리적 가치에 기반한 도덕적 책임의 수행까지 포함하는 것으로 확장한다.[1] 이는 기업이 법적 의무를 최소한의 기준으로 간주하고 법적 준수 이상의 보다 높은 윤리적 기준에 따라 자발적으로 행동함으로써 사회적 정당성과 신뢰를 구축해야 함을 의미한다.

법적 기준은 국가마다 상이하고 변경·수정이 이루어질 수 있으므로 기업이 일관된 사회적 책임을 수행하기 위해서는 윤리적 판단 기준을 내재화해야 하는데, 이러한 관점에서 기업은 윤리적 시민으로서 공동체의 기대에 부응하는 '행위자'가 된다. 예컨대 기업이 정부가 요구하는 최소한의 탄소 배출 기준만을 따르는 것이 아니라 '**과학 기반 감축 목표**(SBTi)Science Based Targets initiative'와 같은 글로벌 기준에 따라 자발적으로 탄소 중립 전략을 수립하는 것은 환경 경영을 통해 기업시민 윤리를 실천한 사례가 된다.[2] 이러한 자발적 행동은 이해관계자의 기대와 국제사회의 지속가능성 요구에 부응하는 윤리적 행동이자 기업의 장기적 평판 및 시장 경쟁력을 확보하는 전략적 선택이다.

인권 및 노동 영역에서도 윤리적 책임 수행이 강조된다. 가령 기업은 법적으로 금지된 아동 노동·강제 노동 금지법을 위반하지 않는 것은 물론, 공정한 노동 관행을 도입하고 직장 내 다양성과 포용성을 증진함으로써 윤리적 기업 문화를 형성해야 한다.[3] 이는 규제 준수를 넘어 직원들의 신뢰와 몰입도를 제고하고 기업의 내부적 응집력과 외부적 명성을 동시에 강화하는 핵심 요소다.

특히 글로벌 시장에서 활동하는 기업은 다양한 윤리적 기준과 문화적 맥락을 고려해야 하기에 단일한 법적 기준으로는 이러한 복잡성을 해결하기 어렵다. 따라서 기업은 보편적 윤리 기준과 지역사회 고유의 기대 사이에서 균형을 유지하면서도 자발적이고 선제적으로 책임을 수행해 글로벌 경쟁력을 확보해야 한다. 예를 들어 마이크로소프트Microsoft는 글로벌 인권 정책을 수립해 자사 공급망 전반에 걸쳐 윤리 기준을 적용함으로써 국제사회의 신뢰를 얻고 있다.[4]

■ 전략적 관점에서의 기업시민 역할

앞서 말했듯이 기업시민이론은 기업의 CSR을 단순한 윤리적·자선적 활동이 아닌 장기적 경쟁력 확보와 조직의 전략적 목표 달성 수단으로 본다. 전략적 기업시민의 관점은 기업의 사회적 책임 이행을 '선택적'이거나 '외부적' 활동이 아닌 기업 경영의 본질적 요소이자 지속가능성 확보를 위한 핵심 경영 전략으로 인식한다.[5]

ESG 경영의 글로벌 확산과 함께 기업의 CSR 수행은 투자자 신뢰 제고와 자본시장의 긍정적 반응을 이끌어내는 핵심 요소로 자리 잡았다. 투자자들이 ESG 실천 기업을 선호함에 따라 장기적 자본 유입을 촉진해 기업 가치를 상승시키기 때문이다.[6] 이러한 상황 속에서 전략적 기업시민으로서의 기업은 지속가능한 공급망 구축, 친환경 제품 개발, 인공지능 기반 사회혁신 솔루션 설계 등의 다양한 방식에 의한 사회 문제 해결을 핵심 비즈니스 모델에 통합함으로써 경제적 가치와 사회적 가치를 동시에 창출한다. 가령 환경적 지속가능성을 고려한 공급망 운영은 비용 효율성뿐 아니라 브랜드 평판과 고객 충성도 강화에도 기여해 장기적 기업 경쟁력의 원천이 된다.[7] 인공지능 기술을 활용한 사회적 약자 지원 시스템 개발 역시 사회적 영향력과 새로운 시장 기회를 동시에 창출하는 전략적 효과를 가져온다.

■ 사회적 변화의 주체로서의 기업시민 역할

기업시민이론의 관점에서 기업은 사회적 규범 형성과 공공정책 변화에 적극적으로 개입하는 사회적 행위자이기도 하다. 이 관점은 기업이 기존 제도 질서에 단순히 순응하지 않으며 사회 문제 해결과 지속가능한 미래를 위한 제도적 변화의 주체로 기능할 수 있음을 의미한다. 다시 말해 기업은 정부나 시민사회의 노력만으로는 해결하기 어려운 복잡하고 다차원적인 과제에 혁신적 기술과 조직 역량을 바탕으로 실질적 대안을 제시할 수 있는 주체로 간주된다.[8]

가령 글로벌 IT 기업들은 개인정보 보호, 인공지능 윤리, 데이터 주권과 같은 규제 공백 영역에서 자발적으로 윤리 가이드라인을 수립하거나 정부와 협력하여 새로운 정책 방향을 제안함으로써 사회적 변화를 촉진한다. 또한 기후변화에 대한 대응책으로 탄소 중립 목표 설정, 신재생에너지 도입 확대, 지속가능한 소비·생산 체계 구축을 주도적으로 추진하고 있다.[9] 이 같은 기술적·조직적 혁신을 활용한 사회 문제 해결은 기업에 새로운 시장 기회를 제공하고 장기적 성장 기반을 다지는 수단으로 작용한다.[10] 이러한 활동은 단순 사회 공헌이나 CSR 차원을 넘어 기업이 정책 의제 설정에 참여하고 제도적 틀의 진화를 이끄는 행위로 볼 수 있다. 이렇게 기업이 사회적 변화 주체로 기능할 때 자사의 지속가능성과 사회 전체의 발전을 동반 실현하는 통합적 접근이 가능해지며, 결과적으로 ESG 경영의 실질적 실행력과 전략적 정당성을 뒷받침하게 된다.

■ 글로벌 차원의 기업 책임 확대

기업시민이론은 기업의 CSR 범위를 자국 내 활동에 국한하지 않고 전 세계적 차원에서의 윤리적 기준과 지속가능한 실천을 요구한다. 다국적 기업이나 글로벌 공급망 참여 기업은 국경을 초월하여 경영 활동의 사회적·환경적 영향을 고려해야 할 책임이 있으며, 이는 인권·노동·환경·반부패 등의 분야에서 국제적 규범을 준수하고 세계시민으로서의 책임을 이행하는 것을 의미한다.[11]

유엔의 SDGs는 전 세계 기업들이 전략적으로 채택하는 대표적 글로벌 기준으로, 기업은 이를 바탕으로 핵심 비즈니스 모델을 조정하고 이해관계자 신뢰를 구축한다.[12] 또한 기업들이 자발적으로 국제노동기구ILO 핵심 협약을 준수하거나 국제 조달global sourcing 과정에서 공정무역 인증을 획득하는 사례가 증가하고 있다는 점은 국제적 책임의식이 확대되고 있음을 보여 준다. 일례로 글로벌 패션 및 전자제품 산업은 지속가능한 소재 활용, 생산 공정의 친환경 전환, 노동자 권익 보호 등에 주력하고 있다.[13] 한편 디지털 기술 기업들은 개발도상국의 디지털 격차를 해소하고 디지털 교육을 제공하며 '**포용적 기술 개발**inclusive technology development'을 이끌고 있는데, 이는 전 지구적인 문제 해결에 기여하며 새로운 성장 기회 창출과 국제사회 기대 부응이라는 이중 효과를 창출한다.

글로벌 차원의 책임 이행은 기업 평판, 브랜드 이미지, 투자자 및 소비자 신뢰와 직결되며, 궁극적으로 기업의 지속가능성과 경쟁력을 결정짓는 핵심 요인이다. 투명한 ESG 정보 공시와 지속가능보고서는 국제 투자기관의 평가 지표로 인식되고 있고 기업은 이를 통해 글로벌 자본시장에서의 신뢰 기반을 강화한다.[14] 이처럼 기업시민이론은 기업이 글로벌 차원의 공공선 형성과 제도적 변화에 주도적으로 기여해야 한다는 강력한 윤리적·전략적 명제를 제시한다.

기업시민이론의 주요 학자

도나 우드

우드는 기업의 사회적 성과 이론을 정립함으로써 기업시민이론의 학문적 토대를 구축한 주요 학자로, 1991년에 발표한 대표 논문 〈기업의 사회적 성과 재조명Corporate Social Performance Revisited〉에서 기업의 CSR이 도덕적·윤리적 의무에 그쳐서는 안 되며 명확한 체계를 통해 성과와 연결되어야 한다고 주장하였다.[15] 우드는 기업의 사회적 요구 대응 방식이 조직 구조 및 경영 전략에 통합되는 과정을 분석하기 위한 다층적 CSP 모델을 제시하였다. 이 모델은 원칙, 과정, 성과라는 3가지 차원으로 구성되며 기업의 CSR 수행을 평가하고 분석할 수 있는 체계적 프레임워크를 제공한다.

우드는 사회정책적 기대, 조직적 책임의식, 기업의 실질적 행동 결과 간 연계를 강조하며 CSR을 개념적 수준에서 실천 가능성과 측정 가능성을 갖춘 이론으로 확장시켰다. 이러한 이론적 접근은 기업시민이론이 전략적이면서 실행을 중심에 두는 프레임워크로 발전하는 계기가 되었다. 그녀의 연구는 기업이 경제적 행위자를 넘어 사회적 책임을 다하는 시민적 주체로 기능해야 함을 강조하며 실제 조직 행동과 경영 성과를 분석하는 도구가 될 수 있음을 입증하였는데, 이는 ESG 경영과 같은 현대적 경영 패러다임과 맞닿는다.

더크 마텐과 앤드류 크레인

더크 마텐Dirk Matten과 크레인은 기업시민이론의 범위를 확장한 학자들로, 기업의 역할을 경제적 행위자에서 사회적·정치적 주체로 확대하여 이해해야 한다고 강조하였다. 이들은 2005년에 발표한 논문 〈기업시민성에 대한 이론적 개념의 확장적 재구성Corporate Citizenship: Toward an Extended Theoretical Conceptualization〉에서 전통적 기업시민 개념이 법적 책임이나 자선적 활동에 제한되어 있다고 비판하며 실제로 기업은 공공재를 제공하고 사회 규범을 형성함

으로써 국가 기능의 일부를 대체한다고 주장하였다.[16]

이는 정부의 기능이 축소되거나 규제력이 약한 글로벌 환경에서 기업이 공공서비스 제공자이자 윤리적 리더로서 행동해야 함을 말한다. 다국적 기업이 소재한 국가에서 정부가 환경 규제나 인권 보호를 적절히 수행하지 못할 경우, 기업이 자발적으로 윤리적 기준을 설정하고 실천함으로써 사회적 역할을 수행한다는 것이다. 이들은 이러한 역할 수행을 '확장된 기업시민extended corporate citizenship'이라 명명하고 기업이 사회적·정치적 책임을 동시에 수행하는 복합적 주체임을 이론화하였다. 마텐과 크레인의 이론은 기업의 CSR이 외부 요구에 대한 수동적 반응이 아니라 능동적 행동임을 강조하며 사회 구조와 제도적 맥락 속에서 자연스럽게 '제도 형성자institutional actor' 역할을 한다는 데 주목한다.

산드라 와독

산드라 와독Sandra Waddock은 기업의 CSR과 기업시민 개념을 조직이론 및 제도적 변화 관점에서 분석한 학자이다. 그녀는 기업시민이론을 기업의 전략적 의사결정과 조직 구조에 통합되어야 할 핵심이론으로 본다. 와독은 2004년에 발표한 논문에서 기업의 CSR이 진정한 효과를 발휘하기 위해서는 기존의 제도적 인프라가 변화하고 새로운 틀이 형성되어야 한다고 강조했다.[17] 이는 기업시민 개념이 조직 운영의 중심 구조에 자리 잡아야 함을 시사한다.

또한 기업이 CSR을 실천할 때 그 활동이 전략적이고 체계적인 방식으로 조직의 가치·미션·운영 프로세스에 통합되어야 한다고 주장하였다. 이를 통해 기업은 사회적·환경적 문제를 해결할 수 있고 기업의 지속가능성과 장기적 경쟁력을 강화할 수 있다. 이러한 관점은 기업이 공공성과 사익을 동시에 추구하면서 정책 주체로서의 역할을 수행할 수 있다는 기업시민이론의 핵심과 일맥상통한다.

데이비드 보겔

데이비드 보겔David Vogel은 CSR 담론을 도덕적 명제에서 경제적·전략적 차원으로 확장시킨 학자로서, CSR과 기업 이익의 상관관계를 체계적으로 분석하였다. 보겔은 대표 저서인 《선의의 시장: 기업의 사회적 책임이 가진 가능성과 한계The Market for Virtue: The Potential and Limits of Corporate Social Responsibility》에서 CSR이 기업의 사회적 평판 개선과 시장 경쟁력 강화에 기여할 수 있다는 논지를 전개하였다.[18] 특히 윤리적 소비 및 책임 투자에 민감한 소비자와 투자자들의 지지를 확보함으로써 기업의 재무 성과를 향상시키는 메커니즘을 제시하였다.

한편 CSR의 확장성에 관한 구조적 한계도 함께 지적하며 시장 메커니즘만으로는 포괄적이고 지속가능한 CSR 실천이 제한적일 수 있다는 점을 강조하고, CSR이 경제적 인센티브와 연계될 때에만 전략적으로 채택되는 현실적 조건을 분석하였다. 이러한 관점은 CSR의 효과가 제도적 환경, 소비자·투자자의 가치 체계, 시장 구조에 따라 달라질 수 있으며, 보다 근본적인 구조적 변화와 규범적 기준의 정립이 CSR의 보편화를 위한 전제 조건임을 시사한다. 보겔의 이론은 기업시민이론과 CSR 논의의 실천적 가능성과 한계를 동시에 조명함으로써 기업의 CSR과 경제적 전략의 연계성을 모색하되, 이를 뒷받침할 제도적 장치와 사회적 요구의 변화에 대한 통합적 접근의 중요성을 제시하였다는 점에서 의의가 있다.

8.3 기업시민이론과 지속가능경영, 그리고 ESG

■ 환경 차원에서의 기업시민이론 적용

ESG 경영 프레임워크에서 환경 요소는 탄소 배출 감축, 친환경 제품 개발, 에너지 효율화, 재생에너지 전환, 자원순환과 같은 다층적 실천을 포괄하는데,[19] 기업시민이론은 이러한 기업의 환경 보호 활동을 법적 규제 준수 차원을 넘어 적극적인 공공선 창출의 기회로 재개념화한다. 이러한 관점에서 보면 환경 보호는 비용 요소나 규제 회피 수단이 아닌 장기적 경쟁력 강화를 위한 전략적 기회가 된다.

이를테면 다국적 소비재 기업들의 생분해성 포장재 도입이나 순환경제 모델 적용은 자원 소비 최소화와 차별화를 동시에 달성하는 전략이다.[20] 애플, 구글Google과 같은 글로벌 기업들의 100퍼센트 재생에너지 전환은 소비자 및 투자자와의 신뢰 강화 메커니즘으로 작용할 뿐만 아니라 운영 비용 절감과 브랜드 가치 제고라는 경제적 효과를 수반한다. 즉, 기업시민이론의 맥락에서 기업의 환경적 책임은 환경 부하 최소화라는 소극적 대응을 넘어 환경적 공공재 형성에 적극적으로 기여하고 이해관계자 신뢰를 강화하는 능동적 활동으로 확장된다.

■ 사회 차원에서의 기업시민이론 적용

ESG 경영 프레임워크에서 사회 요소는 노동권 보호, 다양성과 포용성, 지역사회 공헌, 공급망의 윤리적 관리 등 다층적인 영역을 포괄한다. 이는 기업의 사회적 책임이 직원이나 고객 등 내부 이해관계자에 국한되지 않고 보다 넓은 이해관계자 네트워크, 즉 지역사회와 글로벌 공동체로 책임의 범위가 확장되어야 함을 시사한다.

이와 관련하여 기업시민이론은 기업을 단지 이윤을 추구하는 경제적 행위자로 보는 관점을 넘어 사회의 책임 있는 구성원으로서 사회적 문제 해결에 적극 참여하는 존재로 재정의한다. 즉, 기업이 사회적 자원을 활용하는 주체인 만큼 그에 상응하는 사회적 책임을 수행해야 한다는 원칙을 강조하는데, 이는 ESG의 사회 영역과 밀접하게 연결된다.

사회 요소에서 중요시하는 노동권 보호는 공정한 임금 지불, 안전한 노동 환경 보장, 결사의 자유 보장 등을 포함하며 이는 CSR의 핵심 요소이기도 하다. 글로벌 가치사슬 전반에서 아동 노동 및 강제 노동 방지, 공급업체에 대한 윤리적 기준 강화 등의 조치를 취하는 것은 기업시민 의식의 실천 사례다.[21] 다국적 기업들이 공급업체 행동 강령을 도입하거나 모니터링 시스템을 구축하는 것 역시 윤리적 책임을 실천하는 구체적인 예다.

지역사회 기여 측면에서는 교육·보건·복지 향상 프로그램 참여 및 사회적 기업과의 협업을 통해 사회 문제 해결에 동참할 수 있다.[22] 일회성 자선 활동이 아니라 지역사회와의 장기적 파트너십을 지향함으로써 상생 가치를 실현하는 것이다. 기업은 이를 통해 브랜드 충성도 강화와 구성원의 조직 몰입도 제고라는 조직적 효과도 노릴 수 있다.[23]

■ 지배구조 차원에서의 기업시민이론 적용

기업시민이론은 윤리적 리더십과 투명한 지배구조를 통해 기업 책임의 범주를 공공성 및 사회적 신뢰 구축으로까지 확장해야 한다는 이론적 관점을 제시한다.[24] 이러한 패러다임은 ESG 경영 프레임워크 중 지배구조 요소와 연결되며 윤리적 의사결정, 반부패 시스템 구축, 이사회 다양성 보장, 주주권 보호 등으로 구현된다.[25]

윤리적 가치와 책임의식이 조직 문화에 내재화되면 의사결정 과정 전반에 걸쳐 투명성과 정당성이 강화되어 이해관계자와의 신뢰 관계가 공고해진다. 이러한 투명한 지배구조는 경영 리스크를 줄이고 경영진의 책임감을 고취시키며 감시 기능을 강화하여 지속성장 가능성을 제고한다. 윤리적 리더십과 투명한 지배구조는 투자 가능성도 높인다. 글로벌 자본시장에서 ESG 성과가 투자 의사결정의 주요 기준으로 부상함에 따라 윤리적 거버넌스를 실천하는 기업일수록 장기적으로 투자 매력도를 유지하여 안정적으로 자본을 조달할 수 있기 때문이다.[26]

■ 기업시민이론과 ESG 경영의 전략적 결합

기업시민이론은 기업의 본질을 이윤 추구 주체에서 사회적 역할을 수행하는 윤리적 행위자로 재정의하는데, 이러한 철학은 ESG 경영과 유기적으로 결합된다.[27] ESG 패러다임이 환경 보호, CSR, 투명한 지배구조를 중심으로 기업의 지속가능성 확보를 위한 실천적 프레임워크를 제공한다면, 기업시민이론은 이러한 활동의 이론적 정당성을 제시한다. 따라서 ESG 경영은 기업시민이론의 실천적 확장으로 볼 수 있으며, 기업은 ESG를 통해 환경과 사회에 실질적으로 기여하는 시민적 존재로 진화할 수 있다. 그런 점에서 기업시민이론과 ESG 경영은 상호 보완적 관계로서 경제적 가치와 사회적 가치의 동시 창출을 지향하는 통합적 경영 전략의 이론적·실천적 기반을 제공한다고 볼 수 있다. 이러한 전략적 결합은 현대 글로벌 경제 환경에서 기업의 생존과 더불어 윤리적 책임 이행 및 지속가능한 성장이라는 이중 과제를 해결해 줄 핵심 메커니즘이 될 것이다.

기업시민이론과 기업 사례 연구 막스앤드스펜서

막스앤드스펜서(M&S)Marks & Spencer는 지속가능성과 CSR을 기업 정체성의 핵심 축으로 내재화하여 ESG 경영을 체계적으로 구현한 기업시민이론의 혁신 사례다. M&S는 137년이 넘는 역사를 지닌 영국의 대표적 소매기업으로, 전통적 비즈니스 모델을 지속가능한 미래지향적 체계로 전환하는 선도적 역할을 수행해 왔다. 2007년 도입된 '플랜 APlan A' 이니셔티브는 환경 보호, 윤리적 공급망 구축, 지역사회 기여, 순환경제 촉진 등을 포괄하는 통합적 지속가능경영 전략으로, 기업의 역할을 이윤 창출 주체에서 사회적 가치 창출의 책임 있는 행위자로 확장하는 패러다임 전환의 계기가 되었다. 플랜 A라는 명칭은 '지구를 대신할 다른 선택지는 없다There is no Plan B for our planet'는 슬로건을 반영한 것으로, 이는 M&S의 환경 및 CSR에 대한 진정성 있는 접근을 상징한다. M&S는 이 프로그램을 통해 2025년까지 달성해야 할 100개 이상의 구체적인 지속가능성 목표를 설정하고 이를 체계적으로 이행해 왔다. 주목할 점은 M&S가 플랜 A를 단순한 CSR 프로그램이 아닌 전사적 비즈니스 전략의 핵심 요소로 통합했다는 점이다. CEO부터 현장 직원에 이르는 전 구성원의 성과 평가와 보상 체계에 지속가능성 목표 달성 여부를 반영해 기업시민이론의 전사적 내재화를 추진한 것이다.

환경 요소 측면에서 M&S는 포괄적이고 혁신적인 접근을 통해 해당 업계의 벤치마크가 되고 있다. 2012년 영국과 아일랜드 사업장에서 탄소 중립을 최초로 달성하고 2014년에 이를 전 세계 1,433개 매장과 온라인 운영으로 확대함으로써 글로벌 차원에서 탄소 중립을 실현한 최초의 주요 소매업체라는 선도적 지위를 확보했다. 이러한 성과는 에너지 효율화, 재생에너지 전환, 냉매 관리 최적화, 자체 탄소 상쇄Carbon Offset 프로젝트 개발 등 다층적 접근의 결과다. 더 나아가 2040년까지 전체 가치사슬에서 탄소 중립을 달성하겠다는 야심찬 목표를 설정하고, 이를 위한 과학 기반 감축 목표를 수립하였다. 특히 주목할 점은 자체 사업장뿐만 아니라 공급망 전반(Scope 3)의 배출량 감축을 위한 체계적 접근을 도입했다는 점이다. M&S는 공급업체들과의 협업을 통해 저탄소 농업 기술 도입, 지속가능한 원자재 조달, 순환경제 모델 구현 등을 추진하고 있으며 이는 환경적 가치와 경제적 효율성의 동시 실현 가능성을 보여 준다.

또한 자원순환 측면에서도 혁신적 접근을 시도하고 있다. 2008년부터 모든 매장에서 일회용 비닐봉지 사용을 중단했으며, 2019년부터는 플라스틱 사용 저감을 위한 전략을 도입하였다. 특히 100퍼센트 재활용 가능한 포장재 소재 전환, 매립 폐기물 제로화, 식품 폐기물 저감을 위한 디지털 모니터링 시스템 도입 등은 순환경제 원칙을 비즈니스 운영에 통합한 우수 사례로 평가받고 있다. 또한 면화 생산의 지속가능성을 높이기 위해 만들어진 글로벌 비영리 단체 '지속가능한 면화 이니셔티브Better Cotton Initiative'와의 파트너십을 통해 2025년까지 전체 면제품을 100퍼센트 지속가능한 방식으로 조달하겠다는 목표를 설정하고 이를 위한 체계적인 전환 프로그램을 운영하고 있다.

사회 요소 영역에서는 다양한 이해관계자들과의 상생적 관계 구축을 통해 포용적 가치를 창출하는 모델을 구현하고 있다. 가령 2008년부터 국제 구호단체 옥스팜Oxfam과의 전략적 파트너십을 통해 '쇼와핑Shwopping 캠페인'을 전개하고 있는데, 쇼와핑은 쇼핑Shopping과 스와핑Swapping을 결합한 개념으로, 소비자들이 쇼핑을 하는 동시에 나눔과 재순환에 참여할 수 있도록 설계된 참여형 사회 공헌 모델이다. 이 캠페인은 고객이 헌 의류를 매장에 기부할 수 있는 시스템을 구축하여 기부된 의류의 재판매·재사용·재활용을 통해 약 2,300만 파운드의 사회적 기금을 조성하였다. 조성된 기금은 옥스팜이 전 세계 취약 계층을 지원하는 구호 프로젝트에 활용하고 있다.

공급망 내 인권과 노동권 보호를 위한 노력도 주목할 만하다. M&S는 공급망 내 아동 노동과 강제 노동 방지를 위한 엄격한 공급업체 행동 강령을 도입하고, 이를 감사하는 체계적인 모니터링 시스템을 구축하였다. 또한 공급업체들의 역량 강화를 위한 교육 프로그램과 지속가능성 컨설팅을 제공함으로써 공급망 전반의 지속가능성 제고를 지향한다. 뿐만 아니라 공정무역 프로그램을 확대하여 개발도상국 생산자들과의 상생적 협력관계를 강화하고, 저소득 국가 농부들의 기후변화 적응과 지속가능한 농업 기술 도입을 지원하는 글로벌 프로젝트에도 투자하고 있다.

직원 웰빙과 포용성 측면에서도 선도적 접근을 보여 준다. 2018년부터 도입된 '워크라이프Worklife' 프로그램은 직원들의 신체적·정신적 건강 증진을 위한 포괄적 지원 체계를 제공하고 있으며, 코로나19 팬데믹 기간에는 원격 근무자들의 정신건강을 위한 디지털 플랫폼을 운영하기도 했다. 다양성과 포용성 측면에서는 경영진의 성별 균형, 장애인 고용 확대, 다양한 문화적 배경을 지닌 인재 육성 등을 위해 구체적 목표와 성과 지표를 설정하고, 이를 정기적으로 모니터링하는 체계를 구축하였다.

지배구조 요소 측면에서는 윤리적 경영과 의사결정 투명성 제고를 위한 체계적 접근을 구현하고 있다. 이사회 구성의 다양성 확대는 M&S 지배구조 혁신의 핵심 축이다. 현재 이사회 구성원의 40퍼센트 이상이 여성이며 다양한 전문성과 배경을 가진 인사들로 구성되어 있다. 또한 ESG 요소를 핵심 의사결정 기준으로 삼기 위해 이사회 내 지속가능성위원회를 설치하고, 분기별로 ESG 성과를 검토하는 체계를 구축하였다. 윤리경영위원회를 운영함으로써 비즈니스 의사결정이 ESG 원칙에 부합하는지 검증하는 시스템도 마련하였다. M&S는 주요 경영 의사결정 과정에서 ESG 영향 평가를 필수적으로 실시하며, 이를 통해 단기적 경제 성과와 장기적 지속가능성 간의 균형을 추구한다. 특히 투자자 및 이해관계자와의 투명한 소통을 위해 통합보고서를 작성하여 재무적 성과와 비재무적 성과를 통합적으로 공개하며 GRI, SASB 등 국제 표준에 부합하는 정보 공시를 실천하고 있다.

M&S의 이러한 ESG 경영은 기업시민이론이 실질적 기업 경쟁력 강화와 지속가능한 성장을 위한 전략적 도구로 기능할 수 있음을 입증하는 사례이다. 실제로 M&S는 플랜 A 프로그램을 통해 약 1억 5천만 파운드의 비용 절감 효과를 달성한 것으로 나타났다. 또한 지속가능성 리더십을 통해 브랜드 가치 제고, 윤리적 소비자층 확보, 장기적 투자자 신뢰 구축 등의 무형적 자산도 축적하고 있으며 지속가능한 제품 라인 확대, 친환경 매장 설계, 순환경제 기반 비즈니스 모델 도입 등을 통해 새로운 시장 기회도 발굴하고 있다.

8.4 기업시민이론으로 바라본 지속가능경영과 ESG 연구

연구 1 〈텍스트 마이닝 기반 문헌 검토를 통한 CSR, ESG, 기업시민의식의 특성 분석〉*

이 연구는 기업의 사회적 역할을 나타내는 3가지 주요 개념인 CSR, ESG, 기업시민의식의 차이점을 분석한다. 연구진은 대다수가 이들 개념을 혼동하거나 혼용한다는 데 문제의식을 느끼고 각 개념의 특성을 파악하고자 1990년부터 2021년까지 31년간 발표된 총 1,235편의 학술 논문을 컴퓨터로 메타 분석하였다.

연구진은 CSR 관련 논문 701편, ESG 관련 논문 296편, 기업시민 관련 논문 238편의 제목·키워드·

* Park, J. G., Park, K., Noh, H., & Kim, Y. G. (2023). Characterization of CSR, ESG, and corporate citizenship through a text mining-based review of literature. *Sustainability*, 15(5), 3892. https://doi.org/10.3390/su15053892

초록을 모두 입력하고, '텍스트 마이닝text mining' 기법을 활용해 특정 단어의 빈도와 주요 주제를 분석했다. 분석 결과, ESG는 주로 '투자', '재무 성과,' '위험 관리,' '측정' 같은 단어들과 함께 등장했는데, 이는 ESG가 투자자들이 기업을 평가할 때 참고하는 수치화된 객관적 지표임을 의미한다. 예를 들어 투자자는 특정 회사에 대한 투자 여부를 결정할 때 이산화탄소 배출량, 여성 임원 비율, 이사회 독립성 등을 정량화한 ESG 지표들을 참고한다는 것이다.

반면 CSR은 '윤리,' '책임,' '이해관계자,' '사회적 가치' 같은 단어들과 함께 자주 등장했다. 즉, 수치나 지표보다는 기업이 사회를 어떻게 인식하고 있으며 얼마나 윤리적으로 행동하는지에 더 관심을 둔다. 예를 들어 한 기업이 지역사회에 도서관을 짓거나 소외계층을 위한 프로그램을 운영하는 것은 CSR 활동으로 볼 수 있는데, 이는 그 효과를 정확한 수치로 나타내기는 어렵다.

흥미롭게도 기업시민은 '윤리성,' '자발성,' '사회적 영향력,' '정치적 역할' 같은 핵심어들과 깊이 연관된 것으로 나타났는데, 이는 이 단어에 기업이 책임을 다하고 우수한 성과를 내는 것 이상으로 사회의 구성원으로서 적극적으로 사회 변화를 이끌어가는 역할을 수행해야 한다는 관점이 담겨 있음을 의미한다. 이 연구에 언급된 포스코POSCO의 경우, '기업시민 경영이념'을 도입해 자사가 하나의 시민으로서 사회 전체의 발전에 기여할 것임을 선언했다. 철강 생산기업으로서의 이익 창출뿐만 아니라 사회문제 해결에도 주도적으로 참여할 것임을 천명한 것이다.

연구진이 주요 주제 분석을 통해 밝혀낸 사실도 흥미롭다. CSR 연구들은 'CSR은 무엇인가?', 'CSR이 기업에 도움이 되는가?', 'CSR을 어떻게 공개해야 하는가?'와 같은 기본적인 주제를 다루는 반면 ESG 연구들은 '투자자들은 ESG를 어떻게 활용하는가?', '이사회는 ESG 실천에 어떤 역할을 하는가?', 'ESG 점수가 주가에 영향을 미치는가?'와 같은 실무적이고 측정 가능한 주제들을 주로 다뤘다. 한편 기업시민 연구들은 '직원들이 기업시민 활동을 어떻게 받아들이는가?', '글로벌 기업이 해당 지역 시민으로서 어떤 역할을 해야 하는가?', '기업은 사회에 어떤 영향을 미칠 수 있는가?' 같은 더 포괄적이고 철학적인 주제들을 탐구했다.

이 연구에서 특히 주목할 점은 기업시민 개념에서 '직원'의 역할을 매우 강조한다는 것이다. CSR이나 ESG는 주로 경영진이나 투자자 관점에서 다뤄지는 반면, 기업시민은 해당 기업의 전 직원이 한 사회의 일원으로서 어떻게 행동해야 하는지에 방점을 둔다. 이는 기업시민이 기업의 정책이나 전략을 넘어 기업 문화와 개인의 가치관까지 아우르는 포괄적인 개념임을 보여 준다.

연구 2 〈금융기관과 자본시장에서의 기업시민의식, 이해관계자 관리와 지속가능발전목표〉**

이 연구는 기업이 이윤 추구에 머무르지 않고 사회의 좋은 구성원, 즉 '기업시민'으로 행동해야 한다는 개념을 금융기관과 자본시장 관점에서 분석한 것이다. 연구진은 '기업이 한 사회의 시민처럼 행동하면 장기적으로 더 많은 이익을 얻을 수 있는가?'라는 질문의 답을 규명하기 위해 단기적인 수익 추구보다 장기적인 신뢰와 사회적 정당성을 확보하는 것이 왜 중요한지를 구체적인 기업 사례를 통해 보여주고 있다.

연구진은 대표적인 사례로 덴마크 제약회사 노보 노디스크Novo Nordisk를 소개한다. 당뇨병 치료제를 주력 개발하고 생산하는 이 기업은 약을 판매하여 돈을 버는 데에서 더 나아가 전 세계 당뇨병 환자들의 삶의 질을 개선하는 것을 회사의 핵심 목표로 삼고 있다. 예를 들어 개발도상국의 당뇨 환자들에게는 가격을 차등 적용해 치료제 구매 문턱을 낮추거나 당뇨병 예방 교육 프로그램을 무료로 제공한다. 이런 활동은 당장 수익을 창출할 수 없을지는 몰라도 장기적으로는 전 세계 투자자들과 소비자들에게 '환자를 생각하는 착한 기업'이라는 인식을 심어 신뢰를 형성한다. 실제로 노보 노디스크는 이런 평판 덕분에 자본시장에서 지속적으로 좋은 평가를 받고 있으며 투자자들도 장기 투자를 선호하는 것으로 나타났다.

또 다른 사례는 덴마크 풍력발전 기업 베스타스Vestas이다. 풍력 터빈을 제조하는 이 기업은 전 세계 탄소 중립 달성에 기여한다는 사명감으로 자사 제품이 환경에 미치는 영향을 철저히 관리할 뿐만 아니라 풍력발전소가 설치된 지역사회와도 긴밀히 협력한다. 풍력발전소가 들어설 지역의 주민들과 충분히 소통하고 지역경제 발전을 위한 방안을 함께 모색하는 노력을 기울인 덕분에 베스타스는 단순 제조업체가 아닌 '지구 환경을 지키는 기업'이라는 브랜드를 구축했으며 이를 통해 환경을 중시하는 투자자들로부터 지속적인 투자를 유치하고 있다.

이 연구는 이런 기업 사례들을 통해 '이해관계자 관리'의 중요성을 강조한다. 과거에는 주주와 고객만이 중요했다면 이제는 환경단체·시민단체·지역사회·NGO 등도 기업에 큰 영향을 미친다는 것이다. 가령 특정 기업이 환경 오염을 일으키면 환경단체들이 SNS나 언론을 통해 문제를 제기하고 이는 소비자들의 불매운동으로 이어진다. 투자자들도 해당 기업이 훗날 또 다른 환경 문제를 일으킬까 봐 우려하여 투자를 꺼리게 된다. 반대로 다양한 이해관계자들과 좋은 관계를 유지하는 기업은 위기 상황에서도 이들의 지지를 받을 수 있고 새로운 사업 기회도 더 많이 얻을 수 있다.

이 연구에서는 유엔의 SDGs 17개 항목이 기업 경영에 미치는 영향도 분석했는데, 이제 많은 투자자가 기업을 평가할 때 해당 기업이 SDGs 달성에 얼마나 기여하고 있는지를 중요하게 본다고 설명한

** Rendtorff, J. D. (2020). Corporate citizenship, stakeholder management and Sustainable Development Goals (SDGs) in financial institutions and capital markets. *Journal of Capital Markets Studies*, 4(1). 47-59.

다. 교육기술 기업은 '양질의 교육' 목표에, 재생에너지 기업은 '기후행동' 목표에 얼마나 기여하는지가 투자 결정에 영향을 미친다는 것이다. 따라서 기업은 주력 사업이 SDGs와 어떻게 연결되는지를 명확히 하고 이를 투자자들에게 적극적으로 홍보해야 한다.

이 연구는 기업이 진정한 '시민'으로 행동하는 것이 도덕적 의무를 넘어 장기적인 경쟁 우위를 확보하는 전략이라는 점을 보여 준다. 단기 수익만 추구하는 기업은 투자자와 소비자의 신뢰를 점차 잃는 반면, 사회적 책임을 진지하게 받아들이고 다양한 이해관계자들과 협력하는 기업들은 자본시장에서 더 좋은 평가를 받는다. 특히 금융기관과 자본시장에서는 이런 경향이 더욱 뚜렷하게 나타나고 있어 기업들이 기업시민의식을 홍보 수단이 아닌 핵심 경영 전략으로 인식해야 함을 시사한다.

연구 3 〈지속가능한 공급망에서 기업의 CSR과 기업시민의식: 체계적 문헌 검토〉***

이 연구는 '기업이 사회적 책임을 다하는 것이 공급망 관리에서 실제로 어떤 효과를 가져오는가?'라는 질문에서 출발해 2000년부터 2019년까지 20년간 발표된 109편의 학술 논문을 체계적으로 분석하여 기업의 사회적 책임과 기업시민의식이 공급망 전체에 어떤 영향을 미치는지를 정리한 것이다. 연구진은 공급망이란 원재료를 구입해 제품을 만들고 소비자에게 전달하기까지의 전 과정을 이르는데, 여기에는 여러 나라의 수많은 공급업체가 관여하는 만큼 관리도 복잡하다.

연구에 따르면 기업이 CSR을 공급망에 적용할 때 다음과 같은 3가지 주요한 긍정적 효과가 나타난다. 첫째는 투명성 및 신뢰 향상이다. 기업이 공급업체에 환경적·사회적 기준을 요구하고 준수 여부를 점검하면 서로 신뢰가 높아지고 거래가 더 투명해진다. 공급업체들도 명확한 기준이 있으면 어떻게 행동해야 하는지 참고할 수 있어 불확실성이 줄어든다. 둘째는 위험 관리 능력 강화다. 만약 공급업체에서 환경오염이나 인권 침해 등의 문제가 발생하면 모든 거래업체의 평판이 덩달아 손상될 수 있는데, 사전에 CSR 기준을 적용하면 이런 위험을 줄일 수 있다. 셋째는 장기적인 공급 안정성과 비용 절감 효과다. 공급업체와 좋은 관계를 유지하고 그들의 역량 개발을 지원하면 원재료나 부품을 안정적으로 공급받을 수 있고 혁신적인 기술을 도입할 때도 협력할 수 있다.

연구진은 공급망에서 CSR과 기업시민의식이 실현되는 방식을 다음과 같이 4가지로 분류했다. 첫 번째는 관리와 통제다. 기업이 공급업체의 윤리 수준을 점검하고 기준에 미치지 못할 경우 거래를 중단하거나 개선을 요구하는 것이다. 이는 공급업체가 CSR을 다하도록 강제하는 방법인 만큼 때론 공급업체에 부담으로 작용할 수도 있다. 두 번째는 협력이다. 기업과 공급업체가 대등한 파트너로서 사회적 가치와 환경 책임을 실현하고자 노력하는 과정에서 상호 신뢰가 형성되고 장기적 파트너십이 강화

*** Akbari, M., & McClelland, R. (2020). Corporate social responsibility and corporate citizenship in sustainable supply chain: A structured literature review. *Benchmarking An International Journal* 27(6):1799-1841

된다. 세 번째는 지식과 자원 공유다. 공급업체가 사회적 책임을 실현할 수 있도록 기업이 교육이나 기술 지원을 제공하는 것이다. 이는 공급업체의 역량을 높이는 동시에 전체 공급망의 질을 개선한다. 네 번째는 사회적 공동체 접근이다. 이는 기업이 공급망을 하나의 사회적 공동체로 인식하고 지역사회와의 관계를 포함해 기업 활동 전반에 윤리적 정당성을 부여하려는 접근이다.

특히 주목할 점은 이런 CSR 실천이 대기업뿐만 아니라 중소기업이나 개발도상국 소재 공급업체에도 중요한 기회가 된다는 것이다. 연구에 따르면 중소기업이 환경 인증을 받거나 노동 기준을 개선할 때 글로벌 대기업과의 거래 기회를 얻을 가능성이 크게 높아지는 것으로 나타났다. 이는 CSR이 도덕적 의무에 머물지 않는 실질적인 경쟁력 확보 수단임을 보여 준다. 반대로 CSR 기준을 경시하는 공급업체는 거래 기회를 점차 잃는 추세다.

연구에서는 문화적 맥락의 중요성도 강조한다. 같은 CSR 정책이라도 지역의 문화와 경제 상황에 따라 다르게 적용되어야 효과적이라는 것이다. 각 지역의 고유한 특성을 무시한 채 획일적인 CSR 기준을 적용하면 오히려 반발이나 비효율성을 초래할 수 있으므로 글로벌 기업은 각 지역의 특성을 이해하고 맞춤형 접근을 지향해야 한다.

이 연구는 CSR 활동이 공급망 전체의 혁신을 촉진한다는 사실도 발견했다. 환경 기준을 맞추기 위해 새로운 기술을 도입하거나 사회적 책임을 다하기 위해 새로운 작업 방식을 개발하는 과정에서 예상치 못한 혁신이 일어나는 경우가 많다. 이런 혁신은 결과적으로 전체 공급망의 효율성과 경쟁력을 높이는 데 기여한다.

연구진은 CSR과 기업시민 활동의 구체적인 성과를 정량화하는 작업을 향후 연구 과제로 주목한다. 현재까지는 주로 개념적 논의나 사례 소개가 중심을 이루었으나 앞으로는 산업별 차이, 공급망의 복잡성, 지역별 특성 등을 고려한 더 정교한 분석이 필요하며, 특히 CSR 투자 대비 실제 수익률이나 위험 감소 효과를 구체적으로 측정한 연구가 부족하다고 지적하고 있다.

DISCUSSION 8장 | 토론 과제

주제 1: 기업시민이론에 기반한 CSR 수행은 기업의 본질적 의무인가

배경

기업시민이론과 관련해 학계와 실무 현장에서는 기업의 CSR이 과연 기업의 본질적 의무인지, 아니면 선택적 활동인지를 두고 시각차가 존재한다. 한쪽에서는 기업이 사회적 정당성과 지속가능성을 위해 시민으로서 책임을 다해야 한다고 보고, 다른 쪽에서는 기업의 주된 목적이 경제적 가치 창출이며 사회 문제 해결은 본질적으로 정부의 역할이라고 본다. 그런 의미에서 기업의 존재 목적과 사회적 책임의 범위를 재정의할 필요가 있다.

의견 ❶: CSR 수행은 기업의 본질적 의무이다

- 기업은 사회의 일원으로서 윤리적·법적·자선적 책임을 수행해야 하며 이는 기업이 사회적 정당성을 확보하고 장기적인 지속가능성을 실현하는 데 필수적이다.
- 사회계약론에 따르면 기업은 사회적 계약을 통해 존재하는 법적 주체이며, 사회적 책임을 다함으로써 사회적 기대에 부응해야 한다.
- 법적 준수를 넘어선 윤리적 책임 수행은 장기적으로 브랜드 가치를 높이고 이해관계자에 신뢰감을 심어 주어 경쟁 우위를 확보할 수 있다.

의견 ❷: CSR 수행은 기업의 본질적 의무가 아니다

- 기업의 본질적 목적은 경제적 가치 창출과 주주 이익 극대화이며 사회적 책임 수행은 선택적인 자선 활동에 불과하다.
- 기업이 사회적 책임을 법적 의무 이상으로 수행해야 한다는 것은 과도한 부담으로 작용하며 기업의 성장과 혁신을 저해할 수 있다.
- 사회적 문제 해결은 본질적으로 정부와 공공부문의 역할이며 기업은 경제적 성과를 통해 고용 창출과 세금 납부로 사회에 기여하는 것이 본연의 역할이다.

DISCUSSION 8장 | 토론 과제

생각의 확장

기업의 사회적 책임에 대한 관점은 시대에 따라, 각자의 입장에 따라 다르게 해석할 수 있다. 앞서 제시된 두 가지 의견도 시대에 따라, 각자의 입장에 따라 해석한 결과일 수 있다. CSR을 본질적 의무로 보는 입장은 기업을 사회적 존재로 인식하고 정당성과 지속가능성을 확보하기 위한 책임 이행을 강조한다. 특히 2000년대 이후 기업의 사회적 영향력이 커지고 시민사회의 감시가 강화되면서 이런 관점이 힘을 얻었다. 반면 선택적 활동이라는 입장은 기업의 주된 목적이 경제적 가치 창출에 있다는 고전적 관점에서 CSR을 부수적인 역할로 본다. 이는 주주자본주의와 시장 효율성을 중시하는 입장에서 나온 해석이다. 둘 중 어떤 의견이 타당하다고 생각하는가? 두 의견을 조화시킬 방법은 없는가?

주제 2: 기업시민이론에 기반한 CSR 수행이 기업 경쟁력을 강화하는가

배경

기업시민이론을 바탕으로 기업이 사회적 책임을 적극 수행할 경우, 과연 기업의 경쟁력 강화로 이어질 수 있는지에 대한 논의가 계속되고 있다. 일부에서는 전략적 기업시민 관점에서 CSR이 브랜드 이미지 제고, 이해관계자와의 신뢰 형성, 글로벌 시장에서의 평판 관리 등 긍정적 효과를 창출해 장기적인 경쟁력에 기여한다고 본다. 반면 사회적 책임은 필연적으로 비용과 복잡성을 수반하며 모든 기업에게 동일한 효과를 보장하지 않는다는 비판도 존재한다. 따라서 기업이 CSR에 전략적으로 접근하기 위해서는 경쟁 우위를 확보할 수 있는지, 아니면 비용 부담만 커지는지를 다각도로 탐색하는 단계가 선행되어야 한다.

의견 ❶: CSR 수행은 기업 경쟁력을 강화한다

- 전략적 기업시민 관점에서는 CSR 수행이 브랜드 가치 제고, 고객 충성도 강화, 투자 유치 등으로 이어져 장기적인 경쟁력을 강화한다.
- ESG 경영을 통해 지속가능한 성장을 도모하고 글로벌 시장에서 윤리적 경영을 실천하는 기업은 투자자와 소비자로부터 긍정적인 평가를 받는다.

- 파타고니아 사례에서 볼 수 있듯 친환경 경영을 실천하는 기업은 환경 보호에 관심이 높은 고객층을 확보하여 장기적인 브랜드 충성도를 높인다.

의견 ❷: CSR 수행은 기업 경쟁력을 강화하지 못한다

- CSR 수행은 단기적으로 비용 증가를 초래하여 기업의 수익성을 저해할 수 있다.
- 기업이 모든 이해관계자의 요구를 수용하다 보면 경영 의사결정이 복잡해지고 효율성이 떨어질 수 있다.
- CSR 수행이 경쟁력 강화로 이어진다는 실증적 근거가 일관되게 나타나지 않으며, 일부 기업의 특수한 사례일 수 있다.

생각의 확장

CSR이 브랜드 가치 제고와 고객 신뢰 확보에 긍정적인 영향을 준다는 주장은 설득력이 있지만 모든 기업에 동일한 방식으로 적용되지는 않는다. 기업의 전략, 산업 특성, 외부 환경에 따라 CSR의 효과는 달라질 수 있기 때문이다. 둘 중 어떤 의견이 타당하다고 생각하는가? 두 의견을 조화시킬 방법은 없는가?

8장 연습문제

01. 기업시민이론의 핵심 개념을 개념적 초점, 실천 방식, 범위를 중심으로 서술하시오.

02. 마텐과 크레인이 제시한 확장된 기업시민 개념이 전통적 CSR과 어떻게 다른지 설명하고, 유니레버의 '지속가능한 생활 계획'을 제도적 기업시민 관점과 연결하여 서술하시오.

03. 환경적 지속가능성 활동이 장기적 경쟁력으로 이어지는 경로를 3가지 이상 제시하고 실증 연구를 근거로 그 타당성을 설명하시오.

04. 막스앤드스펜서의 플랜 A와 쇼와핑 캠페인을 사례로 들어, ESG의 각 요소에서 기업시민이론이 어떻게 실행되었는지 분석하시오.

CHAPTER
09 사회자본이론

9.1 사회자본이론의 개념

사회자본이론social capital theory에서 말하는 사회자본이란 경제적 자본이나 인적 자본과 차별화되는 개념으로, 사회적 관계와 네트워크를 통해 형성되는 **협력**, **신뢰**, **규범**, **네트워크**network 등의 자원을 말한다.[1] 사회자본은 협력과 신뢰를 기반으로 사회적 행동을 촉진하는 역할을 하며 개인과 조직, 나아가 사회 전체의 발전과 지속가능성을 제고하는 핵심 요소이다. [그림 9-1]은 사회자본의 구성 요소를 시각화한 것이다.

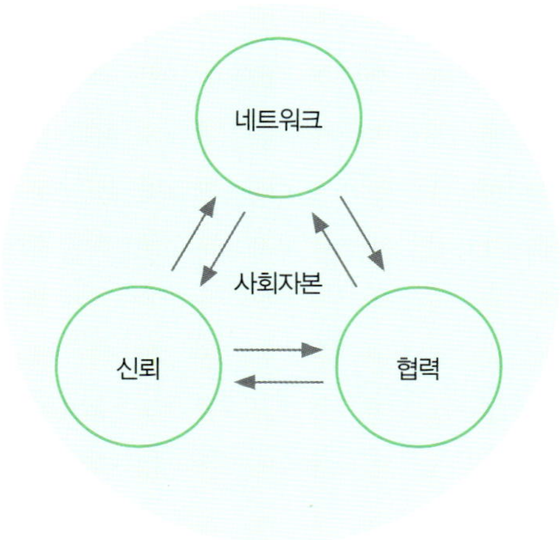

그림 9-1 **사회자본의 요소**

사회자본이론은 사회적 관계와 네트워크가 개인과 조직의 성과뿐 아니라 거시적 수준에서 경제 성장과 사회 발전에도 긍정적 영향을 미친다는 점을 강조한다. 전통적 경제학과 경영학에서 자본을 주로 물적 자본physical capital과 인적 자본human capital으로 이분화해 설명한 것과 달리 사회자본이론은 신뢰와 협력 기반의 사회적 연결망이 경제적·사회적 성과에 중요한 영향을 미친다고 본다. 사회자본이 네트워크를 통해 정보 흐름을 원활하게 하고 협력을 촉진하며 거래비용을 감소시키는 기능을 수행하기 때문이다.[2]

사회자본은 크게 **구조적 사회자본**structural social capital과 **인지적 사회자본**cognitive social capital으로 나눌 수 있다.[3] 구조적 사회자본은 네트워크의 구성과 연결 형태를 가리키며 인적 관계의 밀도와 범위까지 포괄한다. 예컨대 기업 내 협력적 조직 문화나 지역사회 내 강한 연대감은 구조적 사회자본에 해당한다. 반면 인지적 사회자본은 구성원 간 공유된 가치·규범·신뢰 등을 말한다. 이는 조직 내부 또는 사회 전체적으로 협력을 촉진하는 기능을 한다. [표 9-1]은 구조적 사회자본과 인지적 사회자본을 비교 설명한 것이다.

표 9-1 구조적 사회자본과 인지적 사회자본

구분	구조적 사회자본	인지적 사회자본
정의	사회 내 구성원 간의 네트워크, 관계 구조 및 상호 작용의 패턴	구성원들이 공유하는 신념, 가치, 규범, 의미 체계 등 심리적·문화적 요소
특징	객관적, 외부에서 관찰 가능한 관계망과 연결성	주관적, 내적으로 공유되는 가치와 신뢰, 협력 의식
역할	정보 흐름과 자원의 접근성 촉진, 관계망 강화	공동 목표 이해 및 행동 조율, 사회적 응집력과 협력 촉진
주요 구성 요소	네트워크 구조, 연결 강도, 교류·상호 작용 패턴	신뢰, 규범, 공통 언어 및 의미, 가치 공유
상호 관계	인지적 사회자본을 가능하게 하는 기반	구조적 사회자본 네트워크의 긴밀함과 효과를 높임

한편 기업 경영에 있어서도 사회자본은 다음과 같은 중요한 역할을 수행한다. 첫째, 기업의 혁신성과 경쟁력 제고를 촉진한다.[4] 강력한 네트워크를 보유한 기업은 내외부의 다양한 자원 접근 기회가 증가하며 신뢰 기반의 협력적 관계를 통해 의사결정 과정의 효율성을 도모할 수 있다. 높은 수준의 사회자본을 보유한 경우라면 구성원 간 협업이 촉진되고 창의적 아이디어가 활발히 공유됨에 따라 혁신적인 성과를 낼 가능성이 높아진다.

둘째, ESG 경영 맥락에서도 다양한 이해관계자와의 신뢰 구축 및 협력적 관계 유지는 지속가능경영 실현을 위한 유리한 여건을 조성한다. 지속가능한 공급망 구축이나 지역사회와의 협력 강화를 추구하는 기업은 사회자본을 활용하여 장기적 성장을 도모할 수 있다.[5]

셋째, 사회자본은 정보 비대칭성을 완화하고 의사결정의 효율성을 높인다. 네트워크 내 신속한 정보 공유와 신뢰 기반 의사소통이 확립되면 불확실성이 감소하고 더 정확한 전략을 수립할 수 있다. 예컨대 스타트업이 벤처캐피털과 신뢰 기반 네트워크를 구축하면 자금 조달 과정에서 정보 비대칭성을 해소하고 투자를 유치할 때 유리한 위치를 점할 수 있다.

넷째, 사회자본은 갈등 관리 및 문제 해결에도 중요하다. 신뢰와 규범이 견고하게 형성된 조직에서는 갈등 발생 시 협력적 해결이 가능하며 이는 조직의 안정성과 지속가능성을 제고한다. 특히 다문화 인력을 보유한 글로벌 조직에서는 사회자본이 문화적 차이 극복과 협력적 조직 문화 구축을 위한 핵심 요소로 작용한다.

다섯째, 사회자본은 개인의 심리적 안정감과 사회적 지지를 높여 조직 구성원의 만족도와 직무몰입도를 개선한다. 이는 이직률 감소와 조직 충성도 강화로 이어지며, 궁극적으로 조직의 생산성과 성과 향상을 촉진하는 요인으로 작용한다.

이러한 이유들로 현대 경영학은 사회자본을 단순한 네트워크 자원이 아닌 전략적 자산으로 인식하고 있다. 사회자본의 효과적인 관리와 활용이 기업의 성공과 지속가능성에 중요한 영향을 미친다고 평가하기 때문이다.

9.2 사회자본이론의 특징

■ 신뢰와 협력을 기반으로 한 사회적 관계 형성

사회자본이론은 신뢰, 협력, 사회적 연결망을 핵심 구성 요소로 보고 이들이 조직 및 사회 전반의 관계 형성과 유지에 결정적이라고 주장한다.[6] 특히 신뢰는 정서적 요소에 불과한 것이 아니라 경제적 거래비용 절감과 복잡한 조직 내외부 환경에서의 협력을 가능케 하는 실질적 자원이다.[7] 신뢰는 공식적 계약보다 강력한 규율로 작용하여 조직 구성원 간 상호 이해와 자발적 협력 행동을 유도하고 조직의 효율성과 적응력을 향상시킨다.[8] 예컨대 구글은 '심리적 안전감'을 조직 문화의 핵심 가치로 두고 팀원 간의 신뢰를 증진시켜 혁신적 아이디어 공유와 협업을 장려해 왔는데, 이러한 문화는 팀 생산성을 높이는 결정적 요인으로 작용한 것으로 알려져 있다.

또한 기업이 이해관계자와의 관계에서 신뢰 기반의 장기적 파트너십을 구축하면 단기적 거래 관계를 초월한 지속가능한 협력 구조가 형성된다. 커피 원두의 공정무역 구매 정책을 통해 생산자와의 신뢰 관계를 형성하고, 이를 통해 글로벌 공급망의 안정성을 확보해 브랜드 이미지를 상승시킨 스타벅스가 좋은 예이다.

한편 윤리적 경영을 일관되게 실천하는 기업일수록 고객·공급업체·지역사회 등 외부 이해관계자와의 신뢰도 깊어지며 이러한 신뢰는 위기 상황에서 기업에 대한 지지로 이어질 가능성이 높다.[9] 파타고니아의 경우 코로나19 팬데믹 시기에도 윤리적 노동 조건과 친환경 철학을 고수하며 고객과 직원 모두로부터 강한 지지를 얻었고 이는 팬데믹 이후 브랜드 충성도 상승으로 이어졌다.

이러한 신뢰는 단지 외부와의 관계에 국한되지 않는다. 조직 내부에서도 신뢰가 형성되면 구성원 간 협력이 촉진되고 집단 간 경계를 초월하는 소통이 이루어진다. 구성원 간의 정보 공유가 활성화되면 학습·혁신·문제 해결 과정에서 효율성이 높아진다.[10] 미국의 온라인 소매업체인 자포스Zappos의 경우, 수평적 구조와 자율 경영 원칙을 기반으로 한 내부 신뢰 체계를 통해 직원의 자발성과 창의성을 끌어내며 독창적인 고객 서비스 문화를 구축한 사례로 알려져 있다. 이러한 협력적 분위기는 창의적 아이디어를 확산시키고 복잡하고 불확실한 환경에 민첩하게 대응하는 조직의 역량을 강화시킨다.

ESG 경영에서도 신뢰 기반 사회자본은 중요한 추진 동력이다. ESG 전략은 지시와 계약만으로는 실행되기 어렵고 다양한 이해관계자와의 공감과 협력이 병행되어야 실질적인 효과를 거둘 수 있기 때문이다.[11] 가령 환경 경영의 일환으로 공급망 전반의 탄소 배출을 줄이고자 할 때, 단순히 계약 조건으로 감축을 강제하는 것만으로는 한계가 있다. 탄소 저감은 공급업체의 설비 투자, 생산 공정의 변화, 기술 혁신 등 장기적 노력이 필요한 과업이기 때문에 공급업체도 그 목표에 동의하고 자발적으로 참여해야만 지속가능한 성과가 나온다. 이 과정에서 기업과 공급업체 간에 신뢰가 형성되어 있다면 상호 정보 공유와 장기적 투자, 문제 발생 시 유연한 협의 등이 활발히 이루어질 수 있다. 이러한 차원에서 신뢰는 ESG 경영에서도 목표 실현과 장기적 지속가능성 확보를 위한 핵심 기반이 된다.

■ 사회적 네트워크를 통한 정보 흐름과 혁신 촉진

사회자본이론에서 말하는 조직 내외부의 사회적 네트워크는 단순한 관계 집합이 아니라 정보 흐름과 지식 공유의 매개체로서 조직의 혁신 역량을 증진하는 핵심 메커니즘이다.[12] 사회자본이 충실히 형성된 조직이나 산업군에서는 네트워크를 통해 비공식적 정보가 신속하고 효율적으로 전달되며 이러한 정보 흐름은 기업의 전략 수립, 신제품 개발, 시장 대응에 중요한 역할을 한다.[13]

기업이 강력한 사회적 네트워크를 구축하면 조직 간 지식 이전이 활발해지고 환경 변화를 민감하게 탐지할 수 있으며 혁신 활동이 활성화된다.[14] 실리콘밸리의 혁신 생태계는 기업·벤처캐피털·대학·연구소 등이 긴밀한 사회적 네트워크를 형성하고 있는 대표적 사례로, 이러한 네트워크 구조는 새로운 기술과 아이디어의 신속한 확산을 일으키는 중요한 촉매제로 작용한다.[15] 다시 말해, 단순한 정보 교환을 넘어 공동 R&D, 전략적 제휴, 공동 창업 등의 협력적 활동을 이끌어내 기술 혁신의 속도와 질적 수준을 끌어올린다.

또한 사회자본은 조직 내부에서 혁신을 촉진하는 기능을 수행한다. 신뢰와 공동 규범이 작동하는 네트워크 내에서는 구성원 간 지식 공유와 학습이 활발히 이루어지며, 이는 창의성과 문제 해결 능력을 향상시킨다.[16] 이와 관련해 구조적 사회자본의 관점에서는 다양한 부서 간 연결망이 형성된 조직이 높은 혁신 잠재력을 지닌다고 본다. 특히 이질적인 정보가 흐르는 '약한 연결weak tie'은 새로운 시각과 지식을 수용하는 데 핵심적인 역할을 한다.[17] 약한 연결이란 서로 자주 교류하거나 긴밀하게 연결되어 있지 않은, 전혀 다른 부서나 조직, 외부 네트워크와의 느슨한 관계를 의미한다.

예를 들어 마케팅 부서와 R&D 부서가 공동 프로젝트를 수행하면서 자주 소통할 경우, 이들은 서로 다른 전문 지식과 문제 접근 방식을 공유하게 된다. 매우 친한 사이는 아니더라도 이렇게 서로 연결되어 있는 상태에서는 기존 팀에서 얻을 수 없는 새로운 아이디어가 유입되기 때문에 조직 전체가 신선한 자극을 받아 혁신 가능성이 높아진다. 즉, 약한 연결은 반복적인 내부 정보 순환을 넘어 외부의 참신한 자원을 흡수할 수 있는 통로로 기능하며 이는 사회자본이 단순한 유대감 이상의 전략적 자산임을 보여 준다.

한편 사회자본은 기업이 외부 자원에 접근하고 이를 효과적으로 활용하는 데에도 핵심적인 역할을 수행하며 '**개방형 혁신**open innovation'의 실행 가능성을 높인다.[18] 개방형 혁신이란 기업이 모든 기술과 아이디어를 내부에서 자체적으로 개발하는 '폐쇄형 혁신' 방식에서 벗어나 외부 기관이나 개인, 파트너와의 협력을 통해 지식과 자원을 유입하고 외부로 확산시키는 방식의 혁신 전략이다. 예를 들어 P&G는 '연결Connect + 개발Develop' 전략을 통해 전 세계 발명가와 외부 기술기업으로부터 아이디어를 받아 제품 개발에 활용함으로써 이를 통해 자체 R&D 투자 대비 더 높은 수익률을 달성했다. 이처럼 외부의 혁신 역량을 유입하고 내부 자원을 외부와 공유함으로써 기업은 더 빠르고 유연한 방식으로 새로운 시장을 개척할 수 있다. 이와 같은 개방형 혁신이 가능하려면 무엇보다 외부 파트너와의 협력관계가 신뢰를 기반으로 유지되어야 한다. 파트너 간 신뢰가 없으면 기술 유출에 대한 우려나 협력 실패에 대한 불안으로 인해 정보 공유와 공동 개발이 제한될 수 있기 때문이다. 사회자본, 특히 신뢰와 공동 규범은 이러한 협력의 심리적·제도적 기반이 된다.

■ 사회자본의 축적과 지속가능성

사회자본은 단기적 거래에서 발생하는 일회성 자원이 아니라 오랜 시간에 걸친 상호 작용과 신뢰 축적을 통해 형성되고 유지되는 전략적 자산이다.[19] 신뢰·규범·네트워크와 같은 사회자본의 핵심 요소들은 일시적인 협력만으로 구축되는 것이 아니라 반복적인 관계와 지속적인 소통을 통해 서서히 강화된다. 이처럼 사회자본은 시간이 지날수록 그 가치가 심화되고 축적되는 누적성을 지니고 있다는 점에서 경제적 자본이나 인적 자본과 구별된다.[20]

독일의 자동차 기업 BMW의 경우, 수십 년간 부품 협력업체들과 신뢰 기반의 협력관계를 유지해 왔다. 단기 납품 가격만을 기준으로 거래처를 바꾸지 않고 장기적인 파트너십을 통해 기술 공유, 품질 향상, 환경 대응 등 다방면에서 공동의 목표를 설정한 후 이를 함께 실현해 왔다. 이 과정에서 공급망 전반에 걸쳐 신뢰와 공동의 규범이 자리 잡게 되었고 이는 위기 상황에서도 협력업체들의 자발적인 협조와 빠른 대응을 이끌어내는 결과로 이어졌다. 이처럼 사회자본은 시간이 흐를수록 더 강력한 관계 자산으로 발전한다. 따라서 기업이 전략적 관점에서 사회자본을 구축하고 관리하려면 시간과 노력을 들여 신뢰를 쌓는 문화와 시스템을 마련해야 한다.

기업이 윤리적이고 책임 있는 경영을 지속적으로 실천하면 고객·투자자·지역사회 등 외부 이해관계자와의 신뢰 관계가 점진적으로 강화되며 이는 장기적 거래 안정성과 리스크 대응 능력을 크게 향상시킨다.[21] 스타벅스는 지속가능한 커피 조달과 윤리적 공급망 관리를 통해 공급업체·소비자·지역사회와의 신뢰를 구축해 왔다. 실제로 글로벌 물류 혼란, 기후변화 등 외부 충격이 발생했을 때에도 공급망의 협조와 고객 충성도 덕분에 빠르게 정상 운영을 회복할 수 있었다. 이는 신뢰 자산이 위기 대응력을 강화하는 중요한 자산임을 보여 준다.

반면 신뢰 자산을 소홀히 한 기업은 위기 발생 시 큰 비용을 감당하게 된다.[22] 예컨대 폭스바겐의 경우 2015년 디젤게이트 사태 당시 배출가스 시험 조작으로 인해 신뢰가 붕괴되었으며 이후 소비자 불매, 주가 급락, 천문학적 벌금 등으로 수년간 재정적·사회적 손실을 입었다. 기업이 예측불가능한 위기를 관리하고 회복하는 데 신뢰가 결정적인 역할을 하는 핵심 자산임을 확인할 수 있는 사례다.

사회자본을 지속적으로 확보하려면 이를 유지·강화하기 위한 제도적 장치를 마련해야 한다. 예컨대 내부적으로는 윤리 규범과 투명한 의사결정 체계를 구축하여 조직 내 신뢰 기반을 다져야 하며, 외부적으로는 이해관계자와의 정기적 소통과 참여 채널을 활성화하는 노력이 필요하다.[23] 예를 들어 SK그룹은 '이해관계자 자문 패널'을 운영하여 시민사회단체, 학계, 언론, 협력사 등의 외부 전문가와 함께 ESG 주요 이슈에 대한 정기적인 의견 수렴 및 피드백 시간을 갖는다. 삼성전자도 '지속가능경영협의체'를 통해 협력사와 ESG 실천 현황을 공유하고 상호 개선 과제를 공동으로 논의하는 체계를 구축하고 있다. 이러한 제도적 노력은 형식적 절차를 넘어 신뢰와 협력 기반의 사회자본을 전략적으로 구축하는 데 기여한다.

특히 ESG 경영 프레임워크 하에서는 기업이 환경 책임, 사회적 연대, 투명한 지배구조를 실현함으로써 사회자본의 핵심 요소인 신뢰와 협력의 기반을 제도적으로 강화해야 한다. 기업이 이해관계자와 장기적인 관계를 유지하고 지속적인 피드백과 학습을 통해 경영 전략을 사회적 기대에 맞게 조정해 나가면 '사회적 적합성'을 확보할 수 있다.[24] 사회적 적합성이란 기업이 시민사회·소비자·투자자 등 다양한 이해관계자들이 기대하는 윤리적·환경적·사회적 기준에 부합하는 행위와 태도를 갖춘 상태를 의미한다. 이러한 적합성은 곧 시장 내에서의 사회적 정당성으로 이어지며 기업에 대한 신뢰와 지지를 형성하는 기반이 된다.

특히 ESG 리스크가 고도화된 현대사회에서 기업의 위기 대응력은 신뢰 기반의 사회자본에 크게 좌우된다. 예를 들어 평소 신뢰를 쌓아온 기업은 위기 발생 시에도 소비자와 투자자로부터 지지를 받을 가능성이 높으며 이는 단기적 손실을 줄이고 장기적인 회복탄력성을 높이는 데 중요한 역할을 한다. 결국 사회적 기대에 부응하는 경영 전략은 신뢰를 기반으로 한 사회자본을 강화하고, 이는 다시 기업의 지속가능성과 생존 가능성을 뒷받침하는 선순환 구조를 형성하게 된다.

■ 경제적 가치와 사회적 가치의 통합

사회자본이론은 경제적 가치와 사회적 가치를 이분법적으로 구분하지 않고 두 가치가 상호 보완적으로 기능하면서 조직과 사회의 발전에 시너지 효과를 일으킨다는 통합적 관점을 제시한다.[25] 이는 혼합 가치이론과 일맥상통하는 부분이다. 전통적 경제학에서는 경제적 성과를 주로 물적 자원이나 생산성 중심의 지표로 보고 사회적 가치를 윤리적 책무나 공공재 제공이라는 부차적 개념으로 취급하는 경향이 있었던 반면, 사회자본이론은 신뢰·협력·네트워크 같은 사회적 관계의 질적 측면이 경제적 성과를 창출하는 결정적 요인으로 작용해 경제적 가치와 사회적 가치를 결합한다고 주장한다.[26]

사회자본이 풍부한 조직에서는 구성원 간 정보 교류 활성화, 공동 문제 해결 효율화, 협력 기반 혁신이 촉진된다.[27] 신뢰에 기반한 내부 네트워크는 아이디어 교환과 집단 학습을 용이하게 하여 창의성과 적응력을 증진시키고 이는 생산성 향상과 경쟁력 강화라는 경제적 성과를 가져온다. 동시에 이러한 협력적 구조는 공동체 구성원으로서 기업의 사회적 역할도 강화한다. 가령 지역사회와의 지속적인 상호 작용, 공동 프로젝트 수행, 사회적 책임 이행은 기업 평판을 제고하고 이해관계자와의 장기적 신뢰 구축에 기여한다.[28]

지역사회와의 협력을 통한 사회적 가치 창출은 장기적으로 기업의 전략적 이익을 신장시킨다. 기업이 지역 고용 창출, 지역경제 활성화, 교육 프로그램 제공 등의 공동체 발전 활동을 수행할 경우, 소비자 충성도 증가, 직원 이직률 감소, 제도적 신뢰 확보와 같은 긍정적 외부효과가 나타나고, 이는 다시 경제적 가치를 증대시키는 결과로 이어진다.[29] 따라서 사회자본은 사회적 유대를 넘어 기업의 지속가능한 수익 구조의 토대를 형성한다.

사회자본이론의 핵심은 경제적 가치와 사회적 가치가 상호 배타적 선택이 아닌, 순환적이고 상호 의존적이라는 점이다. 사회적 신뢰와 규범이 작동하는 기업 활동은 단기적 이익 확보는 물론, 장기적 기업 지속성과 사회적 신뢰 기반도 강화한다.[30] 이러한 관점은 ESG 경영의 핵심 전략과 맞닿는다. 기업이 사회자본을 전략적으로 활용하면서 사회적 책임을 이행하면 안정적인 이해관계자 관계 구축, 리스크 완화, 브랜드 충성도 강화 등의 경제적 보상을 얻을 수 있다. 사회자본은 경제성과 사회성을 통합하는 매개 자산으로서, 기업이 단기 이익 극대화 추구가 아닌 사회적 관계망과 신뢰 구축에 장기 투자할 때 경제적 지속성과 사회적 기여라는 목표를 동시에 실현할 수 있다. 이러한 통합적 관점은 자본주의 시스템의 지속가능성을 보장하고 ESG 경영의 실행력을 제고하는 이론적·실천적 자원으로서 중요한 의의를 지닌다.

■ 다양한 이해관계자를 고려한 사회자본의 적용

사회자본이론은 조직 내부 구성원 간 관계에 국한하지 않고 조직 외부의 다양한 이해관계자들과의 관계까지 사회자본의 핵심 요소로 본다.[31] 즉, 사회자본은 단일 조직 내부의 협력 구조를 넘어 조직을 둘러싼 복합적 네트워크 전반을 포괄하며 조직은 이를 통해 풍부한 자원을 획득하고 지속가능한 전략을 수립할 수 있다. 이러한 관점은 ESG 경영이 요구하는 다중 이해관계자 접근법multistakeholder approach과 정합성을 지닌다.[32]

현대 기업은 내부적으로는 경영진·직원·협력업체 간 상호 신뢰와 협업을 통해 구조적·인지적 사회자본을 구축해야 하며, 외부적으로는 고객·지역사회·정부·미디어·시민사회단체 등 다양한 이해관계자들과의 관계 속에서 사회적 연결망을 형성해야 한다.[33] 이러한 관계망은 의사소통 수단을 넘어 조직의 지속가능성을 뒷받침하는 역할을 한다.

예를 들어 유니레버는 인도의 농촌 지역에서 '샤크티Shakti 프로젝트'를 추진하며 현지 NGO와 협력해 저소득층 여성들을 대상으로 한 교육과 창업 기회를 제공하였다. 이 프로그램은 유니레버의 유통망을 확장시켰을 뿐만 아니라 지역사회의 고용 창출과 생활 수준 향상에 기여함으로써 사회적 가치를 실현했다. 동시에 이러한 활동을 통해 농촌 지역주민들과의 신뢰를 쌓았고 이는 장기적으로 기업 브랜드에 대한 긍정적 인식과 충성도로 이어져 경제적 효과도 함께 얻을 수 있었다. 이 사례는 기업이 외부 이해관계자와의 신뢰 관계를 바탕으로 사회적 문제 해결에 기여하는 동시에 자사의 전략적 목표를 달성했다는 점에서 사회자본 형성의 대표적인 사례로 볼 수 있다.

사회자본이론의 주요 학자

제임스 콜먼

제임스 콜먼James S. Coleman은 사회자본 개념을 사회과학의 분석틀로 체계화한 대표적 이론가로 평가받는다. 그는 1988년에 발표한 〈인적자본 형성에서의 사회자본의 역할Social Capital in the Creation of Human Capital〉에서 사회자본이 인적 자본 형성과 사회적 행위에 미치는 구조적 영향을 정교하게 분석하였다.[34] 콜먼은 사회자본을 "사회 구조에 내재된 자원으로서, 행위자가 특정 목적을 달성하기 위해 활용할 수 있는 기능적 요소"로 개념화하였으며 이는 물적 자본이나 인적 자본과 달리 행위자 간 관계 구조에서 창출된 비물질적 자산임을 강조한다.[35]

콜먼은 다음의 3가지 요소를 통해 사회자본이 형성되는 메커니즘을 제시하였다. 첫째, 신뢰와 기대는 사회적 상호작용의 질적·양적 수준을 향상시켜 집단 내 협력적 행위를 촉진하는 기능을 한다. 둘째, 정보 채널은 네트워크를 통해 중요 정보가 유통되는 경로로서, 행위자의 의사결정과 전략적 선택을 지원한다. 셋째, 사회적 규범과 제재는 공동체 내에서 기대되는 행위 양식을 규정하고 자발적 협력을 유도하는 제도적 메커니즘으로 작용한다.[36]

그는 사회자본이 교육에서 갖는 함의에도 주목하여 학업 성취도와 부모의 사회적 네트워크 간 상관관계를 실증적으로 검증함으로써 사회자본이 교육적 성과에 유의미한 영향을 미친다고 설명했다.[37] 이는 사회적 관계망과 구조적 맥락이 개인의 발달과 성장, 나아가 사회적 형평성에까지 영향을 줄 수 있음을 시사한다. 콜먼의 사회자본이론은 이후 사회학·교육학·정치학 등 다양한 학문 분야에서 인간 행위의 구조적 조건을 설명하는 중핵적 패러다임으로 정착했으며, 공동체의 신뢰와 협력에 기반한 사회 통합의 메커니즘을 이론적으로 뒷받침하는 토대로 활용되고 있다.

피에르 부르디외

피에르 부르디외Pierre Bourdieu는 사회자본을 경제자본, 문화자본과 함께 사회적 지위와 권력을 구성하는 핵심적 자원으로 개념화하였다. 그는 1986년에 발표한 논문 〈자본의 다양한 형태The Forms of Capital〉에서 사회자본을 "지속적이고 제도화된 관계망을 통해 행위자가 접근할 수 있는 실제적 또는 잠재적 자원의 총체"로 정의하였으며 이를 통해 경제적 이익이나 문화적 우위를 획득할 수 있는 전략적 자산으로 보았다.[38]

부르디외는 관계의 양적 규모가 아니라, 관계망의 질적 강도와 사회적 인정여부가 사회자본의 효용을 결정한다고 주장하였다. 즉, 모든 사회적 관계망이 동등한 가치를 지니는 것이 아니라 하나의 네트워크가 얼마나 강력한 유대감과 상호 의무성을 기반으로 구축되었는지에 따라 사회자본의 실질적 효용이 결정된다는 것이다.[39] 그는 이러한 네트워크가 자원의 흐름과 정보 접근성을 규정하며 이를 통해 계층 간 자원 불균형이 재생산된다고 논증하였다.

특히 부르디외는 사회적 불평등의 재생산 과정에서 사회자본이 수행하는 구조적 기능에 주목하였다. 즉, 지배 계층은 고도로 조직화된 사회적 네트워크를 통해 자본을 축적하고 이를 통해 사회적 지위를 공고히 하는 반면, 사회자본의 질적·양적 수준이 열악한 하위 계층은 기회 접근성이 제한되어 결과적으로 구조적 불평등이 고착화된다는 것이다. 요컨대 사회자본은 개인 간 협력이나 신뢰를 촉진하는 긍정적 자산에 그치지 않고 기존 권력 구조를 유지·강화하는 재생산 기제로 기능한다.[40] 부르디외의 이론은 보다 비판적이고 구조적인 관점에서 사회자본을 조명함으로써 사회자본이 자원의 동원 수단이 되는 동시에 사회적 배제의 기제로 작동하는 이중적 성격을 지녔음을 밝혀냈다. 이는 사회적 불평등의 재생산 메커니즘을 설명하는 데 중대한 영향을 끼쳤다.

로버트 퍼트넘

로버트 퍼트넘Robert D. Putnam은 사회자본이 민주주의의 제도적 효율성과 공동체의 사회적 통합에 미치는 영향력을 체계적으로 분석한 정치사회학자이다. 그는 1993년에 발표한 저서 《사회적 자본과 민주주의Making Democracy Work: Civic Traditions in Modern Italy》를 통해 이탈리아 지역 간 정치적 성과와 경제적 발전 격차의 구조적 요인을 탐구하며 사회자본의 기능적 역할을 정교하게 이론화하였다.[41] 퍼트넘은 사회자본을 "사람들 간의 신뢰, 사회적 네트워크, 그리고 상호 호혜적 규범mutual reciprocity norm의 총체"로 개념화하였으며 이러한 요소들이 공동체 내 협력과 제도적 효율성을 증진하는 핵심 메커니즘으로 작용한다고 주장하였다.

퍼트넘의 이론적 공헌 중 가장 주목할 만한 점은 사회자본을 결합형bonding과 연결형bridging으로 유형화한 것이다. 결합형 사회자본은 가족·친구·지역 공동체 등 유사한 배경과 정체성을 공유하는 집단 내 강한 유대관계에서 형성되며, 내부 집단의 결속력과 정체성을 강화하는 기능을 수행하는 동시에 외부 집단과의 교류를 제한하는 폐쇄적 특성이 한계로 지적된다. 반면 연결형 사회자본은 서로 다른 사회적 배경과 정체성을 가진 행위자나 집단 간의 네트워크를 지칭하며, 이질적 집단 간의 이해·협력·정보 공유를 촉진하는 개방적 구조를 형성한다.[42]

퍼트넘은 이러한 사회자본이 정치적 민주주의의 작동 및 경제적 번영과 밀접한 상관관계를 가진다고 논증하였다. 그는 사회자본 수준이 높은 지역일수록 시민 참여와 제도적 신뢰가 활성화되고 공공재의 관리와 정책 집행이 효율적으로 이루어진다고 분석하였다. 민주주의의 작동이 제도적 구조에 의존하여 이루어지기보다는 시민사회 내의 사회자본 축적 정도에 실질적 영향을 받아 이루어진다는 점을 강조한 것이다.

사회자본을 사회 전체와 연결된 실천적 자원으로 본 퍼트넘의 연구는 정치학·경제학·사회학 등 다양한 학문 분야에서 민주주의와 공동체 연구의 이론적 토대로 활용되고 있다. 그의 이론은 신뢰와 시민 참여가 문화적 요소에 머물지 않고 제도의 성과와 사회 통합을 견인하는 전략적 자원임을 실증적으로 규명한 것으로 평가된다.

프랜시스 후쿠야마

프랜시스 후쿠야마Francis Fukuyama는 사회자본을 신뢰와 밀접하게 연계된 개념으로 정의하고 경제 발전과 조직 효율성을 결정짓는 근본적 요소로 이론화하였다. 그는 1995년에 발표한 저서 《트러스트Trust: The Social Virtues and the Creation of Prosperity》에서 신뢰 수준이 높은 사회일수록 자발적 협력과 경제적 거래가 원활히 이루어질 가능성이 높다고 논증하였다.[43] 그는 사회자본을 "공동체 내에서 발생하는 자발적 신뢰에 기반한 사회적 규범과 네트워크의 총체"로 개념화하고 법률적 강제력이나 국가의 개입 없이도 질서 있는 경제 활동을 가능하게 하는 제도적 기반이라고 설명하면서 경제적 번영과 민주주의 제도의 안정성에 기여하는 핵심 메커니즘이라고 주장하였다.

신뢰 수준이 높은 사회는 계약 이행과 협력이 효율적으로 이루어지며 경제적 거래에서 발생할 수 있는 불확실성과 거래비용이 최소화된다. 반면 신뢰 수준이 낮은 사회에서는 제도적 불신이 만연하고 규제나 강제적 감시에 의존해 기업을 운영하게 되는데, 이는 결과적으로 부패와 비효율성으로 귀결될 수 있다고 분석하였다.[44] 그는 서구의 선진 자본주의 국가인 미국, 독일과 함께 일본이 높은 사회적 신뢰를 토대로 경제적 성장을 달성하였으며 이들 사회의 기업은 국가의 보호 없이도 대규모 조직을 형성하고 글로벌 시장에서 경쟁력을 확보할 수 있었다고 논증하였다. 반면 신뢰가 취약한 사회에서는 협소한 친족 네트워크에 의존하는 경향이 두드러지며 이는 장기적으로 기업의 확장성과 경쟁력을 제약하는 구조적 요인으로 작용한다고 보았다.

후쿠야마의 이론은 사회자본을 거버넌스, 기업 조직, 국가 경쟁력과 같은 거시적 문제로 확장하여 분석함으로써 사회적 신뢰의 경제적·정치적 함의를 종합적으로 규명한 대표적 연구로 평가된다. 그의 학문적 성취는 특히 조직이론·정치경제학·발전연구 분야에서 사회자본과 제도 간의 상호 작용을 해석하는 데 중요한 이론적 토대를 제공하였다.

마크 그라노베터

마크 그라노베터Mark Granovetter는 사회적 관계와 경제적 행위의 상호 작용을 체계적으로 분석함으로써 사회자본 연구에 중대한 영향을 미친 대표적 사회학자이다. 그는 1973년에 발표한 고전적 논문 〈약한 연결의 강점The Strength of Weak Ties〉를 통해 기존 사회학에서 중시되었던 '강한 연결strong tie'과는 차별화되는 '약한 유대'가 사회적 정보 흐름과 기회 구조에 미치는 영향력을 정교하게 논증하였다.[45]

그의 핵심이론은 약한 유대관계가 서로 다른 사회적 집단을 연결하는 교량 역할을 수행함으로써 행위자가 기존 네트워크 내에서 접근하지 못하는 새로운 정보나 자원에 도달할 수 있도록 구조적 경로를 제공한다는 것이다. 그는 사회자본이 단지 밀접한 인간관계나 신뢰에 기반한 네트워크에 국한되지 않으며, 오히려 약한 연결성이 사회적 이동성과 정보 확산에 결정적 기능을 수행한다고 분석하였다. 특히 구직 활동이 이루어지는 노동시장에서는 약한 연결 관계가 유용한 정보를 전달하는 채널로 작용하며 이러한 경로를 통해 개인은 더 다양한 기회와 자원을 획득할 수 있다고 주장하였다.[46] 이와 같은 분석은 사회적 네트워크의 구조적 특성과 자원의 흐름을 연계하여 사회자본의 질적 구성과 기능을 이해할 수 있게 돕는 혁신적인 이론을 탄생시켰다.

그의 연구는 이후 조직사회학·경제사회학·네트워크 이론 등 다양한 분야에서 기업 간 연결, 시장 내 정보 접근성, 지역사회 발전 등 사회자본의 작동 메커니즘을 설명하는 데 이론적 기반이 되었다. 특히 정보 접근과 기회 창출에 있어 네트워크의 외연 확장이 갖는 전략적 중요성을 부각시키며 사회자본이 개인의 경제적 성취 및 구조적 변화에 기여하는 방식을 보다 정교하게 규명하는 분석적 패러다임으로 정착하였다.

9.3 사회자본이론과 지속가능경영, 그리고 ESG

■ ESG 경영에서 신뢰와 협력의 중요성

사회자본이론은 ESG 경영을 위한 핵심 요소인 신뢰와 협력의 중요성을 체계적으로 분석할 수 있게 해 준다. 앞서 설명했듯이 후쿠야마는 신뢰를 경제 활동의 사회적 기반으로 규정하고 사회적 신뢰 수준이 높을수록 국가 개입이나 법적 규제 의존도가 낮아지고 자율적 협력과 조직 운영의 효율성이 증가한다고 논증하였다. 이러한 맥락에서 보면 ESG 경영을 실천하는 기업은 탄소 배출 저감, 친환경 기술 도입, 공정한 노동 환경 구축, 윤리적 공급망 관리 등 다양한 전략을 통해 사회적 신뢰 자본을 축적하고, 그 결과 투자자·소비자·지역사회와의 관계를 안정화할 수 있게 된다.

덴마크의 글로벌 에너지 기업 오스테드Ørsted는 사회자본에 기반한 ESG 전략을 성공적으로 실천한 대표 사례이다. 2008년까지 오스테드는 전체 매출의 약 85퍼센트를 석탄·가스 발전 등 화석연료 기반 에너지에서 창출하고 있었다. 그러나 기후위기에 대한 국제사회의 압력과 시장의 요구에 대응해 2009년 '탄소 중립 재생에너지 기업으로의 전환'이라는 장기 전략을 선언하고, 2025년까지 탄소 배출을 제로로 줄이겠다는 과감한 목표를 설정하였다. 이 같은 전환 과정에서 핵심이 된 것은 다양한 이해관계자들과의 신뢰 형성이었다. 오스테드는 경영진의 의사결정을 일방적으로 전달하기보다 다음과 같이 각 이해관계자 집단과의 소통 채널을 정기적으로 운영하며 상호 협력적 관계를 구축해 나갔다.

첫째, 협력업체와의 관계에서는 공급망 전반에 재생에너지 기술을 도입하기 위해 협력사와 '공동 개발 위원회'를 설립하였다. 이 위원회에서는 기술 전환에 필요한 설계 변경, 투자 규모, 납기 조정 등을 사전 협의하여 시행착오를 최소화했고, 장기 계약을 통해 불확실성을 줄여 신뢰를 제도화하였다.

둘째, 노동자 및 노동조합과의 관계에서는 기존 석탄 발전소 폐쇄 및 인력 재배치를 둘러싼 갈등을 예방하기 위해 '에너지전환 전담 조직'을 설치하고 전환 과정 전반에 대한 정보를 사전 공개하였다. 직원들이 새로운 직무에 적응할 수 있도록 직무 전환 교육 프로그램을 설계하고 기존 근속 연수를 보장하면서 그린 기술 부문으로 이동할 수 있게 지원함으로써 조직 내부 신뢰도 확보하였다.

셋째, 지역사회 및 시민단체와의 관계에서는 해상 풍력 단지 건설에 앞서 지역주민들과 여러 차례 공청회를 열어 어업권 보장, 조망권 피해 보상, 생태계 복원 계획 등을 투명하게 공유하였다. 또한 환경 NGO와의 파트너십을 통해 생태 모니터링 데이터를 공개하고 지역 내 기후 교육 프로그램을 공동 기획하여 지역사회 참여를 유도하였다.

넷째, 정부 및 규제기관과의 관계에서는 에너지 정책 변화에 선제적으로 대응하며 정책 로드맵 수립에 실질적 의견을 제시하는 민간 자문 파트너로서의 역할을 수행하였다. 그 결과 재생에너지에 대한 제도적 안정성과 시장 신뢰를 선점할 수 있었다.

이와 같은 신뢰 기반의 상호 협력 구조는 단기적 비용을 수반했지만, 결과적으로 오스테드가 ESG 전환 과정에서 리스크를 줄이고 사회적 정당성을 확보하는 데 결정적 역할을 하였다. 이러한 전략적 사회자본의 축적은 오스테드가 세계 최대 해상풍력 기업으로 자리매김하는 핵심 동력이 되었다.

그림 9-2 **해상 풍력 단지를 건설한 오스테드의 홍보 페이지**

■ 네트워크를 활용한 ESG 경영의 확산

사회자본이론은 네트워크가 조직 간 상호 작용을 매개하고 정보의 흐름을 촉진하며 협력적 혁신을 가능케 하는 구조적 기반이라 설명한다. 앞서 살펴본 그라노베터의 '약한 연결' 이론에 따르면 이질적 조직이나 집단 간 연결은 새로운 기회와 자원에 대한 접근성을 확장시키는 중요한 메커니즘이다.

이러한 사회적 네트워크 이론의 핵심 개념은 ESG 경영 패러다임에 유의미한 분석틀을 제공한다. ESG 경영은 본질적으로 고립된 내부 시스템만으로는 달성하기 어려운 통합적 가치 창출을 지향하므로 외부 조직과의 전략적 연계가 중요하다. 가령 친환경 기술 개발이나 탄소 배출 저감을 위한 전환 과정은 국가기관, 규제 당국, 연구기관과의 유기적 협업을 요구한다. 이러한 다층적 네트워크 구조는 기업이 기술적·재정적 지원을 확보하고 사회적 기대에 부응하는 ESG 전략을 체계적이고 효율적으로 추진하기 위한 필수 경로다.

예를 들어 독일의 BMW는 탄소 중립 생산 체제를 구축하기 위해 연방 환경부, 프라운호퍼 연구소와 협력하여 배터리 생산 공정의 에너지 효율을 높이는 기술을 공동 개발하였다. 또한 이 과정에서 정부로부터 친환경 설비 투자에 대한 세제 감면과 기술 개발 보조금을 유치함으로써 재무적 부담을 줄이고 사회적 기대에 부응하는 기술 혁신을 실현하였다. 이처럼 기업이 공공기관 및 연구기관과 신뢰 기반의 네트워크를 형성하면 ESG 이행의 속도와 실효성을 높이는 동시에 사회적 정당성을 강화할 수 있다. 이러한 협력적 생태계는 개별 기업의 한계를 넘어서는 집합적 대응을 가능케 하며, 결과적으로 지속가능한 산업 전환을 촉진하는 중요한 인프라로 작용한다.

패션 브랜드 스텔라 매카트니Stella McCartney의 사례도 이를 입증한다. 이 기업은 친환경 소재 개발 및 공급망 투명성 확보를 위해 체계적인 네트워크 전략을 구현해 왔다. 생분해되는 원단이나 재생 섬유 기술을 보유한 연구기관과의 전략적 협력을 통해 소재 혁신을 추진하는 한편, 환경 보호 단체 및 글로벌 시민사회 조직과의 제도화된 파트너십을 통해 공급망 내 노동 환경 개선과 윤리적 생산 기준을 확립했다. 이러한 네트워크 중심의 ESG 경영 접근법은 기술 도입을 넘어 이해관계자 간 공동 목표 달성과 사회적 가치 창출을 체계적으로 지향한다는 점에서 사회자본이론의 모범으로 평가된다. 이처럼 ESG의 지속가능성과 확산 가능성은 네트워크의 구조적 특성과 작동 메커니즘에 의해 결정되며, 사회자본이론은 이러한 복합적 관계를 분석하고 설명하는 체계적·이론적 틀을 제공한다.

■ ESG를 통한 상호 호혜성의 실현

사회자본이론은 사회 내 신뢰·규범·네트워크와 함께 **상호 호혜성**reciprocity을 핵심 요소로 보며, 이를 기업과 이해관계자 간 장기적이고 지속가능한 관계 형성을 촉진하는 결정적 메커니즘이라고 설명한다. 퍼트넘의 분석에 따르면, 상호 호혜성은 사회적 협력과 공동체적 신뢰의 구조적 기반으로서 시민 참여와 제도적 효율성의 전제 조건이다.[47] 이러한 관점은 ESG 경영을 위한 이론적 프레임워크로 적용될 수 있다. 기업이 이윤 극대화를 초월하여 이해관계자들에게 실질적 가치를 제공하고 이들과의 관계를 상호 호혜적 방식으로 재구성함으로써 지속가능한 성장과 사회적 책임 이행을 통합적으로 실현할 수 있다고 보기 때문이다.

ESG 경영의 본질적 가치는 이해관계자와의 신뢰에 기반한 가치 공유와 상생 구조 구축에 있으며, 이 과정에서 상호 호혜성은 장기적 관계 유지 전략이 된다. 기업이 친환경 생산 방식, 사회적 포용 정책, 투명한 지배구조 등 ESG 경영을 체계적으로 실천하는 것은 이해관계자에게 실질적 가치를 제공할 뿐만 아니라 기업에도 평판 자산의 축적, 시장 신뢰도 향상, 전략적 리스크 감소 등 이점을 가져온다.

일례로 프랑스 화장품 기업 로레알L'Oréal의 ESG 전략을 주목할 필요가 있다. 로레알은 공정무역 원료 조달 시스템을 통해 개발도상국의 지역 농업 공동체와 전략적 협력관계를 구축함으로써 지속가능한 자원 이용 모델을 실현하고 있다. 또한 환경 보호를 위한 친환경 포장재 개발 및 재활용 프로그램의 체계적 운영을 통해 환경적 책임뿐 아니라 소비자와의 신뢰 관계 형성을 도모한다. 나아가 로레알의 여성 창업가 지원 프로그램은 지역사회의 사회경제적 역량 강화에 실질적으로 기여함으로써 기업이 공동체 발전에 체계적 영향을 미치는 상호 호혜적 모델로 평가받고 있다.

■ ESG 경영과 사회자본의 축적

기업이 ESG 활동을 지속적이고 일관되게 수행하면 사회자본도 체계적으로 축적돼 결과적으로 기업에 대한 긍정적인 평판이 형성되고 전략적 유연성도 증가한다. ESG 경영을 통해 체계적으로 축적된 사회자본은 소비자·투자자·지역사회·정부 등 다양한 이해관계자와의 긍정적인 관계를 구축하고 기업의 지속가능성을 강화한다. 다시 말해 환경 보호를 위한 기술 개발, 사회적 책임 이행, 투명한 거버넌스 구축 등이 궁극적으로 외부 이해관계자와의 신뢰 자본 축적과 사회적 네트워크 확장이라는 선순환적 결과를 가져오는 것이다.

스페인의 대형 인프라 기업 아크시오나Acciona의 전략적 ESG 실천은 사회자본이 어떻게 구체적으로 축적되는지를 잘 보여 준다. 아크시오나는 신재생에너지 개발, 친환경 건설 기법 도입, 통합적 수자원 관리 등을 통해 지속가능한 인프라 구축을 선도해 왔는데, 이 과정에서 다양한 이해관계자와의 협력을 구조적으로 확대해 왔다. 예를 들어 신규 풍력발전소를 건설할 때 지역주민과 사전 협의회를 정기적으로 열어 주민 의견을 반영한 환경 영향 완화 방안을 마련하였다. 또한 지방자치단체와 파트너십을 맺어 해당 지역의 고용 창출과 환경 교육 프로그램을 공동으로 운영하였다. 이를 통해 아크시오나는 지역 공동체와 신뢰를 쌓았고 해당 지역에서의 사업 지속성 및 사회적 수용성을 확보하였다.

이러한 상호 작용은 공식 협의체, 정보 공개 채널, 분쟁 조정 절차 등 제도적 접속과 참여 구조를 촘촘히 설계함으로써 구조적 사회자본을 축적할 수 있게 했다. 또한 사업의 필요성과 영향, 보상 기준, 모니터링 지표에 관한 공동의 언어와 규범을 형성하여 상호 존중의 문화를 확립함으로써 인지적 사회자본 역시 강화하였다. 그 결과 아크시오나는 지역 공동체와의 신뢰를 점진적으로 확보하고 해당 지역에서의 사업 지속성과 사회적 수용성을 높였으며, 이 사례는 ESG 전략을 실행하는 과정에서 기술적 성과와 사회적 자산을 동시에 축적하는 선순환을 마련하였다는 점에서 의의가 크다.

사회자본이론과 기업 사례 연구 레고 그룹

레고LEGO 그룹은 사회자본을 활용하여 교육적 가치 증진, 환경적 지속가능성 실현, 장기적 브랜드 가치 구축을 체계적으로 달성한 ESG 경영 사례로 회자된다. 장난감 제조기업인 레고는 전 세계 아동·교육기관·지역사회와의 유기적 협력 네트워크를 통해 창의성과 학습을 신장시킴으로써 지속가능 가치를 창출한 글로벌 모델로 발전했다. 특히 레고는 신뢰·협력·사회적 관계망이라는 사회자본이론의 핵심 요소를 통합하여 ESG 경영 패러다임을 선도하고 있다.

레고는 레고 재단LEGO Foundation을 통해 교육기관 및 비영리 단체와의 전략적 협력 체계를 강화하여 전 세계에 창의적 학습 프로그램을 제공하고 있다. 이 재단은 교육 프로그램 제공을 통한 사회자본 축적과 신뢰·협력 기반 강화에 중점을 두고 있다. 대표적으로 '빌드더체인지Build the Change' 프로그램은 아동들이 놀이 기반 학습으로 환경 문제를 이해하고 해결 방안을 주도적으로 모색하도록 설계된 교육 이니셔티브다. 이 교육 프로그램은 창의적 문제 해결 역량 개발과 지속가능 사고방식 형성을 목표로 하여 기후변화, 재활용, 자원 보존 등의 환경 관련 주제에 대한 인식을 제고하고 이를 통해 오락적 가치와 함께 교육적 가치를 제공함으로써 사회적 신뢰를 구축한다.

레고는 레고® 에듀케이션LEGO Education을 통해 STEM(과학, 기술, 공학, 수학) 교육에도 적극 참여하고 있다. 레고® 에듀케이션은 전 세계 교사 및 교육 전문가와 협력 네트워크를 형성해 혁신적 교육 프로그램과 교구를 개발하고 글로벌 차원에서 아동의 창의적 문제 해결 능력과 비판적 사고 함양을 지원한다. '레고 마인드스톰Lego Mindstorms'과 '레고 위두Lego WeDo'와 같은 로봇공학 키트는 코딩 및 공학적 사고 교육의 도구로 활용되고 있다. 또한 디지털 교육 격차 해소에 기여하는 교육 프로그램도 개발해 글로벌 교육 공동체와의 신뢰·협력 네트워크를 구축함으로써 사회자본을 지속적으로 축적·강화하고 있다.

사회적 신뢰와 협력에 기반한 친환경 제품 개발에서도 선도적 역할을 하고 있다. 가령 2030년까지 전 제품을 지속가능한 소재로 전환하겠다는 목표를 설정한 '2030 지속가능성 목표Sustainability Ambitions 2030' 계획을 통해 재생 플라스틱 기반 블록을 개발하고 있다. 사탕수수에서 추출한 바이오폴리에틸렌 소재의 친환경 블록을 제작해 화석연료 기반 플라스틱 사용 저감과 환경적 지속가능성 강화를 꾀하겠다는 전략이다. 재활용 가능한 종이 포장재 채택 또한 환경적 가치와 경제적 가치의 통합적 실현 사례로 평가된다. 재활용 플라스틱의 품질 및 안전성 제고를 위한 지속적 R&D 역시 소비자 신뢰를 높이고 있다.

뿐만 아니라 순환경제 모델도 도입했다. 일례로 '레고® 리플레이LEGO Replay' 프로그램은 중고 제품 회수·재활용·기부 시스템을 통해 자원 순환성과 환경 영향 최소화를 도모한다. 또한 아동들의 환경 보호 인식을 제고하기 위해 만든 '레고®라이프LEGO Life 커뮤니티' 플랫폼을 선보이기도 했다. 이러한 통합적 접근은 제품 수명주기 연장, 자원 효율성 극대화, 소비자 신뢰 강화라는 선순환을 가져온다. 한편 지속가능성 경과보고서에 탄소 발자국 및 재생에너지 사용 비율 등의 환경 성과를 공개하는 등 투명한 환경 공시 정책으로 소비자 신뢰 구축과 브랜드 가치 강화를 추구한다.

레고의 ESG 경영은 신뢰를 바탕으로 이해관계자의 장기적 브랜드 충성도를 제고하는 전략이다. 이는 사회자본론적 관점에서 보면 사회적 신뢰 및 협력과 교육기관·지역사회·소비자와의 관계를 체계적으로 강화하고 환경적 지속가능성을 통합한 비즈니스 모델의 실효성을 입증한 사례이기도 하다. 또한 글로벌 협력 네트워크를 통해 ESG 모범사례를 공유하고 지속가능 비즈니스 생태계를 구축함으로써 사회적 가치 창출과 환경적 책임을 실현하는 글로벌 리더로서의 위상을 확립했다. 레고 그룹의 사례는 ESG 경영이 경제적 성과를 넘어 사회적 신뢰와 환경적 지속가능성을 통합적으로 실현하는 전략적 프레임워크임을 입증하며 사회자본론이 ESG 경영의 성공과 지속가능성에 체계적 이론적 기반을 제공한다는 점을 명확히 보여 준다.

9.4 사회자본이론으로 바라본 지속가능경영과 ESG 연구

연구 1 〈사회적 정체성 또는 사회자본: 지역 출신 CEO와 기업의 ESG 성과〉*

'CEO가 그 기업이 위치한 도시 출신인 경우 ESG 경영에 더 헌신적인가?'라는 흥미로운 질문에서 출발한 이 연구는 중국 상장 민영기업을 대상으로 CEO의 고향이 기업 본사 소재지와 같을 때 CEO가 지역사회에 대한 정서적 애착이나 지역 네트워크를 기반으로 기업의 ESG 활동에 더 적극적으로 나서는지를 분석했다.

연구진은 2010년부터 2021년까지 1,807개 중국 민영 상장기업의 데이터를 분석해 CEO의 출생지와 기업 본사의 위치가 동일한 경우 해당 CEO를 '지역 출신 CEO'라고 정의하였다. 연구 결과, 기업의 CEO가 지역 출신인 경우에 그렇지 않은 기업보다 평균적으로 ESG 성과가 유의미하게 더 높은 것으로 나타났다. 연구진은 그 이유가 단순한 우연이 아니라 CEO가 지역사회에 대한 정서적 소속감과 지역의 지속가능성에 대한 책임감을 느끼기 때문이라고 해석한다.

예컨대 중국 광저우에 본사를 둔 한 기업의 CEO가 원래 광저우 출신이라면 지역주민들의 시선을 더 의식하고 자신의 평판이 지역사회와 직결된다고 느끼기 쉽다. 이런 경우 해당 CEO는 기업의 환경 관리, 지역사회 후원, 윤리적 경영 등에서 보다 적극적인 ESG 전략을 펼치게 된다. 실제로 연구에서도 환경 보호나 지역사회 기여와 같이 지역주민과 직접적으로 연결되는 활동에서 ESG 점수가 더 높게 나타났다. 반면 다른 지역 출신의 CEO는 정서적 거리감이나 지역사회에 대한 책임의식이 상대적으로 낮아 ESG 활동에 있어서 수동적인 경향이 있는 것으로 나타났다.

이 연구에서 이목을 끄는 지점은 ESG와 CSR의 차이점이다. ESG가 투자자 관점에서 기업의 지속가능성과 리스크 관리 전략으로 기능한다면, CSR은 기업이 자율적으로 수행하는 윤리적 책임 활동에 가깝다. 실제로 해당 지역 출신 CEO는 기업의 재무 불안정성이 높거나 거시경제가 불안정할 때도 적극적으로 꾸준하게 ESG 활동을 펼치는 데 반해 CSR 활동은 줄이는 경향을 보였다. 이는 ESG가 투자자와 시장의 평가를 좌우하는 전략적 요소인 만큼 지속적으로 관리되는 반면, CSR은 기업 내부적으로 조정 가능한 유연한 영역으로 인식된다는 점을 보여 준다.

이러한 연구 결과는 CEO의 개인적 배경과 해당 지역과의 연계가 단순한 개인사에 불과한 것이 아니라 기업의 전략적 의사결정에 실질적인 영향을 미친다는 점을 시사한다. 특히 중국과 같이 지역 공동체 의식이 강한 문화권에서는 이러한 효과가 더욱 두드러질 수 있으며, 따라서 기업의 CEO 선임이나 ESG 전략 수립 시 고려해야 할 중요한 요소로 작용한다.

---

* Yang, Shoufu & Kong, Dongmin & He, Jiaqiong (2025). Social identity or social capital: Local CEOs and corporate ESG performance, *International Review of Economics & Finance*, vol. 98(C).

연구 2 〈신뢰, 사회자본, 그리고 ESG 성과의 채권시장 혜택〉**

이 연구는 미국 상장기업들을 대상으로 기업의 ESG 활동이 실제로 자금 조달 비용을 낮추는 데 도움이 되는지를 분석한 것이다. 이 연구의 중심 질문은 '기업이 환경 보호, 사회 기여, 윤리적 경영에 더 적극적이면 더 유리한 조건으로 대출을 받을 수 있는가?'였다. 결론부터 말하면, ESG를 적극 실천하는 기업은 실제로 회사채를 발행할 때 더 낮은 이자율로 자금을 조달할 수 있었다.

ESG 성과가 우수한 기업은 금융기관으로부터 더 낮은 금리를 적용받는 경향이 있다. ESG 성과가 우수한 기업은 투자자와 금융기관의 신뢰를 얻어 리스크가 낮은 기업으로 간주되기 때문이다. 예를 들어 ESG 평가 등급이 높은 기업은 연 4퍼센트의 금리로 대출을 받을 수 있는 반면, ESG 성과가 낮은 기업은 연 5퍼센트의 금리를 부담한다. 동일한 조건으로 대출을 받았을 경우, 두 기업 간 연간 이자 비용 차이는 100만 달러에 이르며 5년간 누적하면 500만 달러의 재무적 차이가 발생한다.

하지만 이보다 더 흥미로운 점은 이 효과가 모든 기업에 똑같이 나타나는 게 아니라는 것이다. 중요한 건 기업이 위치한 지역의 사회적 신뢰 수준이었다. 예를 들어 미국 중서부 소재 농업 관련 기업이 지속가능한 농법을 도입하고 지역 농민들을 지원하는 ESG 활동을 펼친다고 가정해 보자. 이 기업이 위치한 지역이 원래 이웃 간 신뢰가 높고 자원봉사나 기부 활동이 활발하다면 투자자들은 이 기업의 ESG 활동을 의심 없이 믿고 더 유리한 조건으로 대출해 줄 것이다. 실제로 이런 기업들은 신용등급이 동일한 타 기업보다 낮은 금리로 자금을 대출받은 것으로 나타났다. 반대로, 사회적 신뢰가 낮은 지역의 기업은 같은 수준의 ESG 활동을 벌여도 시장의 반응이 제한적이었다. 예를 들어 환경 오염 사건 빈도가 높거나 기업과 지역사회 간 갈등이 있었던 지역에서는 해당 기업의 ESG 활동이 이미지 관리의 일환으로 여겨졌고 ESG 점수가 높더라도 채권 발행 시 큰 혜택을 받지 못했다.

연구진은 이를 구체적인 데이터로 증명했다. 사회적 신뢰가 높은 지역에 소재한 기업들은 ESG 점수가 1점씩 높아질 때마다 채권 발행 금리가 평균 0.1~0.15퍼센트 낮아졌다. 하지만 신뢰가 낮은 지역의 기업들은 ESG 점수가 똑같이 높아져도 금리 하락 효과가 절반 이하였다. 이는 지역사회와의 진정한 관계 구축이 ESG 성과를 결정하는 중요한 요인임을 보여 준다.

이 연구 결과는 기업에 다음과 같은 교훈을 준다. ESG 활동은 환경 인증을 받거나 사회 공헌 프로그램을 운영하는 것만으로는 부족하며, 해당 지역사회와 진정한 신뢰 관계를 구축하고 지역주민들이 기업의 ESG 활동을 진심으로 여기도록 하는 것이 더 중요하다. 따라서 자금 조달이 빈번한 대기업이라면 장기적 관점에서 지역사회와의 관계를 관리해야 실질적인 재무적 혜택을 얻을 수 있을 것이다.

** Amiraslani, H., Lins, K. V., Servaes, H., & Tamayo, A. (2023). Trust, social capital, and the bond market benefits of ESG performance. *Review of Accounting Studies*, 28(2), 421–462.

연구 3 〈CEO의 사회자본이 기업의 ESG 성과에 영향을 미치는가?〉***

이 연구는 중국 상장기업들을 대상으로 기업의 ESG 성과가 CEO 개인의 사회적 네트워크와 인맥에 얼마나 영향을 받는지를 분석한 것이다. 연구진은 'CEO의 외부 활동 참여도가 그 기업의 ESG 경영 수준을 결정하는 중요한 요소가 되는가?'라는 질문을 바탕으로 ESG가 CEO라는 중심 인물의 개인적 역량과 관계망의 영향을 받는다는 가설을 검증하려 했다.

연구진은 2010년부터 2019년까지 중국 상장 민간기업들의 데이터를 분석하고 각 CEO의 외부 활동 참여도를 점수화했다. 정부기관 자문위원, 업계 협회 임원, 타 기업 이사, 정치 조직 참여 활동 등을 종합해서 '사회자본 점수'를 매긴 것이다. 그 결과, CEO의 사회자본 점수가 높을수록 ESG 평가에서 훨씬 좋은 점수를 받은 것으로 나타났다. 예컨대 중국의 한 민간 제조업체 CEO가 지역 상공회의소 회장이자 성省 정부의 환경정책 자문위원으로 활동하면서 업계 최고 협회의 이사직을 맡고 있다고 가정하자. 이 경우 CEO는 환경 규제 관련 정보를 사전에 접해 정부 협력 프로그램에 참여할 기회가 많아지고, 다른 기업들과의 네트워크를 통해 ESG 모범 사례도 쉽게 공유할 수 있을 것이다.

실제로 이런 기업들은 환경 기준을 선제적으로 준수하고 지역사회와의 협력 사업을 활발히 전개하며 투명한 경영 정보 공개에도 적극적이었다. 그 결과 ESG 평가 시 환경·사회·지배구조 영역에서 모두 높은 점수를 받을 수 있었다. 반대로 외부 활동이 거의 없고 회사 업무에만 집중하는 CEO인 경우에는 상황이 달랐다. 이들은 ESG 관련 정보 접근이 제한적이었고 정부나 시민단체와의 협력 기회도 적었으며 다른 기업들의 우수 사례를 참고할 기회도 부족했다. 결과적으로 기업의 ESG 활동이 형식적이고 수동적인 경우가 많았으며 ESG 공시도 최소한의 법적 요구사항만 충족하는 수준에 그쳤다.

연구진은 CEO의 사회자본이 ESG 성과에 긍정적 영향을 미치는 이유를 두 가지로 설명했다. 첫째는 정보와 자원의 접근성이다. 외부 네트워크가 풍부한 CEO는 ESG 관련 최신 동향, 정책 변화, 모범 사례 등에 대한 정보를 빠르게 얻을 수 있고 필요한 전문가나 파트너도 쉽게 찾을 수 있다. 둘째는 사회적 압력과 책임감이다. 다양한 외부 조직에서 활동하는 CEO는 자연스럽게 사회적 관심과 감시를 받게 되고 이는 ESG 활동을 진정성 있게 수행하게 하는 압력으로 작용한다. 흥미롭게도 이러한 효과는 정치적으로 민감한 산업이나 정부 규제가 많은 지역에서 더 크게 나타났다. 이 같은 조건에서는 외부와의 관계와 정보 네트워크가 더욱 중요하게 작용하기 때문이다.

이 연구는 ESG 경영을 성공적으로 수행하려면 단순히 내부 시스템이나 정책을 개선하는 것만으로는 부족하며 CEO의 사회적 네트워크와 외부 활동 역시 기업의 중요한 전략적 자산으로 인식하고 개발해야 한다는 점을 시사한다. 또한 ESG가 점점 더 중요해지는 경영 환경에서는 CEO의 개인적 역량과 사회자본이 기업의 지속가능성과 경쟁력을 좌우하는 핵심 요소임을 보여 준다.

*** Wu W, Tian Z, Wang G (2024) Does CEO social capital affect corporate ESG performance? *PLoS ONE* 19(11): e0300211.

DISCUSSION 9장 | 토론 과제

주제 1: 사회자본이론 기반 ESG 경영은 기업의 장기적 경쟁력을 강화하는가

배경

사회자본이론은 신뢰·협력·네트워크를 통해 경제적 성과와 사회적 가치를 동시에 창출할 수 있다고 주장한다. 특히 ESG 경영에서 사회자본은 이해관계자와의 신뢰 구축과 협력적 네트워크 형성을 통해 지속가능한 성장을 도모할 수 있는 중요한 전략으로 평가된다. 예를 들어 레고 그룹은 교육기관 및 지역사회와의 협력을 바탕으로 창의적 학습 프로그램을 운영하고 환경적 지속가능성을 실현함으로써 장기적인 브랜드 가치를 강화하고 있다. 하지만 일각에서는 사회자본에 지나치게 의존할 경우 의사결정의 복잡성이 증가하고 경제적 이익보다는 사회적 관계에 얽매여 경쟁력을 저하할 위험이 있다고 지적한다.

의견 ❶: 사회자본이론 기반 ESG 경영은 기업의 장기적 경쟁력을 강화한다

- 사회자본이론에 기반한 ESG 경영이 기업의 신뢰도와 브랜드 가치를 높여 장기적인 경쟁력을 강화할 수 있다.
- ESG 경영에서 이해관계자와의 신뢰 구축과 협력적 네트워크 형성을 통해 위기 상황에서도 안정적인 경영을 유지할 수 있다.
- 레고 그룹의 사례에서 볼 수 있듯 사회자본을 바탕으로 한 혁신적이고 창의적인 교육 프로그램 운영은 기업의 사회적 책임을 실천하면서도 경제적 가치를 높일 수 있다.

의견 ❷: 사회자본이론 기반 ESG 경영은 기업의 장기적 경쟁력을 강화하지 못한다

- 사회자본에 지나치게 의존할 경우 이해관계자의 요구도 다양해져 의사결정이 복잡해지고 경영 효율성이 저하될 수 있다.
- ESG 경영이 장기적인 사회적 신뢰를 구축하더라도 단기적인 재무 성과를 저해할 위험이 있으며 이는 경쟁력 약화로 이어질 수 있다.
- 사회자본을 강화하기 위해 협력 네트워크에 지나치게 의존하면 내부 혁신이 저해되고 경쟁사 대비 시장 대응력이 떨어질 수 있다.

DISCUSSION 9장 | 토론 과제

생각의 확장

사회자본이론에 기반한 ESG 경영의 효과는 시대적 배경, 산업 특성, 조직의 성숙도, 이해관계자의 관점에 따라 다르게 해석할 수 있다. 예를 들어, 제조업이 성숙한 대기업은 환경 규제 준수를 통해 장기적 리스크 관리와 브랜드 신뢰도 향상이라는 실질적 가치를 창출할 수 있는 반면, 스타트업이나 서비스업체는 동일한 ESG 투자가 단기적으로는 비용 부담으로 작용하여 경영 효율성을 저해할 수 있다. 또한 투자자 관점에서는 ESG가 장기 수익성과 리스크 헤지risk hedge 수단으로 인식되지만, 일선 관리자 입장에서는 당장의 성과 달성에 제약으로 작용할 수 있다. 앞서 제시된 두 의견 역시 이러한 맥락 차이와 이해관계자별 입장 차이에서 비롯된 서로 다른 해석으로 볼 수 있다. 어떤 의견이 더 설득력이 있는가? 나아가 이 두 의견을 대립 구조가 아닌 상호 보완적 관점으로 통합할 수 있는 방법은 없는가?

주제 2: ESG 경영을 통해 구축한 사회적 신뢰는 경제적 성과를 보장하는가

배경

ESG 경영에서는 기업이 환경적 지속가능성을 실천하고 사회적 책임을 다할 때 사회적 신뢰가 형성되며 이는 장기적인 브랜드 충성도와 투자 유치로 이어져 경제적 성과를 보장한다고 본다. 예를 들어 일본의 유니클로Uniqlo는 공정노동, 환경 친화적 생산, 재활용 캠페인 등 다양한 ESG 활동을 통해 글로벌 소비자들의 신뢰를 구축해 왔다. 특히 생산 파트너들과의 협력과 투명한 공급망 관리, 난민 고용 프로그램 등은 사회적 신뢰 자산을 강화한 대표 사례로 평가된다. 이러한 신뢰는 장기적인 매출 성장뿐 아니라 ESG 평가 등급 상승과 투자자 신뢰 확보로 이어지며 사회자본이 경제적 성과로 전환되는 경로를 보여 준다. 그러나 ESG 경영에서 사회적 신뢰가 항상 경제적 성과로 이어지는 것은 아니며 초기 투자 비용과 운영 비용 증가로 인해 재무적 성과가 저조할 위험도 있다.

의견 ❶: ESG 경영을 통해 구축한 사회적 신뢰는 경제적 성과를 보장한다

- ESG 경영을 통한 사회적 신뢰 확보는 장기적인 브랜드 충성도를 높여 경제적 성과와 재무적 안정성을 보장한다.
- ESG 공시 및 투명성을 바탕으로 사회적 신뢰를 구축한 기업은 투자 유치와 주주 가치를 극대화할 수 있다.
- 유니클로의 사례에서 보듯 사회적 신뢰를 바탕으로 한 친환경 제품 개발과 사회 공헌 활동은 브랜드 이미지 제고뿐 아니라 장기적인 경쟁력 확보와 경제적 성과로 이어진다.

의견 ❷: ESG 경영을 통해 구축한 사회적 신뢰는 경제적 성과를 보장하지 못한다

- ESG 경영은 초기 투자 비용과 운영 비용을 증가시켜 단기적인 경제 성과를 저해할 수 있다.
- 사회적 신뢰가 장기적인 경제적 성과로 이어진다는 보장은 없으며 소비자 선호가 변할 경우 경제적 이익이 감소할 위험이 있다.
- ESG 경영을 통해 사회적 신뢰를 구축했더라도 경쟁사가 이를 모방하거나 시장 환경이 변화한 경우에는 장기적인 경쟁 우위로 이어지지 않을 수 있다.

생각의 확장

ESG 경영으로 형성된 사회적 신뢰가 언제, 어떤 조건에서 경제적 성과로 이어지는지는 시대와 산업, 그리고 이해관계자의 입장에 따라 다르게 해석할 수 있다. 위에 제시된 두 의견도 이러한 맥락 차이에서 나온 해석이다. 어떤 의견이 더 타당한가? 사회적 신뢰를 비용이 아니라 전략 자산으로 전환하기 위해 핵심 전략과의 정합성, 우선순위에 따른 이해관계자 선택, 단계적 투자와 이중 성과 지표 같은 운영 설계를 도입함으로써 두 의견을 상보적으로 조화시킬 방법은 없는가?

9장 연습문제

01. 사회자본의 개념을 정의하고 구조적 사회자본과 인지적 사회자본의 차이를 정의·특징·역할이라는 3가지 기준으로 비교하여 서술하시오.

02. 그라노베터의 '약한 연결' 개념을 활용해 조직 내외부 네트워크가 지식 흐름과 개방형 혁신을 어떻게 촉진하는지 설명하시오.

03. 후쿠야마와 퍼트넘의 관점에서 지역사회 신뢰 수준이 기업의 ESG 이행과 자금 조달 비용(채권 금리), 위기 회복력에 미치는 영향을 논하시오.

04. 레고·오스테드·아크시오나 중 하나를 택해 해당 기업의 ESG 전략을 사회자본 축적의 선순환 관점(구조적·인지적)에서 분석하시오.

CHAPTER 10

제도이론

10.1 제도이론의 개념

제도이론Institutional Theory은 조직이 기술적 효율성이나 경제적 합리성에 따라 행동한다기보다 조직을 둘러싼 사회적 환경에서 형성된 규범·가치·관행 등 제도적 기대에 부응함으로써 **정당성**을 확보하려 한다고 보는 이론이다.[1] 이 이론은 조직의 생존이 성과 지표의 우위에만 달려 있는 것이 아니라 사회적으로 승인받는 데에도 달려 있다고 주장한다. 여기서 조직이 확보하려는 정당성이란 수흐만의 정의에 따르면 '조직이 사회적으로 바람직하고 적절하며 수용 가능한 것으로 인식되는 상태'를 의미한다.[2] 이는 법률 준수만으로 얻을 수 있는 게 아니라 조직이 사회적 가치와 문화적 기대에 부합하는 방식으로 구조화되고 운영될 때 성취된다. 따라서 제도이론은 조직이 외부 환경의 기대를 '전략적으로 수용'하고 그로 인해 정당성을 획득함으로써 생존 가능성을 높인다는 점을 강조한다.

이 이론의 초석을 다진 학자는 존 마이어John Meyer와 브라이언 로완Brian Rowan이다. 이들은 조직이 제도화된 환경 속에서 조직도·윤리강령·성과관리 시스템 등으로 대표되는 형식적 구조formal structure를 채택하여 '합법성'을 확보하려는 경향을 분석하였다.[3] 특히 이러한 형식적 구조는 조직의 실제 운영과 괴리를 보일 수 있으며 효율성보다 정당성 확보를 위한 상징적 도구가 될 수 있다고 지적했다. 이에 대해서는 이어지는 10.2절에서 더 자세히 다룬다.

이어 폴 디마지오Paul DiMaggio와 월터 파월Walter Powell은 조직이 외부의 제도적 환경에 동조하는 과정에서 서로 유사한 구조로 수렴하는 경향을 **제도적 동형화**institutional isomorphism로 설명하였다.[4] 이들은 제도적 동형화를 일으키는 환경의 압력을 강압적·모방적·규범적 압력이라는 3가지 범주로 구분함으로써 제도 환경이 조직 행동에 미치는 메커니즘을 구조적으로 파악했다. 이 역시 10.2절에서 더 자세히 다룬다.

이후 리처드 스콧Richard Scott이 제도이론을 더욱 정교하게 발전시켜 체계화하였다. 그는 제도적 환경을 구성하는 요소를 규제적regulative, 규범적, 문화-인지적cultural-cognitive 차원으로 구분하였다.[5] 이 3가지 요소는 조직이 외부의 제도적 압력에 어떻게 반응하고 적응하며 자신의 활동을 정당화하는지를 설명하는 틀이 된다. 스콧의 연구에 대해서도 '제도이론의 주요 학자'와 10.3절에서 좀더 자세히 소개한다.

이렇듯 제도이론은 조직의 행동을 설명하는 데 있어 기술적 합리성을 넘어서는 사회문화적 맥락을 고려해 조직이 외부 세계와 어떻게 상호 작용하며 정당성을 획득하는지를 설명하는 이론적 기반을 제공한다. ESG 경영과 같은 사회적 기대가 점차 제도화되는 가운데 제도이론은 기업의 지속가능성 전략을 분석하는 데 있어 핵심적인 프레임워크로 기능한다.

10.2 제도이론의 특징

■ 제도적 맥락에 의한 조직 행동의 형성

제도이론의 핵심 전제 중 하나는 조직의 행동이 내부의 합리적 선택이나 경제적 이익 극대화에만 기반하지 않는다는 점이다. 오히려 조직은 자신이 속한 사회적 환경 속에서 공유되는 **제도적 맥락** institutional context, 즉 법적 규제, 정책적 요구, 사회적 규범, 문화적 관습 등의 영향을 받아 구조와 행동 방식을 형성하게 된다. 이러한 제도적 요소는 조직의 전략적 선택을 결정할 뿐만 아니라 조직이 외부로부터 정당성을 확보하고 장기적으로 생존하기 위한 조건으로 작용한다.

스콧은 조직의 제도적 환경이 행동의 '적절성 논리logic of appropriateness'을 규정한다고 주장하였다.[6] 이는 조직 역시 사람처럼 효율성보다 적절성이라는 기준에 따라 판단하고 행동한다는 의미다. 즉 조직은 외부 환경에서 기대되는 규범적 역할을 내면화하고 그에 따라 전략, 구조, 상징 체계를 구성함으로써 사회적으로 승인받을 수 있는 존재로 자리 잡고자 한다.

이러한 제도적 맥락의 영향은 현대의 ESG 경영 실천에서도 뚜렷하게 나타난다. 최근 강화된 환경 규제, 지속가능성 공시 의무, 사회적 책임에 대한 여론의 압력 등은 많은 기업들로 하여금 친환경 제품을 개발하고 ESG 보고서를 발행하며 이사회 내 ESG 위원회를 구성하도록 유도하고 있다. 즉 이러한 변화는 조직 내부의 자율적 경영 판단에 의해서만 일어나는 것이 아니라 조직이 외부의 제도적 기대에 적응하고 정당성을 획득하기 위한 노력하는 과정에서도 발생한다.[7]

■ 제도적 동형화와 조직 간 유사성

앞서 언급했듯이 제도이론의 발전 과정에서 등장한 핵심 개념 중 하나는 조직들이 동일한 제도적 환경에 놓여 있을 때 유사한 구조와 행동 양식을 채택하게 되는 경향, 즉 제도적 동형화 현상이다. 디마지오와 파월은 이를 조직 간 유사성이 확산되는 메커니즘으로 설명하면서 제도적 동형화가 조직이 생존을 위해 정당성을 확보하고 제도적 기대에 순응하려는 과정에서 발생한다고 보았다.[8] 이들은 제도적 동형화의 종류를 다음과 같이 3가지로 구분했다.

강압적 동형화coercive isomorphism는 정부, 규제기관, 투자자 등 외부 권위에 의한 강제적 압력에서 비롯된다. 즉 법률·정책·규제 등의 제도적 명령이 조직의 구조와 전략을 직접적으로 형성하게 되는 방식을 말한다. 예를 들어 ESG 공시 의무화 법제도가 도입되면 기업들은 생존과 평판 유지를 위해 동일한 공시 체계나 보고서 양식을 채택하게 된다. 이러한 동형화는 법적 정당성을 확보하기 위한 전략적 선택으로 볼 수 있다.

모방적 동형화mimetic isomorphism는 조직이 불확실한 환경에서 생존 전략을 모색하는 과정에서 나타난다. 불확실성이 클 때 조직은 선도기업의 성공 사례를 모방함으로써 제도적 정당성과 전략적 신뢰성을 동시에 확보하려 한다. 예를 들어 애플이 탄소 중립 목표를 선포하고 친환경 기술을 도입하자 동일 산업군 내 다수 기업들이 이를 벤치마킹하여 유사한 ESG 전략을 수립했던 현상은 모방적 동형화의 전형이라고 볼 수 있다. 이 현상은 제도화된 표준이 부재하거나 해석의 여지가 큰 상황에서 더욱 빈번하게 발생한다.

규범적 동형화normative isomorphism는 전문가 집단의 영향력, 직업 윤리, 학계의 권위, 산업 표준 등이 만들어 내는 규범적 기대와 전문성에 기반한 압력에 의해 발생한다. 특히 회계기준, 지속가능성 보고 지침, 인증 제도 등과 같이 전문화된 제도가 조직 전반에 확산될 때 기업들은 해당 기준을 채택함으로써 사회적 수용성과 전문적 정당성professional legitimacy을 확보하게 된다. GRI, SASB, TCFD 등의 프레임워크를 따라 ESG 보고서를 작성하는 행위가 바로 규범적 동형화의 대표적인 사례다. 이는 ESG와 같은 사회적 기대가 제도화되는 맥락에서 기업의 표준화된 대응을 이해하는 데 중요한 분석틀을 제공한다. [표 10-1]은 3가지 제도적 동형화의 특징을 정리한 것이다.

표 10-1 제도적 동형화의 분류

구분	강압적 동형화	모방적 동형화	규범적 동형화
정의/원인	외부 권위(정부, 규제기관 등)의 강제적 압력	불확실한 상황에서 성공한 선도기업을 모방	전문가 집단, 직업 윤리, 산업 표준 등 규범적 기대 및 전문 제도의 압력
주요 예시	정부가 ESG 공시를 의무화하여 기업이 동일 양식 채택	애플의 친환경 전략을 다른 기업이 벤치마킹	GRI, SASB 프레임워크 등의 기준에 따라 ESG 보고서 작성
특징/목적	법률, 정책, 규제에 순응하여 법적 정당성 확보, 생존 및 평판 유지 목적	선도자 사례 모방, 표준이 부재하거나 불확실성이 높을 때 주로 발생, 전략적 신뢰성 확보	전문성 및 사회적 수용성 확보, 제도화된 기준·지침 준수, 전문적 정당성 추구

■ 정당성 확보와 조직의 생존

제도이론의 관점에서 조직의 생존은 성과 창출이나 기술적 효율성만으로 보장되지 않으며 장기적인 존속을 위해서는 사회적 정당성을 획득하고 유지하는 것이 핵심이다.[9]

마이어와 로완은 조직이 제도화된 사회적 환경에서 생존하기 위해 '신뢰할 수 있는 조직'이라는 외형적 정당성을 갖추려 한다고 보았다.[10] 이 과정에서 조직은 정부, 투자자, 소비자, 시민사회 등 외부 이해관계자의 기대에 부응하는 구조를 채택하며 그에 따라 전략과 행위도 조정하는데, 이때 효율성보다 '형식적 적합성formal conformity'이 조직의 정당성을 높이는 수단으로 기능할 수 있다.

예를 들어 환경적 지속가능성에 대한 사회적 관심이 증가하는 상황에서 기업이 탄소 배출 감축에 무관심하거나 ESG에 역행하는 정책을 지속할 경우 소비자 신뢰 하락, 사회적 비판, 투자자 이탈 등 부정적인 반응에 직면하게 된다. 이는 곧 브랜드 가치 저하와 시장 경쟁력 약화로 이어져 장기적인 조직 생존에 위협 요인이 된다. 반면 기업이 탄소 감축 목표를 설정하고 이를 ESG 보고서를 통해 투명하게 공시하며 이해관계자와 적극적으로 소통하는 경우, 조직은 사회적 정당성을 강화하게 된다. 또한 투자자 및 규제기관으로부터 신뢰를 확보하는 것은 물론이고 소비자 충성도를 유지하고 평판 자본reputational capital을 축적하는 등 생존 기반을 확대할 수 있다.

■ 형식적 구조와 실제 운영의 괴리 – 의례화된 구조

제도이론은 조직이 외부 환경의 제도적 기대에 순응하기 위해 형식적 구조를 채택하지만 그 구조가 실제 조직 운영의 기술적·효율적 기능성과는 괴리될 수 있다는 점을 지적한다. 마이어와 로완은 이러한 괴리를 설명하기 위해 '의례화된 구조rationalized myth' 개념을 제시하였다.[11] 이는 조직이 제도적 정당성을 확보하기 위해 표면적으로는 규범에 부합하는 구조를 도입하지만 실제 운영에서는 그 구조가 실행과 일치하지 않을 수 있음을 의미한다.

이들에 따르면 조직은 외부로부터 사회적 정당성을 인정받기 위해 제도화된 규범이나 형식을 구조화하여 조직 설계에 반영하지만 이 구조가 조직의 효율성이나 실질적 성과와 무관하거나 심지어 저해하는 경우도 발생한다. 이럴 때 조직은 의례적 형식을 유지하되 실제 운영과는 분리시킴으로써 외부의 기대를 충족시키는 동시에 내부 안정성과 효율성을 확보하려는 전략을 사용한다. 이러한 이중 구조는 조직의 생존 전략 중 하나로 간주된다.

ESG 경영의 맥락에서 이 현상은 주의 깊게 살펴야 할 지점이다. 어떤 기업이 지속가능성 보고서를 정기적으로 발간하고 ESG 위원회를 설치하는 등의 외형적 구조를 갖추고 있지만 정작 내부에서는 탄소 배출 감축, 노동 인권 개선, 윤리 경영 등과 같은 실질적 변화가 이루어지지 않는다면 이는 대표적인 의례적 구조의 사례라 할 수 있다. 이 기업은 단기적으로는 외부 이해관계자의 요구에 부응함으로써 정당성을 얻을 수 있겠지만 시간이 지나면 그린워싱이라는 비판에 직면하게 되고 오히려 신뢰 훼손과 평판 리스크를 유발할 수 있다.

이처럼 제도이론은 조직이 채택하는 구조의 이면에 존재하는 상징성과 전략적 동기를 분석할 수 있는 통찰을 제공한다. 특히 형식적 제도 채택과 실제 실행 사이의 괴리를 드러냄으로써 ESG의 진정성 문제와 제도화 과정에서 발생할 수 있는 표면적 적응의 한계를 비판적으로 성찰하게 만든다.

■ 문화적 요소에 의한 조직 행동의 내면화

린 주커Lynne G. Zucker는 제도화를 특정 규칙이나 관행이 반복을 통해 조직 구성원들에게 자연스럽게 받아들여지고 일상적 행동으로 정착되는 과정으로 설명했다. 그리고 이를 '의미의 과정으로서의 제도화institutionalization as a process of meaning'라고 명명했다.[12] 특정 방식이나 규칙이 지속적으로 반복되면 구성원들은 이를 의심 없이 받아들이며 '원래부터 그렇게 해왔던 것'으로 인식하게 된다. 이 과정을 통해 해당 방식은 단순한 외부 규칙을 넘어 조직이 스스로 신뢰하고 준수하는 핵심 기준으로 자리 잡는다. 예를 들어 매주 월요일 회의가 장기간 지속되면 구성원들은 이를 당연한 관행으로 받아들이며 그 이유를 굳이 묻지 않는다. 이처럼 반복된 행동이 조직 내에서 자연스럽고 익숙한 방식으로 정착되는 현상이 '제도화'이다.

주커는 이렇게 정착된 제도가 시간이 경과해도 변화에 저항하며 지속되는 특성을 보인다고 주장했다. 그는 이러한 특성을 '제도의 지속성persistence of institutions'이라고 개념화했다. 구성원들이 '우리는 원래 이렇게 해 왔다'라고 인식하는 단계에 이르면 해당 제도는 조직의 정체성과 문화의 핵심 요소로 자리 잡았다고 볼 수 있다.

이러한 인지적 내면화 개념은 이후 스콧의 문화-인지적 요소cultural-cognitive pillar 이론으로 체계화되었다.[13] 스콧은 제도적 요소를 규제적·규범적·문화-인지적 차원으로 구분하면서 그중 문화-인지적 요소는 조직의 행동이 자발적으로 이루어지고 자명한 것으로 받아들여질 때 강력한 정당성이 형성된다고 보았다. 즉, 조직 내에서 특정 가치나 실천이 반복되며 일상화될 때 구성원들은 이를 자연스럽게 수용하고 이는 점차 조직 내부에 깊이 뿌리내리는 제도적 구조로 작용하게 된다. 이와 같은 제도의 내면화는 구성원의 인식과 행동의 틀을 형성하는 기반이 된다.

예를 들어 오늘날 많은 기업들이 다양성과 포용성을 강조하고 있다. 정책 시행 초기에는 '여성 임원 비율을 늘려라' 또는 '장애인 채용을 확대하라'는 요구가 외부의 압력이나 사회적 요구 때문에 어쩔 수 없이 따라야 하는 것으로 여겨졌지만 시간이 흐르면서 많은 기업들이 이런 가치를 조직 문화의 자연스러운 일부로 받아들이게 되었다.

이러한 변화를 설명하는 개념이 바로 **문화-인지적 제도화**cultural-cognitive institutionalization이다. 스콧은 제도가 조직에 뿌리내리는 방식을 3가지로 구분했다. 첫째는 제도가 법이나 규칙에 의해 강제되는 규제적 요소regulative pillar로 작용하는 경우, 둘째는 사회적 기대와 도덕적 의무에 따르는 규범적 요소normative pillar로 작용하는 경우, 셋째는 사람들이 의문을 갖지 않고 당연하게 받아들이는 문화-인지적 요소cultural-cognitive pillar로 작용하는 경우다. 문화–인지적 요소가 특별한 이유는 별다른 설명이나 강요 없이도 '원래 그런 것'으로 받아들여지기 때문이다. 다양성과 포용성이 조직 내에서 지속적으로 언급되고 다양한 제도와 활동에 반영되면 구성원들은 점차 '우리 회사는 원래 다양성을 소중히 여기는 곳이다'라고 자연스럽게 생각하게 되고, 이 단계에 이르면 외부의 요구 때문이 아니라 조직 스스로가 믿고 실천하는 핵심 가치가 된다. 이를 제도의 내면화라고 부른다. 즉, '여성이나 장애인 임원이 있어야 한다'는 생각이 외부 압력 없이 조직 구성원들의 공통된 신념과 자발적 실천으로 자리 잡을 때 진정한 의미의 제도화라고 할 수 있다.

이와 같이 제도이론은 조직이 단지 외부 환경에 반응하는 수동적 존재가 아니라 제도적 요소를 능동적으로 내면화함으로써 제도 환경을 재구성하는 주체로 변화하는 과정을 설명한다. ESG 경영 역시 초기에는 규제적 압력이나 규범적 기대에 의해 도입되었을지라도 점차 조직 내부에서 자율적 기준으로 받아들여지고 구성원의 인식과 행동에 영향을 미친다면 제도의 문화–인지적 내면화가 성공적으로 이루어진 결과로 볼 수 있다. 조직이 제도적 환경을 수용하는 데 머물지 않고 자사의 실천과 존재 방식에 통합함으로써 장기적인 정당성과 지속가능성을 확보하게 되는 것이다.

제도이론의 주요 학자

폴 디마지오와 월터 파월

폴 디마지오Paul DiMaggio와 월터 파월Walter Powell은 제도이론의 현대적 전환을 이끈 대표적 학자들로, 1983년에 발표한 논문 〈철의 감옥 재고찰: 조직 영역에서의 제도적 동형화와 집합적 합리성The Iron Cage Revisited: Institutional Isomorphism and Collective Rationality in Organizational Field〉을 통해 제도적 동형화 개념을 정립하였다. 이들은 조직이 외부 제도 환경에 순응하는 과정에서 유사한 구조와 전략을 채택하는 경향이 있으며 이는 조직의 효율성이나 자율적 판단에 기반한 결과가 아니라 사회적 정당성 확보와 불확실성 감소를 위해 제도적으로 적응한 결과라고 보았다.[14]

이들의 이론은 제도이론의 분석 초점을 조직 내부의 전략적 합리성에서 제도적 환경에 대한 구성적 종속성으로 옮겨 조직이 능동적으로 전략을 수립한다기보다는 요구되는 규범과 기대에 순응함으로써 생존과 정당성을 확보하는 방식으로 구성된다고 보았다. 이는 조직을 하나의 독립적·합리적 행위자가 아니라 제도적 규범의 수용체이자 재생산자로 이해하는 관점이 반영된 것이다.

또한 이들은 제도적 동형화를 3가지 유형으로 구분했다. 첫째, 강압적 동형화는 정부, 규제기관, 상위 조직 등의 공식적·비공식적 압력으로 인해 조직이 서로 유사한 구조를 채택하게 되는 현상이다. 둘째, 모방적 동형화는 불확실성에 직면한 조직이 성공적 모델이나 선도기업의 구조를 따라하게 되는 현상이다. 셋째, 규범적 동형화는 전문가 집단, 교육기관, 직업적 규범 등을 통해 공유되는 가치와 규범이 조직의 동질화를 촉진하는 현상이다.

이들의 이론은 ESG 경영의 확산과 제도화를 이해하는 데 중요한 통찰을 제공한다. 기업들이 유사한 ESG 전략이나 공시 형식을 채택하는 현상도 법적 규제(강압적 동형화), 선도기업의 벤치마킹(모방적 동형화), 그리고 지속가능성 전문가 및 국제 표준의 영향(규범적 동형화) 등 다양한 동형화 메커니즘의 작용으로 설명할 수 있기 때문이다.

리처드 스콧

리처드 스콧Richard Scott에 따르면 제도는 조직이 외부 세계에 어떻게 적응하고 정당성을 획득하는지를 설명하는 틀로서 다음 3가지 요소로 구성된다.

첫째, 규제적 요소는 법률·규제·제재 등 외부 권위의 강제를 의미하며 조직은 이에 순응함으로써 법적 정당성을 확보한다. 예컨대 ESG 공시 의무화 법제는 기업이 일정한 규정을 준수하지 않을 경우 제재를 가하는 전형적인 규제적 압력의 사례다.

둘째, 규범적 요소는 사회적으로 기대되는 가치·윤리·역할 규범 등을 의미하며 조직은 이 규범을 채택함으로써 도덕적 정당성을 획득한다. 예를 들어 ESG에서 강조되는 인권, 노동 조건, 환경 보호 등은 기업이 사회적 신뢰를 얻기 위해 따르는 규범적 기준에 해당한다.

셋째, 문화–인지적 요소는 집단적 믿음, 문화, 의미 구조를 기반으로 하며 조직의 행위가 자명하고 자연스러운 것으로 받아들여질 때 정당성이 형성된다. ESG 가치가 특정 사회나 산업 내에서 '당연한 것'으로 인식되는 현상은 이 요소가 작용한 것으로 이해될 수 있다.

스콧은 이 3가지 요소가 독립적으로 작동하지 않고 상호 보완적이라고 보았다. 특히 그는 정당성을 단순한 법적 합법성의 문제가 아니라 사회적 승인과 문화적 정합성cultural alignment에 기반한 복합적 개념으로 이해하였다.

이러한 맥락에서 볼 때 ESG 전략 역시 법적 의무(규제적), 사회적 기대(규범적), 문화적 가치(문화–인지적)라는 제도의 세 기둥과 맞물려 있으며, 각 기둥은 조직이 ESG를 채택하고 실행하는 방식에 서로 다른 영향을 미친다. 따라서 ESG도 제도화된 기대에 대한 반응이자 조직 정체성의 구성 요소로 기능한다고 볼 수 있으며, 이러한 점에서 스콧의 이론은 ESG 경영을 분석하는 데 있어 탁월한 분석틀이 된다.

10.3 제도이론과 지속가능경영, 그리고 ESG

오늘날 기업들이 지속가능경영과 ESG을 강조하는 이유는 유행을 따르기 위해서가 아니다. 사회에서 '좋은 기업'으로 인정받고 생존하기 위해서는 사회적 정당성을 확보해야 하며 지속가능경영과 ESG는 바로 이러한 정당성을 획득하는 핵심적인 수단이 되기 때문에 각광받고 있는 것이다.

앞서 말했듯 기업이 사회적 정당성을 얻는 방식이 3가지로 구분된다고 설명한 스콧의 이론을 ESG 경영에 적용하면 다음과 같이 분석할 수 있다. 첫 번째는 규제적 요소를 준수하는 것으로, 정부가 제정한 법률이나 규칙을 준수함으로써 정당성을 확보하는 것이다. 예를 들어 탄소 배출량 규제를 지키기 위해 ESG를 도입하는 경우가 이에 해당한다. 두 번째는 규범적 요소를 준수하는 것으로, 사회적 기대나 도덕적 기준에 부응하는 것이다. '좋은 기업이라면 당연히 환경을 고려해야 한다'는 사회적 분위기에 맞춰 ESG를 실천하는 것이 대표적인 사례이다. 세 번째는 문화–인지적 요소를 준수하는 것으로, 기업 스스로가 특정 가치를 자연스럽게 받아들이고 내재화하는 것이다. '우리 회사는 원래부터 지속가능성을 중시하는 기업이다'라고 인식하며 ESG를 실천하는 경우가 이에 해당한다.

현실에서 기업들의 모습을 살펴보면 이 3가지 경우가 모두 나타난다. 어떤 기업은 정부 규제 때문에 어쩔 수 없이 ESG 보고서를 작성하고, 어떤 기업은 고객과 투자자들의 호의적 평가를 기대하며 자발적으로 ESG 활동을 전개한다. 또 다른 기업은 '우리는 사회에 기여하는 기업이어야 한다'고 진심으로 믿으며 ESG를 경영의 핵심 가치로 삼고 있다.

중요한 점은 기업들이 외부 압력에 수동적으로 반응하는 수준을 넘어 점점 더 적극적으로 ESG를 자신들의 정체성으로 구축해 나가고 있다는 것이다. 이는 기업이 제도적 환경에 적응하면서 그 환경을 형성해 가는 능동적 주체로 변화하고 있음을 보여주는 현상이다.

지금부터 법과 규제가 ESG에 미치는 영향을 다루는 규제적 요소, 사회적 기대와 ESG의 관계를 설명하는 규범적 요소, ESG가 기업 문화로 내재화되는 과정을 분석하는 문화-인지적 요소라는 3가지 제도적 관점과 ESG 경영이 어떻게 연결되는지를 구체적으로 살펴보자.

■ ESG와 규제적 요소: 법적 의무와 강제적 순응

ESG 경영과 관련된 규제적 요소는 정부 및 국제기구가 설정한 환경·노동·지배구조 관련 규제다. 기업은 이러한 법적 요구를 충족함으로써 규제적 정당성을 확보하며, 반대로 이를 위반할 경우 벌금, 제재, 투자 철회, 평판 하락 등 다양한 조직적 리스크에 직면하게 된다.

먼저 환경 규제를 살펴보자. 2023년부터 EU는 탄소국경조정제도(CBAM)Carbon Border Adjustment Mechanism를 단계적으로 시행하였으며 2026년부터는 본격적으로 세금 부과가 이루어질 예정이다. 이에 따라 EU에 수출하는 기업들은 철강, 시멘트, 알루미늄, 전기, 비료, 수소 등의 품목에 대해 탄소 배출량을 보고하고 세금을 납부해야 하는 의무를 지게 되었다.

CBAM은 쉽게 말해 '탄소 관세'라고 할 수 있다. EU는 기후변화에 대응하기 위해 자국 기업들에 탄소 배출량을 줄이도록 엄격한 규제를 적용하고 있는데, 이 때문에 EU 기업들의 생산비용이 상승하게 되었다. 하지만 탄소 규제가 느슨한 다른 나라에서 만든 제품들이 더 저렴한 가격으로 EU에 수입되면 EU 기업들이 불공정한 경쟁에 노출될 수 있다. 또한 기업들이 탄소 규제가 약한 나라로 생산기지를 옮기는 '탄소 누출carbon leakage' 현상이 발생할 수도 있다. 이를 방지하기 위해 EU가 도입한 것이 바로 CBAM이다.

현재는 전환 기간으로, EU에 수출하는 기업들은 생산 제품의 탄소 배출량을 측정하고 보고서를 제출해야 한다. 예를 들어 한국의 철강회사가 EU에 철강을 수출한다면 철강 생산 과정에서 얼마나 많은 탄소가 배출되었는지를 정확히 계산해서 EU에 신고해야 한다. 만약 EU 기준보다 많은 탄소를 배출했다면 그 차이만큼 추가로 세금을 내야 한다. 일차적으로 철강, 시멘트, 알루미늄, 전기, 비료, 수소 등 6개 품목에만 적용되지만, 향후 플라스틱, 화학제품 등 더 많은 품목으로 확대될 가능성이 높다. 현재는 탄소 집약적인 산업, 즉 생산 과정에서 많은 탄소를 배출하는 산업부터 우선적으로 적용하고 있다.

이 제도는 글로벌 공급망 전반에 걸쳐 탄소 감축을 유도하는 강력한 규제 압력으로 작용하고 있다. 한국의 주요 수출기업들도 이에 대응하기 위해 여러 조치를 취하고 있다. 첫째는 청정 에너지로의 전환이다. 석탄이나 석유 대신 태양광·풍력 등 재생에너지를 사용하거나 수소 등 친환경 연료로 바꾸려는 노력이 가속화되고 있다. 둘째는 탄소 회계 시스템 구축이다. 생산 과정에서 발생하는 탄소 배출량을 정확히 측정하고 관리할 수 있는 시스템을 갖춰야 EU에 정확한 보고서를 제출할 수 있기 때문이다.

한편 노동 규제도 이뤄지고 있는데, ILO는 아동 노동, 강제 노동, 결사의 자유, 단체교섭권 등 핵심 노동기준을 강화하고 있으며, EU는 공급망실사지침(CSDDD)Corporate Sustainability Due Diligence Directive을 통해 기업들이 글로벌 공급망 전반에서 인권 침해 및 환경 파괴 여부를 실사하고 개선할 책임을 법적으로 부여하고 있다. 이 지침의 목적은 기업들의 운영과 글로벌 가치사슬 전반에서 지속가능하고 책임감 있는 기업 행동을 촉진하는 것이다. 새로운 규정은 기업들이 유럽 내외에서 자신들의 행동이 미치는 인권 및 환경 영향을 식별하고 해결하도록 보장할 것이다.

이 지침은 기업 실사 의무를 설정한다. 기업은 본사와 자회사, 가치사슬과 관련된 협력사에서 발생하는 잠재적이고 실제적인 인권 침해 및 환경 악영향을 식별하고 해결해야 한다. 쉽게 말해 기업들은 이제 자사뿐만 아니라 자신들과 거래하는 전 세계 모든 협력업체들의 인권과 환경 상황까지 점검하고 개선해야 한다. 회원국들은 2027년 7월 26일까지 이 지침을 국내법으로 전환해야 하며 이듬해인 2028년부터 첫 번째 그룹의 기업들에 규정이 적용되기 시작하여 단계적으로 확대될 예정이다. 이에 따라 기업은 자국의 노동 기준을 준수하는 것을 넘어 전 세계 협력업체의 노동 환경과 인권 실태까지 관리하고 보고해야 하는 법적 의무를 지게 되었다.

마지막으로 지배구조 관련 규제도 살펴보자. SEC가 2024년 3월 기후 공시 의무화 규정을 채택함에 따라 미국 내 상장기업들은 온실가스 배출량, 기후 리스크, 감축 전략 등에 대한 상세한 정보를 투자자에게 공시해야 하는 의무를 지게 되었다. 이 규정은 '투자자를 위한 기후 관련 공시의 개선 및 표준화'라는 정식 명칭으로 불리며, SEC는 투자자들이 보다 일관되고 비교 가능하며 신뢰할 수 있는 기후 관련 재무 영향 정보를 얻을 수 있도록 이 규정을 제정했다고 밝혔다. 따라서 기업들은 사업 전략, 운영 결과, 재무 상태에 중대한 영향을 미쳤거나 미칠 가능성이 있는 기후 관련 위험, 식별된 기후 관련 위험이 기업의 전략, 사업 모델, 전망에 미치는 실제적 및 잠재적 영향, 중대한 기후 관련 위험을 완화하거나 적응하기 위한 활동의 정량적·정성적 설명, 기후 관련 위험에 대한 이사회의 감독 활동 등을 의무적으로 공시해야 한다.

이 규정은 2025년 12월 31일 종료 연도 연차보고서부터 시작하여 대규모 가속신고기업에 대해 시행될 예정이었다. 하지만 여러 기업과 주 정부들이 "SEC가 권한을 초과했다"며 소송을 제기했고, 2024년 4월 4일 SEC는 사법부 검토를 위해 최종 규정의 발효일을 자발적으로 유예했다. 그러다 2025년 트럼프 행정부가 출범하면서 상황이 완전히 뒤바뀌었다. 2025년 2월 11일 SEC 임시 의장 마크 우예다는 이 규정에 "심각한 결함이 있으며 자본시장과 경제에 상당한 피해를 입힐 수 있다"는 성명을 발표했다. 3월 27일에는 SEC가 법정에서 이 규정을 더 이상 방어하지 않겠다고 공식 발표했다. 즉, SEC는 공식적으로 공시 규정을 철폐하지는 않았지만 유예 상태를 무기한 지속시키거나 제8순회법원이 규정을 SEC로 환송하도록 허용할 것이다. 사실상 이 규정이 효력을 잃게 된 것이다. '투자자 보호를 위한 역사적 기후 공시 규정'이 불과 1년 만에 '불필요하고 침해적인 규정'으로 바뀌었다. 이는 기업들에게 ESG 관련 규제가 얼마나 정치적 환경 변화에 민감한지를 명확히 보여 준다.

그림 10-1 **정치적 환경 변화에 민감하게 반응하는 ESG 이슈**

■ ESG와 규범적 요소: 윤리적 책임과 사회적 기대

ESG 경영에서는 기업이 사회적 책임을 스스로 실천하는 경우 규범적 요소가 제도로 작동하고 있다고 본다. 예를 들면 스타벅스는 공정무역 기반의 커피 공급망을 구축하기 위해 스타벅스 C.A.F.E. 프로그램을 운영하며 윤리적 원두 조달을 실천하고 있다. '글로벌 기업이라면 개발도상국 농민들을 착취하지 말고 공정한 가격을 지불해야 한다'는 사회적 기대에 부응하려는 것이다.

유니레버도 비슷한 사례이다. 이 회사는 지역 농민에게 지속가능한 농업기술을 제공함으로써 지역사회 경제 안정에 기여하고 있다. 법적으로 의무가 있는 것은 아니지만 '대기업이라면 지역사회 발전에도 기여해야 한다'는 사회적 기대를 충족시키는 행동이다.

세계 최대 자산운용사 블랙록의 CEO 래리 핑크는 금융 분야의 대표적인 사례이다. 그는 ESG를 고려하지 않는 기업에 대한 투자 축소를 공식화하며 기업이 장기적 지속가능성을 위해 윤리적 책임을 다할 것을 강조하였다. 이는 '투자자라면 단순히 수익만 추구하지 말고 사회적 영향도 고려해야 한다'는 새로운 윤리적 기준을 제시한 것이다.

이러한 행위들은 법적 의무를 넘어 사회적 신뢰와 평판 자본을 축적하는 방식으로 작동하며 규범적 정당성의 핵심 요소로 기능한다. 기업들이 '법률 위반이 아니므로 괜찮다'는 식의 최소한의 대응을 넘어 '사회가 우리에게 기대하는 것이 무엇인가?'를 고민하고 그에 부응하려는 노력을 보일 때 사회로부터 진정한 신뢰를 얻을 수 있다는 것이다.

■ ESG와 문화－인지적 요소: 문화적 수용성과 브랜드 정체성

한국에도 ESG 가치를 조직 정체성과 브랜드 철학으로 내면화한 대표적 기업들이 있다. 가령 삼성전자는 자사의 환경 경영 전략을 '지속가능경영 비전 2050'을 통해 구체화하고 있으며, 2030년까지 DX부문 탄소 중립을 실현하고 전력의 100퍼센트를 재생에너지로 전환하겠다는 목표를 선언하였다. 이러한 전략은 탄소 배출 감소를 넘어 친환경 가치가 삼성의 기술 혁신 및 브랜드 아이덴티티의 핵심으로 자리 잡았음을 보여 준다.

LG화학도 비슷한 사례이다. 이 기업은 생분해 플라스틱과 바이오 기반 소재 개발을 통해 순환경제 전환에 기여하고 있으며 ESG위원회 운영, 지속가능경영보고서 발간 등 ESG를 조직 운영의 핵심 축으로 제도화하고 있다. LG화학의 ESG 전략은 기술 기반의 친환경 경영을 정체성으로 채택한 대표 사례로, 국내외 시장에서 지속가능성 중심의 브랜드 이미지를 강화하는 데 기여하고 있다.

아모레퍼시픽 또한 ESG의 문화적 내면화 측면에서 주목할 만하다. 이 기업은 '2030 어 모어 뷰티풀 프로미스2030 A MORE Beautiful Promise'라는 장기 목표를 수립하고 친환경 용기 사용, 동물 실험 반대, 지역사회 상생 캠페인 등을 통해 ESG 가치를 브랜드 철학에 통합해 왔다. 소비자와의 소통에서 지속가능성을 전면에 내세우는 전략은 아모레퍼시픽이 ESG를 문화적 정체성으로 내면화한 것으로 평가된다.

이처럼 문화－인지적 요소에서 바라본 ESG는 조직의 존재 이유와 브랜드 의미를 형성하는 구성 원리로 작동한다. 이때 ESG는 조직 내부의 실천 기준이자 외부와의 소통 언어로서 사회적 정합성과 시장 경쟁력을 동시에 추구하는 핵심적 전략 기제가 된다. ESG 경영의 문화－인지적 정당화는 결국 기업이 지속가능성을 '선도적 문화'로 내면화하고 제도 자체를 재구성하는 주체로 작동할 때 완성된다고 할 수 있다.

제도이론과 기업 사례 연구 다농

다농Danone은 글로벌 식품 및 유제품 기업으로서 환경적·사회적 책임을 실현하고 지속가능한 경영체계를 구축하는 데 있어 제도이론의 핵심 개념들을 실천적으로 구현한 대표 기업으로 평가받는다. 제도이론은 기업이 시장 효율성과 수익성만을 추구하는 존재가 아니라 사회로부터 정당성을 획득하고 유지하기 위해 제도적 환경의 규범·기대·규제에 적응해야 한다고 설명하는데, 다농은 이러한 제도적 기대에 순응하는 수동적 주체에 그치지 않고 오히려 새로운 사회적 기준을 제시하고 규범을 확산시키는 적극적 행위자로 기능하고 있다.

다농은 공정무역 원칙을 중심에 둔 공급망 전략을 통해 규범적 정당성을 강화하고 있다. 원료 조달 단계부터 지역 농부들과의 상생 관계를 구축하고 경제적 자립 및 기술 지원을 포함하는 포괄적 협력 모델을 실천하고 있다. 대표적인 사례인 '가족농업 생계지원 기금Livelihoods Fund for Family Farming' 프로젝트는 소규모 가족농의 지속가능성을 보장하기 위한 장기적인 프로그램으로, 공정한 대가 지급, 농업 기술 교육, 유기농법 전수, 물 절약 및 탄소 저감 기법 확산 등의 지원을 포함한다.

다농은 이와 같은 실천을 제도화된 구조로 공고히 하기 위해 글로벌 ESG 평가 체계인 B CorpBenefit Corporation 인증을 획득하였다. B Corp 인증은 환경 보호, 노동권 보장, 지배구조 투명성, 지역사회 기여 등 ESG 핵심 기준을 종합적으로 충족한 기업에 부여되는 제도적 인증으로, 다농은 이를 통해 ESG 경영이 기업 운영의 본질임을 대내외에 입증하였다. 특히 2030년까지 탄소 배출 50퍼센트 감축 및 탄소 중립 달성을 목표로 설정하고 있으며, 플라스틱 폐기물 최소화, 순환경제 도입, 재활용 가능한 포장재 확대 등을 통해 환경적 지속가능성을 제도화하고 있다. 또한 디지털 추적 시스템을 도입하여 원료의 출처와 유통 경로를 소비자에게 명확히 공개함으로써 공급망의 투명성과 인지적 정당성도 확보하고 있다. 다농의 ESG 경영은 글로벌 규제 환경에도 능동적으로 대응하고 있다. 특히 EU의 CSRD를 준수하여 법적·정책적 요건을 체계적으로 반영한 공시 체계를 운영하고 있다. 이러한 대응은 규제적 정당성을 획득하기 위한 전략일 뿐 아니라 다농이 글로벌 제도 질서의 일원으로서 스스로 제도 준수의 모범 사례가 되려는 의지를 보여 준다.

이처럼 다농은 규제적 정당성, 규범적 정당성, 인지적 정당성을 동시에 추구함으로써 ESG 경영의 실천이 제도이론이 설명하는 정당성 확보의 경로에 정합함을 입증하고 있다. 다농은 공정 무역 실천, ESG 정보 공개, 환경적 지속가능성 전략, 이해관계자 참여 확대 등을 통해 이 3가지 정당성 축을 포괄적으로 구축하고 있으며, 단기적 기업 이미지 개선을 넘어 사회적 신뢰와 지속가능성이라는 장기적 조직 목표를 제도적 환경 속에서 실현하고 있다. 다농의 사례는 ESG 경영이 단순한 마케팅 수단이 아니라 제도적 정당성 확보를 위한 구조화된 경영 전략임을 보여주는 실증적 예로서, ESG가 현대 기업의 생존과 지속가능성을 결정짓는 핵심 조건이자 제도적 질서 내에서 책임 있는 기업 행위의 정당화를 위한 필수 경로임을 시사한다.

10.4 제도이론으로 바라본 지속가능경영과 ESG 연구

연구 1 〈제도적 논리와 지속가능성 보고 실천의 다양성: 파키스탄 사례〉*

이 연구는 '지속가능성 보고는 규범적 기준에 따라 점차 유사한 형태로 수렴한다'는 기존 가정에서 벗어나 보고 방식이 각 조직이 따르는 제도적 논리에 따라 상이하게 나타날 수 있음을 입증하기 위해 수행되었다. 이를 위해 연구자들은 파키스탄 내 지속가능성 보고를 활발히 수행하고 있는 선도기업 8곳을 선정하여 사례 연구를 진행하고 총 28건의 심층 인터뷰와 조직 문서 분석을 통해 각 기업의 구성원들이 지속가능성 보고를 어떻게 해석하고 실행하는지를 분석하였다.

연구 결과, 파키스탄 기업들의 지속가능성 보고는 단일한 동기나 표준에 따라 이루어지는 것이 아니라 다양한 제도적 논리가 복합적으로 작용하고 있는 것으로 나타났다. 특히 기업들이 따르는 논리는 다음과 같이 4가지로 유형화되었다. 첫째, 경제적 성과와 경쟁력 제고, 브랜드 이미지 향상을 추구하는 '비즈니스 논리'이다. 이 논리를 따르는 기업들은 보고서를 마케팅 수단으로 활용하거나 투자자와 고객에게 긍정적인 기업 이미지를 전달하는 데 초점을 두었다. 둘째, 국제 기준과 전문가 규범을 중시하는 '투명성 논리'이다. 이 유형의 기업은 외부 감사를 받거나 GRI와 같은 국제 프레임워크에 따라 보고서를 작성함으로써 객관성과 정합성을 확보하려 했다. 셋째, 지역사회 복지와 사회적 책임을 강조하는 '책임 논리'이다. 이 유형의 기업은 공동체와의 신뢰 형성을 중시하고 지역사회와 협력하는 CSR 활동을 통해 지속가능성을 실천하였다. 넷째, 법적 규제나 정부 정책을 준수하는 '규제 논리'이다. 이 유형의 기업은 보고 활동을 외부 요구사항에 대한 응답으로 여겼으며 제도적 안정성과 법적 책임 회피가 주요 동기가 되었다.

이러한 제도적 논리들은 기업의 지속가능성 보고 방식에 구체적인 영향을 끼쳤다. 예를 들어 어떤 논리를 따르고 있느냐에 따라 보고서 작성의 주체가 달라졌고 보고서 작성의 주체가 누구냐에 따라, 즉 CSR 부서인지 홍보 부서인지에 따라 보고의 목적이 달라졌으며, 외부 검증 여부나 이해관계자 참여의 범위, 성과 지표의 정량화 수준 등도 달라졌다. 이처럼 기업들은 자신들이 속한 사회문화적 맥락과 제도 환경을 반영하여 보고 방식을 다르게 구성하고 있었다.

이 연구는 특히 신흥 분야일수록 다양한 제도 논리들이 공존하고 충돌하는 경향이 있으며, 그에 따라 실행 방식 역시 매우 다양하게 나타날 수밖에 없음을 밝혔다. 이는 제도이론에서 오랫동안 강조되어 온 '동형화' 현상보다 최근 주목받는 '이질성'과 '복잡성' 개념이 더 잘 드러나는 분석이다. 즉, 모든 조직이 비슷한 모습으로 변화한다는 기존 관점과 달리, 각 조직이 처한 상황과 추구하는 가치에 따라 서로 다른 방식으로 발전할 수 있다는 것이다.

---

* Mahmood, Z., & Uddin, S. (2021). Institutional logics and practice variations in sustainability reporting: Evidence from an emerging field. *Accounting, Auditing & Accountability Journal*, 34(5), 1163–1189.

이 연구는 ESG 경영과 지속가능경영 연구에 다음과 같은 중요한 시사점을 제공한다. 첫째, ESG는 단순한 비재무 지표나 규제 대응 수단이 아니라 조직이 어떤 제도 질서를 우선시하고 해석하는가에 따라 그 실행 방식이 달라질 수 있는 다층적인 실천 행위임을 보여 준다. 둘째, '투명성 논리'와 '책임 논리'는 ESG의 사회와 지배구조 영역을 실질적으로 통합할 수 있는 중요한 기반이며, 보고의 질적 심화를 유도할 수 있다. 셋째, 신흥국 맥락에서는 전문가 집단과 국제기구의 역할이 더욱 중요하며 이들은 ESG 제도의 형성 방향과 정책 설계에 강력한 영향을 미친다. 따라서 ESG를 실천하는 기업이나 이를 평가하는 기관은 제도적 환경의 차이를 고려한 유연한 접근이 필요하다. 즉 모든 기업이 동일한 기준을 따르기를 기대하기보다는 조직이 속한 제도 질서 속에서 다양한 논리를 해석하고 조합할 수 있는 실천 역량이 핵심이 되어야 한다.

연구 2 〈지속가능성 실천에서 상충하고 상호 보완하는 제도적 논리의 상호 작용〉**

이 연구는 캐나다와 세르비아의 에너지 산업군 내 고위험 조직 두 곳을 비교 사례로 삼아 분석을 수행하였다. 고위험 조직이란 작은 실수나 사고가 환경과 사회에 큰 피해를 줄 수 있는 조직을 의미하며, 대표적인 예로는 원자력 발전소, 석유화학 공장, 가스 정제시설, 수력발전소 등이 있다. 이런 조직들은 일상적인 업무 과정에서도 환경 오염이나 안전사고의 위험이 높기 때문에 지속가능성과 안전 문제가 매우 중요하게 다뤄진다. 이 두 나라는 문화적·제도적 환경이 매우 상이해 동일한 산업 내에서 발생하는 지속가능성 실천 방식의 차이를 살펴보기에 이상적인 비교 대상이다.

실증 분석 결과, 세르비아와 캐나다는 각기 다른 방식으로 지속가능성을 실천하고 있었다. 세르비아에서는 국가에 대한 불신과 과거 사회주의 체제의 유산이 혼합되어 공동체 중심의 논리가 강조되면서 구성원들이 지속가능성을 '공동체를 위한 책임'이라는 시각에서 실천하고 있었다. 반면 캐나다에서는 국가 제도와 조직의 규범이 상호 보완적으로 작용하면서 과학 기반의 전문직 논리가 중심이 되었다. 이 경우 지속가능성은 '전문성과 객관성'에 근거하여 실천되었으며, 특히 엔지니어와 과학자라는 개인 정체성이 밀접히 연결되어 있었다.

특히 두 조직 모두 고위험 산업이라는 특수한 맥락 속에서 구성원들의 행동이 사회와 환경에 미치는 영향을 깊이 인식하고 있었으며 이로 인해 더욱 윤리적이고 책임감 있는 지속가능성 실천이 이루어지고 있었다. 따라서 이 연구는 기존 제도이론이 조직 수준에서 제도의 수렴이나 제도적 채택에 초점을 맞췄던 것과 달리 제도가 어떻게 개인 주체의 인식과 실천을 통해 형성되고 구체화되는지를 보여주는 계기가 되었다. 즉 이 연구에 따르면, 고위험 조직이라는 특성이 지속가능성 실천을 타인의 안전과 복지를 고려한 개인의 도덕적 행위로 확장시켰다는 것을 알 수 있다.

** Milosevic, I., Bass, A. E., & Schulte, B. (2023). The interplay of conflicting and complementing institutional logics in sustainability practices. *Management International Review*, 63(3), 469–506.

이 연구는 ESG 경영과 지속가능성 연구에 다음과 같은 중요한 시사점을 제공한다. 첫째, ESG 실천은 특정한 기준이나 논리만으로 정의되지 않으며 다양한 제도적 논리들이 서로 충돌하거나 보완하면서 구성된다는 점을 보여 준다. 둘째, 지속가능성 실천은 조직이라는 집단이 아니라 그 안에 있는 개인들이 자신의 정체성과 제도 환경을 해석하고 조율하면서 형성된다는 점에서 개인별 분석이 매우 중요함을 강조한다. 셋째, ESG의 사회와 지배구조 요소는 실제 실행에서는 분리된 항목이 아니라 개인의 실천 안에서 통합적으로 작동함을 보여 준다. 마지막으로, 제도적 논리와 개인 정체성 간의 연결을 분석함으로써 지속가능성 실천이 어떻게 제도화될 수 있는지를 설명하고, 향후 지속가능경영 전략 수립 시 고려해야 할 실천 기반의 이론적 토대를 제공한다.

연구 3 〈제도적 소유 구조가 ESG 성과에 미치는 영향: 유럽 자본시장에 대한 실증적 증거〉***

이 연구는 유럽 자본시장에 상장된 563개 기업을 대상으로 2015년부터 2023년까지의 데이터를 분석한 것이다. 연구자들은 기업의 ESG 성과가 단순히 경영진의 의지나 기업 문화만으로 설명될 수 없으며 외부 이해관계자인 기관투자자의 특성과 소유 구조가 핵심적인 영향을 미친다고 보았다. 특히 이전의 연구들이 기관투자자를 하나의 범주로만 본 것과는 달리 기관투자자를 6가지 유형, 즉 금융기관, 외국기관, 정부, 연금 펀드, 교차소유, 기타로 나누어 그 차이를 세밀하게 분석하였다.

연구 결과에 따르면 장기적 관점을 가진 기관투자자들은 기업의 ESG 성과에 대체로 긍정적인 영향을 미치는 것으로 나타났다. 예를 들어 정부나 연금 펀드, 국제 기준에 민감한 외국 기관투자자들은 기업이 환경 보호, 사회적 책임, 투명한 지배구조를 의식하도록 유도하고 있었다. 단기 수익보다 기업의 지속가능성과 사회적 가치 창출을 더 중요하게 여김으로써 ESG 실천을 자연스럽게 독려하는 역할을 수행한 것이다.

반면 교차소유 구조나 단기 수익에 집중하는 기타 유형의 기관투자자들은 오히려 ESG 성과를 저해하는 경향을 보였다. 교차소유란 기업 A가 기업 B의 지분을 보유하고, 동시에 기업 B도 기업 A의 지분을 가지고 있는 상호 지분 소유 구조를 말하는데, 이는 외부 통제를 회피하고 경영권을 안정시키기 위한 전략으로 종종 활용된다. 이런 구조에서는 ESG보다 내부 이해관계자의 이익이 우선시될 가능성이 높기 때문에 지속가능성 실천에 소홀해질 수 있다. 흥미로운 점은 교차소유가 지배구조 영역에서는 오히려 긍정적인 영향을 미쳤다는 사실인데, 이는 기업 간 상호 감시와 통제가 내부적으로 강화되기 때문으로 해석할 수 있다.

*** Giordino, D., Sestino, A., Zàmek, D., & Yahiaoui, D. (2025). The impact of institutional ownership structure on corporate ESG performance: Empirical evidence for the European capital market. *Review of Managerial Science*, 19(3), 1047–1077. https://doi.org/10.1007/s11846-025-00879-w

이러한 분석을 통해 연구자들은 제도이론과 이해관계자이론을 결합하여 기관투자자 소유 구조가 어떻게 기업의 ESG 실천에 영향을 미치는지를 설명하였다. 제도이론의 관점에서 기업은 사회적 정당성을 획득하기 위해 외부의 규범과 기대를 충족시키려 하는데, 기관투자자는 이러한 제도적 기대를 전달하는 매개체로 작동한다. 동시에 이해관계자이론의 관점에서는 기업이 다양한 이해관계자의 요구를 조정하면서 행동한다는 점을 강조하며 기관투자자의 유형에 따라 그 요구의 방향이 달라질 수 있음을 시사한다.

이 연구는 다음과 같은 중요한 시사점을 제공한다. 첫째, 기업의 ESG 실천은 내부 의사결정뿐 아니라 외부 이해관계자인 기관투자자의 성격에 의해 좌우될 수 있다. 둘째, 기관투자자는 단일한 집단이 아니며 각기 다른 제도적 논리와 목표를 가지고 있기 때문에 그 영향이 다르게 나타난다. 셋째, ESG 성과를 높이기 위해서는 단순히 규제를 강화하거나 내부 정책을 마련하는 것만으로는 충분하지 않으며 어떤 유형의 투자자를 유치하고 관리할 것인가에 대한 전략적 판단이 필요하다. 넷째, 지속가능경영은 단일 기준에 따라 자동으로 실현되는 것이 아니라 다양한 제도 논리 간의 충돌과 보완, 그리고 이해관계자의 조정 속에서 형성되는 복합적인 과정임을 이해할 필요가 있다.

DISCUSSION 10장 | 토론 과제

주제 1: 기업의 ESG 경영은 사회적 책임인가, 제도적 요구인가

배경

ESG 경영은 기업의 책임 있는 자세를 보여주는 자발적 활동이라는 시각과 법과 제도, 외부 압력에 따라 움직이는 수동적 활동이라는 시각이 공존하고 있다. 이러한 시각 차이는 기업이 왜 ESG를 실천하는지를 바라보는 관점의 차이에서 비롯되며, 기업의 역할과 의무에 대한 중요한 논의로 이어지고 있다.

의견 ❶ : ESG 경영은 기업의 사회적 책임이다

- ESG 경영은 기업이 사회에 미치는 영향을 고려하여 책임 있는 경영을 실천하는 방식이며, 이는 윤리적 기업 운영의 필수 요소이다.
- ESG 활동은 기업이 단순히 규제를 준수하는 것이 아니라 이해관계자들과의 신뢰를 구축하고 장기적인 브랜드 가치를 높이는 전략적 선택이다.
- 자발적인 ESG 경영은 기업의 혁신과 지속가능성을 높이며 단기적인 이윤보다 장기적인 경쟁력을 강화하는 데 기여한다.
- 법적 강제력이 없는 ESG 활동을 적극적으로 수행하는 기업들이 소비자와 투자자들에게 긍정적인 평가를 받는 사례들이 증가하고 있다.

의견 ❷: ESG 경영은 제도적 요구에 의해 강제된다

- ESG 경영은 기업의 자율적인 사회적 책임보다는 정부 규제, 투자자 압력, 소비자의 기대 등 외부 요인에 의해 이루어지는 경우가 많다.
- ESG 공시 의무화, 탄소 중립 목표 설정과 같은 규제는 기업이 ESG를 선택이 아닌 필수로 받아들이도록 강제하고 있다.
- ESG 요소가 법제화되면서 기업들은 규정을 준수하는 수준에서 ESG를 실천하며 사회적 책임보다는 법적 요구를 충족하는 데 집중하고 있다.
- 기업이 ESG를 사회적 책임으로 수행하기보다 제도적 요구에 의해 수동적으로 실천할 경우, 실질적인 환경적·사회적 변화를 일으키기보다는 형식적인 보고서 작성에만 그칠 가능성이 크다.

DISCUSSION 10장 | 토론 과제

생각의 확장

ESG 경영은 자율적인 사회적 책임인가, 아니면 제도적 요구인가? 자율적 책임으로 본다면 기업은 사회적 가치와 윤리적 책무를 스스로 실천하는 주체가 된다. 반면 제도적 요구로 본다면 ESG는 법과 규제, 외부 압력에 따라 수행되는 의무적 활동일 수 있다. 어느 쪽 관점에 더 설득력이 있는가? 두 관점이 조화돼 사회적 책임과 제도적 요구가 상호 보완적으로 작동할 방법은 없는가?

주제 2: 제도적 동형화가 기업 혁신을 저해할 수 있는가

배경

제도적 동형화가 기업의 혁신을 저해하는가 혹은 오히려 혁신을 촉진하는가에 대한 논쟁이 있다. 한쪽에서는 동형화로 인해 기업이 틀에 박힌 방식에 안주하게 되어 새로운 시도나 파괴적 혁신이 줄어든다고 주장하며, 다른 한쪽에서는 동형화가 ESG 기술 개발, 표준화된 지속가능성 전략 등을 통해 오히려 혁신을 유도할 수 있다고 본다. 이런 의미에서 제도와 혁신의 관계를 성찰하고 기업이 어떤 방식으로 경쟁력과 정당성을 동시에 확보할 수 있는지를 논의할 필요가 있다.

의견 ❶ : 제도적 동형화는 기업의 혁신을 저해할 수 있다

- 디마지오와 파월에 따르면 조직들은 규제적·규범적·모방적 압력에 의해 서로 유사한 형태를 띠게 되며 이는 차별성과 창의성을 제한할 위험이 있다.
- ESG 경영에서도 기업들이 동일한 전략을 채택할 경우 차별성이 사라지고 혁신적인 접근보다 규범을 따르는 데 집중하게 될 가능성이 크다.
- 강압적 규제에 의해 ESG 기준이 획일화되면 기업들은 최소한의 기준을 충족하는 데 그치고 새로운 방식의 지속가능성 전략을 개발하려는 동기가 약해질 수 있다.
- 기업이 정당성을 확보하기 위해 기존의 ESG 트렌드를 모방할 경우, 차별화된 혁신보다는 ESG 준수 자체가 목표가 되어 창조적인 접근이 제약될 수 있다.

의견 ❷: 제도적 동형화는 기업 혁신을 촉진할 수 있다

- ESG 경영이 보편화됨에 따라 기업들은 지속가능성과 관련된 기술 혁신을 경쟁적으로 도입하고 있으며 이는 환경적·사회적 가치 창출을 위한 혁신을 촉진하는 요소가 된다.
- 규범적 동형화는 전문가 및 연구기관의 표준을 따르는 과정에서 기업들이 최신 기술과 혁신적인 경영 기법을 도입하도록 유도할 수 있다.
- 강압적 동형화는 ESG 규제를 준수하기 위한 신기술 개발과 운영 프로세스 개선을 촉진하여 기업이 지속가능성을 위한 혁신적인 해결책을 모색하는 계기를 제공할 수 있다.
- 기업들은 제도적 정당성을 유지하면서도 차별성과 혁신을 확보하기 위해 ESG 경영을 핵심 전략으로 활용할 필요가 있다.

생각의 확장

제도적 동형화는 기업의 창의성과 차별성을 약화시키는가, 아니면 새로운 혁신의 기회를 열어주는가? 동형화가 어떤 조건에서 혁신을 저해하고, 또 어떤 조건에서 촉진한다고 볼 수 있는가? 기업은 정당성과 혁신을 동시에 확보하기 위해 어떤 균형 전략을 취해야 하는가?

10장 연습문제

01. 제도이론의 개념과 정당성의 의미에 대해 설명하시오.

02. 디마지오와 파월이 제시한 제도적 동형화의 3가지 유형을 구체적인 ESG 사례를 들어 설명하시오.

03. 마이어와 로완이 주장한 '의례화된 구조' 개념을 설명하고 오늘날 ESG 경영에서 나타날 수 있는 구체적 사례를 제시하시오.

04. 스콧이 제시한 제도의 세 기둥(규제적, 규범적, 문화-인지적)을 비교하고, 이 세 기둥이 ESG 경영 실천에서 어떻게 상호 작용하는지 논하시오.

CHAPTER

11 자원의존이론

11.1 자원의존이론의 개념

자원의존이론Resource Dependence Theory은 조직이 생존과 운영에 필수적인 자원을 외부 환경에서 조달하면서 그 의존성을 전략적으로 관리하는 방식을 설명하는 이론이다. 이 이론은 조직이 본질적으로 자급자족할 수 없는 구조적 한계를 가지며 외부 자원에 대한 의존성이 조직의 행동, 의사결정, 권력 구조에 결정적인 영향을 미친다고 본다. 제프리 페퍼Jeffrey Pfeffer와 제럴드 샐런칙Gerald R. Salancik이 1978년에 발표한 공동 저서 《조직에 대한 외부 통제The External Control of Organizations》에서 체계화한 이 이론은 조직과 외부 환경 간의 상호 작용이야말로 조직이 전략적으로 구조를 형성하고 의사결정을 하게 만드는 핵심 동인임을 강조한다.

조직은 물적 자원(원자재, 자본)뿐 아니라 인적 자원이나 기술·정보 등 무형의 자원을 외부 환경으로부터 조달해야 한다. 제조업체는 원자재 부족 시 생산에 차질이 생기고 금융기관은 자본 유동성 감소 시 대출 및 투자 활동에 제약이 따른다. 인적 자원은 조직 운영과 혁신의 주요소로, 특히 숙련된 노동력과 전문 지식은 환경 변화에 대한 조직의 적응력을 좌우한다. 기술 자원은 정보 시스템, 자동화 장비, 분석 플랫폼 등을 포함하며 운영 효율성과 비용 절감, 차별화된 경쟁력 확보에 기여한다. 정보 자원은 소비자 행동, 시장 동향, 경쟁 분석 등의 형태로 나타나며 전략적 의사결정과 기회 포착의 기반이 된다. [그림 11-1]은 자원의존이론의 메커니즘을 설명하는 개념도이다.

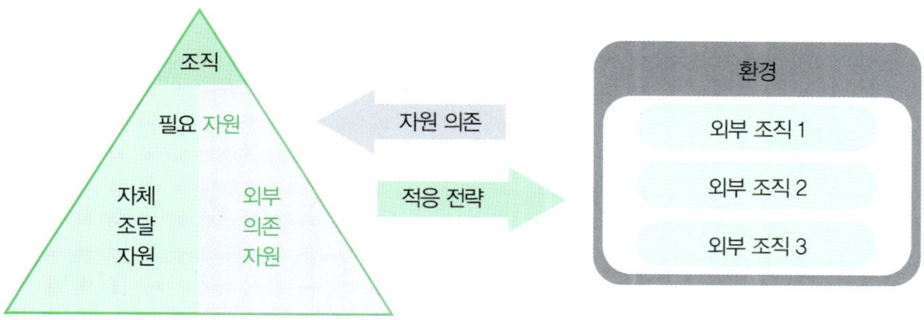

그림 11-1 **자원의존이론**

자원의존이론에 따르면 특정 자원에 대한 조직의 의존성이 높아질수록 자원 공급자는 더 큰 권력을 행사하게 되며, 그 결과 공급자–수요자, 본사–자회사, 기업–정부기관 등 조직 간 협상력에 불균형이 생긴다. 자원의 희소성과 대체 가능성은 이러한 권력 역학을 좌우하는 핵심 요소다. 공급자가 독점적 지위를 점하면 이에 의존하는 조직은 상당한 제약을 받게 된다. 희토류가 대표적인 사례다. 희토류는 전기차 배터리, 반도체, 풍력 터빈 등 첨단 기술 산업의 필수 자원이지만 전 세계 생산량의 대부분을 중국이 장악하고 있어 다른 나라들은 희토류를 확보하기가 어렵다.[1] 따라서 조직은 이러한 의존성을 완화하고 독립성을 강화하기 위해 다음과 같은 다양한 전략을 구사할 수 있다.

첫째, 공급망 다변화diversification of supply base를 통해 단일 자원 공급자에 대한 의존을 줄이고 공급망의 안정성을 확보할 수 있다. 이는 복잡하게 얽힌 글로벌 공급망 환경에서 지정학적 리스크와 공급 중단에 대응하기 위한 주요 전략이다. 둘째, 합작 투자나 전략적 제휴를 통해 자원의 접근성과 통제력을 동시에 확보할 수 있다. 예컨대 다국적 에너지 기업들이 신재생에너지 개발을 위해 현지 정부 및 기업과 협력하면 자원 및 제도적 정당성 확보라는 이중 효과를 노릴 수 있다.[2] 셋째, 핵심 자원의 내재화를 도모할 수 있다. 최근 일부 대형 제조업체가 반도체 품귀에 대응해 자체 생산라인을 구축한 것이 한 가지 사례인데, 이는 초기에 큰 비용이 투입되지만 장기적으로 전략적 독립성을 확보할 수 있는 대응책이 된다. 넷째, 대체 기술의 개발은 자원의존 구조를 근본적으로 전환할 수 있다. 화석연료 기반 에너지 구조를 타개하기 위해 수소연료, 태양광, 풍력과 같은 대체 자원을 도입하는 것은 환경적 지속가능성과 비용 안정성을 모두 고려한 전략적 선택이 될 수 있다.

자원의존이론은 조직이 외부 자원에 종속되는 수동적 존재가 아니라 자원의 희소성과 권력 불균형에 대응하기 위해 능동적으로 전략을 수립하고 구조를 재편하는 역동적 행위자임을 강조한다. 이는 오늘날 기업들이 직면한 복합적 위기와 불확실성 속에서 생존과 지속가능성을 확보하는 데 중요한 이론적 틀을 제공한다. 특히 ESG 경영을 강조하는 환경에서 자원의존성을 줄이기 위한 전략은 지속가능한 조직 운영과 사회적 책임을 실현하는 주요 수단이 될 수 있다.

11.2 자원의존이론의 특징

■ 희소 자원과 권력 비대칭 구조

자원의존이론은 조직이 외부 환경에서 조달해야 하는 필수 자원에 구조적으로 의존하며 이러한 의존성이 자원을 통제하는 외부 행위자에게 실질적인 권력을 부여한다는 점에서 권력 불균형의 근본 원인을 찾는다. 조직은 생존과 성장을 위해 원재료·자본·기술·노동력·정보 등 다양한 자원을 확보해야 하지만, 이러한 자원의 공급 주체가 제한적일수록 자원 제공자가 조직의 전략과 의사결정에 강한 영향력을 행사할 수 있다.[3]

자원의 희소성과 공급망 집중도supply chain concentration는 권력 비대칭의 주된 요인이다. 국제에너지

기구에 따르면 리튬, 코발트, 니켈 등 전환 에너지 산업의 핵심 자원들은 특정 국가들에 과도하게 집중되어 있다.[4] 특히 리튬의 경우 호주, 칠레, 중국이 세계 생산량의 약 90퍼센트 이상을 점유하고 있다. 이들 국가는 채굴 역량뿐 아니라 정제·가공·수출 인프라에서도 우위를 점해 가격 결정권과 글로벌 공급 흐름을 사실상 통제하고 있다.[5] 이러한 조건에서 리튬에 의존하는 배터리 및 전기차 제조기업들은 협상에서 열위에 놓여 자원 확보 여부에 따라 생산 일정, 원가 구조, 수익성 등에 큰 영향을 받게 된다. 자원에 대한 통제력을 가진 공급자는 이를 바탕으로 시장 가격을 결정하거나 특정 국가 및 기업과의 거래를 선별적으로 택함으로써 정치적·경제적 우위를 강화할 수 있다. 이는 자원 공급이 단기적인 문제가 아니라 장기적 산업 전략과 지정학적 관계에까지 영향을 미칠 수 있음을 시사한다.

미국, EU, 일본 등은 이러한 자원 집중에 따른 리스크를 인식하고 전략자원 확보를 위한 산업정책과 공공투자를 확대하는 추세다. 기업 차원에서는 이러한 권력 비대칭을 완화하고 협상력을 확보하기 위한 다양한 전략이 필요하다. 대표적인 전략으로는 자원의 자체 조달 능력 확보(광산 인수 또는 장기 공급 계약 등), 대체 자원 개발, 기술 내재화, 재활용을 통한 순환자원화 등이 있다.[6] 다원적 조달 체계 구축과 공급망 리스크 모니터링 또한 자원 통제력 회복을 위한 필수적 대응책으로 여겨진다. 요컨대 자원의 희소성은 경제적 조건만이 아니라 조직 권력 구조의 형성과 전략적 자율성strategic autonomy 제약이라는 측면에서 해석해야 하며, 자원의존이론은 이러한 관계의 동학을 분석하는 데 주효한 이론적 틀을 제공한다.

■ 자원의존성과 전략적 민감성

자원의존이론은 조직이 외부 자원에 의존할수록 그 자원의 공급 환경에 민감하게 반응할 수밖에 없음을 강조한다. 조직이 대체 불가능한 특정 자원에 의존성이 생기면 해당 자원의 가격, 규제, 수급 불안정 등 외부 환경 변화가 조직의 전략적 판단과 행동에 즉각적인 영향을 미친다. 이는 자원의존성이 조직의 **전략적 민감성**strategic sensitivity을 결정짓는 중요한 요인임을 보여 준다. 전략적 민감성이란 조직이 자원 환경의 변화에 얼마나 신속하고 유연하게 대응하는지를 의미하며 자원의 구조적 속성과 밀접히 관련되어 있다. 고성능 그래픽카드나 자동차 전장부품에 사용되는 반도체와 같은 고부가가치 자원은 특정 국가나 소수 공급자가 대부분의 생산을 담당하고 있다.

2020년 이후의 세계적인 반도체 공급난은 이러한 구조적 의존성과 민감성을 보여주는 대표적 사례로, 다수의 자동차 제조업체가 반도체 수급 불안정으로 인해 생산을 중단하거나 생산 목표를 하향 조정해야 했다.[7] 이는 자원 조달 실패가 조직의 전반적인 가치사슬에 얼마나 직접적이고 광범위한 영향을 미치는지를 극명하게 보여 준다. 전략적 민감성은 공급망에만 국한되는 것이 아니라 기업의 전사적 전략 수립 및 의사결정 구조에도 깊숙이 영향을 미친다. 자원의존도가 높은 기업일수록 외부 환경 분석, 리스크 평가, 공급망 재구성 등에서 더욱 정교하고 민첩한 의사결정을 요구하므로 조직 내부의 역량 배분과 리더십 구조에도 변화를 야기할 수 있다. 실제로 다국적 기업들은 지정학적 리스크와 자원 무기화 가능성에 대비해 특정 국가에 대한 투자 축소, 공급처 다변화, 재고 전략 재설계 등을 추진하고 있다.

이러한 전략적 민감성은 ESG 경영 확산과도 깊은 연관이 있다. 환경 규제 강화로 특정 자원의 채굴이나 수출이 제한될 경우, 기업은 이에 따른 리스크를 조기에 감지하고 대체 기술이나 자원 확보 전략을 수립해야 한다. 특히 탄소 배출에 민감한 소재나 자원을 활용하는 기업일수록 기후 리스크와 공급망 규제 변화에 더 높은 전략적 민감성을 요구받게 된다.[8] 결국 자원의존성은 외부 의존성 문제만이 아니라 조직의 전략적 민감성, 유연성, 적응력 등 일련의 경영 역량 전반과 직결되므로 이를 종합적으로 이해하고 관리하는 것이 현대 기업의 경쟁력과 지속가능성을 담보하는 핵심 과제로 부상한다. 자원의존이론은 이러한 관계의 복합성을 체계적으로 설명하는 이론적 틀이다.

■ 조달 안정화를 위한 공급망 구조화 전략

자원의존이론은 조직이 외부 자원에 대한 의존성을 관리하고 자원 흐름을 통제함으로써 생존과 성장을 도모해야 한다는 전략적 관점을 제시한다. 이런 관점에서 자원의 안정적 조달은 단순한 구매나 계약의 문제가 아니라 조직의 구조와 전략을 포함한 복합적인 시스템의 문제로 접근해야 한다. 특히 글로벌 공급망의 복잡성과 지정학적 리스크가 심화하는 환경에서는 공급망의 구조적 설계가 자원의존성을 완화하고 협상력을 확보하는 결정적 요인이 된다.[9]

조달 안정화를 위한 대표적인 전략은 공급망 다변화이다. 특정 공급처나 국가에 자원 조달이 집중될 경우, 기업은 정치적 리스크, 가격 급등, 공급 중단 등의 외부 충격에 크게 노출되므로 이를 완화하기 위해 복수 공급처를 확보하고 조달 경로를 분산하는 전략을 선택한다. 최근 EU와 미국은 중국 중심의 핵심 광물 공급망에서 벗어나기 위해 호주·캐나다·남미 등과 전략적 파트너십을 확대하고 있으며, 리튬·코발트·니켈 등 배터리 필수 자원의 안정적 조달을 위한 제도적 연합체도 구축하고 있다.

수직적 통합vertical integration 전략 역시 자원의존성 완화에 효과적인 방식으로 널리 채택되고 있다. 수직적 통합 전략이란 기업이 자원 공급의 상류 단계를 직접 통제하기 위해 원자재 생산 및 가공 분야에 진출하거나 핵심 부품 제조기업을 인수함으로써 공급 과정을 내재화하는 것을 말한다. 주요 배터리 제조기업들은 리튬 광산이나 정제 설비에 직접 투자함으로써 중간 공급망에 대한 통제력을 확보하고 있으며, 이로써 단기적인 비용 증가를 감수하면서 장기적인 협상력 강화와 공급 안정성을 확보하고 있다.[10]

최근에는 공급망의 지역화localization 및 지리적 재편regional restructuring도 주목받고 있다. 코로나19 팬데믹과 지정학적 갈등으로 인해 글로벌 가치사슬의 취약성이 드러나면서 기업도 공급망을 더 짧고 견고하게 재편하고 있다. 북미와 유럽에서는 리쇼어링reshoring 또는 니어쇼어링nearshoring 전략을 통해 생산 거점을 자국 혹은 인접국으로 이전하고 있으며, 이는 조달 리스크를 줄이고 ESG 기준에 부합하는 공급망을 구축하는 데도 효과적이다.[11] 이러한 공급망 구조화 전략은 자원의존이론이 강조하는 것처럼 외부 자원 환경의 불확실성을 줄이고 조직의 전략적 자율성과 생존 가능성을 높이는 수단이다. ESG 경영 관점에서도 공급망의 구조화는 환경적 책임(탄소 배출 절감), 사회적 기준(인권 보호), 지배구조 개선(투명한 조달 프로세스) 등과도 긴밀히 연관돼 있어 지속가능경영을 실현하는 핵심 전략이 된다.[12]

■ 기술 혁신과 대체 자원의 전략적 활용

자원의존이론은 조직이 생존과 전략적 자율성을 확보하기 위해 외부 자원에 대한 의존도를 줄이고 자원 흐름을 통제하려는 다양한 전략을 모색한다고 전제한다. 이런 관점에서 기술 혁신과 대체 자원 개발은 자원의 희소성과 공급 불확실성에 대응하는 주요 수단으로서 조직이 자율성과 지속가능성을 확보하는 전략적 선택지로 주목받고 있다.

희소한 자원을 대체하거나 효율적으로 활용할 수 있는 기술을 개발하면 자원의 통제력을 공급자에서 수요자로 이동시키는 구조적 전환이 일어날 수 있다. 전통적으로 희귀 금속에 의존해 온 전자 및 에너지 산업은 최근 재료 과학과 에너지 기술 발전을 통해 나노소재, 복합재료, 바이오 기반 원료 등 다양한 대체 기술을 개발하고 있으며,[13] 이는 자원의 희소성으로 인한 협상력 불균형을 해소하고 공급망 리스크를 줄여 준다. 이러한 기술 혁신은 자원 절감뿐만 아니라 자원의 기능적 대체성functional substitutability을 확보하는 데에도 그 목적이 있다. 리튬이온 배터리 수요 급증에 대응하여 나트륨 이온, 고체 전해질, 수계 배터리 등 대체 기술을 활발히 연구하는 것도 특정 희소 자원에 대한 기술 종속성을 줄이기 위한 전략적 시도다.[14] 이런 기술의 전환은 공급망 다변화보다 더 구조적인 방식으로 자원의존성을 완화할 수 있다는 점에서 중장기적 경쟁력을 강화한다.

순환경제와 재활용 기술은 외부에서 조달하던 자원을 내부에서 확보하는 또 다른 전략이다. 전자제품, 자동차, 배터리 등의 폐기물에서 희귀 금속과 핵심 원자재를 회수하는 기술은 자원 순환율을 높이는 동시에 환경적 지속가능성과 경제적 효율성을 신장시킨다. 유럽연합은 '핵심 원자재법Critical Raw Materials Act'을 통해 핵심 광물의 재활용률을 일정 비율 이상으로 의무화함으로써 자원 순환 구조의 내재화를 정책적으로 유도하고 있다.[15]

기술 혁신과 대체 자원 전략은 ESG 경영의 실천적 수단이기도 하다. 기업은 공급망 전 과정에서 발생할 수 있는 온실가스 배출, 에너지 과소비, 폐기물 및 오염물질 배출과 같은 부정적 영향을 줄이고 자원의 지속가능성을 확보하는 동시에 이해관계자의 요구에 부응하는 윤리적 조달 체계를 구축함으로써 생존은 물론 지속가능성과 사회적 정당성까지 담보할 수 있다.[16] 이러한 기술 기반 전략은 자원의존이론이 강조하는 외부 통제 회피와 전략적 자율성 확보라는 목표와 구조적으로 부합한다.

■ 환경 불확실성 대응과 협력적 네트워크 구축

자원의존이론은 조직이 생존과 안정성을 확보하기 위해 외부 환경과의 상호 작용을 전략적으로 조율해야 한다고 강조한다. 특히 불확실하고 역동적인 환경에서는 조직이 자원 흐름을 독립적으로 통제하기 어려우므로 외부 이해관계자와의 협력적 네트워크 구축이 자원의 안정성과 전략적 민첩성 확보를 위한 결정적 수단이 된다. 자원 가용성, 공급망 안정성, 규제 변화, 기술 진보, 지정학적 위기 등 다양한 원인으로 발생하는 환경 불확실성environmental uncertainty은 조직의 전략적 예측 능력을 저하해 의사결정과 성과에 부정적 영향을 미친다.[17] 따라서 조직은 이러한 불확실성을 완화하기 위해 외부 이해관계자와의 제휴·연합·계약관계 등을 통해 의존성을 재구조화하려는 경향을 보인다.

페퍼와 샐런칙은 이를 '환경 통제의 전략적 조정'으로 개념화하여 조직이 환경적 제약을 수동적으로 수용하는 것이 아니라 이를 능동적으로 재구성하기 위해 외부 행위자와 협력한다고 설명한다.[18] 이러한 예로 글로벌 자동차 생산 기업이 반도체, 배터리, 희귀 금속 등의 공급망 병목 현상에 대응하기 위해 반도체 기업과 전략적 파트너십을 맺어 공급망 조기 경보 시스템을 구축하고 자원 공동 구매 협의체 등을 적극적으로 운영하는 경우를 들 수 있다. 이는 상호 의존성을 기반으로 공동조달co-sourcing을 시행하고 공급망 정보 공유를 통해 불확실성을 구조적으로 완화하려는 시도다.

또한 조직은 동종 업계나 이종 산업 간 협력단consortium 형성을 통해 공동 기술 개발, R&D 협업, 대체 자원 확보 등의 방식으로 자원의 가용성과 기술적 대응력을 높인다. 가령 유럽 배터리 연합European Battery Alliance은 유럽 내 소재 조달, 생산, 재활용의 전 생애주기를 통합적으로 관리하기 위해 각국 정부와 민간 기업, 연구기관 간 협력 체계를 수립했으며,[19] 이는 자원의 공급 안정성과 함께 유럽의 전략적 자율성을 확보하려는 제도적 대응 중 하나다.

협력적 네트워크는 환경 변화 조기 탐지 및 공동 대응 능력을 향상시키는 메커니즘으로도 작용한다. 디지털 기술의 발달로 기업의 공급망 가시성supply chain visibility과 리스크 예측 역량이 강화되면서 실시간 정보 교환, 시뮬레이션 기반 시나리오 분석, 예측 분석 기술을 통해 외부 환경 변화에 민첩하게 대응할 수 있게 되었다. 즉 자원의존이론은 조직이 외부 환경의 불확실성에 단독으로 대응하는 데 한계가 있으며, 네트워크 기반의 협력적 전략을 통해 자원의 안정성과 조직의 전략적 유연성을 동시에 확보할 수 있다고 설명한다. 이러한 협력적 접근은 조직 간 경계를 허물고 자원의 흐름을 공동으로 통제함으로써 상호 생존 가능성을 높이는 구조적 전환을 촉진한다.[20]

자원의존이론의 주요 학자

제임스 톰슨

제임스 톰슨James D. Thompson은 자원의존이론이 정식으로 제시되기 전, 조직이 외부 환경의 불확실성과 자원 제약 속에서 어떻게 구조를 설계하고 전략을 구성하는지 체계적으로 탐구한 선구적 조직이론가이다. 그는 자원의존이론 수립에 결정적인 영향을 준 고전으로 평가받는 1967년도 저서 《조직행동론Organizations in Action》에서 조직이 내부적 합리성에 따라 운영될 뿐만 아니라 외부 환경의 불확실성과 상호 작용을 조절하기 위해 내부 구조를 차별화하고 조정한다는 점을 강조하였다.[21]

여기서 차별화란 조직이 직면한 다양한 환경적 요구에 대응하기 위해 기능이나 부서를 세분화하는 것을 의미한다. 예를 들어 기술 변화에 대응하기 위해 R&D 부서를 신설하거나 해외 시장 진출을 위해 글로벌 사업부를 별도로 두는 것이 이에 해당한다. 반면 조정은 이렇게 세분화된 부서와 기능들이 서로 충돌하지 않고 유기적으로 협력할 수 있도록 연결하고 균형을 맞추는 과정을 말한다. 이를 위해 조직은 통합위원회 설치, 조정 회의체 운영, 혹은 최고경영진의 직접적 조율과 같은 장치를 마련한다.

톰슨은 특히 조직이 핵심 기능인 '기술적 핵심technical core'을 보호하기 위해 다양한 제도적 장치를 마련한다고 설명하였다. 그는 이를 위해 '완충 메커니즘buffering mechanism'이라는 개념을 제시했는데, 이는 외부 환경의 불확실성과 요구가 기술적 핵심에 직접적으로 영향을 미치지 않도록 중간 단계를 두어 조절·흡수·차단하는 장치를 뜻한다. 예를 들어 기업은 원자재 가격 변동에 대비해 장기 공급 계약을 체결하거나 불확실성에 대응하기 위해 재고를 비축하거나 규제 변화에 맞춰 전담 부서를 설치하는 방식으로 기술적 핵심을 보호한다. 이러한 장치는 환경과의 상호 작용을 조직이 관리 가능한 범위로 제한함으로써 불확실성을 줄이고 안정적 운영을 가능하게 한다. 이러한 논지는 이후 페퍼와 샐런칙이 제시한 자원의존이론에서 강조하는 자원의존성 관리 전략에 논리적 기반을 제공하였다.

또한 톰슨은 조직이 외부 환경에 따라 어떤 의사결정 구조를 택하는지를 설명하는 '조직의 상호 작용 유형'을 정립했으며, 이는 후속 연구에서 자원 교환 관계, 권력 분배 구조, 조직 간 전략 선택 등을 분석하는 데 중요한 이론적 도구가 되었다. 그의 연구는 '불확실성 관리'라는 문제의식을 통해 자원의존이론의 기초를 개념화하고 조직이 단지 적응하는 존재가 아니라 환경을 구성하고 통제하고자 하는 전략적 설계자임을 시사했다는 의의를 지닌다. 그의 이론적 성취는 자원의존이론의 핵심 주제인 자원의 확보, 외부 환경과의 상호 작용, 조직 구조의 전략적 조정에 개념적 토대를 제공했다는 평가를 받고 있다.

제프리 페퍼와 제럴드 샐런칙

제프리 페퍼Jeffrey Pfeffer와 제럴드 샐런칙Gerald R. Salancik은 자원의존이론을 공동 창시하여 조직 이론에 전환점을 제시한 인물들이다. 이들은 1978년에 출간한 공저 《조직에 대한 외부 통제》에서 조직이 고립된 자율적 존재가 아니라 생존을 위해 외부 환경으로부터 자원을 조달해야 하는 개방 체계open system라는 전제를 명확히 하였다. 이는 당시 지배적이었던 내부 중심의 조직 이론들, 즉 구조주의적 조직 이론, 합리적 선택 이론 등에 대한 비판적 대안이 되었다.

이들의 핵심 주장은 조직의 행동이 내부적 효율성에 의해서만 결정되는 것이 아니라 외부 자원에 대한 의존성과 그로 인한 권력 구조의 재편에 의해 형성된다는 것이다. 특히 조직이 자원의존 관계를 관리하기 위해 활용하는 정치적·구조적 전략들(이사회 구성, 전략적 제휴, 법적 로비 활동, 합병 및 인수 등)을 정치 이론과 조직사회학의 관점에서 분석하였다. 여기서 연구의 초점은 조직 내부가 아니라 조직 경계를 넘어 일어나는 상호 작용에 있다. 즉 자원의 흐름 속에서 나타나는 권력, 갈등, 협상과 같은 정치적 변수를 조직이론의 분석 범위 안으로 본격적으로 도입함으로써 조직을 독립된 단위가 아니라 외부와 끊임없이 상호 작용하는 개방적 체계로 파악하였다.[22]

또한 그들은 조직이 환경적 요구에 무조건 순응하는 수동적 존재가 아니라 다양한 전략을 통해 환경을 구조화하거나 특정 자원에 대한 의존성을 줄이는 전략적 행위자로 기능할 수 있다고 보았다. 예컨대 기업은 규제 환경에 영향을 미치기 위해 법적 로비 활동을 전개하거나, 공급망 위험을 줄이기 위해 장기 계약 및 다원적 공급처 확보 전략을 활용한다. 또한 산업 표준 제정 과정에 적극 참여하거나 전략적 제휴 및 협력 네트워크를 구축하여 시장 규칙을 유리하게 설계하는 방식으로 환경을 재구성한다. 이러한 관점은 조직을 단순히 외부 압력에 수동적으로 반응하는 수용체로 보지 않고 환경 자체를 변화시키는 주체적 행위자로 인식한다는 점에서 전략이론, 기업의 정치 참여 활동, 네트워크이론 등 다양한 후속 연구의 이론적 토대를 제공하였다.

페퍼와 샐런칙의 이론적 공헌은 자원의존이론이 조직과 환경의 상호 작용을 설명하는 틀에 머무르지 않고 현실 조직들이 직면한 정치적·경제적 맥락 속 전략 행동의 논리를 밝히는 핵심 패러다임으로 부상시켰다는 데 있다. 이들의 연구는 조직의 생존 전략, 외부 자원과의 관계, 권력의 흐름에 대한 체계적인 이해를 도울 뿐만 아니라 오늘날 ESG, 글로벌 공급망 관리, 기업 거버넌스 전략 등 다양한 분야에서 이론적 토대가 되고 있다.

에이미 힐먼

에이미 힐먼Amy J. Hillman은 자원의존이론을 현대 기업 환경, 특히 기업 지배구조 및 전략적 제휴 맥락에 적용하여 이론의 실천적 확장에 크게 기여한 대표적인 학자이다. 그녀는 저명한 논문 〈자원의존이론: 문헌 고찰Resource Dependence Theory: A Review〉에서 자원의존이론의 기초 논리를 재정리하고 최근 수십 년간의 실증 연구를 집대성하여 그 현대적 유효성을 평가하며 이론적 진화를 고찰하였다.[23]

힐먼은 이사회 구성과 기업의 외부 자원 확보 간의 관계에 주목하여 이사회가 단순히 내부 경영을 감독하는 기구가 아니라 규제 정보, 자본, 시장 접근성 등 외부 자원을 연결하고 보장하는 전략적 수단임을 실증적으로 밝혔다. 즉, 기업은 이사를 영입할 때 개인의 명망이나 경력만을 고려하는 것이 아니라 그러한 명망과 경력이 자원 확보와 환경 통제에 어떤 전략적 기여를 할 수 있는지를 중점적으로 평가한다. 예컨대 전직 고위 관료나 금융 전문가의 영입은 규제 대응 능력과 자본 접근성을 동시에 강화할 수 있으며 산업 내 네트워크가 풍부한 인사의 참여는 시장 진입이나 제휴 기회를 확대할 수 있다.

뿐만 아니라 힐먼은 자원의존이론이 오늘날의 다변화된 이해관계자 환경, 빠르게 변화하는 규제 조건, 글로벌 공급망 맥락에서도 여전히 유의미하다는 점을 강조하며 이론의 재해석과 응용 가능성을 확장시켰다. 자원의존이론의 핵심 가정 중 하나인 '의존성은 권력을 낳는다'라는 명제를 지배구조, 기업 시민성, 정치 전략 등의 실천적 영역에서 실증적으로 정당화한 연구가 그중 하나다. 그녀는 자원의존이론이 고전적 조직이론에 머무는 것이 아니라 현대 전략 경영과 조직 행동 연구에서 여전히 강력한 분석 도구로 작동할 수 있음을 보여주었다는 점에서 자원의존이론의 이론적 현대화와 실천적 유연성 확보에 중대한 기여를 한 학자로 평가받는다.

조나단 드리스와 퍼시 하위헌스

조나단 드리스Jonathan M. Drees와 퍼시 하위헌스Pursey P. M. A. R. Heugens는 자원의존이론의 실증적 기반을 정량적으로 검증한 대표적 연구자들이다. 이들은 2013년 《경영학 저널Journal of Management》에 발표한 메타분석 연구를 수행하며 자원의존이론이 제시하는 핵심 명제들('외부 의존성은 권력에 영향을 미친다,' '기업은 자원을 안정적으로 확보하기 위해 구조를 조정하거나 환경을 통제한다' 등)이 실증 연구에서 얼마나 재현 가능하고 유효한지를 체계적으로 분석하였다.[24]

이 연구는 1978년 이래 30년 이상 축적된 88편의 정량적 연구를 기반으로 총 145개 효과 크기effect size를 통계적으로 종합해 자원의존이론의 핵심 변수들, 즉 자원 희소성, 의존성, 협상력, 조직 변화 행동 간의 관계에 대한 신뢰 가능한 정량적 패턴을 도출했다. 이를 통해 자원의존이론이 개념적 설계에 불과한 것이 아니라 실제로 조직 행동을 설명하는 데 통계적으로 유의미한 설득력을 지닌다는 점을 입증하였다. 주목할 부분은 자원의존이론의 적용 범위와 경계 조건boundary condition도 동시에 규명했다는 점이다. 산업 특성, 조직 규모, 국가라는 맥락에 따라 자원의존 효과가 어떻게 달라지는지를 제시함으로써 이 이론의 외연 확장성을 증명하는 한편, 어떤 상황과 맥락에서 실제로 적용할 수 있는지도 구체적으로 밝혔다.

이들의 작업은 자원의존이론이 지나치게 일반적이거나 결정론적이라는 비판에 대응하면서도 '자원의존이론은 아직도 유효한가?'라는 질문에 단순한 사례 분석이 아닌 누적된 증거에 기반한 과학적 응답을 제시했다는 점에서 중대한 의의를 지닌다. 또한 향후 자원의존이론 기반 연구가 이론 간 비교, 경계 조건 탐색, 메커니즘 규명 등으로 진화할 수 있는 토대를 마련해 주었다는 점에서도 의미가 있다.

11.3 자원의존이론과 지속가능경영, 그리고 ESG

■ 환경적 지속가능성과 자원 효율성 관리

자원의존이론은 조직이 생존과 성장을 위해 외부 자원에 구조적으로 의존할 수밖에 없으며, 이로 인해 조직은 환경 변화에 따라 자원의 조달 안정성과 통제력을 확보하려는 전략을 지속적으로 추구하게 된다고 전제한다. 이는 환경 경영의 핵심 개념인 자원의 지속가능성 및 효율성 관리 측면에서 매우 유의미한 이론적 틀이라 할 수 있다.

특히 ESG 경영의 환경 요소는 조직이 외부 자원에 대한 의존성을 줄이고 재생가능 자원으로 전환하거나 자원 사용의 효율성을 극대화함으로써 장기적인 환경적 정당성과 경제적 독립성을 확보하는 전략과 밀접히 연결된다.[25] 조직이 천연자원이나 에너지에 구조적으로 의존하면 자원 고갈, 규제 강화, 가격 변동성과 같은 외부 리스크에 취약해진다. 따라서 자원의 희소성과 환경적 외부효과에 대한 대응 전략으로서 친환경 공정 기술의 채택, 재생가능 자원의 활용, 순환경제 기반의 재사용 시스템이 자원의존도를 낮추는 데 효과적인 방식으로 부상하고 있다.[26] 이는 환경 보호뿐만 아니라 자원 통제력을 내부로 흡수하려는 전략의 일환이라 할 수 있다.

예컨대 스웨덴 철강기업 SSAB는 화석연료 기반 고로(대형 용광로)를 수소 환원 제철 방식으로 전환함으로써 온실가스 배출을 획기적으로 줄이고 철광석 처리에 필요한 에너지 자원의존도를 낮추는 데 성공했다.[27] 이러한 기술 전환은 환경적 측면에서의 지속가능성과 세계적인 저탄소 규제 속에서 자원과 시장 접근 경쟁력을 동시에 확보하려는 전략적 선택이다. SSAB는 자원 사용의 전 과정에서 에너지 효율성, 원료 절감, 부산물의 재활용을 실현함으로써 공급망 전반의 의존성과 취약성을 줄이는 성과도 거두었다. 이는 자원의존이론의 한 가지 사례로 볼 수 있다. 즉, 조직이 단기적 비용 절감에 치우치기보다는 자원의 희소성과 공급 불안정성을 장기적 위험 요인으로 간주하고 이에 대응하는 기술 혁신과 구조적 전환을 통해 자원 내재화 전략을 펼치는 것이 더 성공적임을 보여준 것이다.[28]

또한 기업은 자원 재활용 기술 개발, 폐기물-에너지 전환 기술 상용화 등 자원 기반 혁신resource-based innovation을 통해 외부 자원에 대한 협상력을 재구성할 수 있다. 결국 ESG 경영에서의 환경적 지속가능성은 친환경 활동을 넘어 자원의 전략적 배치와 활용에 관한 조직적 판단과 선택의 문제로 귀결된다. 자원의존이론은 이러한 선택의 기저에 놓인 구조적 의존성과 권력관계를 간파하고 기업이 자율성과 생존 가능성을 유지하기 위해 어떤 환경 전략을 채택해야 하는지를 설명하는 유력한 이론이다.[29] 따라서 환경적 지속가능성은 자원의존을 줄이고 기술적·조직적 독립성을 강화하려는 기업 전략의 중심으로 자리 잡아야 하며, 이는 ESG의 환경 요소가 경쟁력의 핵심이라는 점을 시사한다.

■ 지역사회 협력과 사회적 자원 안정성

자원의존이론은 조직이 생존과 발전을 위해 외부 자원에 구조적으로 의존하며, 이러한 의존성은 사회적 자원의 안정성과도 밀접하게 관련돼 있다고 설명한다. 특히 조직이 위치한 지역사회는 노동력, 인프라, 제도적 지지, 소비자 기반 등 다양한 유형의 사회적 자원을 공급하는 주요 환경으로서 지역사회에 대한 조직의 전략적 대응은 지속가능성과 직결된다. ESG의 사회 요소는 이러한 지역사회 기반의 자원 안정성과 상호 신뢰를 바탕으로 조직이 외부 환경과의 조화로운 관계를 유지할 때 구현된다.[30]

자원의존이론은 외부 자원의 불확실성이 높을수록 조직이 해당 자원의 공급자와 안정적 관계를 구축하거나 공급 구조 자체를 재조정하려는 경향이 강해진다고 보고, 자원 공급자가 소속되어 있는 지역사회와의 협력이 기업이 사회적 자원의 안정적 확보뿐만 아니라 제도적 정당성을 획득하는 데 중요한 전략적 수단이라고 설명한다. 특히 노동력과 같은 인적 자원, 사회적 수용성social license to operate, 지역 기반 시설에 대한 접근성 등은 지역사회와의 관계의 질에 좌우된다. 예컨대 기업이 고용 창출, 교육, 공공서비스 참여 등 지역사회 가치에 기여한 경우, 자원 획득의 안정성과 지속가능성을 높이는 긍정적 피드백을 유도한다.[31]

대표적 사례로 유니레버는 자사의 공급망 내에서 지역사회와의 상생 구조를 강화하기 위해 소규모 농가와의 계약 재배, 여성 근로자 역량 강화 프로그램, 지역주민 대상 위생 교육 등 다양한 사회적 자원 기반 활동을 추진하고 있다.[32] 이는 CSR 차원을 넘어 지역사회와의 협력을 통해 공급망을 사회적으로 안정화하는 동시에 브랜드에 대한 신뢰를 구축하는 자원 안정화 전략으로도 작용했다. 또한 지역 기반의 공급망 파트너십을 장기 계약 형태로 구조화함으로써 거래비용을 줄이고 정치적·사회적 리스크를 분산하는 성과도 거뒀다. 이는 자원의존이론이 강조하는 '환경적 의존성 해소와 자율성 확보'라는 목표에 부합하는 사회적 실천 전략의 일환이라 할 수 있다.

이와 같이 자원의존이론은 사회적 책임을 기업의 이윤 극대화 전략과 분리된 것으로 보지 않고 오히려 사회적 자원에 대한 구조적 의존성을 인식하고 해당 자원의 장기적 안정성과 자율적 통제를 확보하기 위한 상호 작용적·제도적 전략으로 보았다. ESG의 사회 요소는 이러한 사회 자원의 안정성 확보 과정에서 조직이 외부와 맺는 관계의 질이 지속가능성의 주요인임을 이론적으로 뒷받침한다.[33] 따라서 기업은 지역사회와의 협력을 일회성 프로젝트가 아닌 전략적 파트너십으로 재정의하고 사회자원을 '관리' 자산이 아닌 '공유' 자산으로 인식해야 한다.

■ 지배구조와 자원 통제력 확보 전략

자원의존이론은 조직의 생존과 전략적 안정성이 외부 자원에 대한 의존성과 그 통제력 수준에 달려 있다고 본다. 이러한 관점은 ESG 경영의 지배구조 영역, 즉 기업의 의사결정 구조, 투명한 정보 공개, 이해관계자 관리 등과 밀접하게 연결되는데, 이는 외부 자원의 통제력 확보가 공급망의 안정화 도모뿐만 아니라 경영 전반의 지배구조를 전략적으로 설계하고 관리하는 활동으로까지 확장되기 때문이다.[34]

특히 자원 공급자와 조직 간의 권력관계가 비대칭적일수록 자원 공급자에 의존하는 조직은 외부의 결정에 민감하게 반응하게 되고 결과적으로 의사결정 자율성이 약화된다. 따라서 기업은 이 같은 불균형을 완화하기 위해 내부 지배구조를 개편하고 외부 자원의 흐름과 영향력을 모니터링할 수 있는 체계를 제도화할 필요가 있다. 이사회 구성의 다양화, 감사 및 리스크 관리 위원회 설치, 공급업체 행동강령 제정 등은 외부 자원을 감시하고 통제하는 힘을 강화하는 구조적 대응 방안의 예시가 된다.

가령 글로벌 기술기업 인텔Intel은 자원 공급망의 윤리성과 투명성을 확보하기 위해 '분쟁 광물 정책Conflict Minerals Policy'을 수립해 자원 추적 시스템과 공급업체 평가 체계를 운영하고 있다.[35] 분쟁 지역에서 채굴된 코발트, 탄탈럼, 주석, 텅스텐 등의 원자재 사용을 엄격히 제한하고 공급망 전반에 걸쳐 환경·인권 기준을 반영한 계약을 체결한다는 취지다. 이러한 전략은 자원의 통제력을 기업 내부의 지배구조와 연결시켜 강화하는 대표적 접근법으로, 자원의존이론이 강조하는 '의존 구조의 전략적 대응'이라는 명제를 잘 구현한 사례라 할 수 있다.

또한 자원의존이론은 조직이 지배구조를 통해 외부 자원의 영향을 제어하는 경우, 자원 공급자와의 '거버넌스 관계' 형성을 중시한다.[36] 이사회에 외부 이해관계자 대표를 참여시키거나 전략적 제휴를 통해 공동 의사결정 구조를 형성하는 방식은 자원 통제력 확보의 확장된 형태이다. 대형 유통기업들이 지속가능한 농산물 공급을 위해 농민조합과 공동 브랜드 계약을 체결하거나 ESG 경영 기준을 계약 조항에 포함시키는 것도 자원의 흐름뿐 아니라 그 관리 주체에도 영향을 미치는 '지배구조의 외연 확대' 전략 중 하나다.

이처럼 ESG의 지배구조 요소는 투명성 확보 수단인 동시에 외부 자원 흐름 조율 및 전략적 통제 가능성을 구조화하는 역할을 한다. 자원의존이론은 이러한 과정이 일회성 대응이 아니라 지속적인 관계 설계와 제도화를 통해 정착된다고 설명한다.[37] 즉, 기업은 외부 자원에 대한 구조적·제도적 대응을 시도할 때 이를 내부 지배구조와 연동시킴으로써 자원의 흐름을 감시하고 통제하는 실질적 권한을 확보할 수 있다. 그런 의미에서 자원의존이론은 경영 윤리 철학을 넘어 전략적 생존 수단으로서 지배구조를 재정의하는 데 주요한 이론적 바탕을 제시한다.

■ 자원의존 감소를 위한 ESG 통합 전략

한편 자원에 대한 기업의 구조적 의존성을 완화하기 위해서는 다음과 같이 기업의 전반적인 전략, 운영, 가치체계를 포괄하는 ESG 통합 전략이 필요하다. ESG가 환경 보호, 사회적 책임, 지배구조의 투명성을 포괄하는 개념인 만큼 자원의 확보·관리·활용에 이르는 모든 조직 활동과 맞닿아 있기 때문이다.

첫째, 환경 전략 측면에서 기업은 재생가능 자원 사용, 에너지 효율화, 자원 재활용 등을 통해 물리적 자원에 대한 외부 의존도를 구조적으로 줄일 수 있다.[38] 예를 들어 이케아IKEA는 목재 등 주요 원자재의 지속가능한 조달을 위해 국제삼림관리협의회(FSC)Forest Stewardship Council 인증 목재 사용을 확대하고 있으며 2030년까지 제품 생산에 사용되는 모든 자원을 재활용 또는 재생가능한 자원으로 전환하겠다는 목표를 설정했다.[39] 이러한 전략은 자원의 외부 통제 리스크를 줄이는 동시에 소비자와 이해관계자에게 자사를 지속가능성 실천 기업으로 인식시키는 계기가 되었다.

둘째, 사회 전략은 기업이 외부 이해관계자와의 관계를 통해 자원 조달 기반을 다변화하고 사회적 자본을 구축함으로써 자원 획득의 안정성과 유연성을 강화하는 역할을 한다. 가령 농업 관련 기업들이 농민조합과 장기적인 파트너십을 체결하고 교육 및 기술 지원을 제공하는 전략은 사회적 신뢰를 기반으로 한 자원 공급망의 안정성과 예측 가능성을 높인다.[40]

셋째, 지배구조 전략은 외부 자원에 대한 의존 구조를 분석하고 이를 통제하거나 재구성할 수 있는 지배구조를 설계하게 해 준다. 예를 들어 기업이 ESG 이사회 위원회를 설치하고 운영함으로써 공급망 리스크 관리를 전략적 의사결정 과정에 통합하면 자원의 확보와 배분이 단기적 효율성보다 지속가능성과 위험 분산에 더 초점을 맞추어 이루어질 수 있다.[41] 이러한 전략은 자원의존으로 인한 불확실성을 조직의 내부 역량으로 해소하는 제도적 기반을 제공한다.

ESG 전략의 통합적 실행은 자원의존이론이 제시하는 외부 환경 통제의 어려움을 구조적이고 지속가능한 방식으로 극복하는 수단이다. ESG는 조직의 자원 구조를 혁신하고 재구성하는 전략적 플랫폼으로 기능하며 기업은 이를 통해 자원의 확보·활용·분배에 이르는 전 과정에서 의존성을 줄이고 자율성을 확대할 수 있다.[42] ESG의 세 요소가 통합적으로 작동할 때 조직은 '자원 조달자'가 아닌 '자원 관계 설계자'로서의 지위를 확보할 수 있으며 이는 자원의 흐름과 권력을 재구성하고 장기적인 경쟁 우위의 토대를 마련하는 핵심적인 경영 전략이 된다.

자원의존이론과 기업 사례 연구 일라이 릴리

글로벌 제약사 일라이 릴리Eli Lilly는 의약품 생산에 필요한 주요 원료의 안정적 공급을 보장하기 위해 다각도의 공급망 관리 전략을 채택해 왔다. 특정 원료에 대한 높은 의존도를 보이는 제약 산업은 원료의 품질과 안정성이 의약품 생산과 환자 안전에 직접적으로 영향을 미치기 때문에 공급망을 효율적이고 안정적으로 운영하는 게 매우 중요하다. 이에 따라 일라이 릴리는 외부 공급업체와의 장기 계약, 내부 생산 역량의 강화라는 두 가지 전략을 병행하여 원료 조달의 불확실성을 최소화하는 데 주력하였다.

우선 일라이 릴리는 주요 원료에 대해 장기 공급 계약을 체결함으로써 자원의 지속적 확보를 제도화하였다. 글로벌 제약 원료, 특히 활성제약성분(API)Active Pharmaceutical Ingredients의 공급망은 정치경제적 변수에 매우 민감하며 팬데믹, 수출입 규제, 자연재해 등 다양한 외부 요인에 의해 불안정해질 수 있다. 이러한 리스크에 대응하여 일라이 릴리는 주요 공급업체와의 장기 계약을 통해 공급 불확실성을 줄이고 원가 변동성 또한 일정 부분 흡수할 수 있는 체계를 구축하였다. 이와 동시에 특정 원료에 대한 공급업체 다변화 전략을 통해 특정 국가나 기업에 대한 과도한 의존을 줄이고 자원 조달의 유연성과 탄력성을 확보하였다.

또한 외부 자원에 대한 의존도를 구조적으로 완화하기 위해 핵심 원료의 내부 생산을 확대하였다. 특정 자원에 대해 전적으로 외부에 의존할 경우 공급 지연이나 품질 문제, 가격 급등과 같은 리스크에 취약해질 수 있기 때문이다. 이에 따라 일라이 릴리는 일부 핵심 원료의 경우 자체 생산 인프라를 구축하여 직접 생산하는 전략을 도입하였다. 이를 통해 자원의 품질을 직접 통제할 수 있을 뿐 아니라 공급망 전반에 대한 통제력을 강화하고 외부 충격에 대한 회복력을 높일 수 있었다. 외부 조달과 내부 생산을 혼합하는 하이브리드 공급 전략hybrid sourcing strategy은 일라이 릴리의 공급망 운영에 유연성과 안정성을 동시에 부여하였다.

코로나19 팬데믹 기간 동안 이러한 전략은 더욱 두드러진 효과를 발휘하였다. 글로벌 제약 기업들이 원료 수급과 물류 지연으로 생산 차질을 겪는 상황 속에서도 일라이 릴리는 사전에 구축한 다중 공급망 체계를 통해 의약품의 안정적인 공급을 유지할 수 있었다. 특히 원료 재고 시스템을 정교화하고 수요 변동을 실시간으로 모니터링하는 역량을 확보함으로써 전례 없는 글로벌 위기 속에서도 공급 리스크를 최소화하였다.

일라이 릴리는 자원의존이론의 전략적 시사점을 실천한 대표적 사례로 볼 수 있다. 외부 자원에 대한 의존으로 인해 불확실성과 협상력의 비대칭에 직면하더라도 자원 확보 경로를 다양화하고 통제력을 높이는 전략을 구사하면 이를 해결할 수 있다는 자원의존이론의 논리처럼, 일라이 릴리는 장기 계약과 공급업체 다변화, 내부 생산 강화 등 여러 전략을 조합하여 외부 의존성을 분산시키고 공급망의 복원력과 지속가능성을 제고하였다. 결론적으로 일라이 릴리의 공급망 전략은 제약 산업뿐 아니라 공급 안정성과 자원 관리가 핵심 경쟁력으로 작용하는 다양한 산업군에 있어 중요한 벤치마킹 사례가 될 수 있다.

11.4 자원의존이론으로 바라본 지속가능경영과 ESG 연구

연구 1 〈자원의존성과 기업의 ESG 성과: A-share 상장기업을 기반으로 한 실증 연구〉*

이 연구는 중국 A-share 상장기업을 대상으로 기업의 지역 자원의존도가 ESG 성과에 미치는 영향을 자원의존이론에 입각해 실증적으로 분석한 것이다. 풍부한 천연자원은 전통적으로 지역 발전과 경제 성장의 촉매로 여겨져 왔으나 이러한 자원에 과도하게 의존하는 경제 구조가 오히려 기술 혁신과 산업 전환을 저해하고 ESG 측면에서의 소극적 대응을 유발할 수 있다는 문제의식이 제기됨에 따라 본 연구를 통해 자원의존이라는 외부 제약 조건이 기업의 환경적 책임, 사회적 책임, 지배구조 관리 역량에 어떤 영향을 미치는지를 다층적으로 고찰한다. 특히 자원의존도가 높은 지역에 속한 조직이 환경과 사회 영역에서의 ESG 성과가 저조해 지속가능경영을 실천할 정당성을 확보하기 어렵고 제도적 내재화도 이루어지기 어렵다는 점을 밝히고자 했다.

이 연구는 2011년부터 2020년까지 총 9,892개 기업-연도 데이터를 활용하여 기업이 위치한 지역의 자원의존성과 ESG 성과 간의 관계를 실증적으로 분석하여 기업의 외부 환경 요인이 ESG 성과에 미치는 영향을 규명했다. 연구진은 자원의존도를 '특정 지역이 석탄·석유·광물 등 천연자원 기반 산업에 경제적으로 의존하는 정도'로 정의하고 각 성省의 광업 종사자 수가 전체 도시 취업자에서 차지하는 비율로 자원의존도를 측정했다. 자원의존도가 높은 지역은 주로 자원 채굴, 1차 가공, 운송업이 주를 이뤘으며 환경 파괴와 사회적 갈등 위험이 높았던 반면, 자원의존도가 낮은 지역은 첨단 기술, 서비스업 중심의 다각화된 경제 구조를 보였다. 연구진은 이러한 지역적 특성이 기업의 ESG 성과에 직접적 영향을 미칠 것이라는 가설을 제시했다.

분석 결과, 자원의존도가 10퍼센트 증가할 때마다 기업의 ESG 점수가 0.04퍼센트 감소하는 것으로 나타났다. 이는 통계적으로 유의미한 부정적 상관관계를 보여주는데, 여타 다양한 통계적 검증을 통해서도 일관된 결과가 나타났다. ESG의 3가지 구성 요소를 개별적으로 분석한 결과, 자원의존도는 환경과 사회 영역에서만 유의미한 부정적 영향을 미쳤다. 이는 자원 집약적 지역에서 발생하는 환경 오염, 작업장 안전사고, 지역사회 갈등 등과 직접적으로 연관된다. 반면 지배구조 영역에서는 유의미

* Fei, Y., Fang, L., Luo, Z., & Liang, W. (2024). Resource dependence and enterprise ESG performance: An empirical study based on A-share listed companies. *Frontiers in Ecology and Evolution*, 12, Article 1344318.

한 관계가 발견되지 않았는데, 이는 기업 지배구조가 조직 내부 요인에 더 크게 좌우됨을 시사한다.

소유 구조 분석에서도 흥미로운 차이가 발견되었다. 국유기업의 경우 자원의존도의 부정적 영향이 매우 강하게 나타난 반면, 민간기업에서는 유의미한 상관성이 나타나지 않았다. 이는 국유기업이 정부 지원과 독점적 지위에 의존함에 따라 ESG 개선 동기가 약화된 반면, 민간기업은 시장 경쟁과 투자자 압력으로 인해 지역적 특성과 무관하게 ESG 관리에 적극적이었기 때문으로 해석된다. 이 연구는 ESG 경영이 기업의 의지나 전략만으로 결정되는 것이 아니라 기업이 처한 지역적 맥락과 산업 환경에 의해서도 크게 좌우될 수 있음을 보여 준다. 따라서 지속가능경영을 추진하는 기업들은 해당 지역의 특성을 충분히 고려한 맞춤형 ESG 전략을 수립해야 할 것이다.

연구 2 〈공급망 중심성과 ESG 성과: 자원의존성 관점〉**

현대 기업 경영에서 ESG는 기업의 지속가능성을 평가하는 핵심 지표로도 인식되고 있다. 이러한 맥락에서 이 연구는 ESG 성과에 영향을 미치는 공급망 구조의 한 가지 요소로 '공급망 중심성supply network centrality에 주목한다. 공급망 중심성이란 기업이 공급망 네트워크 내에서 여타 수많은 공급업체와 얼마나 광범위하게 직접적으로 연결되어 있는지를 나타내는 구조적 개념이다. 공급망 중심성이 높은 기업은 여러 공급자와 직접적인 거래관계를 맺고 있으며 공급망 내에서 중요한 허브 역할을 한다. 달리 말하면 해당 기업이 자원 흐름과 정보 전달에서 핵심적 위치를 차지한다는 의미다.

연구진은 자원의존이론의 관점에서 이 문제에 접근하여 기업의 공급망 중심성이 ESG 성과에 어떤 영향을 미치는지를 실증적으로 입증하였다. 이를 위해 중국의 A-share 상장기업을 대상으로 공급망 구조를 네트워크로 시각화한 후 각 기업의 중심성 지표와 ESG 점수 간의 상관관계를 체계적으로 분석했으며, 그 결과 공급망 중심성이 높은 기업일수록 ESG 성과가 낮게 나타나는 경향이 발견되었다.

이러한 부정적 상관성이 나타나는 이유는 3가지다. 첫째, 공급망의 중심에 위치한 기업들은 자원 배분이나 전략적 의사결정에서 생산성과 운영 효율성을 우선시하는 경향이 있다. 둘째, 이들 기업은 강력한 협상력을 바탕으로 환경 보호, 노동 관계, 지역사회 공헌 등 ESG의 주요 영역에서 발생하는 비용과 책임을 공급업체나 다른 이해관계자에게 전가할 수 있는 위치에 있다. 셋째, 중심적 위치에 따르는 권력과 영향력이 오히려 ESG 기준 준수를 위한 내부적 동기를 약화한다.

또한 이 연구는 이러한 부정적 영향이 특정 조건에서 더욱 강화된다는 사실도 발견했다. 재무적 제약이 높은 기업과 외부 정보 공개 수준이 낮은 기업, 국유기업은 공급망 중심성이 ESG 성과에 미치는

** Siying Quan, Peng Cheng, Jia Zhai. (2025). Supply network centrality and ESG performance: A resource dependence perspective. *Finance Research Letters*, 79

부정적 영향이 더욱 두드러지게 나타났다. 이는 자원의 제약이나 투명성 부족, 소유 구조의 특성이 기업의 ESG 의사결정에 복합적으로 작용함을 보여 준다.

이 연구의 의의는 기존의 기업 내부 중심 접근법이 아니라 기업이 위치한 네트워크의 구조적 조건을 중심으로 ESG 성과를 분석했다는 점에 있다. 즉, ESG 전략이 기업 내부의 의사결정이나 윤리의식에만 의존하지 않으며 기업을 둘러싼 외부적 자원의 흐름과 공급망 권력 구조에 따라 달라질 수 있음을 실증적으로 보여 준 것이다. 이는 ESG 경영이 보다 전략적이고 구조적인 차원에서 설계되어야 함을 시사한다. 특히 공급망 내에서 중심적 위치에 있는 기업들은 자사의 구조적 우위가 오히려 ESG 성과에 부정적 영향을 미칠 수 있다는 점을 인식하고 이를 극복하기 위한 별도의 전략적 노력을 기울여야 할 필요가 있다.

연구 3 〈공급망 집중도가 지속가능성을 향상시킬까?: 운영여유자원과 정보 투명성의 역할〉***

이 연구는 공급망 구조 중 하나인 공급망 집중도가 기업의 지속가능성 성과에 어떤 영향을 미치는지 알아보기 위해 중국 상하이·선전 A-share에 상장된 제조업체 3,581개를 대상으로 2006년부터 2020년까지의 데이터를 활용하여 실증 분석을 수행한 것이다.

공급망 집중도란 한 기업이 소수의 공급자나 고객과 얼마나 집중적으로 거래하는지를 나타내는 개념이다. 예를 들어 어떤 기업이 전체 원재료의 80퍼센트를 단일 공급자로부터 조달받는다면 이 기업은 공급망 집중도가 매우 높다고 볼 수 있다. 반대로 다양한 소규모 공급업체들로부터 고르게 자재를 조달받는 기업은 공급망 집중도가 낮다고 본다.

연구 결과에 따르면 공급망 집중도와 기업의 지속가능성 성과는 단순히 긍정적 관계 혹은 부정적 관계를 보이지 않고 U자형 곡선 관계를 보이는 것으로 나타났다. 쉽게 말해 공급망 집중도가 낮은 상태에서 높은 상태로 조금씩 증가함에 따라 지속가능성 성과는 오히려 악화되고, 공급망 집중도가 일정 수준 이상이 되면 다시 지속가능성 성과가 향상되는 것이다. 자원의존이론의 관점에서 설명하면, 초기에는 특정 거래처에 대한 의존도가 높아지면서 기업이 불리한 조건을 수용하게 되고 ESG 활동이나 환경적·사회적 책임에 투자할 여력이 줄어들다가 일정 수준 이상 집중이 이루어지면 해당 공급자나 고객과의 장기적 신뢰 관계가 형성되고 정보 흐름과 자원 조달이 효율화되면서 지속가능성 성과가 오히려 향상되는 전환점이 나타난다.

이 연구에서는 이러한 결과의 상관성을 더 선명하게 보여주기 위해 두 가지 조절 변수, 즉 운영여유

*** Jia, F., Xu, Y., Chen, L., & Fernandes, K. (2023). Does supply chain concentration improve sustainability performance? The role of operational slack and information transparency. *International Journal of Operations & Production Management*, 45(1), 269-300.

자원operational slack과 정보 투명성을 고려하였다. 운영여유자원이란 기업이 예기치 않은 상황에 대응할 수 있는 내부 자원의 여유를 말하는데, 연구에서는 이를 유동비율과 매출채권 회전율로 측정했다. 분석 결과, 유동비율이 높은 기업은 공급망 집중도가 높아지는 초기 단계에서도 지속가능성 성과가 크게 하락하지 않았으며 회전율이 높은 기업은 공급망 집중도가 일정 수준 이상에 도달한 이후 ESG 성과가 빠르게 회복된 것으로 나타났다. 다시 말해, 자금 운용에 여유가 있는 기업일수록 공급망 구조 변화에 유연하게 대응하며 ESG 경영을 지속할 수 있었다는 의미다.

정보 투명성 역시 중요한 조절 변수로 작용했다. 공급망 전반에 걸쳐 정보 공개 및 공유 수준이 높은 기업은 공급망 집중 이후 ESG 성과 향상 폭이 더 커졌다. 이는 협력기업 간 정보 공유가 원활할수록 ESG 활동이 촉진된다는 것을 의미한다. 예컨대 공급자에게 환경 및 노동 기준을 명확하게 전달하고 이행 여부를 감시하는 시스템이 갖춰진 기업은 지속가능성 성과가 더 높게 나타났다.

이 연구는 ESG 성과를 기업 내부의 윤리 의식이나 리더십의 결과로만 해석하는 기존 관점에서 벗어나 공급망이라는 구조적 요소와 기업이 처한 외부 자원 환경도 함께 고려해야 한다는 점을 보여 준다. 특히 공급망 집중도가 무조건 좋거나 나쁜 것은 아니라는 점에서 공급망 전략을 수립할 때는 집중의 정도뿐 아니라 기업의 자원 여유도와 정보 투명성 수준까지 감안해야 한다는 시사점을 제공한다.

DISCUSSION 11장 | 토론 과제

주제 1: 공급망 다변화 전략은 ESG 경영 강화에 기여하는가

배경

팬데믹, 지정학적 위기, 기후변화 등으로 인해 공급망 리스크가 부각되면서 공급망 다변화는 기업의 생존 전략이자 지속가능경영의 일환으로 주목받고 있다. 이와 동시에 ESG 경영이 강조되면서 공급망 전략과 ESG 목표 간의 관계에 대한 논의도 활발해지고 있다. 일부는 다양한 공급업체와 협력함으로써 환경적 지속가능성, 사회적 책임, 윤리적 거버넌스를 모두 실현할 수 있다는 측면에서 공급망 다변화가 ESG 경영을 강화하는 수단이 될 수 있다고 주장한다. 이와 반대로 다변화된 공급망이 오히려 ESG 기준의 일관성과 관리의 어려움을 초래하여 ESG 성과를 약화시킬 수 있다는 우려도 제기되고 있다. 그런 의미에서 기업의 글로벌 공급 전략이 ESG 목표 실현에 기여하는지, 또는 상충하는지를 면밀히 따져 볼 필요가 있다.

의견 ❶: 공급망 다변화 전략은 ESG 경영을 강화한다

- 환경 요소 측면: 재생가능 자원을 제공하는 다양한 친환경 공급처 확보를 통해 탄소 배출을 줄이고 환경적 지속가능성을 높일 수 있다.
- 사회 요소 측면: 공정무역, 지역사회 협력, 노동권 보장 등을 실천하는 공급업체와 협력함으로써 사회적 책임을 강화할 수 있다.
- 지배구조 요소 측면: 공급망에 대한 투명한 정보 공개와 윤리 기준 준수를 통해 기업의 신뢰도와 거버넌스 수준을 향상시킨다.
- ESG 공시 의무화 추세 속에서 기업은 공급망의 투명성과 책임성을 강화해야 한다. 이 과정에서 공급망 다변화는 특정 공급자에 대한 과도한 의존을 줄이고 환경적·사회적 리스크를 분산시키며 윤리적 조달을 가능하게 함으로써 ESG 평가 지표 개선에 유리하게 작용한다.

의견 ❷: 공급망 다변화 전략은 ESG 경영을 강화하지 못한다

- 공급처가 다양해지면 환경·사회 기준을 일관되게 적용하기 어려워지기 때문에 오히려 ESG 리스크가 커질 수 있다.
- 일부 지역 공급업체는 노동권이나 환경 기준이 미흡하여 사회적 책임이 약화될 수 있다.

• 공급망이 복잡해질수록 각 단계에서의 거래와 책임 구조를 투명하게 파악하기 어려워진다. 이로 인해 기업 지배구조의 투명성 확보가 제한되고, 결과적으로 ESG 공시의 신뢰성과 실효성 또한 저하될 수 있다.
• ESG보다 비용 절감이나 리스크 분산을 우선시하는 기업의 경우, 공급망 다변화가 ESG 강화로 직결되지 않는다.

생각의 확장

공급망 다변화는 ESG 성과를 강화하는 전략인가, 아니면 오히려 ESG 관리의 복잡성을 키우는 요인인가? 두 입장을 조화시킬 방법은 무엇인가?

주제 2: 자원의 희소성은 기업의 협상력과 ESG 전략에 영향을 미치는가

배경

오늘날 글로벌 공급망은 기후변화, 지정학적 갈등, 산업 구조 변화 등으로 인해 자원이 희소해지는 문제점에 봉착했다. 특히 에너지, 희토류, 식량, 수자원과 같은 핵심 자원의 부족 현상은 기업의 조달 전략과 협상력을 넘어 ESG 경영 전반에까지 중대한 영향을 미치고 있다. 자원 확보 과정에서 환경 보호나 사회적 책임보다 생존과 수익성을 우선시하는 기업이 있는가 하면, ESG 기준을 전략적으로 활용하여 지속가능한 공급망을 구축함으로써 장기적으로 협상 우위를 확보하려는 기업들도 있다.
이러한 맥락에서 자원의 희소성이 과연 기업의 ESG 전략을 강화하는지, 아니면 약화시키는지에 대한 시각차가 존재한다. 한편에서는 자원 확보의 불확실성이 ESG를 강화하는 유인을 제공한다고 보는 데 반해, 다른 한편에서는 ESG 기준의 실천을 방해한다고 주장한다. 따라서 자원 조건의 변화가 기업 전략과 지속가능성에 어떤 영향을 미치는지를 다각도로 성찰해 볼 필요가 있다.

의견 ❶: 자원의 희소성은 ESG 전략에 중요한 영향을 미친다

• 자원의 희소성은 공급자와 수요자 간 협상력에 직접적인 영향을 미치며, 기업은 안정적 자원 확보를

위해 노동권 보장, 공정무역, 지역사회 기여와 같은 사회적 요소를 강화할 유인을 갖게 된다. 이는 ESG 기준 충족뿐 아니라 공급망의 장기적 신뢰성과 지속가능성을 확보하는 전략이 된다.

- 기업은 지속가능한 공급망 구축과 재생 자원 확보를 통해 환경 리스크를 줄임으로써 장기적으로 협상 우위를 확보할 수 있다.
- 공정하고 투명한 거래를 선호하는 공급처와 협력함으로써 사회적 책임과 지배구조도 동시에 강화되는 효과를 꾀할 수 있다.

의견 ❷: 자원의 희소성은 ESG 전략에 긍정적 영향을 미치지 않는다

- 자원이 희소할수록 협상에서 공급자가 유리한 위치를 차지하게 되고, 기업은 특정 거래처에 대한 의존도가 높아질수록 불리한 조건을 수용할 가능성이 커진다. 그 결과 ESG 활동이나 환경적 · 사회적 책임에 투자할 여력이 줄어들어 기업의 ESG 실천이 제한될 수 있다.
- 비용이 낮고 지원이 빠른 공급처에 의존하는 경우가 많아지면서 ESG 전략이 약화될 수 있다.
- 자원 확보 자체에 주력하다 보면 사회적 책임이나 환경 보호를 등한시할 수 있다.

생각의 확장

자원의 희소성은 기업의 ESG 전략을 강화하는 요인인가, 아니면 오히려 ESG 실천을 제약하는 걸림돌인가? 두 관점은 어떻게 조화시킬 수 있는가?

11장 연습문제

01. 자원의존이론의 개념에 대해 서술하시오.

02. 톰슨이 제시한 '기술적 핵심'과 '완충 메커니즘' 개념이 자원의존이론과 어떻게 연결되는지 설명하시오.

03. 공급망 다변화와 수직적 통합 전략이 자원의존성 완화와 ESG 경영 강화에 어떤 기여를 하는지 구체적으로 서술하시오.

04. 자원의 희소성이 기업의 협상력과 ESG 투자 여력에 미치는 영향을 사례를 들어 설명하시오.

05. 힐먼 등의 연구에 근거하여 이사회 구성이 자원 확보와 ESG 지배구조 개선에 어떤 전략적 역할을 하는지 서술하시오.

CHAPTER 12

거래비용이론

12.1 거래비용이론의 개념

거래비용이론Transaction Cost Theory은 로널드 코스Ronald Coase가 1937년에 발표한 논문 〈기업의 본질The Nature of the Firm〉에서 처음 제시한 개념으로, 조직과 시장 간의 경계 설정 및 경제적 선택 과정을 설명하는 이론이다. 여기서 거래비용이란 재화와 서비스를 구입하는 가격 외에 거래 상대를 탐색하고 계약을 체결하며 이행을 감시하고 분쟁을 해결하는 과정에서 발생하는 모든 비용을 포함한다.[1] 코스는 현실의 시장 거래는 완전경쟁시장에서 이루어지지 않으며, 거래 수행 과정에서 발생하는 다양한 비용을 고려해야 함을 지적하였다. 이 이론은 특정 활동이나 거래를 시장을 통해 수행할 것인지, 아니면 조직 내부에서 수행할 것인지 결정하는 데 있어 거래비용이 핵심적 역할을 한다고 본다.

코스의 연구는 경제학에서 간과되었던 "기업은 왜 존재하는가"라는 근본적 질문에서 출발했다. 전통적인 신고전파 경제학에서는 시장의 가격 메커니즘이 효율적인 자원 배분을 이끌어낸다고 가정하는데, 이러한 관점으로는 기업과 같은 위계적 조직이 왜 존재하는지 설명하기 어려웠다. 이에 코스는 먼저 시장 거래에서도 '거래비용'이 발생한다는 사실을 밝혔다. 거래비용은 재화나 서비스를 교환할 때 발생하는 모든 비용을 포괄하는데, 예를 들면 정보 탐색 비용, 계약 조건 협상 비용, 계약 이행을 감시하고 위반을 교정하는 데 드는 비용 등을 말한다.[2] 즉, 시장에서 거래를 하더라도 이런 비용이 발생하기 때문에 시장 거래가 늘 효율적인 것은 아니며, 기업은 이러한 비용을 절감하기 위해 조직을 만들어 내부적으로 재화나 서비스를 생산한다고 분석한 것이다. 이러한 관점은 기업의 존재와 경계를 경제학적으로 새롭게 조명한다는 점에서 혁신적이었다.

이후 올리버 윌리엄슨Oliver Williamson은 코스의 논의를 체계화하고 확장하여 거래비용이론을 현대 조직이론과 경영학의 주요 분석틀로 발전시켰다.[3] 윌리엄슨은 거래비용을 세부 요소인 계약 협상 비용, 모니터링 비용, 시행 비용 등으로 구체화했다. 이러한 거래비용은 크게 사전적ex ante 비용과 사후적ex post 비용으로 나눌 수 있다. 사전적 비용은 계약 체결 이전에 발생하는 비용으로, 적절한 거래 파트너를 찾고 관련 정보를 수집하며 거래 조건을 협상하는 과정에서 발생한다. 사후적 비용은 계약 체결 이후에 발생하는 비용으로, 계약 이행을 모니터링하고 분쟁을 해결하며 필요시 계약을 재협상하는 데 드는 비용을 포함한다. [표 12-1]은 거래비용의 종류와 그 차이점을 정리한 것이다.

표 12-1 거래비용의 종류

	사전적 거래비용	사후적 거래비용
정의	거래가 이루어지기 전에 발생하는 비용	거래 이후에 발생하는 비용
예시	• 거래 상대방 탐색 및 정보 수집 비용 • 계약서 작성 및 협상 비용 • 품질 및 조건 협의 비용	• 계약 이행 감시 및 감독 비용 • 계약 위반 시 분쟁 해결 비용 • 추가 조정 협상 및 보증 비용

이 같은 비용 구조가 시장 거래의 총비용을 결정한다. 이는 기업의 내부화internalization 의사결정, 즉 외부와의 거래를 통해 재화 또는 서비스를 얻을 것인지, 아니면 내부 조직을 통해 생산할 것인지를 결정하는 데에 직접적인 영향을 미친다. 거래비용이 높을수록 기업은 외부 시장을 통한 조달보다 자체 생산을 선택하는 경향이 있다. 예를 들어 외부 공급업체로부터 부품을 조달하는 과정에서 협상 및 감독 비용이 과도하게 발생할 경우, 기업은 내부화를 통해 해당 부품을 직접 생산함으로써 거래비용을 절감하는 전략을 취한다. 반면 거래비용이 낮으면 시장 거래를 선호하여 외주화를 더욱 확대하는 전략을 취할 가능성이 크다.[4]

한편 윌리엄슨은 인간의 '제한된 합리성bounded rationality'과 '기회주의opportunism'라는 행동 가정을 바탕으로 거래비용이론을 심화시켰다. 제한된 합리성이란 인간이 모든 정보를 완벽히 처리할 수 없고 미래도 예측할 수 없음을 뜻하며, 기회주의는 인간이 언제든 자신의 이익을 위해 전략적으로 행동할 수 있음을 의미한다. 이 두 가정은 계약의 불완전성과 거래비용 발생의 근본적 이유를 설명해 주는 요소로, 이에 대해서는 12.2절에서 더 자세히 다룬다.

거래비용이론은 현대 경영에서 글로벌 공급망 전략, 아웃소싱 결정, 전략적 제휴 설계 등 다양한 분야에 적용되고 있다. 글로벌 기업은 거래비용을 종합적으로 고려해 외부 공급망 활용과 내부화 중 적절한 전략을 선택한다. 공급망의 불확실성이 높을 경우 기업은 외부 조달보다 자체 생산을 선호한다.[5] '자산 특수성asset specificity'이 높을 때도 마찬가지다. 자산 특수성이란 '어떤 자산이 특정 거래나 특정 상대방과 관련되어 있어 다른 용도로 전환하기 어려운 정도'를 말한다. 이에 대해서는 12.2절의 '자산 특수성의 중요성'에서 더 자세히 다룬다.

한편 글로벌 경영 환경에서는 국가 간 법적·문화적·제도적 차이도 추가적인 거래비용을 발생시킨다. 이러한 '국경 효과border effect'는 국제 거래의 복잡성을 증가시켜 다국적 기업의 내부화 의사결정에 영향을 미친다. 예를 들어 계약 집행이 어렵거나 지적재산권 보호가 취약한 국가에서 기업이 라이센싱이나 아웃소싱과 같은 외부 의존 방식을 선택할 경우 거래비용이 과도하게 증가할 수 있다. 이러한 상황에서는 기업이 직접 투자를 통한 내부화를 선호하게 된다. 즉, 기업이 국제화 전략을 추진하며 조인트 벤처joint venture 등 진입 모드entry mode를 결정할 때에도 거래비용이론은 중요한 의사결정의 틀로 작용한다.

한편 거래비용이론에 기반하여 기업이 취할 수 있는 전략은 '순수한 시장 거래' 또는 '완전한 내부화'라는 이분법적 선택에만 국한되지는 않는다. 전략적 제휴alliance와 네트워크 조직은 순수한 시장 거래와 완전한 내부화 사이의 중간 형태로, 현대 비즈니스 환경에서 점점 더 중요해지고 있다. 이러한 하이브리드 거버넌스 형태는 거래비용이론을 확장시켜 적용한 사례다.

전략적 제휴는 자산 특수성으로 인한 리스크를 공유하면서도 내부화의 경직성을 피할 수 있는 균형점을 제공한다. 가령 항공 산업에서 두 개 이상의 항공사가 한 항공편을 공동으로 운항하는 '코드쉐어링code sharing' 제휴는 각 항공사가 완전한 네트워크를 구축하는 비용을 절감하면서도 글로벌 서비스를 제공할 수 있게 해 준다. 네트워크 조직은 독립적인 여러 기업이나 조직이 자본의 통합 없이 업무적으로만 긴밀히 협력하는 형태로, 나이키 같은 글로벌 브랜드가 자체 생산 공장 없이 전 세계적으로 OEM 기업들과 네트워크를 통해 제품을 공급하는 사례가 대표적이다.

이러한 가운데 디지털 전환은 전통적 거래비용 구조를 변화시키고 있다. 디지털 플랫폼 기반 경제에서는 정보 탐색 및 거래 상대방 탐색에 드는 비용이 급격히 줄어들어 내부화보다 네트워크 기반 아웃소싱이나 공유경제 모델이 확대되는 추세다.[6] 예를 들어 공유경제 기업들은 고정비를 최소화하고 독립된 공급자와 소비자를 연결함으로써 거래비용을 효과적으로 절감하고 있다. 또한 디지털 기술은 정보 비대칭 문제를 완화하고 모니터링 비용을 절감함으로써 거래비용 구조를 근본적으로 변화시키고 있다. 가령 클라우드 컴퓨팅, 빅데이터 분석, 인공지능 등의 기술은 정보 처리와 계약 관리의 효율성을 높여 시장 거래의 매력도를 증가시키는 요인이 되고 있다.

이와 동시에 데이터 보안 및 프라이버시 관련 비용과 같은 새로운 형태의 거래비용이 등장하면서 디지털 시대의 거래비용 분석에 새로운 차원이 더해졌다. 가령 블록체인 기술은 거래비용 구조를 혁신적으로 변화시킬 잠재력을 가지고 있다. 스마트 계약, 중앙 집중식 데이터 저장소 없이 네트워크 참여자들이 거래 기록이나 데이터를 분산 저장하고 관리하는 '분산 원장 기술distributed ledger technology'은 계약 집행과 감독 비용을 획기적으로 줄임으로써 특히 신뢰가 부족한 환경에서의 거래를 촉진할 수 있다. 또한 국제 공급망에서 블록체인 기반 추적 시스템을 사용하면 제품의 원산지와 이동 경로를 투명하게 기록하여 모니터링 비용을 절감시키면서도 신뢰도를 높일 수 있다.

거래비용이론은 조직이 자원 관리 및 의사결정 과정에서 시장 거래와 내부화 중 어떤 전략을 택하는지를 이해하는 데 중요한 이론적 틀을 제공한다. 기업은 거래비용 분석을 통해 효율성을 극대화하고 전략적 경쟁 우위를 확보할 수 있다. 특히 불확실성과 자산 특수성이 높은 환경에서는 거래구조의 신중한 설계가 장기적 성장과 지속가능성 확보에 결정적 역할을 하기 때문이다.

12.2 거래비용이론의 특징

■ 거래비용 중심의 분석

앞서 설명했듯이 거래비용은 단순히 금전적 비용만을 가리키는 것이 아니라 정보를 탐색하고 상대방을 평가하는 탐색비용, 계약을 협상하고 체결하는 협상비용, 그리고 거래 이행을 감시하고 조정하는 감독비용까지 포괄한다.[7] 예를 들어 기업이 특정 원자재를 외부에서 조달할 경우, 공급업체를 탐색하고 신뢰성을 평가하며 가격을 협상하는 과정에서 상당한 거래비용이 발생할 수 있다. 이러한 비용이 높을수록 기업은 내부화를 고려하며, 반대로 거래비용이 낮으면 시장 거래를 통한 조달이 더 경제적이다.[8]

또한 거래비용에는 기회비용과 잠재적 리스크도 포함된다. 시장 거래에서 발생할 수 있는 지연, 품질 문제, 공급 불안정성 등은 직접 비용으로 환산하기 어렵지만 기업 운영에 중대한 영향을 미치는 요소들이다. 이러한 잠재적 리스크와 기회비용을 내부화 의사결정에 반영함으로써 기업은 단기적 비용 효율성과 장기적 운영 안정성 사이의 균형을 추구한다. 예를 들어 소프트웨어 개발을 외주화할 때 예상치 못한 수정 요청이나 기능 변경이 발생하면 협상비용과 감독비용이 추가될 수 있다는 리스크가 존재한다. 따라서 기업은 외주업체와 계약을 할 때 추가 비용 발생 리스크가 상존한다는 사실과 내부화 여부를 동시에 고려하게 된다.

이러한 리스크가 존재하는 근본적인 이유는 계약의 불완전성 때문이다. 인간의 제한된 합리성과 정보의 비대칭성으로 인해 시장에서 이루어지는 계약은 모든 가능한 상황을 예측하거나 명시할 수 없는 '불완전한 계약'이 될 수밖에 없다. 이러한 제약 때문에 기업은 계약 구조를 최적화하고 거버넌스 메커니즘을 발전시키는 방식을 추구한다. 형식적 계약의 한계를 보완하는 관계적 계약relational contracting이 그 예로, 자동차 산업의 장기적 부품 공급 계약이 대표적이다. 예를 들어 도요타와 같은 글로벌 완성차 기업은 부품 공급업체와 장기적인 신뢰 기반 관계를 구축해, 계약서에 모든 조건을 세세히 명시하기보다는 상호 협력과 지속적 조정을 통해 공급망을 운영한다. 이 과정에서 가격 변동, 수요 변화, 품질 개선 요구 등 예측 불가능한 상황이 발생하더라도 상호 신뢰와 반복적 거래 관행을 기반으로 문제를 해결해 나간다. 이러한 관계적 계약은 공식적인 계약서에 모든 상황과 의무를 명확히 규정할 수 없는 현실에서 장기적 신뢰 관계와 암묵적 약속을 통해 거래비용을 절감하는 전략이 된다.

한편 현대 기업 환경에서는 거래비용이 더욱 복잡하고 다양해지고 있다. 디지털 경제의 발전으로 정보 탐색 비용이 감소하는 동시에 가상 환경에서의 신뢰 형성 및 계약 이행 관련 비용이 새롭게 발생하는데, 예를 들어 온라인 플랫폼을 통한 아웃소싱은 표면적으로는 거래비용을 절감시키는 것처럼 보이지만 실제로는 품질 관리와 책임 소재 문제로 인한 감독비용을 증가시킬 수 있다.

■ 의사결정 과정에서의 경제적 합리성

거래비용이론은 기업이 거래비용을 최소화하고 조직의 가치를 극대화하는 방향으로 운영 방식을 결정한다고 설명한다.[9] 이러한 '거래비용 최소화 원칙,' 즉 경제적 합리성의 추구는 거래비용이론의 근간이 되는 가정이다. 그러나 윌리엄슨이 지적했듯이 이는 제한된 합리성이라는 틀 안에서 작동한다. 기업은 완벽한 정보를 얻을 수 없으며 모든 대안을 검토할 시간과 자원도 부족하다. 이러한 현실적 제약 속에서 기업들은 '만족화satisficing' 전략을 취하는데, 이는 최적화보다는 '충분히 만족스러운' 해결책을 추구하는 경향을 말한다. 다시 말해 기업은 내부화와 외부 조달 사이에서 '거래비용이 가장 낮으리라고 예상되는' 방안을 모색하면서도 현실적 제약 때문에 충분히 만족스럽다고 판단되는 방안이 나오면 그것을 선택하고 의사결정을 종료한다.

거래비용 최소화 원칙은 단기적인 비용 절감을 넘어 장기적인 전략적 가치를 세울 때도 적용된다. 생산비나 운영비와 같은 물적 자산뿐만 아니라 지식, 역량, 관계적 자산과 같이 눈에 보이지 않는 무형자산에서도 상당한 거래비용이 발생하기 때문이다. 지식 기반 경제에서는 지식의 전달과 보호, 신뢰와 협력관계의 유지와 같은 요소들이 조직 구조와 전략적 의사결정에 핵심적인 영향을 미친다. 따라서 기업은 장기적으로 이러한 자산에서 발생하는 거래비용을 줄이는 동시에 그 가치를 극대화하기 위해 조직 구조를 신중하게 설계해야 한다.

이러한 원칙은 글로벌 공급망 전략에서 뚜렷하게 나타난다. 예컨대 다국적 기업의 경우, 외부 공급업체 활용이 단기적으로는 비용 절감에 유리할 수 있지만 품질 관리, 공급 안정성, 기술 유출 방지와 같은 장기적 거래비용을 고려하여 자체 생산을 선택하기도 한다.[10] 특히 팬데믹 이후 공급망의 불안정성이 확대되면서 많은 기업들이 외주 중심 전략에서 내부화 전략으로 전환하였다.[11] 이는 비용을 줄이는 차원을 넘어 장기적으로 불확실성과 리스크를 줄이고 회복탄력성과 적응력을 확보하려는 선택이었다. 그런 의미에서 거래비용 분석은 오늘날 지정학적 리스크, 공급망 취약성, 환율 변동과 같은 복합적 요인을 고려하여 기업의 장기적 생존과 경쟁 우위를 보장하는 전략적 도구로 활용되고 있다.

■ 불확실성과 복잡성의 영향

불확실성과 복잡성은 거래비용을 증가시키는 주요인으로 거듭 강조된다.[12] 앞서 언급했듯이 불확실성은 미래의 거래 조건이나 환경 변화를 예측하기 어렵게 만들어 계약 비용과 위험을 높이고 기업이 내부화를 통해 거래비용을 최소화하려는 동기를 강화한다.

불확실성은 내생적 요인과 외생적 요인으로 나눌 수 있다. 내생적 불확실성은 거래 당사자의 행동에서 비롯되는 것으로, 한쪽이 기회주의적으로 행동할 가능성이 있는 경우나 R&D 프로젝트와 같이 장기간에 걸쳐서 성과가 나타나 성과 평가 기준이 모호해지는 경우 등에서 찾아볼 수 있다. 기업은 불확실성을 줄이기 위해 성과 측정 체계를 정교화하여 단순한 재무적 지표뿐만 아니라 프로젝트 과정과 질적 성과, 협업 기여도를 함께 평가한다. 또한 이사회 내 리스크 관리위원회나 감사 기능을 강화하는 등 지배구조를 보완하고, 공식 계약의 한계를 보완하기 위해 신뢰와 장기적 협력에 기초한 관계적 계약을 활용한다. 아울러 성과와 보상을 장기적 성과에 연계하여 단기적 이익 추구를 억제하는 인센티브 체계를 도입한다.

반면 외생적 불확실성은 시장 환경, 기술 변화, 정치적 불안정 등 기업이 직접 통제할 수 없는 외부 요인에서 기인한다. 이에 대응하기 위해 기업은 특정 공급자나 국가에 대한 의존을 줄이는 공급망 다변화 전략을 실행하고, 핵심 자원의 조달 과정을 직접 통제하기 위해 원자재 생산이나 핵심 부품 제조 단계로 진출하는 수직적 통합을 활용한다. 또한 원자재 가격 변동이나 공급 불안을 완화하기 위해 장기계약을 체결하고, 재생에너지나 대체 소재와 같은 혁신 기술을 개발하여 외부 자원의존도를 줄인다. 더 나아가 시뮬레이션과 시나리오 분석, 조기 경보 시스템과 같은 리스크 관리 시스템을 통해 환경 변화를 신속히 탐지하고 대응한다.[13]

조직 차원의 유연성organizational flexibility은 이러한 불확실성에 대응하는 방안으로서 현대 기업 전략의 핵심 요소가 되었다. 모듈화된 조직 구조, 동적 역량dynamic capability 강화, 실시간 정보 공유 시스템 등은 모두 불확실성 관리를 위한 조직적 대응 방식으로, 내부화와 외부화의 이분법적 접근을 넘어 하이브리드 형태의 거버넌스 구조가 발전하는 계기가 되었다.

복잡성 또한 거래비용을 증대시키는 요인이다. 기술적 사양이 복잡하거나 계약 조건이 다층적일 경우 계약 협상 및 감독에 더 많은 자원이 소요되기 때문이다. 반도체 산업이 복잡성이 높은 대표적인 예이다. 이 업계에서는 제품의 품질 관리, 공정 표준, 납기, 기밀 유지, 기술 이전 등 세부 조건을 계약서에 매우 구체적으로 명시하고 이를 관리·감독하기 위한 체계를 갖춰야 한다. 이처럼 가격이나 납품 기한만 정하는 것이 아니라 거래의 모든 절차와 조건을 세밀히 규정하는 등 거래 관계를 정교하게 설계해야 하는 업계의 경우, 그 복잡성으로 인해 외부 계약에 의존하기보다는 내부화를 선택해 직접 생산과 품질 관리를 통제하는 방식을 선호하는 경향이 있다.

한편 기술 사양, 계약 조건 등이 초래하는 일차적 복잡성뿐만 아니라 다원화된 공급망, 다층적 협력 네트워크, 글로벌 가치사슬 등과 같은 상호 의존적인 요소들 간의 관계가 초래하는 '시스템 복잡성system complexity' 역시 그 중요성이 더욱 커지고 있다. 이러한 복잡성은 더 관리하기가 어렵기 때문에 거래비용 분석과 거버넌스 설계에 새로운 도전 과제가 되고 있다.

이러한 상황에서 기술 발전이 복잡성 관리를 위한 새로운 도구를 제공하기 시작했다. 블록체인 기술, 스마트 계약, 인공지능 기반 모니터링 시스템 등은 복잡한 거래의 투명성을 높이고 계약 이행 비용을 절감시켜 준다. 기술 혁신이 거래비용 구조를 근본적으로 변화시키고 전통적인 내부화–외부화 의사결정에도 영향을 미치기 시작한 것이다. [그림 12-1]은 불확실성과 복잡성, 제한된 합리성 등 거래비용이론의 특징이 어떻게 상호 작용하는지를 보여 준다.

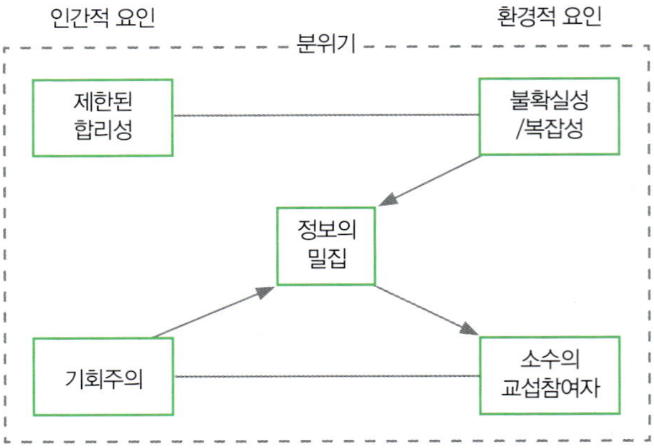

그림 12-1 윌리엄슨이 발전시킨 거래비용이론의 메커니즘[14]

■ 자산 특수성의 중요성

앞서 자산 특수성이란 '특정 거래를 위해 설계된 자산이 다른 거래에는 쉽게 활용될 수 없는 정도'[15]를 의미한다고 했다. 자산 특수성이 높을수록 특정 거래 상대방에 대한 의존도가 심화되고 거래비용과 협상 리스크도 덩달아 증가한다. 예를 들어 특정 자동차 모델에 맞춤한 생산설비를 구축한 경우, 해당 설비는 다른 고객이나 제품에 알맞게 재전환하기 어려워 거래 상대방에 대한 종속성을 높인다. 종속성이 높아지는 만큼 자산 특수성이 높아지는 것이다. 이렇게 특정 거래 상대방이나 특정 계약, 특정 목적을 위해 만들어진 자산을 '전용 자산dedicated asset'이라고 한다.

자산 특수성은 다양한 형태로 나타나는데, 먼저 물적 자산 특수성physical asset specificity은 위에서 언급한 자동차 모델처럼 특정 목적을 위해 설계된 설비나 장비에서 찾아볼 수 있다. 인적 자산 특수성human asset specificity은 병아리 암수 감별 기술과 같이 특정 기술을 가진 사람, 한 분야에서 오랜 기간 교육을 받은 사람에게서 찾아볼 수 있다. 장소 특수성site specificity은 한 장소에 특화되어 있는 자산, 즉 창고, 공장, 항구 등 특정 지역에 설치된 설비나 인프라에서 나타나고, 시간 특수성temporal specificity은 계절 상품이나 이벤트에 투입되는 인력처럼 특정 시간대에 고정적으로 사용되는 자원이나 자산에서 나타난다.

이러한 자산 특수성은 거래 후 발생할 수 있는 '홀드업 문제hold-up problem'의 주요 원인이다. 홀드업 문제란 거래 당사자 중 한쪽이 특정 거래에 맞춰 특수한 투자를 하거나 전용 자산을 투입했을 때 상대방이 이 투자를 이용해 협상력을 행사하여 불리한 조건을 강요하는 상황을 말한다. 특수 자산에 투자

한 당사자는 상대방의 이러한 기회주의적 행동에 취약해질 수 있으며, 결국 해당 거래 관계에서 생성되는 초과 수익을 불공정하게 분배받는 불이익을 당할 수도 있다.

이러한 위험을 완화하기 위해 기업들은 장기 계약, 상호 투자, 지분 참여, 조인트 벤처 구성 등 다양한 거버넌스 메커니즘을 발전시켜 왔다. 또한 일부 기업은 자산 특수성을 낮추기 위해 부품이나 모듈의 표준화를 추진하기도 한다. 글로벌 자동차 제조업체들이 다양한 모델에 공통 부품을 적용하는 전략은 거래 유연성을 확보하고 거래비용을 줄이려는 시도다.[16]

디지털 경제의 발전은 자산 특수성 개념에 새로운 차원을 더했다. 과거에는 생산 설비나 물류 인프라와 같은 물적 자산에서 주로 자산 특수성을 찾을 수 있었다면, 오늘날에는 클라우드 컴퓨팅과 '서비스로서의 소프트웨어(SaaS)Software as a Service'의 확산으로 데이터 호환성, API 연결, 플랫폼 생태계 내 종속성과 같은 무형의 자산 특수성이 중요해지고 있다. 특히 플랫폼 경제에서는 네트워크 효과와 데이터 축적이 생태계 종속성을 심화시키면서 자산 특수성의 한 형태로 자리 잡았다. 특정 플랫폼이나 기술 표준에 맞추어 축적된 데이터와 연결 구조가 다른 시스템으로 쉽게 이전하기 어려운 상황을 초래하여 조직의 전략적 유연성을 제약하기 때문이다. 이처럼 네트워크 효과와 생태계 종속성 또한 거래비용과 자산 특수성을 높이는 요인으로서 기업 전략에서 중요한 요소로 작용하고 있다.

■ 조직과 시장 간의 경계 설정

한편 거래비용이론은 기업에 조직과 시장 간의 경계를 설정하는 기준을 제시한다. 높은 거래비용이 예상될 경우 내부화를 통해 거래를 조직 내부로 흡수하고 반대로 거래비용이 낮거나 시장 유연성이 필요한 경우 외부 조달을 택함으로써[17] 기업 스스로 어디까지 조직으로 흡수해 내부적으로 관리할지를 자연스럽게 결정하도록 유도하기 때문이다.

이러한 기업 경계 결정은 '조직이냐 시장이냐'만을 따지는 이분법적 선택으로 바라봐서는 안 되며, 연속체continuum 상의 위치 설정으로 이해해야 한다. 앞서 언급했듯이 완전한 내부화와 완전한 외부화(시장 거래) 사이에는 전략적 제휴, 조인트 벤처, 프랜차이즈, 라이센싱, 장기 계약 등 다양한 하이브리드 형태의 거버넌스 구조가 존재한다. 이러한 중간 형태의 거버넌스는 전적인 내부화나 외부화의 한계를 보완하며 거래비용 최적화와 전략적 유연성을 동시에 추구할 수 있는 대안을 제공한다. 가령 애플과 같은 기업은 핵심 기술 개발을 내부화하는 한편 대규모 생산은 외부 제조업체(예 폭스콘)와의 계약을 통해 실현함으로써 거래비용을 최적화하고 시장의 빠른 변동성에도 대응할 수 있는 전략적 균형을 유지하고 있다.[18]

조직 경계의 유동성은 현대 기업의 중요한 특성으로 자리 잡았다. 프로젝트 기반 조직, 임시 조직temporary organization, 동적 네트워크 등은 고정된 경계를 넘어 유연하게 자원을 재배치하는 조직 형태로, 급변하는 환경에 대응하기 위한 전략적 선택이다. 이러한 유동적 경계는 전통적인 거래비용 분석의 프레임워크를 확장시켜 조직과 시장의 이분법을 넘어선 새로운 관점을 요구한다.

최근에는 ESG 경영도 거래비용 분석에 중요한 변수로 등장했다. 공급망 관리에서 윤리적 기준과 지속가능성이 중요해지면서 공급망의 내부화 또는 외부화도 고려 사항이 된 것이다. 가령 마이크로소프트는 자체적으로 클라우드 핵심 기술을 개발하는 한편, ESG 기준을 충족하는 외부 업체와의 파트너십을 통해 고객 서비스 부문을 운영하며 조직과 시장 간 경계를 전략적으로 조정하고 있다.[19] 또한 디지털 전환도 조직 경계의 개념을 변화시키고 있다. 개방형 혁신, 크라우드소싱crowdsourcing, 사용자 참여형 가치 창출 등은 전통적인 조직-시장 경계를 모호하게 만들며 기업과 외부 환경의 상호 작용 방식을 근본적으로 재정의하고 있다. 플랫폼 기업 역시 내부 자원과 외부 참여자의 역량을 유기적으로 결합하는 생태계 전략을 통해 새로운 형태의 거버넌스 모델을 발전시키고 있다.

■ 제도적 환경과 거래비용

법적 체계, 규제 환경, 사회적 규범, 문화적 관행 등의 제도적 환경은 기업 간 거래의 기본 규칙을 형성하고 거래비용의 크기와 성격을 결정하는 중요한 요소이다. 특히 국가별 제도적 차이는 다국적 기업의 전략 수립에 중요한 고려 사항이다. 예를 들어 계약 이행에 대한 법적 보호가 약한 국가에서는 거래비용이 높아져 내부화 전략이 선호될 수 있다. 반면 투명하고 효율적인 법체계와 강력한 지적재산권 보호가 보장되는 환경에서는 시장 거래가 활성화될 수 있다.

제도적 환경의 불확실성과 변동성은 추가적인 거래비용을 초래한다. 정치적 불안정성, 규제 변화, 사회 갈등 등은 계약의 안정성을 위협하고 거래 리스크를 증가시킨다. 이에 따라 기업들은 정치적 위험 관리, 제도적 공백 대응 전략, 비시장non-market 전략 등을 통해 제도적 환경이 초래하는 거래비용을 관리한다. 글로벌 기업은 각국의 특성에 맞춘 차별화된 거버넌스 전략을 수립하는데, 가령 삼성전자의 경우 지적재산권 보호를 중시하는 미국에서는 라이센싱과 전략적 제휴를 활용하는 반면 제도적 불확실성이 높은 신흥 시장에서는 내부화 전략을 강화하는 등 지역별로 최적화된 접근법을 채택하고 있다.

■ 지식 기반 관점과의 통합

최근 거래비용이론에 지식 기반 관점이 통합되면서 이론의 외연이 보다 확장되고 있다. 지식경제의 발전으로 지식 이전, 학습, 혁신 역량이 기업 성과의 핵심 결정 요인으로 부각됨에 따라 지식 관련 거래비용이 조직 경계 설정에 미치는 영향도 중요해지고 있다. 특히 암묵적 지식tacit knowledge의 이전은 높은 거래비용을 수반하는데, 명문화하기 어렵고 경험을 통해서만 습득 가능하므로 시장 거래를 통한 효율적 전달이 쉽지 않아 지식 집약적 활동의 내부화를 강화시킨다. 예를 들어 첨단 기술 기업들이 핵심 R&D 기능을 내부에 유지하는 이유 중 하나도 암묵적 지식 이전의 거래비용을 절감하기 위함이다.

지식 자산의 거래는 불완전 계약 문제와 정보 비대칭성 문제를 악화시킨다. 지식의 가치는 완전히 공개되기 전까지는 정확한 평가가 어렵고, 일단 공개되고 나면 그 가치가 손상될 수 있는 '정보 역설 information paradox' 문제가 존재한다. 이러한 특성은 지식 거래의 계약 비용을 증가시키고 내부화 또는 긴밀한 협력관계 구축을 통한 대안적 접근을 촉진한다. 이 같은 상황에서 네트워크 조직, 개방형 혁신, 지식 공유 플랫폼 등의 등장은 지식 거래비용을 낮추면서도 외부 지식 접근성을 높이는 새로운 거버넌스 메커니즘으로 볼 수 있다. 이러한 하이브리드 형태의 지식 거버넌스는 내부화–외부화 이분법을 넘어 거래비용이론과 지식 기반 관점의 통합적 적용을 요구한다.

거래비용이론의 주요 학자

로널드 코스

로널드 코스Ronald Coase는 거래비용이론의 창시자로 널리 인정받는다. 그는 논문 〈기업의 본질〉에서 기업이 시장을 통한 거래 대신 특정 활동을 조직 내부로 통합하는 이유를 설명하면서 시장에서 거래를 수행할 때 탐색비용, 협상비용, 감독비용 등 다양한 거래비용이 발생함을 지적하고, 이러한 비용이 커질수록 기업은 내부화를 통해 비용 절감을 시도한다고 주장했다.[20] 기업 경계와 조직 구조를 이해하는 새로운 경제학적 분석틀을 제공한 그의 연구는 현대 조직 이론 및 경영학의 발전에 결정적인 공헌을 했다.

올리버 윌리엄슨

올리버 윌리엄슨Oliver Williamson은 코스의 초기 논의를 기반으로 거래비용이론을 보다 체계화하고 확장시킨 학자이다. 그는 대표 저서 《자본주의의 경제제도The Economic Institutions of Capitalism》에서 거래비용을 결정짓는 3가지 핵심 요인인 불확실성, 자산 특수성, 거래 빈도를 이론화했다.[21] 윌리엄슨은 조직이 거래비용을 고려하여 시장 거래와 내부화 중 최적의 선택을 한다는 점을 규명한 공로를 인정받아 2009년 노벨 경제학상을 수상했다. 그의 연구는 조직 경계, 계약 구조, 시장 실패를 이해하는 데 있어 거래비용이론의 중요성을 강조했다는 점에 의의가 있다.

벤저민 클라인

벤저민 클라인Benjamin Klein은 거래비용이론 내에서 자산 특수성 개념을 심화시킨 학자이다. 그는 특정 거래를 위해 투자된 자산이 다른 거래에 쉽게 전용될 수 없을 경우, 즉 자산 특수성이 높을수록 거래 상대방에 대한 의존성과 거래비용이 증가함을 강조했다.[22] 클라인은 또한 장기 계약과 신뢰 구축의 필요성을 논의하며 시장 거래의 실패를 예방하기 위한 계약 설계와 관계 관리를 중시했다. 그의 연구는 공급망 관리, 전략적 제휴, 그리고 조직 간 협력 이론을 이해하는 데 실질적 통찰을 제공했다는 데 의의가 있다.

폴 밀그럼

폴 밀그럼Paul Milgrom은 거래비용이론과 정보경제학을 결합하여 조직의 계약 구조와 정보 비대칭성 문제를 심도 있게 분석한 학자이다.[23] 그는 거래비용이 높은 환경에서는 계약의 투명성과 효율성을 극대화하는 설계가 필수적이라고 강조했으며, 경매 이론과 계약 이론을 통해 복잡한 경제적 의사결정 과정을 구체적으로 설명했다. 밀그럼의 연구는 특히 고위험·고불확실성 산업에서 최적의 거래구조를 설계하는 데 기여한 것으로 평가받는다.

데이비드 티스

데이비드 티스David Teece는 거래비용이론과 자원의존이론을 결합하여 조직의 전략적 선택과 경쟁 우위를 기술했다.[24] 그는 기업이 기술 혁신을 통해 새로운 시장 기회를 창출하는 과정에서 내부 자원 활용 방안과 외부 파트너십 간의 균형을 모색해야 한다고 강조했으며, 기술 집약적 산업에서 동적 역량의 중요성에 주목해 지식 자산과 거래비용 간의 상호 작용을 정교하게 분석함으로써 혁신 관리 및 전략적 경영 연구의 발전에 크게 이바지했다.

12.3 거래비용이론과 지속가능경영, 그리고 ESG

거래비용이론은 ESG 경영을 실천하는 기업들에게 환경적 책임, 사회적 책임, 지배구조 개선을 통합적으로 달성할 수 있게 해 주는 전략적 경영 프레임을 제공한다. 외부 자원 거래 과정에서 발생하는 비용을 줄이고 지속가능한 내부 역량을 강화하는 기업은 ESG 경영의 3가지 핵심 요소를 균형 있게 실현할 수 있으며, 이는 궁극적으로 장기적 경쟁 우위의 토대를 구축하는 데 기여한다.

거래비용 관점에서 ESG 경영은 단순한 규제 준수나 윤리적 명제에 머무르지 않는, 경제적 합리성을 지닌 전략적 선택이다. 환경적 지속가능성, 사회적 책임, 투명한 지배구조는 모두 장기적 거래비용 절감과 기업 가치 창출에 기여한다. 기업은 ESG 요소를 전략적 의사결정 과정에 통합함으로써 자원 효율성을 높이고 리스크를 관리하며 이해관계자와의 관계를 강화할 수 있다.

특히 현대 경영 환경의 복잡성과 불확실성이 증가하는 상황에서 거래비용이론과 ESG 통합은 더욱 중요한 의미를 지닌다. 기후변화, 자원 고갈, 사회적 불평등, 디지털 전환 등 다양한 메가트렌드가 전통적인 거래비용 구조를 변화시키고 있는 만큼 이에 대응하기 위한 전략적 접근이 요구되기 때문이다.

한편 미래에는 ESG 성과와 거래비용 간의 관계에 대한 실증적 분석, 디지털 기술이 ESG 거래비용에 미치는 영향에 대한 심층 연구, 다양한 산업과 지역적 맥락에서의 ESG 거래비용 최적화 전략 등을 주제로 한 연구가 주목받을 것으로 보인다. 또한 ESG 성과 측정 및 보고 표준화가 거래비용에 미치는 영향, 순환경제 모델의 거래비용 구조, 사회적 임팩트 투자의 거래비용 효율성 등 새로운 연구 영역도 탐색할 가치가 있다.

■ 환경적 지속가능성과 자원 관리

ESG를 실천하고자 하는 기업은 환경적 지속가능성을 달성하기 위해 자원의 효율적 사용과 관리에 전략적 초점을 맞추는데, 이는 친환경 경영 실천을 넘어 장기적 비용 절감과 경쟁력 확보를 위한 핵심 전략으로 작용하고 있다.[25] 거래비용이론은 이러한 과정에서 발생하는 탐색·협상· 계약·감독 비용을 최소화하기 위한 이론적 프레임워크를 제공한다.[26]

기업은 친환경 자원의 조달 과정에서 인증된 공급자를 확보하고 지속가능성 기준 준수 여부를 감독하는데, 이처럼 환경적 리스크를 관리하는 과정에서 상당한 거래비용에 직면한다. 이를 해결하기 위해 수직적 통합, 장기적 계약 관계 형성, 공급자 역량 개발을 통한 신뢰 구축 등 다양한 전략을 모색하고 있으며, 이는 거래비용 절감과 지속가능성 강화라는 두 가지 목표를 동시에 달성하고자 하는 노력의 일환이다. 특히 지속가능한 자원 조달 체계가 미성숙한 시장 환경에서는 기업이 공급망을 직접 통제하거나 긴밀한 협력 모델을 구축함으로써 거래비용을 효과적으로 절감할 수 있다. 예를 들어 글로벌 유통기업 까르푸Carrefour는 지속가능한 농업을 실현하기 위해 농업 생산자들과 직접 계약을 체결하는 방식을 채택했고, 이를 통해 복잡한 중간 유통 단계를 제거하고 공급자 탐색 및 협상에 소요되는 비용을 대폭 줄이는 동시에 친환경 농산물 공급망을 강화하는 데 성공하였다.[27]

한편 순환경제로의 전환은 거래비용의 관점에서도 주목할 만한 전략이다. 선형경제Linear Economy가 자원을 채취해 제품을 만들고 사용한 뒤 폐기하는 체제라면, 순환경제는 재사용과 재활용을 적극 시행하는 체제이다. 전통적인 선형경제 체제에서는 원자재 공급과 폐기물 처리가 각각 독립적으로 이루어져 별개의 거래비용이 발생하지만, 순환경제에서는 생산 과정에서 발생하는 폐기물을 다른 제품의 투입 자원으로 재활용함으로써 자원 조달 비용과 폐기물 처리 비용을 동시에 절감할 수 있다. 가령 독일의 바스프BASF와 같은 화학 기업은 '산업 공생industrial symbiosis' 시스템을 구축하여 생산 공정의 부산물과 폐열을 다른 공정의 자원으로 재활용함으로써 자원 효율성을 극대화하고 거래비용을 최소화하였다.

탄소 배출권 거래 시스템에서도 거래비용 절감 전략은 중요한 문제다. 기업들은 배출권 가격의 변동성, 규제 불확실성, 배출량 측정 및 검증 비용 등 다양한 거래비용에 직면하고 있으며, 이를 관리하기 위해 기업이 자체적으로 탄소 배출에 비용을 부과해 의사결정 과정에 반영하는 '내부 탄소가격제 internal carbon pricing'를 도입하거나 장기적 배출권 확보 전략을 수립하고 있다. 예를 들어 마이크로소프트는 탄소 상쇄 프로젝트에 직접 투자하여 배출권 시장의 변동성에 따른 거래비용을 줄이는 동시에 기후 목표 달성을 위한 안정적 경로를 마련하였다.

한편 거래비용이론은 제품 생애주기 관리에도 적용 가능하다. 제품 설계 단계부터 폐기 및 재활용까지 전체 주기를 통합적으로 고려하는 접근은 초기에는 비용 증가 요인으로 작용할 수 있으나 장기적으로는 제품 수명 전반에 걸친 거래비용을 절감하는 효과를 가져온다. 가령 애플은 제품 개발 시 재활용 가능성을 고려한 지속가능한 설계를 적극 반영했고 아이폰 분해 로봇 '데이지Daisy'를 개발하여 제품 회수 및 재활용 과정의 거래비용을 획기적으로 낮추었다.

■ 사회적 책임과 협력 네트워크

기업이 사회적 책임을 실천하는 과정에서도 거래비용이론은 중요한 통찰을 제공한다. 거래비용이론 관점에서 볼 때 사회적 책임 활동은 윤리적 의무를 넘어 이해관계자 간 거래를 원활하게 하고 관계적 자본relational capital을 구축하는 전략적 투자로 기능한다.[28] 지역사회와의 신뢰 기반 협력관계를 구축하면 탐색비용, 협상비용, 감독비용을 모두 절감할 수 있으며 이는 경제적 가치와 사회적 가치를 동시에 창출하는 기반이 된다. 예컨대 기업이 지역사회 발전 프로그램에 투자하면 지역 인재 채용 시 정보 비대칭성을 줄이고 직원 충성도를 높여 인적 자원 관리 비용을 절감할 수 있다.

지속가능한 공급망 구축 과정에서도 협력업체의 노동 조건, 인권, 다양성 등 사회적 지속가능성 요소를 관리하는 것은 거래비용 관리의 핵심이다. 글로벌 패션 브랜드 스텔라 매카트니의 경우, 지역 여성 협동조합과의 협력을 통해 지속가능한 원자재를 조달함으로써 탐색비용과 협상비용을 절감하고 신뢰 기반 파트너십을 통해 감독비용 또한 줄이는 데 성공한 바 있다.[29]

다양성과 포용성 정책 또한 거래비용 관점에서 기업의 혁신 역량을 제고하고 시장 접근성을 확대하는 데 기여한다. 다양한 배경을 가진 인력은 기업의 문제 해결 능력을 향상시키고 새로운 시장에 대한 이해를 높여 시장 탐색 및 접근 비용을 줄인다. 맥킨지McKinsey의 연구에 따르면 인적 다양성이 높은 기업이 그렇지 않은 기업보다 재무 성과가 우수한 것으로 나타났는데, 이는 다양성 정책이 경제적 합리성에 부합함을 시사한다.

사회적 임팩트 투자 역시 전통적인 자선 모델과 달리 사회적 가치 창출과 경제적 수익을 통합하여 거래비용을 줄이는 혁신적 금융 메커니즘이다. 예를 들어 저소득층 주택 개발 프로젝트에 투자하는 임팩트 펀드는 사회적 가치와 금융 수익을 동시에 추구하며 시장 실패를 보완하고 자원 배분의 효율성을 높이는 결과를 가져온다.

■ 지배구조와 외부 자원의 통제

거래비용이론은 지배구조 영역에서도 ESG 경영과 밀접한 연관이 있다. 효과적인 지배구조 구축은 대리인 문제를 완화하고 기업과 외부 이해관계자 간 신뢰를 구축하여 거래비용을 줄여 준다. 특히 이사회 구성의 다양성과 독립성 강화는 ESG 지배구조의 핵심 요소로, 다양한 이해관계자의 관점을 반영한 전략적 의사결정은 외부 환경 변화에 대한 적응력을 높여 장기적 거래비용을 절감하는 데 기여한다. 이는 지배구조가 경영 관리 기능만 하는 것이 아니라 기업의 자원의존성을 완화하고 지속가능성을 확보하는 구조적 장치가 된다는 것을 의미한다.

예컨대 애플은 이사회에서 탄소 중립 목표를 기업 전략의 핵심 과제로 설정하고, 이에 따라 자체 재생에너지 시스템을 구축하면서 기존의 외부 에너지 공급 계약에 수반되던 거래비용을 줄였을 뿐만 아니라 장기적 비용 안정성과 환경적 지속가능성을 동시에 확보할 수 있었다.[30]

기업의 투명성과 ESG 정보 공개는 정보 비대칭을 줄이고 거래 협상 및 계약 비용을 절감하는 데 기여한다. 기업은 GRI, SASB 등 표준화된 ESG 보고서를 통해 투자자, 소비자, 규제기관과의 소통 비용을 줄이고 평판 리스크를 관리할 수 있다. 리스크 관리 체계 구축과 ESG 전략 통합은 미래의 거래비용을 선제적으로 관리하는 데 유효한 방법이다. 예를 들어 석유회사 쉘Shell은 기후변화 리스크를 사업 전략에 통합하고 저탄소 비즈니스 모델로 전환하여 향후 탄소 규제 강화로 인한 비용 증가를 사전에 대비하고 있다.

■ 디지털 전환과 ESG 거래비용의 변화

한편 디지털 기술의 급속한 발전은 ESG 실천과 거래비용 구조에 근본적인 변화를 일으키고 있다. 디지털 플랫폼, 인공지능, 블록체인, 사물인터넷 등의 기술은 ESG 관련 정보 수집·분석·공유 과정을 혁신적으로 변화시키고 있으며 이는 거래비용 구조에 다음과 같은 중대한 영향을 미친다.

첫째, 디지털 기술은 ESG 정보의 비대칭성을 크게 줄이는 데 기여한다. 과거에는 기업의 환경적·사회적 영향에 대한 정보를 수집하고 검증하는 데 상당한 비용이 소요되었으나 사물인터넷과 실시간 모니터링 시스템은 이러한 정보 수집 비용을 획기적으로 감소시켰다. 예를 들어 스마트 센서를 활용한 실시간 배출 모니터링 시스템은 기업의 환경 성과를 투명하게 측정하고 보고하는 데 필요한 거래비용을 줄인다.

둘째, 블록체인 기술은 ESG 정보의 신뢰성과 검증 가능성을 높여 거래비용을 절감한다. 친환경 제품의 원산지 추적, 탄소 배출권 거래, 공정무역 인증 등 다양한 ESG 관련 거래에서 블록체인은 중개자 없이도 신뢰할 수 있는 정보 교환을 가능하게 한다. 이는 제3자 검증 비용, 중개 수수료 등 전통적인 거래비용 요소를 크게 감소시킨다. 예를 들어 IBM과 물류 회사 머스크Maersk가 개발한 블록체인 기반 공급망 플랫폼 트레이드렌즈TradeLens는 국제 무역의 투명성을 높이고 문서 처리 비용을 절감하는 동시에 지속가능한 공급망 관리를 지원하고 있다.

셋째, 빅데이터와 인공지능 기술은 ESG 리스크 분석과 의사결정 과정의 효율성을 높인다. 대규모 ESG 데이터를 실시간으로 분석하고 패턴을 식별하는 능력은 기업이 환경적·사회적 리스크를 선제적으로 관리하는 데 도움을 준다. 이는 미래의 잠재적 거래비용을 예방하는 효과가 있다. 예를 들어 골드만삭스Goldman Sachs와 같은 금융기관은 인공지능 기반 ESG 리스크 평가 시스템을 활용하여 투자 의사결정 과정의 효율성을 높이고 있다.

넷째, 디지털 플랫폼은 공유경제와 순환경제 모델을 촉진하여 자원 활용의 효율성을 높이고 거래비용을 줄인다. 우버Uber, 에어비앤비Airbnb와 같은 공유 플랫폼은 유휴 자원의 활용도를 높이고 소유권 이전 없이도 자원 접근성을 확대한다. 이는 자원 소비를 줄이는 환경적 이점과 함께 소유에 따른 고정비용을 가변비용으로 전환하는 경제적 이점을 제공한다. 순환경제 플랫폼은 폐기물을 새로운 가치사슬로 연결하여 자원 효율성을 높이고 폐기물 처리 비용을 줄인다.

다섯째, 디지털 기술은 이해관계자 참여와 협력을 촉진하여 ESG 거버넌스의 거래비용을 절감한다. 소셜 미디어, 온라인 포럼, 협업 플랫폼 등은 기업과 다양한 이해관계자 간의 소통과 협력을 위한 비용을 크게 줄여 준다. 이는 다양한 관점과 아이디어를 의사결정 과정에 통합하여 ESG 성과를 향상시키는 데 기여한다. 예를 들어 유니레버는 크라우드소싱 플랫폼을 통해 지속가능한 제품 혁신 아이디어를 수집하고 소비자와 함께 지속가능성 문제 해결을 위한 협력을 강화하고 있다.

거래비용이론과 기업 사례 연구 아마존

초기 아마존Amazon은 유피에스UPS, 페덱스FedEx, 미국우편서비스USPS와 같은 외부 물류업체에 의존하여 제품을 고객에게 배송했다. 그러나 온라인 주문량이 급격히 증가하고 물류 과정에서 높은 거래비용이 발생하자 자체 물류 네트워크를 구축하는 방향으로 전략을 바꾸었다. 거래비용이론의 관점에서 보면 아마존은 물류 운영 과정에서 탐색비용·협상비용·감독비용 등 다양한 거래비용이 지속적으로 증가하는 문제에 직면해 있었던 것이다. 아마존의 경우 탐색비용은 최적의 배송업체를 찾기 위해 소요되는 비용을, 협상비용은 물류업체와의 계약 체결 및 조정 과정에서 발생하는 비용을, 감독비용은 배송 상태를 모니터링하고 고객에게 적시에 제품을 전달하는 데 필요한 관리비용을 의미했다.

외부 물류업체를 이용하던 아마존은 각 업체와의 협상을 반복하고 계약에 따른 가격 변동성과 서비스 품질의 불확실성을 감수해야 했다. 특히 연말 쇼핑 시즌 등 성수기에는 물류업체의 가격이 급등하고 배송 지연이 빈번히 발생하면서 고객 만족도가 저하되는 문제가 발생했다. 이는 거래비용이론에서 설명하는 기회주의적 행동과 불확실성 증가의 전형적 사례에 해당한다. 계약 관계에 따른 거래비용이 일정 수준을 초과하게 되면 기업은 내부화를 통한 비용 절감과 통제력 강화를 선택하게 되는데, 이는 지속가능경영 측면에서도 장기적 관점의 자원 최적화 전략과 부합한다. 아마존은 이러한 문제를 해결하기 위해 물류를 내부화하는 전략을 채택하고 자체 물류 네트워크 구축에 착수했다. 이는 단순한 비용 절감뿐 아니라 공급망 안정성 확보, 운영 리스크 관리, 고객 신뢰 구축이라는 지속가능경영의 핵심 목표와도 일치하는 선택이었다.

아마존은 아마존 풀필먼트 센터Amazon Fulfillment Center를 설립하여 제품의 보관·포장·배송을 직접 관리하는 시스템을 구축했고, 이로써 외부 물류업체에 대한 의존도를 줄이면서도 자체적으로 물류 운영을 최적화할 수 있는 기반을 마련하게 되었다. 풀필먼트 센터는 인공지능과 로봇 기술을 적극 활용하여 물류 프로세스를 자동화하고 주문 처리를 보다 신속하고 정확하게 수행할 수 있도록 설계되었다. 그 결과 아마존은 탐색비용과 협상비용을 크게 줄이는 데 이어 감독비용 또한 효과적으로 절감하는 데 성공했다. 이러한 내부화 전략은 거래비용의 최소화와 함께 ESG 경영 관점에서도 중요한 의의를 지닌다.

아마존은 비용 최적화와 더불어 친환경 물류 시스템 구축, 공정한 노동 관리, 투명한 공급망 운영을 지향하는데, 이는 ESG 중 환경과 사회 요소를 동시에 강화하는 전략이다. 게다가 물류 운영의 투명성 제고와 고객 데이터 관리 강화로 지배구조 측면에서도 신뢰성과 책임성을 확보할 수 있었다. 아마존은 또한 프라임Prime 배송 서비스를 도입하여 고객에게 빠르고 안정적인 배송 서비스를 제공하는 전략을 채택했는데, 프라임 회원에게는 1~2일 내로 제품을 신속 배송하여 고객 만족도를 높이고 경쟁사와 대비 차별화된 서비스를 제공했다.

그림 12-2 **아마존의 프라임 서비스**

프라임 배송을 효과적으로 운영하기 위해 아마존은 자체 물류 차량을 확보하고 창고 및 배송 네트워크를 확장하는 한편, 자율주행 기술 및 드론 배송 시스템 연구에도 지속적으로 투자하고 있다. 드론 배송Amazon Prime Air과 인공지능 기반 물류 최적화 시스템의 도입은 거래비용을 더 줄이고 배송 시간을 획기적으로 단축하는 데 기여했다. 도심 지역 30분 이내 상품 배송을 목표로 설계된 드론 배송 시스템은 배송 인건비 절감과 함께 탄소 배출 저감이라는 환경적 지속가능성 목표에도 부합하는 혁신적 모델로 평가된다. 인공지능 기반 물류 최적화 시스템 또한 빅데이터 분석을 통해 주문 패턴을 예측하고 고객의 위치와 재고 상황을 감안해 가장 효율적인 배송 경로를 설정함으로써 운영의 불확실성을 최소화하고 고객 경험을 극대화했다.

아마존의 물류 내부화 전략은 고객 만족도를 극대화하는 동시에 시장에서의 경쟁력을 크게 높이는 데 결정적인 역할을 했다. 외부 물류업체 이용 시 발생하는 협상비용과 공급망 불확실성을 줄이고 자체 물류 네트워크를 통해 비용과 리스크를 효과적으로 관리할 수 있게 된 것이다. 아마존은 자체 물류 시스템을 기반으로 운영 효율성을 높이고 배송 속도를 개선함으로써 전자상거래 시장에서 독보적인 지위를 확립하게 되었다. 아울러 지속적인 기술 혁신과 물류 네트워크 확장을 통해 장기적인 성장과 지속가능성도 도모하고 있다. 거래비용이론이 강조하는 조직 경계 최적화와 ESG 경영이 지향하는 장기적 가치 창출 전략을 동시에 실현한 대표적 사례로 아마존이 꼽히는 이유도 바로 여기에 있다.

12.4 거래비용이론으로 바라본 지속가능경영과 ESG 연구

연구 1 〈선형경제에서 순환경제로: 기업의 생태적 전환에 대한 거래비용 접근법〉*

현대 기업들은 환경을 보호하고 사회적 책임을 다하는 지속가능경영을 실천하고자 노력하고 있다. 하지만 실제로 이 과정에서 예상치 못한 비용이 발생하거나 협력업체의 비윤리적 행동으로 인해 기업의 신뢰가 무너지는 일이 빈번하게 발생한다. 이 연구는 이러한 문제를 거래비용의 관점에서 설명하며, 특히 기업들이 기존의 선형경제에서 순환경제로 전환하면서 발생하는 새로운 위험 요소에 주목한다.

이 연구는 특정 기업을 직접 조사한 실증 연구가 아니라 거래비용이론의 관점을 적용하여 기업들이 선형경제에서 순환경제로 전환할 때 직면하는 구조적 위험과 비용 요인을 개념적으로 분석한 것이다. 특히 이러한 전환 과정에서 발생할 수 있는 새로운 위험 요소를 '생태적 기회주의ecological opportunism' 라는 개념으로 설명한다. 생태적 기회주의란 협력업체가 실제로는 친환경적이지 않음에도 외부에는 친환경적인 것처럼 위장하여 기업 본사나 소비자를 기만하는 행위를 의미한다. 이 개념을 이해하기 쉽게 설명하기 위해 연구자는 널리 알려진 사례들을 인용하였다. 예컨대 2013년 유럽 식품업계가 소고기로 표시되어 판매된 냉동식품 일부를 조사한 결과 100퍼센트 말고기로 드러난 사건이 있었다. 이는 공급망 내 협력업체가 원재료를 속이는 일이 발생할 수 있음을 보여주는 대표적 사례로, 특정 제품만의 문제가 아니라 관련 글로벌 브랜드 전체의 신뢰도를 위협한 사건이었다.

패션 브랜드와 관련된 사례도 있다. 에이치앤드엠H&M, 갭Gap, 아디다스Adidas 같은 글로벌 의류 브랜드들은 동남아시아의 하청 공장에 생산을 의뢰하는데, 이중 일부 공장에서 근로자들의 인권이 침해받고 있다는 사실이 폭로됐다. 특히 2013년 방글라데시에서 발생한 라나플라자Rana Plaza 붕괴 사고에서는 1,100명이 넘는 노동자가 사망했는데, 이들이 일하던 공장은 지속가능성을 강조하는 여러 글로벌 브랜드들의 납품처였다. 이 건물은 원래 사무용 빌딩으로 설계되었으나 여러 의류 공장이 밀집 운영되고 있던 터라 건물 구조가 안전 기준을 충족하지 못한 상황이었다. 게다가 붕괴 전에 건물의 균열이 발견되었는데도 공장주가 노동자들에게 출근을 강요하는 바람에 대규모 인명 피해가 발생하고 말았다. 결국 부실한 건축, 허가 없는 증축, 안전 규정 미준수, 강압적 노동 환경이 건물 붕괴를 일으켰고, 이 사건은 국제사회에 경종을 울리며 제조업 공급망의 인권 문제와 기업의 ESG 경영 필요성을 제기했다. 이는 기업이 아무리 지속가능성을 강조하더라도 협력업체에서 문제가 생기면 브랜드 전체가 큰 타격을 받을 수 있다는 점을 보여 준 사례였다.

또한 이 연구는 기업들이 순환경제 체제로 전환할 때 다음과 같은 3가지 중요한 문제가 발생한다고 설명한다. 첫째, 지속가능성을 측정하기가 매우 어렵다는 것이다. 환경적·경제적·사회적 요소가 동

* Nygaard, A. (2022). From linear to circular economy: A transaction cost approach to the ecological transformation of the firm. *Circular Economy and Sustainability*, 2, 1127–1142.

시에 작용하므로 어떤 기업이 지속가능한지 판단하기가 쉽지 않다. 둘째, 평가의 어려움 때문에 정보 비대칭이 발생하여 협력업체들의 환경 및 노동 기준 준수 여부를 본사나 소비자가 알기 어렵다는 점이다. 셋째, 이런 이유로 기업은 협력업체를 감시하거나 더 복잡한 계약서를 작성하고 관리하는 데 큰 비용을 들여야 하며, 그 결과 전체적인 거래비용이 증가하게 된다는 것이다.

이 연구의 핵심 메시지는 기업이 지속가능경영을 추진하는 과정에서 단순히 친환경 제품을 출시하는 것만으로는 부족하며, 공급망 전반에 걸쳐 윤리적 기준을 지키도록 관리하고 협력업체의 실제 행동까지 점검해야만 진정한 지속가능성을 확보할 수 있다는 것이다. 요컨대 이 연구는 순환경제가 훨씬 더 세밀한 관리와 감시 체계를 요구한다는 사실을 강조하고 있다.

연구 2 〈거래비용이론과 R&D 오프쇼어링에서의 조정된 보호장치 투자〉**

현대 기업들은 'R&D 오프쇼어링'을 통해 비용을 줄이고 효율을 높이려고 한다. R&D 오프쇼어링이란 기업이 자사의 R&D 업무를 인도·중국·동유럽 등 인건비가 저렴한 해외 지역의 전문 업체나 자회사에 맡기는 것을 말하는데, 이 과정에서 다양한 비용 문제가 발생한다. 이 연구는 거래비용이론의 관점에서 R&D 오프쇼어링에 따른 비용 문제를 분석하고 장기적으로 협력의 효율성을 높이기 위해 기업들이 어떻게 '공동 보호장치coordinated safeguard'에 투자하는지를 고찰한다.

연구진은 실제 다국적 기업들이 수행한 4가지 R&D 협력 사례를 분석했다. 이들 사례는 R&D 오프쇼어링 초기에 신뢰 부족, 의사소통 오류, 책임 불분명 등의 문제로 인해 높은 관리 비용이 발생하는 공통점을 보였다. 그러나 시간이 지나면서 기업들도 일방적 계약이나 단순한 감시에 머무르지 않고 조직 간 상호 작용과 학습을 바탕으로 한 보호장치들을 점차 개발해 나가기 시작했다. 업무 매뉴얼 정비, 프로젝트별 의사소통 체계 수립, 협업 팀들 간의 정기 회의, 시스템 접근 권한 설정, 지식 공유 플랫폼 운영 등 다양한 형태의 제도적 장치를 마련한 것이 그 예다.

이러한 공동 보호장치 개발은 단기적으로는 추가 비용을 요구하지만 장기적으로는 업무 효율성과 품질을 높이고 협력관계를 안정화하는 데 기여한다. 특히 단순한 계약서 조항이 아닌 실제 작업 환경에서의 학습과 상호 신뢰 구축이 거래비용을 줄이는 데 중요한 역할을 한 것으로 나타났다. 이는 기존 거래비용이론이 강조하는 '기회주의 방지opportunism prevention'를 넘어 협업 성과 향상이라는 전략적 차원에서도 보호장치가 기능할 수 있음을 보여 준다.

또한 이 연구는 다음과 같은 측면에서 지속가능경영과도 밀접한 연관성을 갖는다. 첫째, 장기적 관계

** Parida, V., Wincent, J., & Oghazi, P. (2016). Transaction costs theory and coordinated safeguards investment in R&D offshoring. *Journal of Business Research*, 69(5), 1823–1828.

구축과 투자는 지속가능경영의 핵심 원칙과 일치한다. 협력업체와의 신뢰 관계를 바탕으로 지속가능한 협력 구조를 형성하는 것은 장기적으로 더 큰 가치를 창출한다. 둘째, 글로벌 공급망에서의 책임 있는 협력관계는 ESG 경영의 사회적 측면과 직결된다. 해외 협력업체와의 공정하고 투명한 협력, 지식 공유와 상호 학습을 통한 상생 구조는 사회적 가치 창출의 중요한 요소이기 때문이다. 셋째, 이러한 협력 모델은 혁신을 통한 환경적 지속가능성을 촉진한다. R&D 협력을 통해 개발되는 기술이 친환경 기술이나 지속가능한 솔루션일 경우, 전 지구적인 환경 문제 해결에 직접적으로 기여할 수 있다.

요컨대 이 연구는 R&D 오프쇼어링에서 발생하는 거래비용을 줄이기 위해서는 장기적 협력관계를 뒷받침하는 제도적·관계적 보호장치에 대한 투자가 필요하다는 점을 강조한다. 다시 말해 기업 간 신뢰 구축, 조직 간 조정 체계 수립, 공동 학습과 지식 공유가 R&D 글로벌 협력의 지속가능성과 성과 향상에 핵심이라는 것이다. 그런 점에서 이 연구는 지속가능경영의 관점에서 경제적 효율성과 사회적 책임, 혁신을 통한 환경적 기여를 동시에 달성할 수 있는 통합적 접근법을 제시한다고 할 수 있다.

연구 3 〈더디지만 조금씩 확산되고 있는 사회적 투자: 스웨덴의 사회채권 및 사회성과계약의 실현가능성과 미래에 관한 연구〉***

이 연구는 스웨덴에서 진행되고 있는 사회적 투자, 특히 사회적 채권social bond과 사회적 성과 계약social outcome contract에 초점을 맞춰 관련 사업이 어떻게 작동하고 있으며 어떤 이유로 더디게 확산되는지를 거래비용이론 관점에서 분석한 것이다. 여기서 사회적 투자란 돈을 벌기 위한 목적뿐만 아니라 사회 문제를 해결하기 위한 목적으로 하는 투자를 말한다.

스웨덴에서는 아직 사회적 투자 관련 계약이 일반적이지 않으며 몇몇 지방정부와 기관들 사이에서 시범적으로 이루어지고 있다. 가장 대표적인 사례가 스톡홀름 지역 의회가 발행한 채권 '헬스 본드Health Bond'이다. 이 프로젝트는 당뇨병에 걸릴 위험이 높은 사람들을 사전에 관리해 향후 의료비 지출을 줄이고 이들의 삶의 질을 높이는 데 목적을 둔다. 정부는 민간 보험회사인 스칸디아 생명보험Scandia Liv에 최초로 자본을 투자했으며 미리 정해 둔 건강 목표(예: 체중 감량, 혈당 수치 개선 등)를 달성했을 때만 돈을 지급하기로 약속했다.

이 프로젝트는 '성과 기반 지불 방식outcome-based payment model'을 기반으로 하는데, 이는 중간 과정과 상관없이 최종 결과가 좋을 때만 투자 수익이 나오는 구조로, 위험도가 높은 투자 방식이다. 초기에는 참여자를 모집하고 계약 내용을 조정하는 데 오랜 시간이 걸렸으며, 특히 정부와 민간 보험회사가 '성

*** Lebsund, E., & Samuelsson, F. (2022). Social Investments: "It's going slow, but it's happening": A study on the feasibility and future of Social Bonds and Social Outcome Contracts in Sweden (Master's thesis, Linköping University, Department of Management and Engineering).

과가 무엇인지'를 합의하는 데에 난항을 겪으며 많은 시간이 소요됐다. 예를 들어 체중 감소를 성과로 볼 것인지, 그 결과로 병원 방문 횟수가 줄어든 것을 성과로 볼 것인지를 정하기 위해 수많은 논의를 거쳐야 했다. 이에 따라 세부 계약 내용을 작성하는 초기 단계에서 상당한 비용이 들었다.

또 다른 사례는 스웨덴 북부의 노르보텐 지역에서 진행된 노인 돌봄 개선 프로젝트다. 이 프로젝트는 노인들이 독립적으로 생활할 수 있도록 돕는 것을 목표로 스마트 모니터링 시스템과 지역사회 기반의 돌봄 서비스를 도입했다. 투자자들과 지방정부는 낙상 사고 감소율, 병원 재입원율 등을 기준으로 성과를 측정하고 일정 기준을 달성하면 민간 투자자에게 수익을 지급하기로 계약했다. 하지만 서비스를 제공하는 업체가 여러 군데다 보니 누가 얼마나 기여했는지 정확히 판단하는 것이 어려워 계약을 실행한 후에 추가적인 조정 비용이 발생했다.

이처럼 사회적 투자는 공공의 목적과 민간의 수익 추구가 만나는 지점에서 이루어지는데, 정보 부족과 성과 측정의 어려움 때문에 필연적으로 높은 거래비용이 발생한다. 이 연구에서는 이러한 거래비용의 특징을 다음과 같이 분석했다. 첫째, 계약 생성 비용이 높다. 성과 기준을 정하고 계약서를 작성하는 과정이 일반적인 민간 계약보다 훨씬 복잡하고 시간이 오래 걸리기 때문이다. 둘째, 성과를 측정하는 비용이 높다. 그 결과가 실제로 해당 프로젝트의 성과인지, 아니면 다른 변수의 결과인지 정확한 인과관계를 증명하는 데에 전문 평가기관이나 데이터 분석 시스템이 필요하기 때문이다. 셋째, 규모의 경제 효과가 작다. 스웨덴에서는 아직 이와 유사한 프로젝트가 많지 않은 데다 각 지방정부의 회계 시스템도 달라 표준화하기 어렵고, 따라서 여타 국가에서 그대로 적용하는 데도 제약이 따른다.

한편 이 연구 역시 지속가능경영과 여러 측면에서 깊은 연관성을 갖는다. 첫째, 사회적 투자 모델 자체가 지속가능경영의 핵심 개념인 CSV를 구현하는 실질적 방법이 된다. 민간 투자자는 수익을 얻는 동시에 사회 문제 해결에 기여하고, 정부는 공공예산을 효율적으로 사용하여 시민들에게 더 나은 공공서비스를 제공하는 '다중 이해관계자 가치 창출' 구조를 보여 준다. 둘째, 장기적 관점에서 사회 문제 해결에 접근하는 것은 SDGs 달성과도 직결된다. 헬스 본드는 건강 및 복지(SDG 3) 목표와, 노인 돌봄 프로젝트는 지속가능한 도시와 공동체(SDG 11) 목표와 연계된다. 셋째, 성과 측정과 투명성 강화는 ESG 경영의 지배구조 측면을 강화하는 요소이기도 하다. 명확한 성과 지표와 제3자 평가 시스템은 사회적 임팩트의 측정 가능성과 신뢰성을 높여 지속가능경영의 실효성을 담보한다.

스웨덴의 선도 사례들은 사회적 투자 모델이 궁극적으로 3가지 성과를 동시에 달성할 수 있음을 보여 준다. 공공예산을 효율적으로 운용하고 민간 자본이 사회적 역할을 확대하며 실질적인 도움을 받는 사람들을 중심으로 한 서비스 개선이 그것이다. 헬스 본드의 경우 의료비 지출 감소, 당뇨 위험군 건강 상태 개선이라는 효과가 나타났고, 스칸디아는 사회적 책임을 다하는 임팩트 투자자라는 브랜드 가치를 얻었다. 이는 지속가능경영이 추구하는 경제적·사회적·환경적 가치의 통합적 실현을 보여 주는 구체적 사례라 할 수 있다.

DISCUSSION 12장 | 토론 과제

주제 1: 내부화와 외부 조달 중 최적의 선택은 무엇인가

배경

기업은 제품이나 서비스를 생산하고 제공하는 과정에서 자원을 자체적으로 조달할 것인지, 아니면 외부 시장에서 구매할 것인지를 결정해야 한다. 이러한 선택은 거래비용이론이라는 이론적 틀에서 중요한 분석 대상이 된다. 실제로 핵심 자원을 내부화하여 품질과 안정성을 확보하려는 기업이 있는 반면, 외부 조달을 통해 유연성과 비용 효율성을 극대화하려는 기업도 있다. 이에 따라 거래비용을 최소화하기 위한 최적의 선택은 무엇인지에 대한 논의도 활발히 이루어지고 있다. 기업이 자원 배분과 경영 효율성, 지속가능성을 어떻게 조화시킬 수 있는지를 숙의하기 위해서 먼저 내부화와 외부 조달이 각각 어떤 상황에서 더 유리한지 짚어 볼 필요가 있다.

의견 ❶: 내부화 전략은 거래비용을 최소화한다

- 내부화는 시장 거래에서 발생하는 계약비용, 협상비용, 정보 비대칭으로 인한 문제를 줄여 준다.
- 자체 물류 네트워크를 구축한 아마존 사례에서 볼 수 있듯 내부화는 운영의 일관성을 유지하고 장기적인 비용을 절감시키는 효과가 있다.
- 핵심 역량을 내부에 확보함으로써 품질을 직접 통제할 수 있으며 공급망 불안정성이나 외부 의존성을 줄이는 효과도 있다.
- R&D가 중요한 기술 산업에서는 내부화를 통해 지적 재산권 보호가 가능하며 내부 노하우가 축적됨으로써 장기적인 경쟁력을 확보할 수 있다.
- 특정 산업에서는 외부 조달보다 내부 생산이 더욱 효율적이며, 내부화 전략은 비용 절감뿐만 아니라 자원 재활용과 친환경 공정을 통해 낭비를 최소화하여 순환경제적 관점에서 기업의 장기적 지속가능성을 강화하는 기반이 된다.

의견 ❷: 외부 조달이 더 유연하고 비용 효율적이다

- 내부화는 초기 투자 비용과 고정 비용을 증가시켜 단기적으로 자본 부담을 가중시킨다.
- 시장에서 이미 경쟁력을 갖춘 공급업체를 활용하면 비용을 절감할 수 있다.
- 핵심 부품 생산을 외주화해 R&D와 디자인에 집중할 수 있었던 애플의 사례처럼 혁신과 글로벌 시장

점유율 확대를 가져온다.

• 빠르게 변화하는 시장에서는 외부 조달이 더 유연하며, 필요할 때 쉽게 공급망을 조정할 수 있다.

생각의 확장

내부화와 외부 조달 중 어느 전략이 기업의 경쟁력을 높이는 데 더 효과적인가? 각 전략의 장단점은 무엇이며, 두 전략을 조화롭게 결합할 수 있는 방법은 무엇인가?

주제 2: ESG 경영은 거래비용을 절감할 수 있는가

배경

ESG 경영이 거래비용을 오히려 증가시키는 요인인지, 아니면 장기적으로 비용 절감과 지속가능성을 동시에 달성할 수 있는 전략적 수단인지에 대한 논의가 활발히 이루어지고 있다. ESG 기준을 강화하면 초기 비용은 증가하더라도 신뢰할 수 있는 장기 파트너 확보, 규제 대응, 브랜드 신뢰 형성과 같은 긍정적인 효과가 나타나 결과적으로 거래비용을 줄일 수 있다는 주장도 제기된다. 이에 따라 ESG 경영이 경제성과 지속가능성을 동시에 달성하면서 어떻게 최적화될 수 있는지를 검토할 필요가 있다.

의견 ❶: ESG 경영과 거래비용 절감 둘 다 달성 가능하다

• 친환경 공급망 구축은 장기적으로 운영 비용을 줄여주며 기업의 지속가능성을 강화한다.

• 까르푸는 지속가능한 농업 계약을 통해 장기적인 협력관계를 구축하여 거래비용 절감과 더불어 ESG 목표를 달성한 바 있다.

• 장기 계약을 체결해 친환경 원자재를 안정적으로 공급받을 경우, 시장 변동성에서 오는 리스크가 줄고 예측 가능한 운영이 가능해진다.

• 친환경 프로세스를 도입하면 정부 규제에 선제적으로 대응할 수 있으며 장기적으로는 브랜드 이미지와 소비자 신뢰도도 높일 수 있다.

- ESG 중심의 공급망 구축은 투자자들에게 긍정적인 신호로 작용해 기업이 지속가능성을 확보하면서도 비용 효율성을 유지하는 전략이 될 수 있다.

의견 ❷: ESG 경영이 오히려 거래비용을 증가시킬 수 있다

- ESG 경영을 위한 친환경 공급망 구축은 초기 투자비용과 계약 협상비용을 증가시킬 수 있다.
- 예를 들어 지속가능한 원자재 조달을 위한 장기 계약은 단기적으로 더 높은 비용을 요구하며 불확실성이 높은 신생 공급업체와 협력해야 하는 부담을 가중시킬 수 있다.
- 친환경 기술을 도입하는 과정에서 기술 개발 및 전환 비용이 추가로 발생해 기존 공급망과의 조정을 위한 비용이 상승할 수 있다.
- ESG 원칙을 엄격히 준수하는 기업들은 공급업체의 지속가능성 기준을 평가하고 모니터링하는 과정에서 더 많은 행정적 부담과 관리 비용을 감당해야 한다.
- 거래비용이론의 관점에서 보면 ESG 경영은 단기적인 비용을 증가시키므로 기업이 비용 절감과 지속가능성을 동시에 달성하는 것은 현실적으로 어렵다.

생각의 확장

ESG 경영은 장기적으로 거래비용을 절감하며 지속가능성을 강화하는 전략인가, 아니면 단기적으로 거래비용을 증가시켜 기업의 효율성을 저해하는 요인인가? 두 관점을 어떻게 조화시켜야 ESG와 경제성을 동시에 달성할 수 있는가?

12장 연습문제

01. 거래비용이론의 개념과 이 이론이 기업의 내부화 의사결정에 미치는 영향을 서술하시오.

02. 윌리엄슨이 제시한 거래비용 발생의 두 가지 행동 가정(제한된 합리성, 기회주의)에 대해 설명하고 이 가정들이 계약의 불완전성과 어떤 관련이 있는지 논하시오.

03. 내생적 불확실성과 외생적 불확실성의 차이를 구체적 사례를 들어 설명하고 기업이 각각에 대해 어떤 차별화된 전략을 수립할 수 있는지 제시하시오.

04. 자산 특수성이 높을 경우 발생할 수 있는 '홀드업 문제'의 의미를 설명하고 기업이 이를 완화하기 위해 활용할 수 있는 거버넌스 메커니즘을 사례를 들어 서술하시오.

05. ESG 경영과 거래비용이론의 관계를 설명하시오. 특히 ESG 경영이 장기적으로 거래비용 절감에 기여할 수 있는 이유와 단기적으로 거래비용을 증가시킬 수 있는 이유를 비교하여 논하시오.

CHAPTER

13 사회혁신이론

13.1 사회혁신이론의 개념

사회혁신이론Social Innovation Theory은 우리가 일상에서 마주하는 다양한 사회 문제를 해결하기 위한 새로운 접근 방법을 설명하는 이론이다. 환경 오염, 청년 실업, 고령화, 지역 소멸과 같은 복잡한 문제들을 기존의 방식만으로는 해결하기 어렵다는 문제의식을 바탕으로, 새롭고 창의적인 아이디어나 방법, 구조를 통해 접근하는 과정을 다룬다. 즉 사회혁신이론은 기존 제도나 관행을 넘어선 창의적인 해결 방식을 통해 공공의 이익을 실현하고 더 나은 사회를 만들려는 노력들을 학문적으로 이해하려는 틀이 된다.

이 이론은 정부나 시장이 해결하기 어려운 복잡하고 다층적인 사회 문제를 다루는 데 적합하며 지속가능하면서도 효과적인 대안을 제시하는 데 중점을 둔다. 사회혁신은 기술 개발이나 경제적 성장뿐 아니라 사회적 제도 개혁, 협력적 거버넌스(공공과 민간, 시민이 함께 협력하는 방식), 조직 구조의 변화, 주민의 자발적인 참여와 같은 방식을 모두 아우른다. 이러한 맥락에서 제임스 필스James A. Phills, 크리스 다이글마이어Kriss Deiglmeier, 데일 밀러Dale T. Miller는 사회혁신을 '공공의 이익을 위해 기존의 시스템, 관계, 가치 또는 조직 구조에 의미 있는 영향을 미치는 새로운 해결책의 개발과 실행'이라고 정의했다.[1] 이들은 특히 새로운 아이디어 창안에 그치지 않고 실질적인 효과와 영향력을 발휘하는 것이야말로 진정한 사회혁신이라고 강조했다.

이러한 사회혁신의 예로 마이크로크레딧Microcredit을 들 수 있다. 이는 전통적 금융 시장에서 소외된 빈곤층에게 무담보 소액 대출을 제공하여 자립을 돕는 혁신적 금융 모델이다. 방글라데시의 그라민은행Grameen Bank은 대표적인 마이크로크레딧 실천 사례로, 창립자인 무함마드 유누스Muhammad Yunus는 2006년 노벨평화상을 수상하기도 했다. 이는 기존 금융제도의 한계를 극복하고 사회적 약자의 삶을 실질적으로 개선한 대표적인 사회혁신 사례다. [그림 13-1]은 시민들과 만나고 있는 유누스의 모습이다.

크라우드펀딩Crowd Funding 역시 사회혁신의 예로, 디지털 플랫폼을 통해 다수의 개인이 자금을 모아 사회적·문화적 프로젝트를 지원하는 방식을 말한다. 기존의 자금 조달 구조를 탈중앙화하고 참여형으로 전환시킨 대표적 사례인 크라우드 펀딩은 스타트업, 예술, 환경, 시민운동 등 다양한 분야에서 새로운 가능성을 열었다.

그림 13-1 그라민은행을 설립한 무함마드 유누스 박사

오픈소스 기술open source technology도 사회혁신의 일환으로 평가받는다. 리눅스Linux나 파이어폭스Firefox와 같은 소프트웨어는 다수의 개발자가 자발적으로 협력해 만든 결과물로, 기존의 기업 중심 개발 모델을 벗어나 협력적 지식생산의 새로운 가능성을 제시했다. 이는 지식 공유를 통한 공공의 이익 추구라는 사회혁신의 핵심 가치를 반영한다.

영국의 국립과학기술예술재단NESTA은 제프 멀건Geoff Mulgan의 주도 아래 다양한 사회혁신 프로젝트를 실험적으로 실행한 기관으로 잘 알려져 있다. 도시 재생, 교육 혁신, 공공 서비스 개선, 데이터 기반 행정 등 다양한 영역에서 전통적 제도의 경계를 넘는 해결 방식을 찾는 이들의 활동은 사회혁신이 국가 정책 차원에서도 실질적 변화로 이어질 수 있음을 보여주는 중요한 예다.

한국에서도 사회혁신 사례가 활발히 나타나고 있다. 마을기업, 사회적 협동조합, 소셜벤처는 지역사회 기반의 사회 문제를 해결하고 고용을 창출하며 공동체의 지속가능성을 높이기 위한 실천적 시도들이다. 이들은 주민 참여와 자발성에 기초한 조직 운영을 통해 지역 기반의 혁신적 해결책을 모색하고 있으며 기존 시장이나 정부 정책의 한계를 보완하는 제3의 영역으로 기능하고 있다.

이러한 사례들을 종합적으로 고려할 때 사회혁신이론은 단기적 문제 해결을 넘어 사회 시스템 전반의 전환을 지향하는 지속가능한 사회발전 전략이라고 할 수 있다. 로빈 머리Robin Murray, 줄리 컬리어-그라이스Julie Caulier-Grice, 제프 멀건은 사회혁신을 '사회적 요구를 충족시키고 사회적 역량을 강화하는 새로운 아이디어의 창출 및 실행'으로 정의했으며, 이러한 과정이 공동체의 지속가능성과 적응력을 향상시키는 핵심 동력이라고 강조했다.[2]

사회혁신이론은 다양한 주체 간의 협력을 그 중심에 두고 있다. 정부·기업·시민사회·학계·지역공동체 등 서로 다른 주체들이 각자의 자원과 전문성을 모아 협력함으로써 복잡한 사회 문제를 해결할 수 있는 길을 함께 모색하는 것이다. 이러한 협력적 접근 방식은 기존 체제의 한계를 극복하고 사회자본을 확장시키는 데 중요한 역할을 한다. 앞서 설명했듯 사회자본이란 공동체 구성원들 간의 신뢰, 협력, 네트워크를 의미하며, 사회 전체의 회복탄력성과 적응력을 높이는 데 크게 기여한다. 장 힐리에르Jean Hillier, 프랭크 물라트Frank Moulaert, 비카리 해덕Vicari Haddock은 사회혁신이 이러한 사회자본을 확대함으로써 지역사회의 지속가능성을 강화한다고 보았다.[3] 따라서 사회혁신이론은 사회 전체의 시스템을 바꾸는 장기적인 전략으로, 구조적 문제에 대한 새로운 접근을 제시하고 공동체의 잠재력을 이끌어내 지속가능한 사회를 설계하는 데 중요한 이론적 기반이 된다. [표 13-1]은 전통적 혁신과 사회혁신 간의 차이를 정리한 것이다.

표 13-1 전통적 혁신과 사회혁신의 차이점

구분	전통적 혁신	사회혁신
목적	기업의 수익 증대, 시장 점유율 확대, 기술 우위 확보	사회 문제 해결과 공공가치 창출, 포용적 성장과 지속가능성 강화
초점	경제적 가치 중심	경제적 가치와 사회적 가치의 동시 추구
주체	주로 기업(민간 부문)	다중 주체 (기업, 정부, 비영리단체, 사회적 기업, 시민사회)
접근 방식	기술 개발, 비용 절감, 효율성 향상	제도 혁신, 협력적 네트워크, 시민 참여, 사회적 실험
성과 측정 기준	매출, 시장 점유율, 이윤	사회적 영향 + 경제적 지속가능성
가치 창출 방식	상업적 시장 메커니즘을 통한 가치 창출	혼합가치 창출 (사회적·경제적·환경적 가치를 동시에 창출)

두 혁신은 목적, 초점, 주체, 접근 방식, 성과 측정 기준, 가치 창출 방식 등에서 차이가 있다. 우선 목적 측면에서 전통적 혁신은 기업의 수익 증대와 시장 점유율 확대, 기술적 우위 확보에 집중한다. 반면 사회혁신은 사회 문제 해결과 공공가치 창출, 나아가 포용적 성장과 지속가능성 강화를 추구한다. 경제적 성과를 넘어 사회 전반의 질적 향상을 지향한다는 점에서 사회혁신은 전통적 혁신과 가장 큰 차이를 보인다.

초점 역시 두 혁신을 구분하는 핵심 요소이다. 전통적 혁신이 경제적 가치 창출에 집중하는 반면, 사회혁신은 경제적 가치와 사회적 가치를 동시에 추구한다. 즉, 사회혁신은 경제적 성과를 배제하지 않으면서도 그 과정과 결과에서 사회적 효과를 필수적으로 고려한다.

주체의 범위에서도 뚜렷한 차이가 나타난다. 전통적 혁신이 주로 기업 중심으로 이루어지는 반면, 사회혁신은 기업, 정부, 비영리단체, 사회적 기업, 시민사회 등 다양한 이해관계자의 참여를 특징으로 한다. 이는 복합적이고 다층적인 사회 문제의 특성상 다중 주체 간 협력이 필수적임을 시사한다.

접근 방식의 차이는 사회혁신의 창의성을 잘 보여 준다. 전통적 혁신이 기술 개발, 비용 절감, 효율성 향상 등 경제적·공학적 개선에 치중한다면, 사회혁신은 제도 혁신, 협력적 네트워크 구축, 시민 참여, 사회적 실험 등을 통해 문제를 해결한다. 이는 사회혁신이 기존 시스템과 관행을 뛰어넘는 새로운 문제 해결 방식을 추구함을 의미한다.

성과를 평가하는 측정 기준에도 명확한 차이가 존재한다. 전통적 혁신이 매출, 시장 점유율, 이윤 등 재무적 지표에 의존하는 반면, 사회혁신은 사회적 영향과 경제적 지속가능성을 통합적으로 측정한다. 따라서 사회혁신은 정량적 성과뿐만 아니라 사회적 가치 실현이라는 정성적 성과 역시 동등하게 중시함을 알 수 있다.

마지막으로 가치 창출 방식도 다르다. 전통적 혁신은 상업적 시장 메커니즘을 통한 가치 창출에 의존한다. 반면 사회혁신은 경제적·사회적·환경적 가치를 동시에 창출하는 혼합가치 창출을 지향한다.

13.2 사회혁신이론의 특징

■ 기존 시스템의 변화 추구

사회혁신이론의 가장 중요한 특징 중 하나는 눈앞에 드러난 문제를 일시적으로 해결하는 데 그치지 않고 그 문제가 반복적으로 발생하는 기존 시스템 자체를 근본적으로 바꾸려 한다는 점이다. 비유하자면 사회혁신은 배에 물이 새고 있을 때 '물을 퍼내는 양동이'를 찾는 게 아니라 물이 새는 '배의 구조 자체를 고치는 일'에 가깝다.

예를 들어 노숙인의 급식 문제를 생각해 보자. 노숙인에게 매일 식사를 제공하는 것은 단기적인 개입일 수 있지만 그들이 다시 일어설 수 있도록 주거, 일자리, 의료, 심리 상담 등을 함께 제공하는 통합적 지원 체계를 만드는 것은 시스템을 바꾸는 사회혁신이라 할 수 있다. 이러한 점에서 사회혁신은 단순한 정책 개선이 아니라 제도·규범·조직·정책 등 사회 전체 구조에 작용하는 변화를 지향한다. 물라트, 다이앤 맥캘럼Diane MacCallum, 아비드 메흐무드Abid Mehmood, 사라 함두치Sarah Hamdouch는 사회혁신이 단기적 개입이 아닌 사회 시스템의 구조적 전환을 통해 지속가능한 변화를 만드는 것이라고 보았으며,[4] 힐리에르, 물라트, 해덕은 사회혁신이 체제의 개선이 아니라 시민들의 참여와 사회적 연대를 통해 새로운 가치와 제도를 만들어 기존 체제의 틀을 흔드는 과정이라고 설명했다.[5] 즉, 사회혁신은 기술이나 경영 방식만 바꾸는 것이 아니라 우리 사회가 '무엇을 가치 있게 여길 것인가'를 재정의하려는 시도이다.

앞서 언급한 영국의 사회혁신 기관인 NESTA의 경우, 기존 정부 중심의 복지 정책을 보완하기 위해 지역주민들이 주도하는 '지역사회 기반 돌봄 체계'를 도입했는데, 이는 복지 서비스를 공급하는 구조를 넘어 주민 스스로가 복지의 주체가 되어 기존의 복지 시스템을 대체 또는 확장하려는 시도였다.

사회적 기업 역시 기존 시스템 자체를 근본적으로 바꾸려는 또 하나의 사례로, 비영리와 영리의 경계를 허물고 사회적 가치를 우선시하면서도 지속가능한 수익 모델을 추구하는 새로운 조직 형태이다. 예를 들어 한국의 ㈜우시산은 바다에 버려진 폐플라스틱을 업사이클링해 가방, 지갑 등을 만들고 수익의 일부를 해양보호 활동에 사용하는 기업으로, 기존의 '이윤 중심' 기업 시스템과는 전혀 다른 지속가능한 가치 중심 시스템으로 전환한 예다.

이러한 맥락에서 머리, 컬리어-그라이스, 멀건은 사회혁신이 문제 해결을 반복하지 않고 문제를 만드는 구조 자체를 바꾸는 '시스템 수준의 전환systemic change'이 되어야 한다고 강조했다.[6] 그들은 특히 협력적 거버넌스, 사회적 기업, 새로운 정책 실험 등이 기존의 분절적이고 비효율적인 개입을 넘어서는 구조적 혁신의 사례라고 설명했다. 예를 들어 청년 창업 자금을 지원하는 데 그치지 않고 창업 교육, 멘토링, 사회적 네트워크, 폐업 후 회복 지원 체계 등을 함께 설계하는 것은 창업 생태계 전체를 혁신하는 구조적 접근이라 할 수 있다.

▪ 다양한 이해관계자의 참여와 협력

사회혁신이론의 또 다른 중요한 특징은 다양한 주체들의 협력과 공동 참여를 강조한다는 점이다. 사회 문제는 대개 복잡하고 여러 층위에 걸쳐 있기 때문에 정부 단독으로 해결하거나 기업의 힘으로만 처리하기에는 한계가 있다. 따라서 정부, 기업, 시민단체, 지역주민 등 서로 다른 역할과 관점을 가진 여러 주체들이 함께 협력해야 문제 해결이 가능하다는 것이 사회혁신이론의 핵심 전제 중 하나이다. 예를 들어 지역 청소년들의 학교 밖 방임 문제를 해결하고자 할 때 교육청이 단속 정책만 강화한다고 문제가 해결되지 않는 것과 마찬가지다. 이 문제는 학교, 가정, 복지기관, 상담센터, 청소년단체, 지역사회 등 다양한 주체들이 함께 역할을 나누고 정보를 공유하며 공동으로 대응해야 개선될 수 있다. 이것이 바로 사회혁신이론이 말하는 '다자간 협력 구조multistakeholder collaboration'이다.

이러한 관점은 사회 문제가 지닌 구조적 복잡성뿐 아니라 필요 자원, 정보, 권한이 여러 기관과 개인에 분산되어 있다는 사실을 고려할 때 더욱 중요해진다. 멀건도 복잡한 사회 문제일수록 집단적 대응이 필요하며, 다양한 주체가 힘을 모을 때 해결의 지속가능성과 효과성이 높아진다고 주장했다.[7]

필스, 다이글마이어, 밀러 역시 사회혁신을 "공공의 이익을 위해 새로운 해결책을 도출하고 실행하는 협력적 과정"으로 정의했다.[8] 이들은 정부, 기업, 비영리조직, 지역사회 등 다양한 조직들이 역할을 분담하고 서로의 자원과 전문성을 공유할 때 사회혁신의 효과가 극대화된다고 설명했다. 즉 혼자서 해결할 수 없는 문제를 함께 풀기 위해서는 집단지성이 작동해야 한다는 것이다. 실제로 많은 사회혁신 사례들이 다양한 주체의 참여 속에서 등장했다. 예를 들어 서울시의 사회적경제지원센터는 공공기관, 시민단체, 협동조합, 기업 등이 협력하여 정책을 만들고 실행하는 구조를 갖추고 있다. 이처럼 여러 주체가 함께 모여 협의하고 조정하는 구조는 정책이 보다 현장 친화적이고 지속가능하게 실행될 수 있는 기반이 된다.

이러한 다자간 협력은 자원 공유뿐만 아니라 서로 다른 관점에서 문제를 해석하고 새로운 해결책을 도출하는 데에도 중요한 토대를 마련해 준다. 물라트, 맥캘럼, 메흐무드, 함두치는 사회혁신이 성공적으로 실현되기 위해서 지역 현장에서의 실천 역량, 제도적 틀, 시민 참여, 전문 지식이 함께 작동하는 협력적 학습 체계collaborative learning system가 필요하다고 강조했다.[9]

또한 사회혁신은 기술이나 예산만으로 이루어지는 것이 아니라 주체들 간의 신뢰, 소통, 협력과 같은 사회자본도 충분해야 한다. 그리고 이 같은 사회자본은 다양한 이해관계자들이 지속적으로 상호 작용하고 파트너십을 구축할 때 형성된다.

결국 이러한 협력적 접근 방식은 공공성과 책임성을 중심으로 한 새로운 거버넌스 구조를 만들어낸다. 이는 사회혁신이 일시적인 변화에 그치지 않고 제도적으로 뿌리내리고 확산되기 위한 중요한 조건이기도 한다. 예컨대 기후위기에 대응하기 위해서는 정부의 정책뿐 아니라 에너지 기업, 환경단체, 시민, 기술개발자, 언론 등 다양한 주체들이 '기후행동 네트워크'를 형성하여 협력하는 방식이 필요하다. 이처럼 여러 주체들이 각자 다른 전문성, 경험, 제도적 권한, 실천 역량을 통합적으로 활용할 때 사회 문제 해결은 보다 포괄적이고 지속가능한 형태로 구현될 수 있다. 이러한 구조는 사회혁신이 사회적 가치 창출과 경제적 성과 달성이라는 두 가지 목표를 동시에 이루는 데 필요한 실행 기반을 마련해 주며, 이것이 바로 사회혁신이 일회성 개입을 넘어 장기적이고 구조적인 변화로 이어질 수 있는 이유이다.

■ 사회적 가치를 중심에 둔 접근 방식

문제 해결의 중심 동력을 경제적 이익이나 효율성이 아니라 사회적 가치에 둔다는 점도 사회혁신이론의 또 다른 특징이다. 사회혁신은 이윤 극대화보다 삶의 질을 어떻게 개선시킬지를 먼저 생각하는 접근 방식이다. 예를 들어 장애인을 고용하거나 지역 어르신을 위한 돌봄 서비스를 운영하는 기업은 수익 창출만을 위해서가 아니라 사회적으로 가치 있는 일을 하겠다는 목표를 추구한다. 이러한 활동은 지역사회에 도움이 될 뿐만 아니라 조직에도 장기적으로 신뢰와 지속가능성이라는 보상을 안겨 준다.

이와 같은 시각은 복잡한 사회 문제, 예컨대 기후위기, 빈부 격차, 청년 실업, 교육 불균형 같은 쟁점들을 다룰 때 더욱 중요해진다. 멀건은 사회혁신이 공공의 이익, 사회적 형평성, 환경적 지속가능성과 같은 가치를 우선으로 고려해야 하며 이러한 가치가 문제 해결의 핵심 동력이라고 보았다.[10] 필스, 다이글마이어, 밀러는 사회혁신이 정부만의 몫이 아니라 민간기업과 다양한 조직들도 함께 참여할 수 있는 실천적 전략이라고 보았다.[11] 특히 이들은 사회적 가치에 기반한 해결책이 기존 시장이 제대로 대응하지 못한 사각지대에서 더 큰 효과를 발휘한다고 강조했다. 기업이 이윤만 추구하지 않고 사회 문제에도 관심을 가지면 조직 내부의 전략은 물론 외부와의 협력 방식까지 혁신적으로 바뀔 수 있다는 것이다. 예를 들어 오늘날 많은 글로벌 기업들이 공정무역 제품을 생산하거나 지속가능한 공급망을 구축하려 노력하는 것은 단지 브랜드 이미지를 개선시키려는 전략에 불과한 것이 아니라 사회적 가치를 고려한 장기 전략을 실천하는 것이다.

머리, 컬리어-그라이스, 멀건도 사회적 가치 중심 접근법이 기존의 경제 시스템이 간과했던 취약 계층, 지역 불균형, 환경 리스크 같은 문제에 대응할 수 있는 대안적 프레임워크라고 설명했다.[12] 이들은 사회적 가치와 경제적 성과는 충돌하는 것이 아니라 서로 보완할 수 있다고 강조했다. 즉, 잘 설계된 사회혁신은 지속가능한 비즈니스 모델, 정책 변화, 제도 개혁의 기반이 될 수 있다는 것이다.

이러한 사회적 가치 중심의 접근은 최근 주목받고 있는 지속가능경영이나 ESG 경영의 핵심 원리와도 맞닿아 있다. 기업과 조직이 사회적 책임을 진지하게 고민하고 이를 전략적으로 통합하면 이해관계자와의 신뢰가 높아지고 장기적으로는 더 큰 경제 성과도 기대할 수 있기 때문이다. 예를 들어 트리플래닛Triple Planet은 식목 활동에 주력하는 사회혁신 기업으로, 기업 고객이나 시민들과 협력해 도시숲, 학교숲, 기후숲 등을 조성하고 있다. 이들은 수익의 일부를 활용해 미세먼지 저감, 기후변화 대응, 생물다양성 회복 같은 환경 문제 해결에 기여하는 동시에 기업들에게는 ESG 경영 실천의 기회를 제공함으로써 환경 문제 해결과 비즈니스 모델을 연결시켜 사회적 가치와 경제적 수익을 함께 창출하고 있다.

■ 창의성과 혁신을 활용한 문제 해결

사회혁신이론은 제도를 보완하거나 정책을 수정하는 수준을 넘어 창의적 사고와 혁신적인 방법을 활용하여 기존 시스템이 해결하지 못한 복잡한 사회 문제에 새로운 방식으로 접근하려는 전략이다. 사회 문제는 대개 오래된 제도나 사고방식 속에서 반복되므로 새로운 시각과 실험정신을 통해 문제의 본질을 재정의하고 독창적인 해결책을 도출해야 한다는 것이 사회혁신이론의 논리다. 예를 들어 환경 문제 해결을 위한 정책이 규제 위주였다면, 사회혁신은 앱 기반의 시민 참여형 쓰레기 수거 시스템이나 보상 기반 자원순환 플랫폼 같은 전혀 새로운 방식을 제안한다. 단순한 제도 개선이 아니라 문제를 바라보는 틀 자체를 바꾸는 창의적 접근을 시도하는 것이다.

멀건은 사회혁신이 자원을 투입하거나 제도를 고치는 수준을 넘어 새로운 사고방식과 실천을 통해 근본적인 변화를 유도하는 과정이라고 설명한다.[13] 즉, 문제를 해결하기 위한 상상력을 사회 전체에 확산시켜 제도나 정책, 조직 구조 안에 뿌리내리게 해야 한다고 주장했다. 필스, 다이글마이어, 밀러 역시 사회혁신을 "기존의 익숙한 경로에 의존하지 않고 지속가능하고 새로운 해결책을 창출하는 과정"이라고 개념화했다.[14] 이 과정에는 기술 개발만이 아니라 조직 운영 방식의 혁신, 협력 구조의 전환, 정책 설계 방식의 변화까지도 포함된다.

달리 말해 사회혁신은 새로운 기술이나 아이디어가 실제로 실행 가능한 구조 안에서 현실화되는 과정 전체를 포함한다. 예를 들어 코로나19 상황에서 국내 일부 지자체는 지역상권을 살리기 위한 디지털 지역화폐 앱을 도입했는데 이는 정책 지원일 뿐만 아니라 시민들이 디지털 기술을 통해 소비하고 상생하도록 유도하는 창의적인 구조 혁신이기도 하다.

머리, 컬리어-그라이스, 멀건은 사회혁신이 기존 질서를 단순히 보완하는 것이 아니라 전반적인 사회 시스템의 전환을 지향한다고 보았다.[15] 특히 이들은 디지털 기술, 시민 주도의 실험, 플랫폼 기반의 협업 시스템이 사회혁신의 구체적인 수단이 될 수 있다고 강조했다. 중요한 것은 이런 혁신이 한 개인이나 조직이 아니라 공동체 수준에서 집단적으로 실행될 때 더욱 강력한 사회적 파급 효과를 만들어낸다는 점이다. 비영리 조직과 스타트업, 시민들이 함께 만든 공공문제 해결 플랫폼 '빅워크BigWalk'는 걷기만 해도 기부가 되는 시스템으로, 시민의 일상 활동을 사회적 가치로 전환시킨 예다. 이처럼 기술과 시민 참여가 결합된 실험은 새로운 문제 해결 방식의 모형이 될 수 있다.

요컨대 사회혁신이론은 단순히 '좋은 아이디어를 내자'는 차원에 머무르지 않고 그 아이디어를 실행하고 확산시키는 구조를 함께 설계하는 실천적 전략이다. 여기에는 신기술을 활용한 앱이나 플랫폼 개발, 사회적 기업의 서비스 모델 기획, 공공정책의 실험적 도입까지 매우 다양한 형태가 포함된다. 그리고 이 모든 과정의 중심에는 창의성과 혁신이 있다.

■ 지속가능성과 장기적 변화 강조

사회혁신이론은 단기적인 문제 해결이 아닌, 지속가능한 시스템 변화와 장기적인 사회적 영향력 창출에 중점을 둔다. 즉 문제가 반복적으로 발생하는 근본적인 구조를 바꾸는 장기적이고 전략적인 변화를 목표로 한다. 이러한 접근은 복지나 자선 활동을 넘어 환경적·경제적·사회적 차원을 통합적으로 고려하는 방식으로 실현되며, 이는 유엔의 SDGs가 제시하는 핵심 철학과도 맞닿아 있다.

필스, 다이글마이어, 밀러는 사회혁신이란 단지 새로운 아이디어를 시도하는 것이 아니라 그 아이디어가 기존보다 더 효과적이고 지속가능한 방식으로 사회적 가치를 창출할 수 있어야 한다고 강조했다.[16] 이들은 지속가능성이 사회혁신의 본질적 구성 요소라고 보았으며, 이를 통해 구조적 문제의 근원을 해결해야 한다고 주장했다.

예를 들어 청년 실업 문제를 해결하기 위해 단기적인 일자리를 제공하는 것보다 청년이 스스로 자립할 수 있도록 실질적인 교육 기회와 멘토링, 사회적 네트워크를 연결해 주는 구조를 만드는 것이 사회혁신이론이 말하는 지속가능한 해결 방식이다. 일례로 '점프JUMP'라는 사회혁신 기업은 대학생 멘토가 교육 소외 지역의 청소년에게 학습 멘토링을 제공하고, 청년 멘토에게는 현직 전문가의 진로 멘토링과 직업 역량 강화 프로그램을 지원한다. 이 모델은 교육격차 해소, 청년 역량 강화, 지역사회 연결이라는 3가지 사회적 가치를 동시에 실현하며, 청년들이 경험과 자원, 네트워크를 바탕으로 지속가능한 사회적 생태계 내에서 성장할 수 있도록 돕는다.

또 다른 사례인 푸드테크 사회혁신 기업 '리맘마LIMAMMA'는 폐기 직전 식재료를 활용해 간편식을 만들고 이를 지역사회에 공급함으로써 식품 폐기물 감소, 취약 계층 식생활 개선, 여성 일자리 창출이라는 문제를 동시에 해결하고 있다. 이는 단순한 기부나 지원이 아닌 자립 가능한 수익 구조와 지역사회 협력 체계를 통해 지속가능한 사회적 가치를 창출하는 기업 모델이라 할 수 있다.

이러한 사례들은 사회혁신이 단기간의 성과보다 얼마나 오래 지속될 수 있는가, 얼마나 많은 사람들과 시스템에 영향을 줄 수 있는가를 평가의 기준으로 삼아야 함을 보여 준다. 멀건 역시 지속가능한 사회 변화를 실현하려면 다양한 이해관계자의 장기적 참여 정책 및 제도와의 연계가 필요하다고 주장했으며 사회적 성과의 지속성을 사회혁신의 핵심 평가 지표로 제안했다.[17]

이처럼 사회혁신이론은 단기적 효율성보다 장기적인 효과성과 제도화 가능성을 우선시하며, 새로운 아이디어가 제도 속에 정착하고 지역이나 국가, 더 나아가 글로벌 차원으로 확산될 수 있는 구조를 만들어야 한다고 본다. 이러한 구조는 현대사회가 당면한 ESG 경영, 기후위기 대응, 포용적 성장 등의 과제를 해결하는 데 있어서도 중요한 이론적·실천적 프레임워크를 제공한다.

■ 시민의 참여와 주체성 강조

사회혁신이론에서 매우 중요한 개념 중 하나는 시민의 참여와 주체성이다. 이 이론은 시민을 정부 정책의 대상이자 수혜자로 보는 것이 아니라 문제를 직접 인식하고 해결 방법을 함께 만들어 가는 능동적 주체로 간주한다. 즉 사회혁신은 전문가나 정부가 일방적으로 계획하고 실행하는 것이 아니라 시민 스스로가 변화를 만들어 가는 과정을 중심에 둔다. 멀건도 시민 참여와 공동체 실천 역량이 모여야 진정한 변화를 만들어 낸다고 강조했다.[18] 기존의 하향식top-down 정책이 풀지 못한 복잡한 사회 문제를 해결하기 위해서는 풀뿌리 수준에서의 자발적 참여와 창의성이 필요하다는 것이다. 예를 들어, 정부가 복지 정책을 수립하기보다 지역주민들이 직접 모여 자신들의 주거 환경이나 지역 문제를 논의하고 해결책을 실험하는 도시재생 프로젝트는 대표적인 시민 주도형 사회혁신 사례이다. 이러한 접근은 특히 기업과 지역사회가 함께 문제를 인식하고 해결에 나설 때 더 큰 효과를 낸다.

또 다른 예로 심리상담 전문 사회혁신 기업 '허그맘HUG MOM'이 있다. 허그맘은 정신건강 문제가 심각해지고 있음에도 상담 접근성이 낮은 현실을 개선하기 위해 탄생한 기업이다. 이들은 전문가가 일방적으로 진단을 제공하는 구조에서 벗어나, 전국 각지에 있는 지역상담센터를 지역사회와 연계해 부모·교사·지역주민 등 일반 시민들이 정신건강의 중요성을 인식하고 예방적 상담 문화를 확산시키는 과정에 직접 참여하는 사업을 전개했다. 시민이 상담의 수요자이자 공동설계자로 사업에 참여하는 구조를 실현시킨 허그맘은 심리상담을 시민이 일상 속에서 주도적으로 기획하고 운영할 수 있도록 만든 사회혁신 모델이라 할 수 있다.

머리, 컬리어-그라이스, 멀건은 사회혁신이 기존의 제한적 정책 틀을 넘어서기 위해서는 시민의 창의성과 집단 지성을 적극적으로 활용해야 한다고 강조했다.[19] 이들은 특히 문제 정의 → 해결책 도출 → 실행의 모든 과정에 지역사회와 시민이 함께 참여하는 상향식bottom-up 방식이 사회혁신의 성패를 가르는 핵심 요소라고 주장했다.

필스, 다이글마이어, 밀러도 사회혁신을 "사회적 가치 창출을 위한 새로운 패러다임"으로 보고, 그 중심에는 시민의 자발성과 실천 능력이 있어야 한다고 강조했다.[20] 특히 풀뿌리 수준의 시민 참여는 제도권 외부에서 실험적인 대안을 시도할 수 있는 기회를 만들고 이를 통해 제도를 변화시킨다고 설명한다. 예컨대 지역주민 중심으로 운영하는 치매 안심 마을 사업이나 지역 협동조합 형태의 마을 버스 운영처럼 시민이 정책의 기획자이자 실행자가 되는 구조는 사회혁신이론이 지향하는 핵심 모델이다.

사회혁신이론의 주요 학자

제프 멀건

제프 멀건Geoff Mulgan은 사회혁신 분야에서 이론적·실천적 토대를 정립한 학자이자 정책가로 평가받는다. 그는 기술 혁신 중심의 기존 담론을 초월하여 사회적 맥락에서의 변화와 창조를 설명하는 새로운 혁신 패러다임을 제시하였으며, 이를 통해 사회혁신이론의 핵심 틀을 구축하였다. 특히 멀건은 사회혁신을 단순한 기술이나 서비스의 개선이 아닌 새로운 사고방식, 제도, 거버넌스 구조를 창출하는 과정으로 개념화하였다. 그의 접근 방식은 혁신의 대상이 사회 구조와 제도 전반에 걸쳐 있다는 점에서 공공정책과 시민 참여, 협력적 실천을 강조하는 특징을 지닌다.

멀건은 대표 논문인 〈사회혁신의 과정The Process of Social Innovation〉에서 사회혁신이 기술적 혁신과 구별되는 지점은 사회적 목적과 협력 기반의 실행 구조에 있으며, 특히 공공의 문제를 해결하기 위해 다양한 주체가 참여하는 순환적 혁신 과정을 통해 제도적 변화를 도모해야 한다고 주장하였다. 그는 사회혁신의 전개 과정을 '문제의 인식과 정의→아이디어 도출→실험과 시범 적용→확산과 제도화'로 체계화하면서 사회혁신이 단일한 기술적 해법이 아니라 실천과 정책, 제도 변화가 통합된 복합적 과정이라는 점을 강조하였다.[21] 또한 사회혁신을 단순한 프로그램이나 서비스의 개선이 아닌 구조적 변화와 사회적 가치 창출을 지향하는 정책-시민-조직 간의 협력 기반 혁신 체계로 규정하였다. 그의 연구는 사회혁신을 위한 체계적인 실행 경로와 협력 모델을 제시하였다는 점에서 학술적으로 중요한 의의를 가지며, 현대 공공혁신과 사회적 기업, 지속가능발전 전략 등 다양한 분야에 이론적 기반을 제공했다.

프랜시스 웨슬리

프랜시스 웨슬리Frances Westley는 사회혁신이론의 대표적인 학자로서, 복잡계 이론과 사회 생태학적 관점을 기반으로 사회 문제 해결에 접근하는 체계적 프레임워크를 제시하였다. 그녀는 사회혁신을 개별적인 기술이나 정책 도입의 문제로 보지 않고 보다 광범위한 사회 시스템 내에서의 변화와 재조정의 과정으로 개념화하였다. 특히 사회적 변화는 다양한 행위자들의 상호 작용과 피드백, 제도적 환경 간의 복합적인 동학dynamics 속에서 발생한다는 점을 강조하면서 시스템적 사고systemic thinking와 다중 수준의 협력적 개입이 필수적이라고 주장하였다.

웨슬리는 《가능성에 도달하기: 세상은 어떻게 변화하는가Getting to Maybe: How the World is Changed》에서 사회혁신의 동력을 '불확실성 속의 실험적 시도'에서 찾았다.[22] 이 저서는 사회혁신이 복잡하고 예측 불가능한 사회 문제를 해결하기 위해 어떻게 실천적으로 구현될 수 있는지를 다양한 사례를 통해 분석하며 창의성, 불확실성 수용, 협력적 실천의 중요성을 강조한다. 웨슬리에 따르면, 사회혁신은 고정된 단일 해결책이 아닌 사회 생태계social ecosystem의 구조와 흐름을 이해하고 이에 전략적으로 개입하는 역동적 과정이다. 특히 사회혁신의 지속가능성과 확산을 위해서는 기존 제도의 작동 방식, 문화적 맥락, 조직 구조에 대한 비판적 분석과 전환 전략이 필요하다고 보았다.[23] 또한, 변화를 유도하는 혁신가change agent는 단일 조직의 경계를 초월하여 사회적 네트워크 및 정책 환경과 유기적으로 연계되어야 하며, 이 과정에서 적응적 리더십adaptive leadership과 중간 조직의 역할이 중요하다고 강조하였다. 이러한 관점은 사회혁신을 일회성 프로젝트가 아닌 지속가능하고 확장 가능한 시스템 변화로 정립하는 핵심 조건으로 기능한다.

웨슬리의 연구는 사회혁신이론에 복잡계 접근법을 도입함으로써 다차원적이고 상호 연결된 사회 문제에 대한 이론적 설득력을 확장하였다. 그녀의 이론은 사회적 시스템 내에서의 변화가 어떻게 유기적으로 발생하며, 이를 통해 보다 근본적인 구조 전환이 어떻게 가능해지는지를 설명하는 데 중요한 기여를 하였다. 또한 사회혁신이 단기적 효과보다 장기적인 시스템 전환을 지향해야 한다는 점을 강조함으로써 사회혁신이론의 전략적 실천성과 이론적 깊이를 동시에 확장시킨 것으로 평가받고 있다.

찰스 리드비터

찰스 리드비터Charles Leadbeater는 사회혁신의 개념을 대중화하고 창의성과 사회적 기업가정신의 연계를 강조한 대표적인 사상가이다. 그는 보고서 〈사회적 기업가의 부상The Rise of the Social Entrepreneur〉에서 사회적 기업이 공공문제 해결을 위해 창의적이고 실험적인 접근을 취함으로써 사회적 가치를 창출할 수 있다고 주장하였다.[24] 리드비터는 사회혁신이 단순히 정부나 NGO 주도의 복지 모델을 넘어 민간과 공공부문의 협력을 통해 자율성과 지속가능성을 확보할 수 있는 새로운 비즈니스 모델의 구축을 필요로 한다고 보았다. 그에 따르면 효과적인 사회혁신은 다음과 같은 두 가지 핵심 요소가 요구된다.

첫째는 창의적인 사고방식이다. 이는 기존의 제도적 한계를 초월한 문제 해결 방식을 모색하는 사고의 유연성을 의미하며, 개인과 조직이 일상적인 관행에서 벗어나 혁신적 아이디어와 실험적 전략을 통해 사회 문제에 접근하도록 유도한다. 둘째는 협력적 실행이다. 리드비터는 사회혁신이 단일 주체의 노력만으로는 지속가능하지 않으며 정부·시민사회·기업 등 다양한 이해관계자가 공동의 목표를 설정하고 협력할 때 실질적이고 확장 가능한 해결책을 구현할 수 있다고 주장하였다.

리드비터는 특히 사회적 기업가정신을 사회혁신의 핵심 동력으로 간주하였다. 그는 사회적 기업가들이 단순한 자선이나 복지 사업이 아닌 사회적 가치와 경제적 수익을 동시에 추구하는 이중적 목표double bottom line를 실현하는 구조를 설계한다고 보았다.[25] 이러한 모델은 전통적인 영리 기업의 한계를 극복하는 동시에 공공부문의 비효율성을 보완할 수 있는 대안적 시스템으로 기능할 수 있다.

사회혁신은 이러한 사회적 기업가정신을 통해 창의성과 실천력이 결합된 혁신 생태계를 조성하며 제도적 변화와 문화적 전환을 촉진하는 데 기여한다. 리드비터는 사회혁신이 기술 중심이 아닌 사회 구조적 전환의 도구로 작용해야 하며 이를 위해 창의성, 협력, 민관 연계가 필수적이라는 이론적 프레임워크를 제시하였다. 그의 연구는 사회혁신의 실행 전략과 제도 설계의 방향성을 정립하는 데 중요한 기여를 하였으며, 특히 사회적 기업가정신과 공공혁신의 교차점에서 사회 변화를 촉진하는 실천적 비전을 제공하였다.

프랭크 물라트

프랭크 물라트Frank Moulaert는 사회혁신 이론의 대표적인 학자로서, 특히 지역사회 기반 접근을 중심으로 사회혁신의 이론적 틀을 정립하였다. 그는 사회혁신을 기술적 도입이나 정책 수단의 변경으로 이해하는 관점을 넘어 사회적 배제에 대응하고 지역 공동체의 집단적 역량을 강화하는 구조적 변화의 과정으로 개념화하였다. 〈사회혁신에 관한 국제 지침The International Handbook on Social Innovation〉에서는 사회혁신을 사회적 배제와 불평등에 대한 대응이자 집단적 학습과 제도적 변화를 촉진하여 공동체의 질적 향상을 도모하는 행위로 정의하였다.[26] 이는 사회혁신이 사회적 공간과 지역 생태계의 맥락 안에서 실현되어야 함을 강조하는 접근법이다.

물라트의 이론에서 핵심적인 요소는 시민의 주체적 참여와 협력적 실천이다. 그는 사회혁신이 효과를 발휘하기 위해서는 지역주민이 단순한 수혜자나 정책 대상이 아닌, 문제 정의와 해결 과정에 능동적으로 참여하는 실질적 행위자로 전환되어야 한다고 주장하였다. 특히 도시 재생, 주거 복지, 지역 기반 경제 구축, 지속가능한 교통 시스템과 같은 분야에서 하향식 개입이 아닌 상향식 모델을 통해 구현되어야 하며, 이러한 참여적 구조가 지역 불평등 해소와 사회적 연대 형성에 기여할 수 있다고 설명한다.

그는 사회혁신을 통해 이루어지는 변화가 서비스 개선이나 제도 보완에 국한되지 않고, 사회적 관계망의 재구성, 제도적 정당성의 확장, 권력의 재분배 등을 포함하는 심층적 구조 변화로 발전해야 함을 강조하였다. 특히 지역 내 다양한 이해관계자, 즉 시민, 지방정부, 비영리 조직, 민간이 연대하여 문제 해결을 위한 다차원적 협력체계를 구축할 때 사회혁신의 실천 가능성과 지속가능성이 확보될 수 있다는 점을 역설하였다.

이와 같은 물라트의 연구는 현대 사회혁신 담론이 도시 공간, 지역사회, 그리고 제도적 맥락과 어떻게 연계되어야 하는지를 이론적·실천적으로 제시하는 핵심 기반이 된다. 사회혁신이 특정 기술이나 아이디어의 채택이 아닌 지역 구성원 간의 집단적 실천과 제도적 전환을 수반하는 과정이라는 그의 관점은 지역 기반 사회혁신 이론의 발전에 중요한 기여를 하였다.

13.3 사회혁신이론과 지속가능경영, 그리고 ESG

사회혁신이론은 환경적 지속가능성, 사회적 형평성, 포용적 거버넌스를 구조적 수준에서 재설계하고자 하며, 이는 ESG의 세 축과 밀접하게 맞닿아 있다.[27] 또한 기존의 경영 방식이나 제도적 틀의 한계를 극복하기 위해 ① 창의적인 해결책을 도입하고, ② 다양한 이해관계자의 협력을 통해 실행 가능성을 높이며, ③ 이를 제도화하고 확산하는 순환적 과정을 제안한다.[28] 즉, 사회혁신이론은 ESG 경영의 추상적 개념을 구체적인 실행 전략으로 전환하는 데 필수적인 이론적 토대를 제공하며, ESG의 세 요소 각각에 대해 실천 가능한 구조적 변화를 이끌어내는 핵심적인 전략적 접근이다. 지금부터 ESG의 세 요소와 사회혁신이론이 어떻게 연결되어 있는지 자세히 알아보자.

■ 환경적 지속가능성과 사회혁신

사회혁신이론은 기존의 기술 중심 해결 방식이 자원 고갈, 기후변화, 생태계 파괴와 같은 복합적인 환경 문제를 충분히 해결하지 못한다는 인식에 따라 기술적 해법을 넘어 제도, 문화, 협력 구조 등 사회적 요소의 전환을 강조한다.[29] 특히 지속가능한 발전을 위한 환경적 대응이 다양한 이해관계자의 참여와 공동 실천을 필요로 한다는 점에서 사회혁신이론의 협력적 실천 원리와 긴밀하게 연결된다.

예를 들어 네덜란드의 일부 농업기업들은 제한된 공간을 효율적으로 활용하기 위해 식물을 건물이나 선반과 같은 수직 구조물에 층층이 쌓아 올려 재배하는 농업 기법인 수직 농업vertical farming 기술을 통해 최소한의 물과 에너지로 고품질 농산물을 생산하는 방식을 채택하였다. 이러한 모델은 친환경 기술 도입을 넘어 환경 보전, 식량 안보, 도시 공간의 재설계, 지역사회 참여 등을 통합적으로 구현하며, 이는 사회혁신이론이 강조하는 시스템적 변화에 해당한다.[30] 이처럼 사회혁신이론은 기업이 환경 목표를 달성하기 위한 창의적인 비즈니스 모델을 설계하고 실천할 수 있도록 해 준다.

또한 사회혁신이 일구어 낸 순환경제 기반의 생산·소비 체계 구축, 재생에너지 중심의 공급망 전환, 폐기물 제로화를 목표로 한 도시 설계 등은 ESG 경영의 환경 성과를 극대화하면서 기업의 장기적 지속가능성과 이해관계자 신뢰 형성을 동시에 달성하는 전략이 된다. 이러한 전략은 기업의 평판과 브랜드 가치를 향상시킬 뿐 아니라 정책 규제에 선제적으로 대응할 수 있는 경쟁 우위를 확보하게 해 준다. 따라서 사회혁신이론은 ESG 경영의 환경 영역에서 친환경 경영을 넘어 시스템 전반의 재설계를 통해 구조적 지속가능성을 도모하는 전략적 이론으로 볼 수 있다.

■ 사회적 가치 창출을 위한 혁신적 비즈니스 모델

ESG 경영의 사회 요소는 기업이 노동권 보장, 다양성과 포용성의 실현, 지역사회 기여 등 사회적 책임을 경영 전략에 통합해야 하는 이유를 제시한다. 사회혁신이론 역시 이러한 사회적 책임 수행이 일회성 활동이나 윤리적 선언 수준에 머무르지 않고 기업의 본질적 가치 창출 시스템에 통합되어야 함을 강조한다. 즉 사회혁신은 기존의 복지 모델이나 기부 중심의 접근을 넘어 공동체 기반의 창의적인 협업과 포용적 비즈니스 구조를 통해 장기적인 사회 변화를 실현하는 경로를 제시한다.

예를 들어 인도의 제약 기업 시플라CIPLA는 필수 의약품을 저렴한 가격으로 제공하면서 지역보건 시스템 개선을 위한 인프라 구축과 지역주민 대상 의료 교육 프로그램을 병행하였다.[31] 또한 지역사회와의 협업을 통해 의약품의 유통 구조를 재편하고 건강 취약 계층의 접근성을 실질적으로 향상시켰다. 이 사례는 사회혁신이론이 주장하는 '시민주도형 해결 방식'과 '지속가능한 구조적 전환'이라는 원칙을 충실히 반영하고 있으며 이러한 전략을 통해 이해관계자의 신뢰를 획득하고 장기적인 사회적·경제적 성과를 동시에 달성하였다.

이렇듯 사회혁신이론은 지역 이해관계자들과의 공동설계, 자립형 생태계 구축, 포용적 고용 전략 등을 중요한 실행 전략으로 제시한다. 이는 사회적 약자나 지역 기반 조직을 문제 해결의 주체로 참여하게 함으로써 구조적 불평등을 완화하고 공동체의 역량을 강화한다. 이러한 구조는 기업이 사회적 가치를 중심으로 한 새로운 비즈니스 모델을 창출하게 해 준다는 점에서 사회혁신이 ESG 경영의 실행을 위한 핵심 촉매임을 시사한다.

■ 투명성과 참여 기반의 지배구조 혁신

ESG 경영의 지배구조 요소는 기업 지배구조에서 투명성·윤리성·책임성 확보를 핵심 과제로 상정한다. 사회혁신이론은 이러한 지배구조 개혁이 규제 준수나 외형적 공시에 국한되지 않고 참여 기반의 조직 설계와 기술 기반 투명성 강화 전략을 통해 실질적 혁신으로 전환될 수 있는 이론적 토대를 제공한다.

사회혁신은 기존의 위계적 의사결정 구조에서 탈피해 다양한 이해관계자의 참여를 촉진하고 의사결정 과정을 민주화함으로써 기업 운영의 신뢰성과 지속가능성을 제고하는 데 기여한다. 블록체인 기술을 활용한 공급망 투명성 강화, 실시간 정보 공개 시스템을 통한 기업 활동 모니터링, 이해관계자 간 공동 책임 기반의 거버넌스 모델 구축은 기술적 도구와 제도적 설계를 융합하여 지배구조를 구조적으로 혁신하는 사회혁신 전략의 대표적 사례이다.

한편 사회혁신은 정보 비대칭성을 완화하여 기업이 ESG 경영을 정직하고 체계적으로 이행하고 있음을 외부 이해관계자에게 입증하는 메커니즘으로도 기능한다. 실제로 한 글로벌 IT기업은 블록체인 기반 추적 시스템을 도입하여 제품의 생산부터 유통에 이르는 전 과정을 기록하고 이해관계자에게 실시간으로 공개함으로써 ESG 공시의 투명성을 획기적으로 개선했다.[32] 해당 기업은 협력업체와의 계약 조건, 노동 환경, 환경 영향 정보 등을 통합된 데이터로 제공하여 소비자·투자자·규제 당국이 기업의 책임성과 지속가능성을 객관적으로 평가할 수 있도록 함으로써 사회혁신이론이 강조하는 기술 혁신과 제도적 설계의 결합을 통해 ESG 경영의 지배구조를 실질적으로 내실화한 모범 사례로 평가받고 있다.

■ ESG 실현을 위한 협력과 확장성 강조

사회혁신이론은 ESG 경영의 3가지 요소와 더불어 협력과 확장성이 반드시 필요하다고 강조한다. ESG 경영이 기업의 독자적 노력만으로는 완전하게 구현되기 어렵다는 점을 명확히 제시하며 다양한 이해관계자 간의 협력과 파트너십이 구조적 변화의 핵심 요인임을 강조하는 것이다.[33] ESG의 실행은 단일 기업의 전략적 선택을 넘어 사회 전체의 지속가능한 시스템 구축이라는 광범위한 목표를 지향해야 하며, 이를 위해서는 정부, 시민사회, 사회적 기업, 지역사회 등과의 유기적 협력 구조가 필수적이기 때문이다.

사회혁신이론은 파편화된 문제 해결 방식이 아닌 생태계 차원의 통합적 접근을 요구한다. 이는 기업, 지역사회, 시민단체, 공공기관 등 다양한 이해관계자들이 함께 문제를 정의하고 해결 방안을 공동으로 만들어 가는 과정인 사회적 실험과 공동설계를 통해 구현된다. 이러한 참여 기반의 협업은 기업의 독자적 ESG 활동에 비해 훨씬 높은 실행 가능성과 정당성을 확보하게 해 준다. ESG가 기업의 내부적 노력만으로는 완전하게 구현되기 어렵기 때문이다. 그런 의미에서 지역사회와의 신뢰 형성, 정책적 연계, 시민의 수용성은 ESG의 환경·사회·지배구조 각 영역에서 실질적인 실행력을 확보하기 위한 핵심 요소들이다.

특히 다양한 주체들과의 협력을 통해 추진되는 사회혁신 활동은 기업이 사회 문제 해결에 실질적으로 기여하는 행위자로 자리매김하게 한다. 이러한 과정은 지역사회의 신뢰와 지지를 유도하고, 이는 곧 기업의 비재무적 성과로 이어진다. 예컨대 지역사회와의 관계가 견고해질수록 고객 충성도, 브랜드 이미지, 정책 수혜 가능성이 높아지며 장기적인 지속가능성 또한 강화된다. 나아가 이와 같은 협업 기반의 ESG 실천 모델은 자원과 역량을 공유함으로써 비용과 위험을 분산시키는 효과도 있다. 동시에 각 주체의 상호 작용 속에서 혁신적 아이디어가 창출되고 이러한 실험적 시도들이 제도화될 경우, 사회 전반의 시스템 변화로 확장될 수 있다. 그런 점에서 사회혁신이론은 ESG가 일시적 경영 트렌드가 아닌 지속가능한 사회 구축을 위한 집합적 실천의 프레임워크로 기능하게 돕는다.

대표적 사례인 글로벌 식음료 기업 네슬레는 개발도상국 소농들과의 협력을 통해 지속가능한 농업 기술을 도입하고 이를 자사의 글로벌 공급망에 통합함으로써 지역 단위의 지속가능성과 기업 차원의 ESG 성과를 동시에 구현한 것으로 평가받는다.[34] 이 프로젝트는 농부들의 생산성 향상과 생계 안정화를 지원하는 동시에 기업이 지속가능한 고품질 원료를 안정적으로 확보하게 해 주는 공유가치 기반의 사회혁신 전략으로 기능하였다. 이러한 협력 모델은 지역성과 글로벌 전략을 연계하는 구조적 확장가능성scalability을 입증하며, ESG 경영이 단기적 성과 중심 전략이 아닌 장기적 생태계 혁신의 지렛대임을 시사한다.

사회혁신이론과 기업 사례 연구 무라다이 실험

사회혁신이론은 기술 중심의 혁신을 초월하여 지역사회 기반의 참여와 협력, 사회적 가치 창출, 구조적 변화의 유도를 통해 지속가능한 해결책을 제시하는 접근법이다. 인도의 사회적 기업가 아루나찰람 무루가난탐Arunachalam Muruganantham[35]이 주도한 '무라다이 실험Muruganantham Sanitary Pad Project'은 이론의 실천적 측면을 구체적으로 입증한 대표적 사례이다. 이 실험은 높은 비용과 사회적 금기로 인해 생리대가 대다수 인도 여성들에게 접근 불가능한 위생용품이라는 데 착안했다. 이는 위생의 차원을 넘어 여성의 건강, 교육권, 노동 참여, 그리고 자존감에 구조적인 영향을 미치는 사회적 문제였다.

그림 13-2 **무라다이 실험을 주도한 무루가난탐**

무루가난탐은 기존 상업용 생리대 제조 방식이 고가의 수입 설비와 원재료에 의존한다는 점을 문제로 보고, 저비용 생리대 생산 기계를 독자 개발하였다. 이 기술은 기술 숙련도가 낮은 지역의 여성도 용이하게 조작할 수 있도록 설계되었으며, 이를 통해 생산 수단의 지역화localization of production와 경제적 자립의 가능성이 동시에 실현되었다.[36] 사회혁신이론에서 강조하는 '문제 해결을 위한 협력적 구조 변화'가 현지 여성의 생산 참여, 유통, 보건 교육까지 포괄하는 분산형 가치사슬 구축을 통해 구현된 것이다.[37] 특히 이 실험은 여성의 사회적 주체성 강화와 지역사회 역량 구축이라는 구조적 변화를 일으켰다. 무루가난탐은 생리대를 단순한 소비재가 아니라 여성의 건강권 및 사회적 권리를 보장하는 도구로 인식하였으며 여성 스스로가 이 시스템을 운영하고 발전시키는 방식으로 사회적 영향력을 극대화하였다.[38] 이는 사회혁신이론에서 중시하는 '이해관계자의 역량 강화'와 '지속가능성을 위한 참여적 거버넌스 모델'의 대표적인 구현 사례라고 할 수 있다.

또한 이 실험은 생리 위생에 대한 사회적 담론을 전환시키는 데에도 기여하였다. 생리는 오랫동안 공적 논의에서 배제되어 온 주제였으나, 무루가난탐은 사회적 금기를 혁신의 대상으로 인식함으로써 담론적 전환을 촉진하였다. 사회혁신이론은 이처럼 비가시화된 사회 문제를 드러내고 제도적 혁신으로 연결시키는 과정을 핵심 요소로 간주하는데, 무라다이 실험은 그러한 과정을 체계적으로 구현하고 있다.[39] 이 실험은 현재 인도 전역 및 아프리카, 동남아시아 등으로 확산돼 글로벌 사회혁신 플랫폼으로 기능하고 있다. 이는 사회혁신이론에서 강조하는 확장가능성과 사회 생태계 차원의 임팩트 창출이 가능함을 실증한다. 수백만 명의 여성이 이 프로젝트를 통해 고용 기회를 얻었고 지역보건과 교육 수준도 향상되었다. 사회 구조의 변화와 권한 부여를 동반한 사회혁신 모델로 평가받는 무라다이 실험은 사회혁신이론이 ESG 경영, 특히 사회적 책임과의 접점에서 어떻게 실천될 수 있는지를 명확하게 보여주며 향후 글로벌 지속가능경영 모델 수립에 중요한 시사점을 제공한다.

13.4 사회혁신이론으로 바라본 지속가능경영과 ESG 연구

연구 1 〈생태계에서 거대한 도전에 적응하기: 집합적 가교 조직의 역할〉*

이 연구는 오늘날 우리가 직면한 기후위기, 자원 고갈, 사회적 불평등과 같은 전 지구적 환경 문제, 즉 '거대한 도전grand challenge'에 대응하려면 기존의 방식으로는 한계가 있다고 보고, 새로운 조직적 대응 방식으로서의 집합적 기업가정신collective entrepreneurship 개념을 제안했다. 연구자들은 개별 기업 중심의 혁신이나 단순한 민간 협력 구조로는 사회 문제의 복합성과 지속성을 감당할 수 없으며 다양한 조직이 상호 협력하고 공동으로 실천할 수 있는 생태계적 대응 전략이 필요하다고 강조한다.

연구자들은 이 개념이 실제 현장에서 실현되기 위해 필요한 5가지 구성 요소를 제시했다. 첫째, 공동의 비전을 설정하고 둘째, 신뢰 기반의 협력을 구축하며 셋째, 자원을 상호 공유하고 넷째, 조직 간의 역할과 책임을 조정하는 메커니즘을 설계하며 마지막으로 이러한 협력이 제도적 차원에서 뒷받침될 수 있도록 정책적 지지를 확보해야 한다. 사회 문제를 해결하는 주체가 더 이상 정부나 개별 기업에 한정되어 있지 않고, 다양한 주체들이 공동으로 행동해야 하기 때문이다.

예를 들어 미국의 S&P 500에 포함된 한 글로벌 제약 기업은 ESG의 환경 요소를 CSR 부서 중심으로 관리해 왔다. 그러나 복합적인 공급망 문제와 기후위기에 직면하면서 전략을 수정해 지역의 환경 NGO, 지방정부, 기술 스타트업, 지역단체와 협력하여 친환경 포장 시스템을 공동설계하고 이를 시범 적용하는 사회적 실험 프로젝트를 수행했다. 이 과정에서 다양한 조직이 자원을 공유하고 데이터를 연계하며 정책 제안을 함께 마련함으로써 실행의 효과성과 정당성을 동시에 확보할 수 있었다. 이러한 협업은 ESG 각 요소의 내실화를 가능하게 했고, 이는 신뢰 형성과 비재무적 성과로 이어졌다.

연구자들이 도출한 3가지 핵심 결론은 다음과 같다. 첫째, 지속가능한 성과는 단일 주체가 만들어 내는 것이 아니라 다양한 조직으로 이루어진 집합적 구조와 협력 속에서 형성된다. 둘째, ESG의 실행력은 참여 기반 거버넌스와 공공성과 같은 요소들이 보장될 때 실현 가능성이 높아진다. 셋째, ESG는 단순한 비재무적 지표의 관리 차원을 넘어 사회 문제를 해결하기 위한 생태계적 전략으로 작동해야 한다.

* Doh, J. P., Tashman, P., & Benischke, M. H. (2019). Adapting to grand environmental challenges through collective entrepreneurship. *Academy of Management Perspectives*, 33(4), 450–468

이 연구는 사회혁신이론의 관점에서 중요한 이론적 함의를 갖는다. 사회혁신이론이 강조하는 '다기관 협력,' '공공가치의 공동 창출,' '시스템 수준의 전환'이라는 원칙과 이 연구에서 제시한 집합적 기업가 정신은 논리적으로 긴밀하게 연결되는데, 특히 ESG 경영을 수치로 평가하는 활동으로 보는 것이 아니라 사회혁신의 구조를 내재화한 실천 방식으로 접근한다는 점에서 의미 있는 관점을 제시하고 있다.

ESG는 더 이상 기업만의 과제가 아니며, 지역사회와 다양한 주체들이 함께 설계하고 실험하며 배우는 협력 생태계 속에서만 지속가능성과 정당성을 확보할 수 있다. 연구자들은 이러한 집합적 기업가 정신이야말로 사회혁신이론이 지향하는 방향성과 일치하며 ESG의 제도화와 장기적 실현 가능성을 높이는 전략적 수단이 될 수 있다고 결론짓는다. 이 연구는 ESG 경영에 있어 제도 변화와 사회적 가치 창출이 유기적으로 연결되어야 한다는 점을 이론적으로 뒷받침하며 사회혁신이론과 ESG 간의 이론적 접점을 구체화하는 데 기여한 것으로 평가받고 있다.

연구 2 〈거버넌스 영역에서 협력적 혁신을 위한 메타거버넌스〉**

이 연구는 공공부문에서 혁신을 촉진하기 위해서는 정책 효율성이나 민주적 정당성을 뛰어넘어 혁신을 중심에 둔 메타거버넌스metagovernance 전략이 필요하다고 주장한다. 메타거버넌스란 다양한 행위자들이 참여하는 협력적 거버넌스를 설계하고 운영하는 '거버넌스의 거버넌스'라고 할 수 있다. 연구자들은 특히 전통적인 자원 중심, 합의 중심의 네트워크 관리 전략으로는 혁신적인 아이디어가 창출되기 어렵다는 문제의식을 바탕으로 창의성과 실험성을 유도하는 방식의 메타거버넌스 모델을 제안하고 있다.

이 연구는 덴마크 코펜하겐에서 시작된 '노인과 함께하는 자전거Cycling Without Age' 프로젝트를 사례로 제시한다. 이 프로젝트는 야외 활동을 통해 고령자의 사회적 고립을 해소하고 삶의 질을 높여주는 새로운 복지 서비스로, 이동 수단 제공과 더불어 세대 간 교류와 공동체 참여를 활성화하려는 복합적 목적을 지니고 있다. 시민 자원봉사자는 자전거의 운전자로, 노인들은 탑승자로 참여하여 함께 도심이나 공원을 돌아보며 이야기를 나누는 과정에서 시민, 공무원, 복지기관, 기업 후원자 등 다양한 이해관계자들이 소통하게 된다. 이를 통해 새로운 아이디어가 지속적으로 제안·개선되면서 하나의 복지 서비스가 '시민-정부 공동 창출의 장'으로 전환되는 것이다.

이 프로젝트는 다음과 같은 메타거버넌스 전략의 혁신적 특성을 잘 보여 준다. 첫째, 기존의 복지 서비스가 공급자 중심의 하향식 방식이었다면 이 프로젝트는 수요자인 노인과 지역 시민의 경험, 제안, 자발적 참여를 핵심 자원으로 활용하는 상향식 모델이다. 둘째, 정책 아이디어가 정해진 뒤 전달되는

** Sørensen, E., & Torfing, J. (2017). Metagoverning collaborative innovation in governance networks. *Public Management Review*, 19(1), 86-107.

방식이 아니라 현장의 다양한 참여자들이 함께 실험하고 학습하며 점진적으로 모델을 완성해 가는 공동설계 방식이다. 셋째, 자전거 제작, 유지비 지원, 시민 홍보 등에서 민간 기업, 지역사회, 공공기관이 서로 다른 역할을 수행함으로써 사회적 자본과 시스템 전환의 가능성을 실현하고 있다.

이 사례는 전통적인 공공서비스 제공 방식에서 벗어나 '공공부문 혁신은 다양한 행위자들이 공동으로 참여할 때 실현된다'는 사회혁신이론의 핵심 전제를 구체적으로 보여 준다. 또한 이 연구는 이러한 접근이 ESG 실천에도 중요한 시사점을 준다고 주장한다. ESG 역시 사회적 가치 창출과 제도적 변화로 이어지는 구조적 개입을 필요로 하므로 메타거버넌스 전략이 ESG 실행 전략으로서도 유효하다는 것이다. 이 연구는 공공부문 혁신, 사회혁신이론, ESG 실천 전략을 하나의 프레임워크로 통합함으로써 지속가능한 거버넌스와 사회적 가치 창출에 관한 이론적·실천적 기여를 한 것으로 평가받는다.

연구 3 〈제도적 논리와 권력 불균형 속에서 조직 간 관계를 지속시키기: 공정무역 사례 연구〉***

이 연구는 공정무역을 사례로 들어 서로 다른 제도적 가치와 권력을 가진 조직들이 어떻게 협력관계를 형성하고 지속할 수 있는지를 설명하고 있다. 특히 사회적 정의를 강조하는 공정무역 조직과 시장 논리에 기반해 이익을 추구하는 대형 유통기업 사이의 협력이 쉽지 않은 일임에도 이들 간의 파트너십이 오랜 시간 동안 유지되고 있는 이유를 밝히는 것이 이 연구의 주요 목적이었다. 연구자들은 이와 같은 협력이 서로 다른 논리들이 조화를 이루며 '역동적으로 지속되는dynamically persistent' 새로운 형태의 관계를 탄생시킨 덕분이라고 주장한다.

연구자들은 영국과 벨기에의 공정무역 조직들과 대형 소매업체들 간의 6가지 협력 사례를 분석했다. 이 과정에서 총 20건의 인터뷰, 64시간의 참여 관찰, 52개의 문서 자료를 활용했고, 이를 통해 조직 간 협력관계가 지속될 수 있었던 4가지 중요한 조건을 도출했다.

첫째, 양측이 사전에 서로 다른 가치를 어느 정도 수용하고 있었다. 즉, 공정무역 조직은 사회적 정의를 추구하면서도 시장 진입을 위해 상업적 전략을 부분적으로 수용했고, 기업은 이윤을 추구하면서도 사회적 책임을 인식하며 공정무역의 가치를 받아들였다. 이렇게 양쪽이 혼합 가치를 내면화한 점hybrid logics이 협력의 기초가 되었다.

둘째, 공정무역 인증 마크와 같은 상징은 서로 다른 가치를 추구하는 두 조직이 각자의 관점에서 서로 다른 의미를 부여하는 공통의 언어 역할을 한다. 예를 들어 이 인증 마크는 공정무역을 중시하는 시민단체나 NGO에게는 '윤리적 소비'와 '생산자 권리 보호'를 상징한다. 반면 기업에게는 브랜드 신뢰를

*** Nicholls, A., & Huybrechts, B. (2016). Sustaining inter-organizational relationships across institutional logics and power asymmetries: The case of Fair Trade. *Journal of Business Ethics*, 135(3), 537-552.

높이고 시장에서 경쟁력을 갖추기 위한 전략적 수단으로 해석될 수 있다. 이처럼 동일한 상징이 각자의 목적에 맞게 달리 해석되면서도 협력의 매개체가 될 수 있었다.

셋째, 각 조직은 상대방의 가치와 전략이 서로 다르다는 점을 인식하면서도 그 차이를 전적으로 거부하지 않고 어느 정도 받아들이는 관용적인 태도를 보였다. 이런 태도는 협력관계가 깨지지 않고 유지되는 데 중요한 역할을 했다.

넷째, 협력의 세부적인 규칙이나 실행 방식은 일방적으로 정하지 않고 양측이 공동설계함으로써 제도적 상호 작용의 공간을 형성했다. 이는 계약이나 합의에 따른 단순한 협력이 아니라 더 깊이 있는 파트너십을 가능하게 했다.

이 연구는 사회혁신이론의 관점에서 ESG 경영에 시사점을 제공한다. ESG의 사회 및 지배구조 요소 역시 여러 조직의 협력을 필요로 하기 때문에, 앞서 도출한 4가지 조건을 ESG 실천 과정에도 적용할 수 있다. 이를 통해 사회혁신이론에서 강조하는 다기관 협력, 제도 간 상호 작용, 공동 가치 창출을 이루어낸다면 ESG 경영은 한층 더 효과적으로 이루어질 것이다.

DISCUSSION 13장 | 토론 과제

주제 1: 사회혁신의 지속가능성과 확장가능성은 보장될 수 있는가

배경

사회혁신이론은 기존 시스템의 근본적인 변화를 추구하며 지속가능성과 장기적 영향을 강조한다. 그러나 많은 사회혁신 사례들이 특정 지역과 환경에서 효과를 입증하고 있음에도, 다른 지역으로 확장하는 데에는 어려움을 겪는다. 이에 따라 한 지역에서 성공한 사회혁신이 다른 지역에서도 동일한 효과를 낼 수 있는지에 대한 논의가 계속되고 있다.

의견 ❶: 사회혁신은 다른 지역으로도 확장가능하며 지속가능하다

- 특정 지역에서 성공한 사회혁신은 다른 지역에도 적용할 수 있으며 확산시킬 수 있다.
- 기업·정부·지역사회가 협력하면 사회혁신의 제도화와 장기적인 지속가능성을 보장할 수 있다.
- 기술과 디지털 플랫폼을 활용하면 사회혁신 모델을 더욱 쉽게 확장할 수 있고 다양한 환경에서의 적용가능성을 높일 수 있다.

의견 ❷: 사회혁신은 다른 지역으로 확장하기 어렵고 지속되기도 어렵다

- 사회혁신은 지역적 특수성에 따라 다르게 작용하므로 다른 지역에서도 동일한 효과가 나타날 것이라고 보장할 수 없다.
- 사회혁신이 지속가능성을 갖추려면 장기적인 재정적 지원과 정책적 뒷받침이 필요하며 이를 확보하지 못하면 확장성이 제한될 가능성이 있다.
- 확장 과정에서 원래의 취지와 목적이 변질되거나 상업적 이익 중심으로 왜곡될 위험이 있다.

생각의 확장

사회혁신은 특정 지역의 사회문화적 맥락과 제도적 환경에 따라 성패가 크게 좌우되기 때문에 한 지역에서 성공한 사회혁신 모델이 다른 지역에서도 동일한 효과를 발휘할 수 있을지에 대한 의문이 제기된다. 성공 모델을 다른 지역으로 확산하는 과정에서 원래의 취지가 변질되는 위험을 어떻게 최소화할 수 있을까?

주제 2: 사회혁신 과정에서 경제적 이익과 사회적 가치 중 무엇을 우선시해야 하는가

배경

사회혁신이론은 사회적 문제를 해결하는 동시에 경제적 가치를 창출하는 것이 가능하다고 주장한다. 그러나 기업이 사회혁신을 추구하는 과정에서 경제적 이익과 사회적 가치 간의 충돌이 발생할 가능성도 존재한다. 따라서 기업이 사회혁신을 실현하는 과정에서 무엇을 우선시해야 하는지에 대한 논의가 필요하다.

의견 ❶: 경제적 이익을 우선시해야 한다

- 기업이 경제적 지속가능성을 확보해야만 장기적으로 사회혁신을 실현할 수 있으므로 경제적 이익을 우선시해야 한다.
- 시장 기반의 접근 방식을 활용하면 사회적 문제를 해결하면서도 기업의 성장과 이익을 동시에 실현할 수 있다.

의견 ❷: 사회적 가치를 우선시해야 한다

- 기업이 사회적 가치를 우선적으로 고려하지 않으면 단기적인 이익 창출에 매몰돼 사회혁신의 본래 목적을 훼손할 위험이 있다.
- 경제적 이익을 최우선으로 하면 사회혁신이 상업화되거나 특정 계층에게만 혜택이 돌아가는 결과를 초래할 가능성이 있다.
- 기업이 사회적 가치를 우선시하면 장기적인 브랜드 신뢰도가 구축되고 지속가능한 성장과 이해관계자의 지지를 확보할 수 있다.

생각의 확장

기업이 사회혁신을 실현하는 과정에서 경제적 이익과 사회적 가치는 시대에 따라, 각자의 입장에 따라 우선순위가 달라질 수 있다. 앞서 제시된 두 가지 의견도 시대에 따라, 각자의 입장에 따라 해석한 결과일 수 있다. 어떤 의견이 타당하고 생각하는가? 두 의견을 조화시킬 방법은 없는가?

13장 연습문제

01. 사회혁신이론의 개념을 설명하고 전통적 혁신과의 차이를 구체적으로 비교하시오.

02. 멀건과 웨슬리가 사회혁신이론을 바라보는 관점을 비교하여 설명하시오.

03. 무루가난탐의 '무라다이 실험'을 사회혁신이론의 관점에서 분석하고 이 사례가 보여 주는 사회혁신의 지속가능성과 확장가능성에 대해 논하시오.

04. 사회혁신을 실현하려는 기업이 경제적 이익과 사회적 가치 중 무엇을 우선시해야 하는지에 대해 자신의 의견을 제시하고 두 관점을 조화시킬 수 있는 방법을 제안하시오.

CHAPTER

14 하이브리드조직이론

14.1 하이브리드조직이론의 개념

하이브리드조직이란 경제적 가치와 사회적 가치를 동시에 추구하기 위해 설계된 조직 형태로, **이중 목표**dual purpose 또는 이중 미션dual mission의 실현을 핵심 가치로 설정하며 이를 달성하기 위한 혁신적 운영 체계를 구축한다.[1] 아직 경영학 또는 조직이론 내에서 고전적 이론 체계로 정립된 용어는 아니지만, 사회적 가치와 경제적 수익을 동시에 창출하는 조직의 구조와 운영 방식에 대한 분석을 위해 최근 들어 널리 활용되고 있는 개념이다. 특히 사회적 기업, 지속가능경영, 임팩트 비즈니스 등 다양한 실천 영역에서 하이브리드조직의 이중 목적성과 그에 따른 조직 운영의 갈등 및 조정 메커니즘을 설명하는 이론적 틀로 자리 잡고 있다.[2]

공정무역 커피 기업의 사례는 경제적 지속가능성과 사회적 형평성을 균형 있게 추구하는 하이브리드 모델의 대표적 실현 형태로 볼 수 있다.[3] 재생가능 자원을 활용하는 제조기업들 역시 환경적 지속가능성과 경제적 효율성이 상호 보완적이고 동시에 추구할 수 있는 가치임을 보여 준다.[4] 현대사회에서 소비자와 투자자들은 기업의 평가 기준을 수익성에서 지속가능성, 환경적 책임, 사회적 공헌으로 확장하고 있다. **하이브리드조직이론**Hybrid Organization Theory은 이러한 가치관의 변화에 부응하여 기후변화, 빈곤, 불평등과 같은 복합적인 글로벌 문제 해결에 실질적으로 기여한다.[5] 또한 이 이론은 다차원적 이해관계자와의 협력 속에서 신뢰 구축과 장기적 브랜드 가치 창출을 통해 사회자본을 축적하는 구조를 보여 준다는 점에서 사회자본이론과도 연결된다.

하이브리드조직은 가난한 사람들에게 소액 대출을 해 주거나 저소득층 주거 지원, 지역사회 개발 같은 전통적인 비영리 활동 분야에서 수익을 추구하는 방법을 찾는 과정에서 생겨났다. 예를 들어 그라민은행은 방글라데시의 가난한 사람들에게 소액 대출을 제공하여 이들이 금융 서비스를 이용할 수 있게 돕는 동시에 은행도 수익을 내는 구조를 만든 대표적인 하이브리드조직이다.

그러다가 점차 환경 보호, 기술 혁신, 교육, 의료 등 다양한 분야로 하이브리드조직이 확산되었다. 특히 2008년 세계 금융 위기 후 기존 자본주의 시스템에 대한 반성과 함께 하이브리드조직에 대한 관심이 크게 높아졌다. 예를 들어 신발을 판매하는 기업 탐스TOMS Shoes는 소비자가 신발을 한 켤레 사면 제3세계 아동에게 한 켤레를 기부하는 방식으로 수익 창출과 사회 기여를 함께 달성하는 모델을 만들었다. 한편 한국에서도 우리동네 나눔반찬, 행복얼라이언스, 트리플래닛 등의 사회적 기업이 비슷한 방식으로 운용되고 있다. 이처럼 하이브리드조직은 '공공기관은 공익만, 민간 기업은 이익만 추구한다'는 기존의 이분법적 사고를 넘어서는 새로운 조직 모델이다.

그림 14-1 팔린 개수만큼 신발을 기증하는 탐스의 'One for One' 캠페인

이러한 발전 과정을 볼 때 하이브리드조직이론은 시대적 맥락과 사회경제적 변화에 대응하는 진화적 특징이 있음을 알 수 있다. 20세기 후반부터 가속화된 세계화와 신자유주의 경제 체제하에서 시장과 정부 모두 실패한 사회 문제 영역이 확대되었고, 이에 대응하기 위한 대안적 조직이론으로 하이브리드조직이론이 대두한 것이다.

한편 앞의 사례들에서 보듯이 하이브리드조직은 경제적 자립성을 기반으로 하되 사회적 책임을 중심축으로 한 비즈니스 모델을 추구한다. 다양한 이해관계자들과의 협력적 네트워크를 통해 사회적·환경적 문제에 대한 시장 기반 해결책을 제시하는 것은 경제적 메커니즘을 활용한 사회 문제 해결의 새로운 접근법을 의미한다. 이러한 점에서 하이브리드조직이론은 앞서 다룬 혼합가치이론과 연계성을 가진다. 혼합가치이론이 경제적·사회적 가치의 통합적 창출에 관한 이론적 프레임워크를 제시한다면, 하이브리드조직이론은 이러한 철학적 기반을 실천적 조직 구조로 구현하는 메커니즘으로 기능한다. 이는 ESG 경영의 실행 모델이 되며, 기업의 지속가능성과 장기적 경쟁력 강화를 위한 전략적 접근법으로 발전하고 있다.

이러한 가운데 디지털 기술의 발전은 하이브리드조직이론에 새로운 연구 영역을 펼쳐 보이고 있다. 온라인 플랫폼, 빅데이터 분석, 인공지능, 블록체인과 같은 혁신 기술이 하이브리드조직의 사회적 영향력 확대와 경제적 효율성 향상에 기여하고 있는 것이다. 예를 들어 교육 분야의 하이브리드조직이 디지털 플랫폼을 통해 저소득층과 소외 지역에 양질의 교육 콘텐츠를 제공하는 한편, 고소득층에는 프리미엄 서비스를 제공함으로써 수익을 창출하는 경우를 볼 수 있다. 의료 분야에서는 원격 진료와 건강 모니터링 기술을 활용한 하이브리드조직이 의료 접근성을 높이고 있다.

글로벌 가치사슬의 재편 과정에도 하이브리드조직이론은 새로운 이론적 통찰을 제공한다. 예컨대 지속가능한 공급망 구축, 공정무역 네트워크 확대, 순환경제 원리의 실천 등을 통해 글로벌 생산 시스템의 지속가능성과 형평성을 높이는 메커니즘을 제시한다. 특히 개발도상국과 선진국 시장을 연결하는 가치사슬에서 하이브리드조직은 경제적 효율성과 사회적 책임을 동시에 추구하는 중개자 역할을 할 수 있음을 보여 준다.

또한 하이브리드조직이론은 세대 간 가치관 변화와 조직 패러다임의 관계를 분석한다. 환경적 지속가능성, 사회적 공정성, 윤리적 가치를 중요시하는 MZ세대를 중심으로 한 가치 소비, 가치 투자, 가치 중심 커리어 선택 등의 트렌드가 하이브리드조직의 성장에 미치는 영향을 고찰하고, 이에 대응하는 전략을 도출한다.

14.2 하이브리드조직이론의 특징

■ 이중 목표의 조화

이중 목표는 단일 목적에 초점을 맞춘 전통적 조직 패러다임과 차별화되는 하이브리드조직이론의 본질적 특성으로, 조직 전반의 의사결정과 자원 배분에 구조적으로 내재화된다.[6] 하이브리드조직이론은 환경적 지속가능성, 사회적 책임, 경제적 수익이라는 3가지 차원의 균형적 통합을 추구하며 이들 간의 상호 보완적 관계를 전략적으로 설계한다. 이러한 이중 목표의 통합은 사회적 가치와 경제적 가치가 유기적으로 연결되어 상호 강화되는 통합적 메커니즘으로 구현된다. 저소득층 대상 교육 프로그램과 고소득층 대상 유료 강좌를 병행하여 사회적 임팩트와 경제적 지속가능성을 동시에 실현하는 사회적 기업의 사례는 이중 목표의 전략적 통합을 보여주는 대표적 모델이다.[7] 이처럼 수익 창출 활동과 사회적 가치 실현 간의 유기적 연계는 두 목표 간 잠재적 갈등을 최소화하면서 실질적 상호 보완 관계를 구축하는 핵심 메커니즘으로 기능한다.

이러한 **이중 목표의 긴장 관리**tension navigation는 필연적으로 전략적 복잡성과 구조적 긴장을 수반한다. 이에 따라 하이브리드조직이론은 사회적 미션과 경제적 성과 사이의 내재적 긴장을 관리하는 독특한 거버넌스 메커니즘을 보여 준다. 전통적 기업이 주주 중심의 의사결정 구조로 운영된다면 하이브리드조직이론은 다양한 이해관계자의 참여와 투명한 책임성을 보장하는 거버넌스 체계를 제안한다. 즉, 이사회에 다양한 전문성과 관점을 대표하는 인사들을 포함시키고 주요 의사결정 과정에서 다양한 이해관계자의 의견을 수렴한다. 또한 엄격한 사회적 성과 측정 도구와 장기적 관점의 성과 평가 시스템을 통해 조직의 이중 미션이 균형 있게 달성되도록 관리하는 방법론을 체계화한다. 이렇게 긴장을 생산적으로 관리하고 전환하는 능력은 하이브리드조직의 고유한 경쟁력으로 작용하며, 상반된 논리와 가치 체계 간의 긴장을 효과적으로 조정하는 조직은 장기적 지속가능성과 사회적 정당성을 동시에 확보할 수 있다.

이중 목표의 동시 추구는 하이브리드조직의 인적 자원 관리에도 영향을 미친다. 하이브리드조직은 조직 구성원들에게 경제적 인센티브와 강력한 사회적 미션을 동시에 제공한다. 또한 전통적 기업 환경에서의 경험과 사회적 영역에서의 전문성을 동시에 갖춘 인재를 원하며, 이중 미션에 대한 공감대와 실행력을 강화하는 조직 문화를 구축하려고 노력한다. 이와 더불어 지식 공유와 협업을 촉진하는 개방적 조직 문화를 통해 지속적인 혁신과 학습을 추구한다.

이러한 과정에서 하이브리드조직이 맞닥뜨리는 문제 중 하나가 '미션 표류mission drift'의 위험이다. 조직 구성원은 경제적 성과 압박에 직면하여 사회적 미션이 희석되거나, 반대로 사회적 가치에 과도하게 집중함으로써 경제적 성과를 놓칠 수 있다. 이러한 긴장과 위험을 관리하기 위해 하이브리드조직이론은 명확하게 미션을 정의하고 가치 체계를 확립하여 이를 조직 구조와 의사결정 프로세스에 내재화하는 방법론을 탐구한다. 또한 통합적 성과 측정 도구를 개발하여 경제적·사회적 성과를 균형 있게 모니터링하고 평가하는 프레임워크를 구축한다.

이와 같이 이중 목표의 조화는 조직의 전략, 거버넌스, 자원 배분, 성과 평가 등 모든 차원에서 통합적 사고와 설계를 요구하는 복합적 과제이다. 궁극적으로 하이브리드조직의 경쟁력은 수익성과 공익성이라는 이질적 목표 간의 조화를 조직 차원에서 제도화하는 능력에 기반하며, 이는 지속가능한 발전을 추구하는 현대 경영 환경에 큰 시사점을 제공하고 있다.

■ 다원적 자금 조달 및 자원 활용

하이브리드조직은 전통적 영리 기업의 상품·서비스 판매를 통한 수익 창출 방식과 비영리 부문의 기부금, 정부 보조금, 사회적 투자, 크라우드펀딩, 벤처 자본, 임팩트 투자, 역량 강화 보조금 등과 같은 다양한 자금 조달 수단을 병행하는 복합적 재무 구조를 특징으로 한다.[8]

특히 임팩트 투자 시장의 성장은 하이브리드조직의 확산과 규모화를 촉진하는 중요한 요인이다. 투자자들은 재무적 수익을 넘어 측정 가능한 사회적·환경적 영향력을 함께 추구하며, 이는 하이브리드조직이론의 이중 미션과 자연스럽게 부합한다.

이러한 다원적 자금 조달 전략은 특정 수익원에 대한 과도한 의존도를 낮추고 외부 환경 변화에 대응하는 재정적 유연성과 자율성을 확보하는 데 기여한다. 지역 농업 협동조합이 정부 보조금을 통해 초기 기반을 다진 후 자체 농산물 판매를 통해 장기적 운영 자립성을 확보하는 것은 공공정책과 시장 메커니즘의 전략적 연계를 통해 조직을 운영하는 대표적인 사례다. 하이브리드조직이론은 이처럼 공공

자원과 시장 기반 자원의 결합을 통해 사회적 임팩트 확대와 수익 다각화를 동시에 추구한다.[9]

하이브리드조직이론은 자금 조달 방식뿐만 아니라 자원 활용 패턴에서도 차별화된 접근법을 제시한다. 특히 자원 순환경제의 전략적 적용을 통해 환경적 지속가능성과 운영 효율성의 동시적 향상을 추구한다. 제조 기반의 하이브리드 조직은 생산 과정에서 생기는 부산물을 재가공하고 분류하여 신제품의 원재료로 되돌리는 자원 순환 전략을 본업의 가치사슬 안에 통합하여 운영한다는 점에서 의미가 크다. 이는 사회 공헌 프로그램처럼 본업 밖에서 따로 수행되는 활동이 아니라 원가 구조와 공정 설계에 직접 연결된 운영 모델이다.

예를 들어 폐기물 처리 기업 루비콘 테크놀로지Rubicon Technologies는 전통적 수거 사업을 디지털 플랫폼과 데이터 분석 기반으로 전환하여 고객사의 폐기물 흐름을 최적화한다. 이 회사는 센서와 운행 데이터, 품목별 재활용 가능성 정보를 결합해 노선을 재설계하고 혼합 폐기물에서 재활용 가능 분획을 식별하여 회수율을 높인다. 계약과 보상은 처리 비용 절감률과 배출 저감량을 지표로 삼아 이루어지며 운영 현장에서 비용 절감과 환경 성과를 동시에 달성해야만 수익이 극대화되도록 설계되어 있다. 즉, 수익 모델과 임팩트 모델을 하나의 운영 체계 안에 결합함으로써 긴장을 외부로 전가하지 않고 내부 규칙과 인센티브로 관리하는 '복수 논리의 구조적 내재화embedded multi-logic'를 구현한 사례이다.

그림 14-2 **루비콘 테크놀로지의 홍보 페이지**

이 사례는 이중 목표의 긴장 관리를 본업 속에 내재화한다는 점에서 하이브리드조직이론의 고유한 작동 원리를 보여 준다. 핵심은 '친환경 활동을 부수적으로 수행하는가'가 아니라 가치사슬과 인센티브를 재설계해 '경제성과 사회성을 같은 시스템으로 측정하고 보상하는가'에 있으며, 그렇게 설계될 때 기업은 지속가능성과 수익성을 장기적으로 함께 달성할 수 있다.

■ 이해관계자 참여 강화와 협력 네트워크 구축

하이브리드조직은 전통적 기업의 주주·고객 중심 관리 방식을 넘어 고객, 지역사회, 직원, 투자자, 비영리단체 등 다양한 이해관계자를 조직 운영의 주체로 포섭하고 이들의 요구와 기대를 전략적으로 통합한다.[10] 이해관계자 참여를 의사결정 구조와 사업 모델 설계에 구조적으로 내재화시켜 조직의 투명성과 신뢰성을 확보하는 것이다. 이러한 참여 구조는 조직의 사회적 자본 축적과 제도적 정당성 확보를 위한 전략적 메커니즘이 된다.[11]

한편 이해관계자 협력 네트워크도 중요한 요소다. 재생가능에너지 기업이 지역사회와의 파트너십을 통해 전력 인프라를 공동 구축하는 과정에서 주민들과 신뢰를 형성하는 사례는 이해관계자 협력의 전형적 모델을 보여 준다. 특히 복잡하고 다층적인 사회 문제를 다루는 하이브리드조직일수록 다양한 이해관계자의 경험과 자원을 통합한 협력적 네트워크 구축 능력이 성공의 결정적 요소로 작용한다.[12] 핵심은 사회 공헌을 본업 밖에서 따로 수행하는 것이 아니라 내부 프로세스에 재설계하여, 시장 논리와 사회 논리 사이의 긴장을 조직 내부에서 상시 관리하는 데 있다.

미국 샌프란시스코는 이러한 원리를 도시 차원의 운영 시스템으로 구현한 사례이다. 시 정부는 분리수거와 음식물 퇴비화를 의무화하는 조례를 통해 규칙을 명확히 하고, 요금과 성과 기준을 설정한 뒤 민간 사업자와 장기 계약을 체결하여 실행력을 확보하였다. 민간은 수거와 선별, 퇴비화, 성과 보고를 담당하고 시 정부는 감독과 성과 관리, 정례 협의를 통해 운영을 조정한다는 역할 분담을 채택하였다. 유기성 폐기물은 퇴비로 전환되어 농가에 공급되고 생산물은 다시 도시로 유입되는 순환 고리가 형성되는 동시에, 이 과정 전반의 비용, 전환율, 품질은 운영 데이터로 관리된다. 결과적으로 규제와 계약, 데이터가 하나의 성과 체계로 묶여 비용 효율과 환경 성과가 동시에 개선되는 하이브리드형 거버넌스가 작동하는 것이다. 이렇듯 하이브리드조직이론에서 협력 네트워크는 전통적 공급망이나 거래 관계를 넘어선 공동 미션 중심의 전략적 연합체로 개념화된다. 이는 사회적 문제 해결을 위한 집단지성과 자원 공유의 플랫폼으로 기능하며, 단일 조직으로는 접근하기 어려운 복합적 과제에 대한 시스템적 해결책을 제시한다.

교육 불평등을 해소하고자 하는 사회적 기업이 지방정부, 교육기관, 시민단체, 민간 기업과 협력하여 공동 프로젝트를 운영하는 사례에서도 협력 네트워크의 전략적 중요성을 찾아볼 수 있다. 교육 불평등은 가정 환경, 지역 격차, 학교 자원, 지역 서비스의 단절이 얽혀 나타나는 복합 문제로, 단일 조직의 단일 해법으로는 해결되기 어렵기 때문에 이해관계자들의 협력을 필요로 한다.

뉴욕의 할렘 칠드런스 존(HCZ)Harlem Children's Zone은 이러한 협력 네트워크를 일찍이 대규모로 구현한 사례다. HCZ는 할렘의 특정 구역을 하나의 교육 생태계로 정의하고 영유아기 부모 교육 프로그램인 '베이비 컬리지Baby college'에서 시작해 방과 후 보충학습과 멘토링, 가족 지원, 지역보건 연계, 차터스쿨인 프로미스 아카데미Promise Academy 설립에 이르기까지, 출생에서 대학까지cradle-to-college 이어지는 교육 파이프라인을 하나의 운영체계로 묶었다. 공립학교, 차터스쿨, 시 교육청, 지역보건 기관, 대학, 기업 후원자, 시민단체가 각자의 자원을 제공하되 교실 시간표, 학기 운영, 진단 평가와 같은 핵심 공정은 공유하고 외부 자원은 필요할 때만 선택적으로 도입했다. 유료 후원과 재단 기금은 고비용·고효과 프로그램에 우선 투입하고 그 수익으로 저소득층에 무상 또는 저비용으로 교육 프로그램을 제공하는 **교차보조**cross-subsidy를 도입함으로써 형평성과 지속가능성을 함께 확보하였다.

HCZ의 성과 관리는 **이중 성과 지표**dual KPIs로 작동한다. 한 축은 학생의 학업 성취도, 출석, 중도 탈락 위험, 고교 졸업과 대학 진학률 같은 교육적 결과이고, 다른 한 축은 단위당 교육비, 학생 수용 인원 확대 속도, 멘토링 시간당 효과, 장학금 배정 효율 같은 운영 지표이다. 학교와 지역 프로그램, 가족 지원 팀은 공통 데이터 대시보드를 사용해 주 단위로 지표를 점검하고, 지표 개선이 확인될 때만 예산과 인력이 확대된다. 이렇게 규제와 계약, 데이터가 하나의 성과 체계로 통합되면서 동일한 운영 규칙 속에서 비용 효율과 사회적 임팩트가 동시에 개선되는 하이브리드형 거버넌스가 작동하고 있다.

그림 14-3 **할렘 칠드런스 존의 로고**

▪ 조직적 복잡성 관리 및 유연한 의사결정 구조

하이브리드조직이론에서 조직적 복잡성 관리와 유연한 의사결정 구조는 이중 목표의 조화로운 실현을 위한 핵심 요소이다. 하이브리드조직은 경제적 수익성과 사회적 가치 추구라는 이질적 목표로 인해 거버넌스, 인사 관리, 성과 측정, 자원 배분 등 전반적 운영 체계에 걸쳐 고유한 복잡성을 내포하고 있다. 이처럼 상이한 목표 간 균형을 위해서는 단선적 의사결정 방식이 아닌 통합적이고 유연한 관리 시스템이 필수적인데, 이는 하이브리드조직의 **전략적 이중성**strategic duality과 **제도적 복수성**institutional plurality이라는 본질적 특성에서 비롯된다.[13] 예를 들어 제조 기반 하이브리드 조직은 환경 보호를 위해 재활용 소재를 도입하려 할 때 단가 상승과 가격 경쟁력 약화라는 현실적 제약에 직면하게 되는데, 이 때 사회적 가치와 경제적 지속가능성 사이의 긴장이 발생한다는 점을 먼저 인식해야 한다. 하이브리드조직이론은 이러한 딜레마를 해소하기 위해 목표 간 우선순위를 조정하는 전략적 유연성을 요구하는데,[14] 앞의 예처럼 재활용 소재를 도입한다면 무엇을 먼저, 어디서부터 도입할 것이며, 어느 수준까지 도입할지에 대한 명확한 기준을 만드는 것에서 출발한다.

우선순위는 다음과 같은 기준으로 조정 가능하다. 첫째, 영향이 크지 않은 영역부터 단계적으로 적용하는 순차화가 필요하다. 예컨대 포장재와 단순 부자재에서 사후 재활용 원료 비중을 먼저 30퍼센트까지 올리고, 공정 수율과 불량률이 안정되면 핵심 소재로 확대하는 것이다. 둘째, 고객과 제품 라인에 우선순위를 두어 프리미엄 라인과 B2B 예약 물량에 선적용하고 대량 대중형 라인에는 비용 차액을 흡수할 수 있는 수준이 확보된 뒤에 확대하는 식의 '**선택적 결합**selective coupling'을 적용한다. 셋째, 재무적 가드레일을 설정해 단계 전환의 조건을 명확히 한다. 예를 들어 영업이익률이 기준치 아래로 하락하거나 원가 차액이 단위당 일정 금액을 초과하면 확대를 보류하고, 반대로 공정 수율 개선과 불량률 감소로 원가 차액이 임계치 아래로 떨어지면 다음 단계로 자동 전환하도록 설계한다는 원칙을 세운다.

이러한 우선순위 조정은 다층적 이해관계자 관점을 통합한 의사결정 구조에서 작동할 때 효과가 극대화된다. 이때 구매와 생산, 재무, 마케팅, 품질, 규제 대응 부서가 공동으로 운용하는 이중 성과 지표가 핵심이 된다. 한 축에는 단위당 원가, 공정 수율, 납기 안정성 같은 운영 지표를 두고, 다른 한 축에는 재활용 원료 전환율, 배출량 저감, 공급망 투명성 같은 임팩트 지표를 둔다. 분기별로 두 축을 동시에 충족해야만 확대가 허용되도록 계약과 보상을 연동하면 조직은 사회적 가치와 경제적 성과 사이의 긴장을 외부로 전가하지 않고 내부 규칙 속에서 상시적으로 관리할 수 있다. 또한 공급사와의 공동개발 계약, 원료 장기 구매와 리사이클링 설비 투자에 대한 상계 조항, 공공 지원금과 세제 혜택을 연계하는 재무적 설계까지 결합하면 비용 상승의 완충 장치를 마련할 수 있다.

이와 같이 하이브리드조직이론은 이중 목표로 인한 내부적 긴장과 갈등 관리를 중요한 과제로 다룬다. 특히 사회적 가치를 지향하는 구성원과 수익성을 강조하는 구성원 간의 인식 차이에서 비롯되는 정체성 갈등은 하이브리드조직의 고유한 도전 요소이다. 이를 해결하기 위해 하이브리드조직이론은 일관된 방향성을 유지하면서도 다양한 가치관을 포용하는 통합적 조직 정체성 구축의 중요성을 강조한다.[15] 투명한 의사소통, 신뢰 기반의 참여적 의사결정 구조, 제도화된 갈등 완화 메커니즘은 이러한 내적 긴장을 관리하는 핵심 전략으로 제시된다.

볼리비아의 상업 마이크로금융 조직 사례는 정체성 갈등을 제도적으로 다룬 대표적 예이다. 이 조직은 빈곤층 금융 접근성 확대라는 사회적 목표와 재무적 지속가능성이라는 상업적 목표를 동시에 추구하면서 현장 대출 담당자 집단 사이에서 '은행 논리'와 '개발 논리'의 충돌이 반복되었다. 이에 따라 이들은 인사 관리와 사회화를 통해 갈등을 구조적 차원에서 줄이는 해법을 택하였다. 우선 특정 직업 정체성이 강한 숙련자만 채용하는 대신, 초임 중심의 선발과 통합 교육 과정을 도입해 두 논리를 함께 학습시켰다. 다음으로 성과 관리를 단일 지표에서 이중 지표로 전환하여 포트폴리오 수익성과 연체율 같은 재무 지표와 함께 저소득 고객 도달률과 첫 대출 이후의 생활 안정도 같은 사회적 지표를 동시에 평가 기준으로 삼았다. 분기별 성과회의는 영업과 사회 성과 담당이 공동으로 주재하며, 지표 충돌이 발생할 경우 단계별 완충 규칙에 따라 대출 조건의 미세 조정이나 교육 강화를 우선 선택하도록 절차를 명문화하였다. 이와 같은 설계는 두 논리를 조직의 규칙과 진로 보상 체계 속에 함께 고정시키는 방식으로 긴장을 상시 관리하는 메커니즘을 보여 준다.

■ 혁신과 투명성을 통한 지속가능성 강화

하이브리드조직이론은 혁신과 투명성을 조직의 지속가능성을 강화하는 핵심 요소로 본다. 하이브리드조직은 경제적 수익과 사회적 책임이라는 이중 목적의 효과적 달성을 위해 제품, 서비스, 운영 방식의 지속적 혁신을 추구할 수밖에 없다. 이러한 혁신은 사회적·환경적 문제에 대응하는 실질적인 해결책으로 확장되고 이를 통해 하이브리드조직은 시장에서의 경쟁 우위 확보와 사회적 미션을 동시에 달성한다.[16] 폐기물을 재활용하여 건축 자재를 개발하는 루비콘 테크놀로지 같은 친환경 기업은 환경적 지속가능성 실현과 새로운 시장 창출을 통해 경제적 가치를 만들어 내는 하이브리드조직에 해당한다.

하이브리드조직은 조직 내외부 이해관계자와의 신뢰 구축을 위한 투명한 정보 공개와 책임성 있는 경영의 중요성도 강조한다. 재무 성과뿐만 아니라 사회적·환경적 성과를 포함한 비재무적 지표를 통합적으로 관리하여 이를 체계적으로 측정하고 외부에 공개한다. 특히 ESG 기준에 기반한 지속가능성 보고서 발간과 성과의 체계적 공시는 투명성과 신뢰성 확보를 위한 핵심 전략이다.[17]

하이브리드조직이론의 주요 학자

줄리 바틸라나

줄리 바틸라나Julie Battilana는 하이브리드조직이 시장 논리와 공익 논리라는 대립적인 제도 논리 사이에서 조직 내부의 일관성과 운영 지속가능성을 확보하는 메커니즘을 체계적으로 탐구했다. 바틸라나는 대표 연구인 〈지속가능한 하이브리드 조직 구축: 상업적 소액금융기관의 사례Building Sustainable Hybrid Organizations: The Case of Commercial Microfinance Organizations〉에서 상이한 배경을 가진 직원 집단 간 갈등을 통합하고 일관된 조직 문화를 구축함으로써 하이브리드조직이 제도적 이중성을 극복할 수 있음을 실증적으로 분석했다.[18] 이 연구는 '공통의 정체성 구축'과 '혼합된 인재 선발 전략'을 이중 가치 통합의 핵심 전략으로 제시했다.

한편 이 연구는 하이브리드조직의 성공적 운영을 위해 리더십과 조직 문화가 중요하다고 강조한다. 하이브리드조직의 리더는 경영 기술뿐 아니라 갈등 조정, 가치 통합, 조직 정체성 형성을 포함하는 정서적·윤리적 리더십 역량이 필수적이라는 것이다.[19] 또한 조직 내 신뢰와 협력 기반 문화가 사회적 가치와 경제적 가치 간 긴장 완화와 이중 목적의 동시 실현을 촉진하는 핵심 요인임을 체계적으로 분석했다.

바틸라나의 학문적 공헌은 하이브리드조직의 구조적 딜레마와 운영상 과제를 통합적 관점에서 분석하고 해결책을 모색한 데 있다. 이론적으로는 상충하는 제도적 논리를 조정하고자 하는 조직사회학적 논의를 심화시켰으며, 실천적으로는 하이브리드조직이 정체성 혼란과 운영상 불확실성을 극복하고 안정적 성장 기반을 구축하기 위한 전략적 방향성을 제시했다.

카이 호커츠

카이 호커츠Kai Hockerts는 하이브리드조직이 사회적 책임과 경제적 수익이라는 이질적 목표를 통합하여 지속가능한 성장을 달성하는 메커니즘을 체계적으로 분석했다. 특히 그의 논문 〈하이브리드조직이 상충하는 자산을 보완적 자산으로 변화시키는 방식How Hybrid Organizations Turn Antagonistic Assets into Complementarities〉은 하이브리드조직이 조직 내부 또는 제도적 환경에서 상충하는 자산antagonistic assets을 상호 보완적 요소로 전환하는 과정을 이론화한 대표적 연구이다.[20]

이 연구는 갈등 요소를 회피하거나 제거하지 않고 이질적 자원과 논리를 전략적으로 재조합하여 조직의 지속가능성을 구조적으로 강화할 수 있는 메커니즘을 제시했다. 호커츠는 하이브리드조직이 기존 경영 자원으로는 대응하기 어려운 사회적·환경적 문제에 직면할 때 이질적 자산과 자원의 결합을 통해 혁신적 가치 창출 방식을 개발한다고 분석했다. 이러한 자산 전환 과정은 '조직적 모순'을 수반하지만, 이것이 오히려 혁신의 촉진제로 작용한다는 점에서 하이브리드조직의 고유한 강점이 된다.[21]

이와 더불어 호커츠는 하이브리드조직의 성공을 위한 핵심 요소로 비즈니스 모델 혁신을 강조했다. 하이브리드조직은 기존 산업 구조나 시장 규칙에 순응하기보다 독창적 비즈니스 모델 창출을 통해 시장의 불확실성과 제도적 변화에 유연하게 대처하는 전략을 구사한다는 것이다.[22] 친환경 제품 생산 기업이 기존 소비자의 수요를 충족시키는 동시에 지속가능성을 추구하는 새로운 고객층을 창출함으로써 시장을 재구성하는 경우가 이에 해당한다. 이러한 접근은 하이브리드조직을 시장 자체를 변화시키는 주체로 바라본다.

호커츠의 연구는 하이브리드조직이 경제적 성과와 사회적 가치를 단일 가치 체계 내에서 통합할 수 있는 이론적 근거를 제시하고 이를 실천적으로 달성하기 위한 전략적 조건을 체계화했다. 경제적 수익, 환경적 책임, 사회적 임팩트 간 균형을 추구하는 하이브리드조직의 운영 방식이 ESG의 핵심 원칙과 구조적으로 일치한다는 점에서 그의 이론은 현대 경영 환경에서 유의미한 가치를 지닌다. 또한 하이브리드조직의 내재된 복합성을 혁신의 자원으로 전환하는 조직적 역량에 주목함으로써 이 이론에 깊이와 실천적 유용성을 더한 이론으로 평가된다.

낸시 헤이그

낸시 헤이그Nancy Haigh는 하이브리드조직이 직면하는 자원 제약과 구조적 복잡성 문제에 주목하여 지속가능한 성장을 위한 혁신적 비즈니스 모델 개발에 관한 이론적 통찰을 제공한 학자로 평가된다. 앤드류 호프만Andrew Hoffman과의 공동 연구 논문인 〈하이브리드조직: 지속가능한 비즈니스의 새로운 장Hybrid Organizations: The Next Chapter of Sustainable Business〉에서 헤이그는 하이브리드조직의 메커니즘을 분석했다.[23]

헤이그는 하이브리드조직이 제한된 자원 환경에서도 지속적 성장을 달성할 수 있는 요인을 유연한 조직 설계와 가치 중심적 비즈니스 모델 구축 능력에서 발견했다. 또한 그녀는 하이브리드조직의 지속가능성이 재무적 성과뿐 아니라 조직의 사회적 정당성과 이해관계자와의 신뢰 관계에 의해 결정된다고 주장했다. 이해관계자와의 협력 네트워크를 하이브리드조직의 전략적 성공 요인으로 강조하며, 다양한 이해관계자의 요구와 기대를 반영한 맞춤형 비즈니스 모델이 브랜드 충성도와 사회적 신뢰 증진에 기여한다고 분석한 것이다.[24] 이는 이해관계자이론의 관점에서 조직의 생존과 성장에 있어 외부 이해관계자와의 협력이 내부 운영 전략만큼 중요하다는 이론적 함의를 제공한다.

헤이그는 또한 하이브리드조직의 신뢰성과 정당성 유지를 위한 투명성, 책임 관리의 중요성을 강조했다. 그녀는 ESG 기반의 성과 측정 및 보고 체계 도입을 통해 비재무적 성과에 대한 평가와 공시를 지속하는 것이 조직의 투명성과 이해관계자의 신뢰를 강화하는 핵심 메커니즘이라고 주장했다.

헤이그의 연구는 하이브리드조직의 구조적 복합성, 이해관계자 중심 경영, ESG 기반 투명 경영이라는 3가지 핵심 요소의 통합적 분석을 통해 지속가능성과 전략적 유연성 간의 균형점을 모색한 이론적·실천적 기여로 평가된다. 그녀는 하이브리드조직이 다양한 제약 조건을 극복하고 지속가능한 경영을 실현하기 위해서는 통합된 가치 기반 사고, 협력적 네트워크 전략, ESG 중심 책임경영 체계의 유기적 결합이 필수적임을 이론적으로 체계화했다.

앤드류 호프만

호프만은 환경적 지속가능성 실현에 있어 하이브리드조직의 제도적 역할에 주목한 대표적 학자로 인정받는다. 그는 하이브리드조직이 전통적 기업의 경제적 효율성과 비영리 부문의 환경적 책임성을 통합함으로써 지속가능한 사회로의 전환을 촉진한다고 주장했다.[25] 그의 연구는 환경 문제 대응이 단순한 규제 준수나 윤리적 선택 차원이 아닌 전략적이고 구조적인 조직 모델의 변화를 통해 실현되어야 함을 강조하며 하이브리드조직을 그러한 변화의 핵심 주체로 개념화했다.

호프만은 하이브리드조직이 환경적 지속가능성을 핵심 가치와 전략적 목표로 통합하는 과정을 체계적으로 분석했다. 그는 시장 기반 기업들이 경제적 효율성과 수익성 중심으로 운영되는 반면, 하이브리드조직은 이러한 수익성 추구와 함께 환경 보호, 자원 절약, 온실가스 감축 등 지속가능한 발전 목표를 동시에 내재화한다고 주장했다(Hoffman, 2011). 이러한 구조적 특성은 하이브리드조직이 기존 산업 구조를 전환시키는 시스템적 변화의 촉진자로 기능함을 의미한다.

또한 호프만은 하이브리드조직이 환경적 지속가능성을 실현하려면 환경 혁신과 기술 개발이 중요하다고 강조했다. 그는 친환경 기술 도입, 재생가능에너지 활용, 자원순환경제 모델 적용 등이 조직의 경쟁력 유지와 환경적 책임 강화를 동시에 달성할 수 있는 방법임을 분석했다.[26] 이를 통해 하이브리드조직이 사회적·환경적 책임 이행과 혁신 기반 시장 주도권 확보라는 이중 목표를 동시에 실현할 수 있다고 밝혔다.

이와 함께 그는 환경적 지속가능성 실현을 위한 신뢰성 확보 메커니즘으로서 ESG 공시와 지속가능성 보고서의 전략적 중요성을 강조했다. 그는 조직이 환경 성과를 포함한 비재무적 정보의 투명한 공개를 통해 소비자와 투자자 등 주요 이해관계자와의 신뢰 관계를 구축할 수 있다고 주장했다. 이는 환경 정보 공개가 브랜드 가치와 자본 접근성에 영향을 미치는 전략적 요소임을 보여 준다.[27]

호프만의 연구는 하이브리드조직이 환경적 지속가능성과 경제적 수익성 간의 조화를 추구하며 제도적 장치와 전략적 실천을 통해 새로운 지속가능 경영 패러다임을 형성할 수 있음을 이론적으로 정립했다. 그의 연구는 ESG 경영, 친환경 기술, 지속가능성 평가 등과 긴밀히 연계되어 있으며, 기후위기와 산업 전환 시대에 하이브리드조직의 환경 문제 대응 방안을 구체적으로 제시한 사례로 평가된다.

매튜 리

매튜 리Matthew Lee는 하이브리드조직 연구를 통해 이중 목표의 통합이 조직 구조, 문화, 리더십에 미치는 영향을 체계적으로 분석한 학자로 평가된다. 리는 바틸라나와의 공동 연구 〈하이브리드조직 연구의 진전: 사회적 기업 사례 연구를 통한 시사점Advancing Research on Hybrid Organizing: Insights from the Study of Social Enterprises〉에서 하이브리드조직이 내적 갈등과 외부의 요구를 동시에 관리하면서 지속가능한 운영을 실현하는 전략적 메커니즘을 체계화했다.[28] 이 연구는 하이브리드조직이 이질적 제도 논리를 병행해야 하는 복잡한 환경에서 조직 정체성을 재구성하고 전략적 일관성을 유지하는 방식을 탐구했다.

리는 조직 정체성이 하이브리드조직의 지속가능성 확보를 위한 핵심 요소라고 강조했다. 그는 하이브리드조직이 사회적 기업으로서 사명을 완수하는 것과 시장 기반 조직으로서 효율성을 추구하는 것 사이에서 균형을 유지하려면 명확하고 일관된 정체성을 형성해야 한다고 주장했다. 또한 내외부 이해관계자에게 전달되는 메시지에 혼선이 생기지 않으려면 내부적으로는 구성원 간 가치 통합이, 외부적으로는 정당성 확보 전략이 필요하다고 설명했다.[29]

리는 또한 조직 문화와 리더십의 역할을 통한 하이브리드조직의 안정성과 성장 가능성을 분석했다. 협력적이고 포용적인 조직 문화가 내부 가치 충돌과 기능적 갈등을 완화하는 핵심 메커니즘으로 작용하며, 이로 인해 조직 운영의 효율성이 향상된다는 것이다. 리더십 측면에서는 조직의 이중 목적에 대한 명확한 이해와 전략적 통합 능력을 갖춘 감성적·윤리적 리더의 중요성을 강조했다. 이러한 리더십은 구성원의 동기 부여와 조직의 사회적 임팩트 강화에 기여하는 핵심 요소가 된다.[30]

리는 나아가 조직 학습과 혁신이 하이브리드조직의 지속가능성에 미치는 영향을 분석하며, 변화하는 제도 환경에서 조직의 유연한 대응과 새로운 기회를 포착하는 능력이 조직 학습으로부터 나온다고 주장했다. 그는 하이브리드조직이 경험 축적과 피드백 반영을 통해 환경 변화에 대한 적응력을 강화하면서도 조직의 핵심 가치를 유지할 수 있는 메커니즘을 체계화했다. 이는 ESG 경영에서도 중요한 시사점을 제공하는데, 환경·사회적 요인의 지속적 변화 속에서 지속가능성을 확보하기 위해 필수적인 조직 학습과 혁신으로 연결된다.

리의 연구는 하이브리드조직의 이중 목적 간 조화를 단순한 병존이 아닌 통합과 학습, 전략적 대응의 관점에서 재개념화했다. 그의 이론은 하이브리드조직이 복잡한 이해관계자 관계, 제도적 요구, 시장 압력 속에서도 지속가능성을 확보하고 조직 정체성을 정립할 수 있는 경로를 명확히 제시했다는 점에서 학문적 의의를 지닌다.

14.3 하이브리드조직이론과 지속가능경영, 그리고 ESG

■ 환경적 지속가능성 실현을 위한 하이브리드 접근

하이브리드조직이론은 특히 ESG 경영의 환경 요소 실현에 구체적 기반을 제공한다. 이 이론은 조직이 경제적 수익성과 환경 보호를 동시에 추구할 수 있다는 전제에서 출발하며 전통적 이윤 극대화 모델과 달리 환경적 책임 실천과 기술 혁신의 통합을 강조한다. 재생에너지 기업이나 친환경 소재 활용 제조 스타트업이 자원 순환경제 원칙을 적용하여 자원 낭비를 줄이고 생산 효율성을 극대화시키는 사례들이 이러한 하이브리드 접근의 전형적 모델이다. 이러한 기업들은 폐기물 최소화, 자원 재활용, 에너지 효율성 제고를 통한 탄소 배출 감축 노력을 통해 ESG 경영이 요구하는 환경 성과 개선에 실질적으로 기여한다. 마틴 가이스도어퍼Martin Geissdoerfer와 동료들은 순환경제가 환경 보호를 넘어 기업의 장기적 수익성과 지속가능성을 동시에 실현하는 혁신 전략임을 강조했다.[31]

하이브리드조직은 특히 탄소 중립 달성을 위한 기술 혁신과 운영 개선이라는 병행 전략을 통해 새로운 시장 기회를 창출하는데, 에너지 조달, 공정 전환, 제품·소재 혁신, 잔여 배출 제거 같은 영역에서 활발히 움직이고 있다. 다음과 같은 6가지 사례는 그러한 전략을 구체적으로 실증한다.

첫째, 전력 조달과 현장 효율 달성을 동시에 실현하는 정보기술 분야의 예가 있다. 구글은 2030년까지 모든 데이터 센터를 365일 24시간 무탄소 전력으로 운영하겠다는 '24/7 탄소 무배출 전력24/7 carbon-free energy' 목표를 제시하고 부지별 실시간 전력 추적과 조달 로드맵을 공개해 왔다. 동시에 데이터 센터 냉각에 인공지능 제어를 적용하여 냉각 에너지 사용을 최대 40퍼센트까지 줄인 것으로 보고하였는데, 이는 수요 자체를 낮추면서 조달의 질을 높이는 병행 전략의 전형이다. 이러한 설계는 조달과 운영에 같은 규칙을 적용함으로써 비용과 배출을 함께 낮추는 하이브리드형 운영의 사례로 볼 수 있다.

둘째, 내부 규칙과 외부 시장을 함께 설계해 잔여 배출을 제거하는 사례이다. 마이크로소프트는 '2030년 탄소 네거티브carbon negative'를 공언하고 2050년까지 배출 전량 제거를 목표로 삼았으며, 2012년부터 내부 탄소가격제를 도입하여 사업부의 의사결정에 탄소 비용을 내재화하였다. 나아가 직접공기포집direct air capture 기반 탄소 제거를 다년 계약으로 조달하면서 미국의 탄소 포집 전문 기업 원포인트파이브1PointFive와 6년에 걸친 50만 톤 규모의 크레딧 구매 계약을 체결하였고, 탄소 제거 스타트업 에어룸heirloom과도 영구 제거 계약을 맺어 신생 제거 시장의 실수요자로 참여하고 있다. 이처럼 내부 가격 규칙과 외부 조달 계약을 결합해 제거 생태계를 키우는 방식은 하이브리드조직의 전략적 결합을 잘 보여 준다.

셋째, 소재 공정을 근본적으로 바꾸어 공급망을 탈탄소화하는 접근이다. 애플은 리오 틴토Rio Tinto와 알코아Alcoa의 합작법인 엘리시스ELYSIS가 개발한 무탄소 알루미늄 제련법을 도입하기 시작했다. 이 기술은 탄소 전극을 불활성 전극으로 대체하여 제련 과정의 직접배출 탄소를 산소로 치환한다는 점에서 원천 공정 혁신에 해당한다. 브랜드 제품의 사양을 통해 저탄소 소재 도입을 확산하는 이러한 결합은 제품 전략과 공정 혁신을 하나의 가치사슬로 통합하는 경로이다.

넷째, 사업 구조 자체를 재생에너지 중심으로 재편한 전력 기업의 접근이다. 덴마크의 오스테드는 발전과 운영 전반에서 탄소 순배출 제로를 앞당기고 가치사슬 넷제로 목표를 제시하면서 해상 풍력 중심으로 투자 포트폴리오를 급격히 전환하였다. 운영과 조달, 설비 투자와 고객 가치 제안을 같은 방향으로 정렬한 이 같은 변화는 하이브리드조직의 거버넌스가 장기 경쟁 우위로 연결되는 방식을 보여 준다.

다섯째, 제품 사양에 탄소 저장 가치를 직접 내장한 건자재 기업의 접근이다. 세계적인 카펫 타일 제조 회사 인터페이스는 바이오 기반 재활용 소재를 결합하여 일부 카펫 타일을 제조 시작 시점부터 탄소 네거티브에 이르도록 설계하였다. 이는 원료 대체와 공정 최적화의 결과를 제품 포트폴리오 전략으로 연결한 방식으로, 고객의 구매 단계에서 곧바로 배출을 줄이는 효과를 낸다.

여섯째, 탄소 감축이 어려운 산업에서 포집·저장을 상업 규모로 구현한 시멘트 분야의 접근이다. 글로벌 건축자재 기업 하이델베르크 머티리얼즈Heidelberg Materials는 노르웨이 브레비크 소재 공장에 세계 최초의 시멘트 산업 탄소포집·저장 설비를 가동하여 연간 약 40만 톤의 이산화탄소를 포집하고 '노던 라이츠Northern Lights' 프로젝트를 통해 북해 저류층에 저장하는 체계를 출범시켰다. 포집된 탄소를 기반으로 한 넷제로 시멘트 제품을 선판매한 전략은 고비용 논란에도 불구하고 수요가 이미 형성되고 있음을 시사한다.

■ 사회적 가치 실현과 포용적 전략의 통합

하이브리드조직이론이 주장하는 사회적 가치 실현과 포용적 전략은 ESG의 사회 영역 구현을 위한 체계적 접근법을 제공한다. 사회적 기업은 하이브리드조직의 대표적 형태로서, 이윤 추구와 사회적 미션 수행을 동시에 실현한다. 이들은 지역사회 개발, 포용적 고용, 공정무역 등 다양한 전략을 통해 경제적 자립과 사회적 통합의 균형점을 모색한다.

리와 바틸라나의 연구는 하이브리드조직이 조직 내부에서 서로 다른 가치관을 가진 구성원들 사이의 갈등을 조정하고 이러한 조정 능력과 외부 사회로부터 인정받는 신뢰성을 바탕으로 지속가능성을 확보한다는 점을 보여 준다.[32] 여기서 중요한 것은 이러한 논의를 ESG의 사회 요소와 어떻게 연결하느냐이다. 하이브리드조직의 내부 조정 능력과 사회적 신뢰성은 조직의 사회 성과와 지배구조에 구체적인 영향을 미친다.

내부 조정은 직원들의 근로 환경, 안전과 복지, 공정한 임금, 다양성과 포용성 같은 인적 자본 지표로 측정되고, 외부 신뢰성은 지역사회와의 관계, 고객 접근성, 공급망에서의 공정성과 인권 준수 같은 사회적 관계 지표로 평가된다. 동시에 이해관계자들이 참여하는 의사결정 구조, 갈등을 해결하는 절차, 사회적 성과와 경제적 성과를 함께 측정하는 지표와 같은 장치들이 지배구조 항목을 통해 제도로 정착되며, 이렇게 정착된 거버넌스가 다시 사회 성과를 안정적으로 만들어 내는 선순환을 형성한다.

이러한 과정을 통해 하이브리드조직의 강점인 내부 조정 능력과 사회적 신뢰성은 조직의 사회적 성과와 지배구조를 실제로 작동시키는 구체적인 메커니즘이 되며, 그 결과 조직이 자원을 배분하고 사업을 설계할 때 사회적 가치와 경제적 가치가 동시에 달성된다. 즉, 하이브리드조직의 조정 능력과 사회적 신뢰성이 ESG의 사회 요소와 지배구조 요소를 통해 성과를 제도화하고, 이 제도화가 환경 목표의 실행에도 간접적으로 도움이 되는 것이다.

밥 도허티Bob Doherty, 헬렌 하Helen Haugh, 퍼거스 라이언Fergus Lyon의 연구에 따르면 하이브리드조직은 다양한 이해관계자들의 기대와 요구를 파악해 그들에게 맞는 사회적 프로그램을 만들고 실행함으로써 눈에 보이는 사회적 성과를 달성하며, 이 과정에서 쌓이는 신뢰와 참여, 공동체 의식이 장기적으로 다른 기업들과 차별화되는 경쟁력으로 바뀌는 구조를 이룬다.[33] 여기서 사회적 프로그램은 부수적인 자선 활동이 아니라 회사의 가치사슬과 의사결정 구조, 계약과 데이터 관리에 완전히 통합되어 운영되는 것으로, 여러 조직들이 네트워크로 협력하는 구조를 통해 성과의 지속성과 확장 가능성이 보장된다.

이를 가장 잘 보여주는 사례가 디바인 초콜릿Divine Chocolate이다. 디바인 초콜릿은 가나의 코코아 생산자 협동조합인 쿠아파 코쿠Kuapa Kokoo가 회사 지분을 소유하고 이사회에 참여하는 공동 소유 및 공동 의사결정 구조를 만들어 원료를 생산하는 농민들과 제품을 판매하는 기업 브랜드를 하나의 가치사슬로 연결했다. 협동조합은 원재료 품질 기준, 가격 결정, 지역사회 프로그램의 우선순위를 정하는 의사결정에 직접 참여한다. 이 과정을 통해 공정무역으로 얻은 추가 수익과 배당금은 생산자 능력 향상, 품질 개선, 여성 리더십 육성, 지역 인프라 확충 등에 배분하여 투명하게 관리한다. 이런 구조는 생산자와 기업, 유통 파트너, 소비자 커뮤니티 사이에 서로 신뢰하고 지속적으로 참여할 수 있는 네트워크를 만들어 내고, 그 결과 안정적인 원료 조달, 일정한 품질 유지, 브랜드에 대한 고객 충성도 확보, 스토리텔링을 통한 차별화 등의 효과를 거둘 수 있다.

■ 지배구조 개선과 투명한 책임 경영

하이브리드조직이론은 시장 중심의 효율성과 사회 중심의 윤리성이라는 상이한 제도적 논리를 동시에 수용하고 이 논리들을 상호 조율할 수 있다고 전제한다. 이는 조직 지배구조 설계에 다음과 같은 중요한 시사점을 제공한다.[34]

앞서 논의했듯이 하이브리드조직은 전통적 주주 중심 지배구조와 달리 다원적 이해관계자를 지배구조에 참여시키므로 이사회 구성이 다양해지고 여러 이해관계자가 의사결정에 참여할 수 있는 메커니즘이 구축된다. 이러한 메커니즘은 책임성과 투명성을 높인다. 또한 ESG 성과를 주기적으로 공시함으로써 거버넌스 측면에서 윤리적 정체성과 신뢰 기반 경영을 구현한다.[35] 글로벌 기업들이 비영리조직이나 시민사회와의 협업을 통해 거버넌스 구조 내 다양한 사회적 관점을 반영하는 사례는 ESG 지향적 의사결정의 민주성과 정당성을 강화하는 실천적 모델로 인정받고 있다.[36] 한편 하이브리드조직에는 제도적 복수성이 존재하며 구성원들이 이를 수용하는 과정에서 긴장이 발생하곤 한다. 이에 대처하기 위해 하이브리드조직은 긴장을 조율하는 메커니즘을 자동적으로 구축하는데, 이러한 메커니즘의 발달은 지배구조 개선으로 이어진다.

■ ESG 경영을 실현하는 전략적 이론 프레임워크

하이브리드조직이론은 ESG 경영이 조직의 핵심 운영 철학으로 내재화될 수 있는 이론적 토대가 된다. 하이브리드조직이론이 강조하는 이해관계자 신뢰 구축 전략이 바로 ESG 경영 실행에서 요구되는 투명한 성과 측정 및 정기적 공시 과정과 일치하기 때문이다. ESG 정보 공시, 지속가능성 보고서 발간, 디지털 기반 성과 추적 시스템 등은 모두 조직이 외부 이해관계자에게 사회적·환경적 책임을 이행했음을 정량적으로 입증하는 수단이다. 이를 통해 이해관계자들로부터 신뢰를 얻고 조직의 지속가능성을 높인다는 점에서 하이브리드조직이론은 ESG 경영과 연결된다.[37] 또한 하이브리드조직이론은 해당 기업이 조직 구조, 리더십 방향성, 지배구조의 재정비를 통해 ESG 경영을 내재화할 수 있도록 도와 조직이 변화하는 사회적 기대와 제도적 요구에 대응할 수 있게 해 준다.

하이브리드조직이론과 기업 사례 연구 테라사이클

하이브리드조직이론의 관점에서 테라사이클TerraCycle은 환경 보호와 수익 창출의 이중 목표를 통합적으로 실현하는 대표적 사례로, 하이브리드조직의 대표적인 특징을 잘 보여 준다.

우선 테라사이클의 핵심 비즈니스 모델은 폐기물의 효과적 수거와 고부가가치 제품으로의 전환을 중심으로 한 순환 경제에 기반하고 있다. 기존 재활용 시스템의 한계를 극복하고 다양한 유형의 폐기물을 처리할 수 있는 혁신적 기술을 개발함으로써 플라스틱 포장재, 칫솔, 화장품 용기, 커피 캡슐 등 기존에 재활용이 어려웠던 품목들을 새로운 제품으로 재탄생시키는 성과를 달성했다.[38]

'루프Loop' 프로그램을 통한 재사용 가능 포장 시스템은 테라사이클이 구현한 혁신적 순환형 시스템이다. 소비자가 사용 후 반환한 포장 용기를 세척·소독하여 재사용하는 이 프로그램은 다국적 브랜드와의 협력을 통해 편리하고 환경 친화적인 소비 경험을 제공하며, 자원의 선순환 구조를 강화한다. 루프 프로그램은 단순한 재활용을 넘어 '재사용'이라는 더 근본적인 해결책을 제시함으로써 폐기물 발생 자체를 줄이는 시스템적 혁신을 추구한다. 이는 점진적 개선을 넘어 패러다임 전환을 모색하는 하이브리드조직의 전략적 혁신성을 보여 준다.

테라사이클의 사업 모델은 하이브리드조직이론의 핵심 원리인 경제적 가치와 사회적 가치의 통합적 추구를 구체적으로 보여 준다. 설립자 톰 츠자키Tom Szaky는 2001년 프린스턴대학교 재학 중 지렁이 분변토를 활용한 유기농 비료 사업으로 테라사이클을 시작했다. 이 초기 사업은 음식물 쓰레기 재활용과 친환경 농업이라는 환경적 가치와 수익 창출이라는 경제적 가치를 결합한 혁신적 접근이었다. 이후 테라사이클은 '비즈니스를 통한 폐기물 문제 해결'이

라는 미션을 중심으로 사업 영역을 확장하며 하이브리드조직으로서의 정체성을 강화해 왔다.[39]

지역사회 기반 지속가능한 고용 창출은 테라사이클의 또 다른 강점이다. 폐기물 수거와 가공 과정에 지역주민을 고용하고 재활용 교육 프로그램 운영을 통해 환경 보호 인식 제고와 지역 경제 활성화에 동시에 기여한다. 특히 개발도상국에 안정적인 일자리를 제공하는 시스템은 환경 문제 해결과 사회적 가치 창출의 통합적 실현이라는 하이브리드조직의 이중 목표를 달성한다. 또한 테라사이클은 필리핀, 인도네시아, 브라질 등 개발도상국에서 해양 플라스틱 수거 프로그램을 운영하며, 환경 보전과 지역주민의 경제적 자립을 동시에 도모한다. 이러한 활동 역시 환경 문제와 빈곤 문제를 동시에 해결하는 통합적 접근으로, 하이브리드조직의 사회적 혁신 역량을 보여 주는 사례이다.[40]

테라사이클은 지역사회와의 협력을 통한 폐기물 수거 및 재활용 프로세스 개선에도 주력한다. 글로벌 브랜드 및 소비자와 협력하여 특정 브랜드 포장재 수거·재활용 프로그램을 운영하고 소비자의 적극적 참여를 유도하여 수거된 폐기물을 지속가능한 제품으로 재가공한다. 이러한 협력적 접근은 하이브리드조직이론이 강조하는 이해관계자 네트워크 구축의 사례가 된다.[41]

한편 테라사이클의 비즈니스 모델은 다중적 수익 구조를 통해 경제적 지속가능성을 확보한다. 이 기업은 폐기물 수거 및 처리 서비스 제공을 통한 수수료 수입, 재활용 소재를 활용한 제품 판매 수익, 기업 대상 컨설팅 및 솔루션 제공을 통한 서비스 수익 등 다양한 수익원을 개발했다. 이러한 복합적 수익 구조는 환경적 미션 실현을 위한 경제적 기반을 제공하여 하이브리드조직의 재정적 지속가능성을 보장한다.

또한 테라사이클은 P&G, 유니레버, 네슬레, 콜게이트-팜올리브 등 글로벌 소비재 기업들과 전략적 파트너십을 구축하여 기업의 지속가능성 목표 달성을 지원하는 동시에 자사의 사업 확장을 도모한다. 이러한 파트너십은 환경적 가치와 경제적 가치의 선순환 구조를 만들어 내어 하이브리드조직의 협력적 가치 창출 메커니즘을 실증한다.

테라사이클의 조직 문화와 리더십 역시 하이브리드조직의 통합적 정체성을 반영한다. 이 기업은 환경적 사명감과 기업가적 혁신 정신을 균형 있게 강조하는 조직 문화를 구축하고 다양한 전문성과 가치관을 가진 인재들을 통합하는 포용적 리더십을 실천하고 있다. 환경 활동가 출신과 비즈니스 전문가 출신의 구성원들이 공통의 미션 아래 협력하는 과정에서 창의적 긴장과 혁신적 솔루션이 창출되는데, 이는 하이브리드조직이론이 강조하는 '창조적 모순'creative tension의 사례가 된다.[42]

마지막으로, 테라사이클은 투명한 성과 측정과 의사소통을 통해 이해관계자와의 신뢰를 구축한다. 이 기업은 재활용된 폐기물의 양, 탄소 배출 저감 효과, 사회적 임팩트 등을 정량적으로 측정하고 공개함으로써 환경적·사회적 성과와 경제적 성과의 통합적 관리를 실천한다. 이러한 접근은 하이브리드조직의 다중적 성과 관리 체계와 투명한 책임경영의 실천 사례가 된다.[43]

이러한 테라사이클의 성공 요인은 혁신적 비즈니스 모델과 강력한 협력 네트워크에 있다. 지속적 기술 혁신 추구와 다양한 이해관계자와의 협력을 통한 사회적 임팩트 극대화는 하이브리드조직이론에서 강조하는 이질적 목표의 통합적 실현 메커니즘을 보여 준다. 이러한 전략적 접근은 환경적 책임과 장기적 경제 성장 및 경쟁력 확보라는 이중 목표의 균형적 달성을 가능하게 한다.

이러한 가운데 테라사이클이 직면한 도전과 이에 대한 대응 전략 역시 하이브리드조직의 복합적 특성을 반영한다. 규모 확장에 따른 미션 표류 위험, 경제적 성과와 환경적 임팩트 간의 균형 유지, 다양한 이해관계자의 기대 충족 등은 하이브리드조직이 일반적으로 경험하는 도전 요소들이다. 테라사이클은 이러한 도전에 대응하기 위해 명확한 미션과 가치 체계 정립, 통합적 성과 측정 시스템 구축, 이해관계자 참여형 거버넌스 강화 등의 전략을 채택하고 있다.

테라사이클은 환경 보호와 경제적 수익 창출의 조화로운 결합을 통해 하이브리드조직의 성공적 모델이 되는 동시에 ESG 경영의 실천적 프레임워크도 제시하고 있다. 특히 글로벌 의류 브랜드와의 협력을 통해 의류 폐기물 재활용 순환경제 프로젝트를 실시하고 지속가능 포장재 솔루션를 제공하는 것은 ESG 경영의 선도적 실현 사례로 꼽힌다.

14.4 하이브리드조직이론으로 바라본 지속가능경영과 ESG 연구

연구 1 〈하이브리드조직: 지속가능한 비즈니스의 새로운 장〉*

이 연구는 하이브리드조직이 어떻게 형성되고 어떤 특징을 가지며 기존 기업의 비즈니스 관행과 어떤 점에서 구별되는지를 분석한 것이다. 앞서 논의했듯이 하이브리드조직은 조직 운영과 제품·서비스를 통해 사회적·환경적 가치를 적극적으로 창출하고자 한다.

예를 들어 이 연구에서 소개하는 기업 선 오븐Sun Ovens은 태양열 조리기를 통해 개발도상국의 에너지 사용 문제를 해결한다. 또다른 기업 과야키Guayakí는 유기농 마테차를 판매하면서 현지 농민과 장기적인 신뢰 관계를 맺고 지속가능한 농업 관행을 전파하고 있다. 이 기업은 저가 매입을 거부하고 친환경적 재배 방법을 교육하며 정당한 임금을 지급하는 방식으로 '느리지만 지속가능한 성장'을 추구한다. 매기스 오가닉Maggie's Organics은 공정무역과 친환경 섬유 기준을 적극적으로 산업 전체에 확산시킨 노력을 인정 받아 전 세계에서 처음으로 '공정노동 및 지역사회 혜택 인증'을 받은 의류회사이다. 창립자인 베나 버다는 자사뿐만 아니라 산업 전체의 변화를 사명으로 삼고 있으며, 실제로 미국 유기섬유 표준 제정 과정에도 참여했다. 또한 세븐스 제너레이션Seventh Generation은 친환경 세제를 판매하며 소비자에게 제품 자체의 기능뿐 아니라 윤리적·감성적 가치를 동시에 전달한다. 소비자는 이 제품을 구매함으로써 지속가능한 삶을 실천하고 있다는 정체성을 표현할 수 있다. 이처럼 하이브리드조직의 제품은 고객의 정체성과 가치를 반영하는 매개체 역할을 한다.

이러한 하이브리드조직들은 사업 모델이 모방되는 것을 '손실이 아닌 사회적 성과'로 간주한다. 실제로 미국의 생활용품 제조업체 클로락스Clorox는 세븐스 제너레이션의 모델을 본떠 '그린 웍스Green Works'라는 친환경 세제를 출시했는데, 이는 하이브리드조직이 산업에 미친 영향을 실증한다.

이 연구는 하이브리드조직이 기존 비즈니스 세계의 지배적인 4가지 규범에 어떻게 도전하고 있는지도 서술한다. 첫째, 하이브리드조직은 가파른 성장의 필요성을 부정하고 '느리지만 안정적인 성장'을 추구한다. 둘째, 지역사회와 자연환경을 규제 준수, 민원 대응, 오염 복구 등에 따라 발생하는 외부

* Haigh, N., & Hoffman, A. J. (2012). Hybrid organizations: The next chapter of sustainable business. *Organizational Dynamics*, 41(2), 126–134.

비용 요소로 보지 않고 인재, 수요, 인프라, 생태서비스를 함께 설계하고 성과를 공유하는 가치사슬의 파트너로 간주한다. 셋째, 자연을 자원으로만 보지 않고 디자인적 영감을 주는 원천으로 여기며 생태 시스템 전체의 가치를 인정한다. 예를 들어 팍스 사이언티픽PAX Scientific은 자연에서 영감을 받은 나선형 설계로 고효율 공기 및 물 순환 장비를 개발하고 있다. 넷째, 하이브리드조직은 조직의 주된 목적이 오직 이윤 창출이라는 전제를 거부하고 사회적 임팩트를 동등하게 추구한다.

물론 이러한 하이브리드조직 모델에도 도전 과제가 있다. 제품과 경영 방식을 공개하기 때문에 경쟁사가 쉽게 모방할 위험이 있고 시장에서의 성장과 사회적 미션 간의 균형을 지속적으로 조정해야 하는 어려움에 직면하며, 대기업에 인수 합병되면 본래의 미션을 유지하기 어려울 수 있다. 그린 마운틴 커피 로스터스Green Mountain Coffee Roasters의 경우, 환경을 중시하는 이미지를 구축했음에도 일회용 캡슐 제품이 환경오염 논란을 불러 비판을 받은 바 있다. 이는 미션 표류의 위험을 보여주는 사례이다. 또한 벤앤제리스Ben & Jerry's가 유니레버에 인수되고 버츠비Burt's Bees가 클로락스에 매각되는 과정에서도 각 기업이 추구해 온 본래의 미션이 흔들리는 상황이 연출됐다.

결론적으로 하이브리드조직은 비영리와 영리의 전통적 구분을 넘어 새로운 지속가능경영의 전범을 제시하고 있다. 이들은 '덜 지속불가능한' 조직이 아니라 적극적으로 '더 지속가능한' 조직이 되기 위해 실험을 계속하고 있으며, 장기적으로는 전통적인 기업이 이러한 모델을 도입하고 전환하도록 유도하는 촉매 역할을 수행할 것이다.

연구 2 〈지속가능성 지향 하이브리드조직의 3가지 논리: 다학제적 검토〉**

오늘날 우리는 기후변화, 생물다양성 파괴, 불평등과 같은 복잡한 사회·환경 문제에 직면해 있다. 이러한 문제는 정부나 국제기구 같은 공공기관의 노력만으로는 해결하기 어려우며 시장의 힘을 활용해 사회적·환경적 가치를 함께 추구하는 새로운 조직 모델을 필요로 한다. 이와 같은 배경에서 이 연구는 '지속가능성 지향 하이브리드조직(SOHO)Sustainability-Oriented Hybrid Organisation' 개념을 제시한다. 이 조직은 기존 기업들이 주로 추구해 온 경제적 수익뿐만 아니라 사회적 형평성과 환경적 지속가능성이라는 3가지 가치를 동시에 조직 운영의 핵심으로 삼는다는 점에서 독특한 특징을 갖는다.

전통적인 기업이 상업적 목적을 추구하고 사회적 기업이나 환경 기업이 사회적 형평성과 환경적 지속가능성을 함께 추구한다면, SOHO는 이 3가지를 동시에 추구하는 더 높은 수준의 통합을 보여 준다. 이러한 점에서 '덜 나쁜 조직'이 아니라 '더 좋은 조직'을 지향하며, 현재 발생하는 피해를 줄이는 수준을 넘어 사회와 자연에 더 긍정적인 영향을 미치려 적극적으로 시도한다.

** Hestad, D., Tàbara, J. D., & Thornton, T. F. (2021). The three logics of sustainability-oriented hybrid organisations: A multi-disciplinary review. *Sustainability Science*, 16, 647–661.

대표적인 사례 중 하나가 스페인의 재생에너지 협동조합인 솜 에네르기아Som Energia이다. 이 조직은 중앙집중식 전력 시스템에서 벗어나 시민들이 직접 참여하는 탈탄소 에너지 시스템을 구축하고 있다. 친환경 전기를 판매하는 데 그치지 않고 조합원들이 전력 생산과 유통에 직접 참여하여 지속가능한 에너지의 소비자이자 생산자가 될 수 있는 구조를 설계함으로써 조합원들이 지속가능성에 대한 새로운 관점을 배우고 지역 공동체의 역량을 강화하는 데 기여한다. 이는 경제적 자립, 사회적 학습, 환경적 전환이라는 세 목표가 유기적으로 결합된 사례라 할 수 있다.

또 다른 사례는 미얀마의 프록시미티 디자인Proximity Designs이다. 이 조직은 농민의 삶의 질을 개선하고 농촌 지역의 기후 적응 능력을 키우는 데 다양한 농업 기술과 금융 서비스를 제공한다. 이들은 저비용 고효율의 농업 기술을 개발하여 보급하고 이를 통해 수익을 창출하면서 농민의 자립도 돕는다. 이와 같은 방식은 소득 증가, 공동체 강화, 지속가능한 농업이라는 3가지 목표를 동시에 실현하고 있으며 경제성과 사회성, 환경성을 하나의 일관된 전략으로 연결하고 있다.

마지막으로, 파나마와 미국이 함께 운영하는 플랜팅 임파워먼트Planting Empowerment는 삼림 파괴 지역에 사는 농민들과 협력하여 식목 활동을 하고, 이 과정에서 탄소배출권과 목재로 수익을 만들어 내는 조직이다. 이들은 지역주민을 고용하고 교육하는 한편 공정한 수익 분배를 통해 지역사회의 신뢰를 얻는 동시에 훼손된 숲을 복원하여 생태계 기능을 되살리는 데 기여하고 있다. 이러한 방식은 사회적 관계 형성, 생태계 회복, 그리고 경제적 이익이라는 3가지 목표를 조화롭게 운영한 전형적인 사례에 해당한다.

이처럼 SOHO는 기존의 사회적 기업이나 환경 기업이 갖는 한계를 뛰어넘는 통합적인 조직 형태를 제시한다. 특히 단기적인 이익이나 지역 단위의 문제 해결을 넘어 장기적인 시스템 변화와 전 지구적 지속가능성을 고려한다는 점에서 '사회를 변화시키는 조직'으로 기능한다. 물론 서로 다른 3가지 목표를 동시에 고려해야 한다는 점에서 갈등과 긴장이 발생할 가능성도 상존하므로 수익성과 환경 윤리, 지역주민의 요구와 글로벌 환경 목표 사이에서 발생하는 충돌을 관리하고 조정하는 것이 이들 조직 운영의 핵심 과제이다.

이러한 맥락에서 볼 때 SOHO는 오늘날 지속가능성에 관한 논의에서 점점 더 중요성이 커질 것으로 보인다. 이들은 기존 시스템을 수정하는 것이 아니라 사회·경제·환경 시스템의 근본적인 변화를 시도함으로써 새로운 형태의 조직과 기업의 가능성을 보여 준다. 사람과 지구, 그리고 이윤의 균형을 고민하는 이러한 조직들은 우리가 직면한 위기를 넘어서기 위한 중요한 실마리를 제공하고 있으며 앞으로 지속가능한 사회를 만드는 데 핵심적인 역할을 할 것이다.

연구 3 〈양면적 지속가능성, 조직구조, 그리고 하이브리드조직의 성과〉***

지속가능성을 추구하는 조직들은 점점 더 복잡한 선택의 기로에 놓이고 있다. 친환경적·사회적 사업 자체로 지속가능성이 실현되는 것이 아닌 만큼 실제 경영 활동 안에서 다양한 목표들을 동시에 달성해야 하기 때문이다. 특히 사회적 미션과 수익 창출이라는 서로 다른 목표를 동시에 추구하는 하이브리드조직의 경우, 어느 하나만 집중하기보다 두 가지를 병행하며 균형 있게 추진하는 전략이 필요하다. 이 연구는 그러한 전략을 '양손잡이적 지속가능성'이라고 명명하고 스웨덴의 지방 공공주택 기업들을 통해 이 전략이 실제 조직 운영에서 어떤 영향을 미치는지를 분석했다.

양손잡이 전략이란 한쪽 손으로는 현재의 시스템과 자원을 잘 활용하면서, 다른 한쪽 손으로는 새로운 가능성과 혁신을 탐색하는 전략을 의미한다. 이 연구는 총 9개의 스웨덴 지방 공공주택 기업을 분석했는데, 이들은 공공성을 기반으로 하면서도 수익성과 지속가능성을 모두 고려하는 하이브리드조직으로, 각기 다른 방식으로 양손잡이 전략을 실행했다.

그중 기업 C는 양손잡이 전략을 가장 안정적으로 운영한 조직이었다. 이 기업은 기존의 임대 수익 구조를 유지하면서도 지역 공동체와 협력해 노후 건물을 에너지 효율 주택으로 리모델링하고 주민 참여형 도시 재생 프로젝트를 실행했다. 건물 외장에 태양광 패널을 설치하고 주민들을 직접 프로젝트 기획 회의에 참여시켜 사회적 신뢰와 혁신성을 동시에 확보했다. 즉 현재의 자원을 잘 활용하는 동시에 지속가능성을 위한 실험도 병행하여 사회적 성과와 재무적 성과 모두에서 좋은 평가를 받았다.

반면 기업 F는 안정성을 중시하며 과감한 변화에는 소극적이었다. 이 기업은 공공임대 주택을 안정적으로 운영하고 있었지만, 신기술 도입이나 환경 기준 향상에는 거의 투자하지 않았다. 그 결과 수익성은 단기적으로 유지되었지만 에너지 비용 증가나 정부 규제 강화에 대한 대응력이 떨어졌고, 사회적 책임을 강조하는 외부 평가에서도 낮은 점수를 받았다. 기존 방식을 고수하며 효율성에 치중하고 에너지 개선이나 디지털 관리, 분산형 전력 도입 등 새로운 시도는 하지 않은 것이다. 이는 새로운 탐색 없이 활용 전략만으로는 장기적으로 지속가능한 성과를 얻기 어렵다는 것을 보여 준다.

이와는 반대로 기업 H는 매우 공격적으로 지속가능한 혁신을 시도했다. 이 기업은 재생에너지 기반의 주택 단지를 조성하고 임대료의 일정 비율을 지역 환경기금에 기부하는 제도를 도입하는 등의 실험을 시도했다. 하지만 조직 내부의 구조가 명확하지 않았고 구성원 간 소통이 지나치게 잦아 실행력이 떨어졌다. 회의가 자주 열렸지만 결정을 내리는 데 시간이 오래 걸렸고, 새로운 시도에 대한 탐색 전략이 오히려 조직의 실질적 성과를 낮추는 결과를 가져왔다. 이는 양손잡이 전략이 효과를 발휘하려면 조직 구조와 역할 배분이 명확해야 한다는 점을 보여 준다.

*** Maine, J., Samuelsson, E. F., & Uman, T. (2022). Ambidextrous sustainability, organisational structure and performance in hybrid organisations. *Accounting, Auditing & Accountability Journal*, 35(3), 734–769.

연구진은 조직이 양손잡이 전략을 실행할 때 중요한 변수 중 하나가 연결성이라고 설명한다. 연결성이란 조직 구성원들이 서로 얼마나 밀접하게 소통하고 협력하느냐를 의미한다. 연결성이 너무 낮으면 조직 내 정보 공유가 원활하지 않아 혁신이 어렵고, 반대로 너무 높으면 의사결정이 지연되거나 전략이 흐려질 수 있다. 실제로 연결성이 지나치게 높았던 기업 H는 회의와 협업이 잦았지만 실행력이 낮았고, 적절한 수준에서 연결성과 분업을 유지했던 기업 C는 가장 높은 성과를 보였다.

이 연구는 양손잡이 전략이 그 자체로 유효한 전략이라는 점을 강조하지만 그 효과는 조직 구조와 실행 방식에 따라 크게 달라진다는 사실 또한 보여 준다. 지속가능성을 위해서는 탐색과 활용을 균형 있게 추진할 수 있는 능력뿐만 아니라 이를 조직 구조와 문화 속에서 실제로 실행할 수 있는 기반이 필요하다. 하이브리드조직이 단기적인 수익성과 장기적인 사회적 가치를 동시에 달성하기 위해서는 이러한 균형 전략을 조직 안에 정착시키고 지나친 연결이나 경직된 구조를 피하며 유연하게 운영할 수 있어야 한다.

DISCUSSION 14장 | 토론 과제

주제 1: 하이브리드조직은 경제적 목표와 사회적 가치를 조화롭게 추구할 수 있는가

배경

한편에서는 하이브리드조직이 전략적으로 이중 목표를 통합할 수 있고, 이에 따라 사회적 가치 달성이 경제적 경쟁력을 강화할 수 있다고 본다. 반면 다른 한편에서는 자원 배분의 우선순위나 경영 의사결정에서 충돌이 불가피하며, 두 가지 목표의 병행이 조직 운영에 복잡성을 더한다고 지적한다. 이 주제는 하이브리드조직의 가능성과 한계를 함께 성찰할 수 있는 중요한 출발점이 된다.

의견 ❶ : 하이브리드조직은 경제적 목표와 사회적 가치를 조화롭게 추구할 수 있다

- 하이브리드조직은 경제적 이윤과 사회적 가치를 동시에 추구하도록 설계되었기 때문에 두 가지 목표 간의 균형을 유지할 수 있다.
- 사회적 가치 창출이 장기적인 브랜드 신뢰도 및 고객 충성도로 이어져 경제적 수익성을 강화할 수 있다는 점에서 경제적 목표와 사회적 가치는 상호 보완적인 관계에 있다.
- 하이브리드조직은 비즈니스 모델 자체에 사회적 가치를 내재화함으로써 경제적 목표를 저해하지 않고도 사회적 미션을 실현할 수 있다. 예를 들어 신발 기업 탐스는 '일대일 기부' 모델을 통해 판매 수익과 사회적 가치를 동시에 달성하고 있다.

의견 ❷: 어떤 조직이든 경제적 목표와 사회적 가치를 조화롭게 추구할 수 없다

- 하이브리드조직은 경제적 목표와 사회적 가치 간의 갈등을 완전히 해소하기 어렵기 때문에 두 가지 목표를 조화롭게 추구하는 것이 현실적으로 어렵다.
- 경제적 지속가능성을 확보하기 위한 비용 절감 압박이 커지면 사회적 가치가 희생될 수 있으며, 반대로 사회적 가치를 극대화하려는 시도가 경제적 수익성을 저해할 수 있다.
- 하이브리드조직은 이중 목표의 균형을 맞추기 위해 내부적으로 갈등이 발생하기 쉽고 명확한 의사결정 구조와 인센티브 체계를 설계하기가 어렵다. 이는 장기적으로 조직의 성장과 지속가능성을 저해할 수 있다.

DISCUSSION 14장 | 토론 과제

생각의 확장

하이브리드조직이 추구하는 경제적 목표와 사회적 가치의 균형은 시대적 맥락과 이해관계자의 입장에 따라 다르게 해석될 수 있다. 예를 들어 2010년대 이후 밀레니얼 세대가 주요 소비층으로 부상하면서 기업의 사회적 책임과 지속가능성에 대한 관심이 높아진 시점에서는 사회적 목적과 경제적 효율성을 동시에 추구하는 하이브리드조직의 장점이 더욱 부각되었다. 반면 글로벌 금융 위기나 인플레이션 같은 경제적 불확실성이 높아지는 시기에는 전통 기업의 자본 효율성과 규모의 경제가 더 중요하게 여겨질 수 있다. 앞서 제시된 두 가지 의견도 그러한 맥락과 입장에서 도출된 해석이다. 하이브리드조직을 지지하는 관점은 주로 사회적 가치 창출과 지속가능성을 우선시하는 이해관계자들(시민사회, 젊은 소비자층, 임팩트 투자자 등)의 시각을 반영한다. 반면 전통 기업의 효율성을 강조하는 관점은 단기 수익성과 시장 경쟁력을 중시하는 주주, 기관투자자, 경영진의 입장을 대변한다고 볼 수 있다. 어떤 의견이 더 타당하다고 판단하는가? 두 의견을 대립이 아니라 상보적으로 조화시키기 위해 어떤 운영 설계(이중 성과 지표, 선택적 결합 등)를 도입할 수 있는가?

주제 2: 하이브리드조직이 전통 기업보다 ESG 경영을 더 효과적으로 실현할 수 있는가

배경

하이브리드조직이 과연 전통적인 영리 기업보다 ESG 경영을 더 효과적으로 실현할 수 있는가에 대한 논의가 이루어지고 있다. 한편에서는 하이브리드조직이 설립 초기부터 사회적 미션을 경영 철학에 통합하기 때문에 ESG 가치 실현에 구조적으로 더 유리하다고 주장한다. 반면 다른 한편에서는 전통 기업이 보유한 자본력과 조직 규모, 체계적인 시스템이 ESG 실행에 더 효과적으로 작용할 수 있다고 본다.

의견 ❶: 하이브리드조직이 전통 기업보다 ESG 경영을 더 효과적으로 실현할 수 있다

- 하이브리드조직은 사회적 미션과 환경적 가치를 비즈니스 모델에 내재화하고 있어 ESG 목표를 자연스럽게 실현할 수 있는 구조적 강점을 가지고 있다.

- 전통 기업이 ESG 경영을 후천적으로 도입하는 것과 달리 하이브리드조직은 설립 초기부터 ESG 가치가 경영 철학과 전략에 통합되어 있기 때문에 보다 효과적으로 ESG 목표를 실현할 수 있다.
- 하이브리드조직은 이해관계자(고객, 직원, 투자자 등)와의 신뢰 구축 및 협력 네트워크 형성을 통해 ESG 성과를 극대화할 수 있으며 이를 통해 장기적인 경쟁 우위를 확보할 수 있다.

의견 ❷: 하이브리드조직은 전통 기업보다 ESG 경영을 더 효과적으로 실현할 수 없다

- 전통 기업은 자본력과 규모의 경제를 바탕으로 ESG 목표를 보다 신속하고 광범위하게 실현할 수 있으며, 하이브리드조직은 자본 및 자원의 한계로 인해 ESG 목표를 효과적으로 실행하기 어렵다.
- ESG 경영은 미션 내재화만으로 실현되는 것이 아니며 글로벌 공급망 관리, 데이터 측정 및 보고 등 체계적인 시스템이 필요하므로 전통 기업이 오히려 더 효과적으로 실행할 수 있다.
- 전통 기업들도 ESG 전략을 강화하고 있으며, 특히 글로벌 투자자들의 요구에 따라 ESG 공시 및 평가 기준을 적극적으로 수용하고 있어 하이브리드조직보다 더 높은 ESG 성과를 달성할 수 있다.

생각의 확장

하이브리드조직이 전통 기업보다 ESG 경영에 적합한지는 여러 조건에 따라 다르게 해석할 수 있다. 먼저 업종의 특성이 중요하다. 제품을 만들고 운영하는 과정에서 환경 오염이나 사회 문제가 크게 발생하는 산업에서는 하이브리드조직이 유리할 수 있다. 처음부터 사회적 목적을 경영의 핵심에 두고 출발해 일관성 있게 ESG를 실천할 수 있기 때문이다. 반면 대규모 설비 투자가 필요하거나 복잡한 글로벌 공급망을 운영해야 하는 산업에서는 전통 기업이 더 효과적이다. 이런 기업들은 충분한 자본력과 체계적인 운영 시스템을 갖추고 있어 ESG 성과를 더 빠르게 확산시킬 수 있다.

공정한 비교를 위해서는 평가 방법도 중요하다. 같은 업종에서 같은 규모의 기업들을 비교해야 하고, 최종 결과뿐만 아니라 그 과정도 함께 살펴봐야 한다. 보통 전통 기업은 대규모 표준화를 담당할 때, 하이브리드조직은 지역사회와의 밀착 접촉이나 신뢰를 바탕으로 한 성과연계형 파트너십을 구축할 때 시너지 효과가 극대화된다. 둘 중 어느 것이 더 우수한가? 두 조직 형태를 대립 구조가 아닌 과제별 최적 조합과 실질적인 성과 관리 중심으로 조화시킬 수 있는 방법은 없는가?

14장 연습문제

01. 하이브리드조직이론의 개념과 등장 배경, 그리고 이중 목적과 제도적 복수성의 의미를 서술하시오.

02. 선택적 결합과 이중 성과 지표를 활용한 긴장 관리가 왜 필요한지, 그것이 조직 운영 단계에서 어떻게 설계되는지를 설명하시오.

03. 양손잡이 전략이 하이브리드조직의 ESG 성과에 미치는 영향을 스웨덴 지방 공공주택 사례와 같은 실증 연구를 예로 들어 설명하시오.

04. 이해관계자 참여와 협력 네트워크가 하이브리드조직의 사회 및 지배구조를 통해 장기 경쟁 우위로 연결되는 과정을 설명하시오.

PART 03 지속가능경영과 ESG, 그 미래와 전망

CHAPTER 15

지속가능경영과 ESG의 한계, 그리고 도전

15.1 선언적 구호에 머무른 지속가능경영과 ESG

지속가능경영과 ESG는 21세기 기업의 새로운 경영 패러다임으로 급부상하였으나 실질적 이행 측면에서는 여전히 선언적 구호 수준에 정체되어 있다. 다수의 기업들이 지속가능성을 전면에 내세우면서도 실제 경영 활동에서는 전통적 이윤 추구 모델에서 크게 벗어나지 못하고 있기 때문이다.

이러한 현상의 핵심적 원인은 ESG 경영이 이해관계자와 사회적 기대에 대응하기 위한 상징적 행위에 머무른다는 데에 있다. 제도이론의 관점에서 마이어와 로완은 조직이 외부의 제도적 압력에 대응하여 형식적 구조를 채택해도 실질적 운영 메커니즘은 변화하지 않는 '형식적 순응ritual conformity' 현상이 일어난다고 지적한 바 있다.[1] ESG 맥락에서도 이러한 현상이 반복되는데, 기업들은 지속가능보고서 발간이나 ESG 선언을 통해 책임 있는 기업 이미지를 구축하려 하지만 내부적 실행은 기존 관행에 고착되는 경우가 빈번하다. 이는 결과적으로 ESG를 전략적 도구보다는 홍보 수단으로 전락시킨다.

특히 규모가 큰 기업에서 이러한 문제가 더욱 두드러지는데, 지속가능경영 업무가 핵심 경영부서가 아닌 홍보 또는 사회 공헌 부서에 배정되는 조직적 관행이 이를 방증한다. 이러한 표면적 이미지 구축은 소비자와 투자자의 기대 수준을 충족시키지 못하고 오히려 기업의 신뢰도를 저하시키는 부정적 결과를 초래할 수 있다. 이는 ESG의 본질적 가치가 훼손되고 전략적 기회가 상실되는 결과로 이어질 수 있다는 점에서 심각한 문제로 인식되어야 한다. 한편 규모가 작은 기업의 경우에도 ESG 실천이 어려운 경우가 많다. 대기업은 전문 인력과 기술적 인프라를 활용하여 체계적인 ESG 전략을 수립하고 실행할 수 있는 반면, 중소기업 및 스타트업은 인력과 자금 부족으로 인해 ESG 요구사항을 충족시키기에 한계가 있는 경우가 많다.[2] 특히 공급망 내에서 ESG 기준을 하청기업까지 확장 적용하려는 경우, 비용 부담과 역량 부족 문제는 중소기업에 과도한 압력으로 작용할 수 있다.

또한 ESG 경영이 단기 재무 성과를 저해할 수 있다는 점은 오랫동안 논의돼 온 주제다. 사키스 코찬토니스Sakis Kotsantonis와 동료들은 2016년에 수행한 연구에서 ESG 활동이 초기 단계에서 비용 부담을 유발하며, 특히 주주가치 중심의 기업 지배구조에서는 ESG 투자가 단기 수익성과 상충할 수 있다고 경고했다.[3] 이러한 인식은 2010년대 중반 ESG 논의 초기부터 제기되어 왔으며, 기업의 재무적 책임과 사회적 책임 간 균형 조율은 여전히 해결되지 않은 과제로 남아 있다. 이러한 현실적 어려움으로 인해 규모가 작은 기업에서도 많은 경우 ESG가 구호에 머무르고 있는 실정이다.

이러한 가운데 2014년에 발표된 로버트 에클스Robert Eccles, 요아니스 요아노Ioannis Ioannou, 세라페임의 연구는 ESG를 진정성 있게 추진하는 기업과 피상적으로 접근하는 기업이 장기적 재무 성과 및 사회적 신뢰도에 있어서 유의미한 차이를 보인다는 점을 밝혔다.[4]

연구진은 미국 상장기업을 대상으로 1990년대 초부터 지속가능성 정책을 일찍 도입한 기업들과 그렇지 않은 기업들을 산업과 규모가 비슷한 기업끼리 일대일로 짝을 맞춰 장기간 비교 연구했다. 그 결과, 지속가능성을 일찍 도입한 기업들은 운영상 5가지 공통적인 특징을 보였다. 첫째, 이사회 차원에서 지속가능성을 공식적으로 감독하고, 둘째, 경영진 보상을 지속가능성 지표와 연결했다. 셋째, 고객·직원·공급업체 등 이해관계자들이 참여하는 절차를 제도화했고, 넷째, ESG 지표를 체계적으로 측정하고 공개했으며, 다섯째, 단기 성과보다 장기적 관점에서 의사결정을 내렸다.

이들 기업은 장기간의 주가 상승률과 회계 성과에서 통계적으로 유의미한 우위를 보였다. 연구진은 이런 결과가 'ESG를 조직 운영에 깊이 뿌리내림 → 위험 관리와 학습 능력 향상 → 자본시장의 신뢰 획득 및 실적 개선'이라는 단계를 거쳐 나타난다고 해석했다. 핵심은 단순히 ESG 보고서를 작성하는 것이 아니라 이사회 운영, 임원 보상, 성과 지표, 이해관계자 참여를 통해 ESG를 실제 운영 규칙으로 만들어야 한다는 점이다.

이는 ESG가 구호를 넘어 전략적 실행으로 연계되어야 한다는 중요한 함의를 제공한다. ESG와 지속가능경영은 수사적 표현을 넘어 기업 전반의 전략과 운영 구조에 체계적으로 내재화되어야 한다. 이를 위해서는 경영진의 철학적 패러다임 전환과 조직 전체의 참여적 실천이 필수적이며 이를 보완하는 외부의 제도적 유인 체계와 효과적 감시 메커니즘의 병행 발전이 요구된다.

15.2 측정 불가능성과 평가 지표의 신뢰 부족

한편 지속가능경영과 ESG 경영의 확산에 따라 다양한 평가 지표와 측정 체계가 개발되었으나 이들 지표의 신뢰성과 일관성에 관한 근본적 논쟁이 지속되고 있다. ESG는 본질적으로 환경·사회·지배구조라는 상이한 영역을 포괄하는 복합적 구성체로서, 각 영역은 질적 특성이 강하고 맥락의존적 해석을 요구하는 요소들을 다수 포함하고 있어 객관적으로 정량화하는 데에 구조적 한계가 존재한다.

또한 평가기관별로 상이한 평가 기준과 가중치 체계를 적용함에 따라 동일 기업에 대한 ESG 평가 결과가 현저한 차이를 보이는 현상이 발생하고 있으며, 이는 ESG 지표의 비교 가능성과 신뢰도를 심각하게 저해한다. 2022년에 발표된 플로리안 버그Florian Berg, 줄리안 쾰벨Julian F. Kölbel, 로베르트토 리고 본Roberto Rigobon의 연구는 주요 ESG 평가기관들 간의 평가 결과 상관계수가 현저히 낮다는 실증적 증거를 제시하며, 이러한 평가의 불일치가 투자자의 의사결정과 기업의 전략 수립에 체계적 혼란을 초래한다고 분석하였다.[5] ESG 평가 결과가 기업의 실질적 지속가능성 수준보다 평가 모형의 방법론적 차이에 의해 결정될 수 있다는 사실은, 현행 ESG 평가 체계의 문제점을 명확히 드러낸다. 이러한 평가 불일치 문제는 자본시장에서도 심각한 논쟁의 대상이 되고 있으며, 투자자들은 ESG 평가 정보를 참조하면서도 그 정확성과 객관성에 대한 근본적 의구심을 표명하고 있다.

특히 공시정보 표준화의 부재와 기업의 선택적 ESG 정보 공개 관행은 이러한 불신을 심화시키는 요인으로 작용한다. 라즈나 깁슨Rajna Gibson, 필립 크루거Philipp Krueger, 피터 슈테펜 슈미트Peter Steffen Schmidt는 2019년에 발표한 논문을 통해 기업의 ESG 공시가 자의적이거나 실질적 위험 요소와 성과를 충실히 반영하지 못하는 경우가 빈번하다고 지적하였다. 이는 ESG 평가 체계가 정량적 지표에 의존하면서도 그 기초가 되는 데이터 자체의 신뢰성이 결여되어 있는 모순적 상황을 드러낸다.

이와 더불어 현행 ESG 평가 체계는 지역별·산업별 특수성을 충분히 반영하지 못한다는 한계도 있다. 단일 기준으로 이질적 특성을 지닌 기업들을 평가하는 접근 방식은 현실 적합성이 낮을 수밖에 없기 때문이다. 산업 부문별 ESG 핵심 이슈의 상이성, 국가별 규제 환경과 문화적 차이가 ESG 성과에 복합적 영향을 미치기 때문에 이를 고려하지 않은 단일 지표 체계로는 의미 있는 비교나 해석을 내놓기가 어렵다. ESG 평가에 필연적으로 복잡성과 주관성이 내포되어 있다는 점에서도 국제적 기준의 정교화와 공시 체계의 표준화가 시급한 과제로 대두되고 있다. ESG가 전략적 의사결정의 실질적 준거로서 기능하기 위해서는 무엇보다 신뢰성과 일관성을 갖춘 측정 기준의 확립이 선결되어야 한다.

15.3 제도적 강제력의 부재와 자율 규제의 한계

지속가능경영과 ESG를 실제로 실행하는 데 가장 큰 걸림돌은 '강제 규제냐, 자율 규제냐'라는 이분법적 사고가 아니다. 문제는 최소 기준을 보장하는 법적·제도적 규범과 현장 혁신을 촉진하는 기업 자율성 사이의 균형이 맞지 않다는 데에 있다.

현재 대부분 국가에서 ESG 관련 공시 및 실행 기준은 법적 구속력이 없는 권고 수준에 머물고 있어 정보의 비교와 검증이 어렵다. 실효성 있는 규제 역시 부족하다. 이런 제도적 환경은 기업들의 ESG 경영을 자발적 의지에 지나치게 의존하게 만들어 실질적 변화 없이 환경친화적 이미지만 내세우는 그린워싱과 타 기업의 노력에 편승하는 무임승차 현상을 유발한다. 반면 규제가 지나치게 엄격하면 기업들은 겉으로만 규정을 준수하는 형식적 순응에 그쳐 진정한 혁신과 지속가능성 달성을 가로막을 수 있다. 따라서 지속가능경영과 ESG가 실질적 성과를 내기 위해서는 최소한의 법적·제도적 기준을 강화하면서도 기업들이 스스로 혁신을 추진할 수 있도록 충분한 운영 자율성을 보장해야 한다.

기업은 전통적으로 단기적 이윤 극대화와 주주가치 우선의 원칙에 따라 의사결정을 수행하기 때문에 ESG와 같은 장기적이고 비재무적 요소는 필연적으로 후순위화되는 경향이 존재한다. 따라서 자율 규제 체계가 이론적으로는 유연성과 기업 자율성 보장이라는 장점을 내포하고 있더라도, 현실적 맥락에서는 실효성이 현저히 저하될 수밖에 없는 것이다. 닐 거닝햄Neil Gunningham, 로버트 케이건Robert Kagan, 도로시 손튼Dorothy Thornton은 2003년에 발표한 논문에서 기업의 자율 규제가 실질적 성과로 연결되기 위해서는 강력한 외부 압력과 체계적 제도적 유인이 병행되어야 함을 강조하였다.[6] 그렇지 않을 경우, 자율 규제가 규제 회피의 도구로 전락할 위험성이 있기 때문이다.

한편 글로벌 차원에서 ESG 관련 국제 기준이 존재함에도 국가별 이행 수준은 현저한 불균형을 보이고 있고, 다국적 기업들이 이러한 규제 격차를 활용하여 규제 수준이 낮은 지역에서 활동하거나 '규제 쇼핑regulatory arbitrage'을 통해 책임을 회피하는 현상이 관찰된다. 이는 ESG의 글로벌 표준화를 저해하며 ESG 체계의 신뢰도를 근본적으로 약화시킨다. 특히 주목할 점은 ESG 관련 공시 의무화가 일부 선진국에서만 제한적으로 도입되고 있으며 대다수 국가에서는 여전히 자율 공시 체계를 유지하고 있다는 현실이다. 크루거, 자카리아스 사우트너Zacharias Sautner, 로라 스탁스Laura Starks가 2020년에 발표한 연구는 자율적 공시 체계 하에서 기업이 전략적으로 유리한 정보만을 선별적으로 공개하는 경향이 존재하며, 이러한 선택적 공시가 정보 비대칭성 심화와 시장 왜곡을 야기할 수 있음을 실증적으로 규명하였다.[7]

결국 ESG 실행이 체계적으로 제도화되지 않은 환경에서는 기업의 책임성과 투명성 확보가 근본적으로 어렵다. ESG 경영이 지속가능한 경영 패러다임으로 정착되기 위해서는 적절한 법적 강제력과 효과적 감독 체계가 균형적으로 수반되어야 한다. 특히 정보 공시의 표준화 및 의무화, 이해관계자 중심의 평가 체계 구축, 그리고 실효적 제재 메커니즘의 도입이 필수적 요소로 고려되어야 한다.

15.4 ESG의 정체성 혼란과 경계 불분명성

ESG는 환경·사회·지배구조를 포괄하는 개념으로 정의되고 있으나 그 적용 범위와 구체적 의미에 있어 명확한 합의가 부재하며 학술적·실천적 일관성이 결여되어 있다는 비판이 지속적으로 제기되고 있다. 지나치게 광범위한 개념적 외연과 이질적 요소들을 단일 프레임워크로 통합하려는 시도가 개념적 정체성의 모호성을 심화시키는 결과를 초래하기 때문이다. 이러한 정체성의 모호성은 ESG의 경영 전략 수립과 실행 과정에서도 체계적 혼선을 야기한다. 환경 요소와 사회 요소는 상이한 이해관계자 집단과 가치 체계를 기반으로 하며 지배구조 요소는 보다 제도적이고 규범적인 속성을 내포하는데, 이처럼 본질적으로 상이한 범주의 요소들을 단일 프레임워크로 통합하려다 보니 경영 전략 수립의 우선순위가 복잡해지고 내부 자원 배분의 비효율성이 초래되는 것이다.

2016년에 발표된 칸, 세라페임, 윤의 실증 연구는 ESG 요소가 재무 성과에 미치는 영향이 쟁점별로 현저한 차이를 보이며 모든 ESG 요소가 동일한 전략적 중요성을 갖지 않는다는 점을 체계적으로 규명하였다.[8] 이는 ESG 요소를 무차별적으로 통합하기보다 맥락별 중요성과 우선순위에 따라 전략적으로 선택해야 함을 시사한다.

더불어 ESG는 CSR, 지속가능발전, 기업윤리 등 유사 개념들과 혼용되면서 개념적 중첩과 경계 모호성을 더욱 심화시키고 있다. 요아노와 세라페임은 2015년에 발표한 논문에서 ESG와 CSR, 지속가능경영이 상호 대체적 개념이 아니며 각 개념이 고유한 이론적 체계와 측정 구조를 필요로 한다는 점을 강조하였다.[9] 그러나 실무적 맥락에서는 이러한 개념들이 동일한 의미로 혼용되거나 전략적 실체 없이 단순한 마케팅 도구로 활용되어 ESG의 본질적 가치와 전략적 진정성을 훼손하는 경우가 빈번하게 관찰된다. 이러한 개념적 불명확성은 정부 정책 수립, 학술 연구, 기업 보고 등 다양한 영역에서 일관성 있는 접근을 저해하는 구조적 요인으로 작용한다. ESG의 개념적 정의를 명확히 하고 그 하위 구성 요소를 체계적으로 구분하여 각 요소 간 논리적 우선순위와 연계성을 체계화하지 않는 한 ESG는 전략적 도구로서의 본질적 기능을 수행하지 못하고 개념적 혼란만을 가중시키는 결과를 초래할 가능성이 높다.

이와 같이 ESG는 그 정체성과 경계에 관한 학문적·정책적 재정립이 시급히 요구되는 개념이다. 실효성 있는 ESG 경영의 구현을 위해서는 명확한 이론적 토대, 세분화된 실행 프레임워크, 경영 전략과의 연계를 가능케 하는 표준화된 해석 체계가 병행적으로 발전되어야 한다. 이는 ESG의 전략적 실효성을 제고하고 기업과 사회가 공동으로 추구하는 지속가능한 가치 실현을 가능하게 하는 필수적 전제 조건이라 할 수 있다.

15.5 그린워싱과 기업 신뢰의 위기

ESG 경영의 확산에 따라 다수의 기업들이 지속가능성과 책임 경영을 대외적으로 표방하고 있으나 실질적 이행 없이 이미지 관리 수단으로 ESG를 활용하는 그린워싱 현상이 심각한 사회적 문제로 대두되고 있다. 그린워싱은 기업이 환경적 책임 이행에 관한 정보를 과장하여 전달하거나 실제 ESG 성과와 괴리된 긍정적 이미지를 의도적으로 구축하는 행위를 지칭한다. 이러한 기업 행태는 실질적 변화를 유도하기보다 ESG 개념 자체에 대한 사회적 신뢰를 근본적으로 저해하는 결과를 초래한다.

그린워싱은 본질적으로 정보 비대칭성과 외부 감시체계의 미비로 인해 발생하며, 특히 ESG 공시가 표준화되지 않은 국가나 산업 영역에서 빈번하게 관찰된다. 대표적 사례로 독일의 글로벌 자산운용사 DWS 그룹을 들 수 있다. 이 회사는 2021년 ESG 통합 투자 과정에서 자산 규모를 과장했다는 혐의로 미국 증권거래위원회SEC와 독일 금융감독청BaFin의 조사를 받았다. DWS 그룹은 "ESG가 자사의

DNA"라고 광고하며 ESG 리더임을 자처했으나, 실제로는 자사가 마케팅한 ESG 투자 프로세스를 제대로 따르지 않았다는 사실이 드러나면서 국내외 투자자들로부터 강한 비판을 받았다.

토마스 라이언Thomas Lyon과 렌 몽고메리Wren Montgomery가 2015년에 발표한 연구는 기업들이 규제 회피와 평판 유지를 목적으로 환경 관련 정보를 의도적으로 왜곡하거나 전략적으로 선별적 정보만을 공개하는 체계적 행태를 실증적으로 규명하였으며, 이러한 정보 조작이 이해관계자의 합리적 의사결정을 심각하게 저해한다고 경고하였다.[10] 이는 ESG 공시 제도가 기업의 투명성과 책임을 담보하는 기제가 아니라 오히려 '선택적 진실의 전략적 생산' 기제로 변질될 수 있는 구조적 위험성을 시사한다.

최근의 실증 연구들은 ESG 평가 점수와 기업의 실제 환경 성과 간의 상관관계가 미약하다는 점을 지적하며 ESG 평가가 실질적 지속가능성 수준과 괴리될 수 있다는 비판적 시각을 제시하고 있다. 김은희와 라이언이 2015년에 발표한 논문에 따르면, ESG 공시 빈도와 기업의 환경 성과 사이에는 부정적 상관관계가 존재할 수 있으며 공시 행위 자체가 기업의 '면피 전략'으로 기능할 수 있다.[11] 다시 말해 실질적 개선 노력 없이 ESG 관련 지표와 보고서만을 확대하는 행태는 기업의 신뢰성을 근본적으로 훼손하고 이해관계자의 기대를 배반하는 결과로 귀결될 것이다.

그린워싱의 확산은 ESG 프레임워크 전반에 대한 사회적 신뢰 위기로 이어지며 ESG 경영의 제도적 정착을 저해하는 중대한 장애 요인으로 작용한다. 소비자·투자자·시민사회 등 핵심 이해관계자들이 ESG에 대해 근본적 회의론을 형성하게 될 경우, 진정성 있는 기업들의 노력마저 불신의 대상이 되며 ESG 경영은 전략적 가치를 상실하게 된다. 따라서 그린워싱 문제는 개별 기업의 윤리적 문제가 아닌 ESG 시스템 전반의 정당성과 지속가능성을 위협하는 구조적 도전으로 인식되어야 한다. ESG 경영이 진정성과 실효성을 확보하기 위해서는 그린워싱을 사전적으로 차단할 수 있는 감시 체계와 공시 기준의 강화가 필수적으로 요구된다. 특히 ESG 정보의 외부 감사, 제3자 검증, 공시 의무화 등의 제도적 장치를 통해 기업의 ESG 활동이 실질성과 투명성을 갖추도록 체계적으로 유도해야 한다. 기업의 책임 있는 행동은 단순한 보고서나 캠페인을 통해 증명되는 것이 아니라 실제 경영 활동 전반에서 구현되는 총체적 결과로 평가된다는 것을 잊지 말아야 할 것이다.

CHAPTER 16

지속가능경영과 ESG를 위한 거시적 과제

16.1 ESG의 법제화와 정책 유인 구조 설계

ESG 경영이 단기적 유행이나 일시적 현상에 머무르지 않고 장기적 전략으로 정착되기 위해서는 먼저 제도적 차원에서 내재화할 수 있는 법적·정책적 기반의 구축이 필수적이다. ESG가 제도화되지 않은 환경에서는 기업의 실천이 형식적 수준에 머무를 가능성이 높으며, 이로 인해 사회 전체의 지속가능성 목표 달성에 제약이 생길 수밖에 없기 때문이다.

여기서 제도적 내재화란 ESG 관련 원칙과 실행 기준이 국가 법령, 행정 규칙, 규제 체계 등 공식적 제도에 체계적으로 통합되어 모든 기업이 일정 수준 이상의 ESG 활동을 이행하도록 요구받는 상태를 의미한다. 이러한 제도화는 법적 강제력뿐 아니라 세제 혜택, 정부 조달 우대, 공공투자 가이드라인 제공 등 다양한 유인 메커니즘을 포괄하는 복합적 체계로 구성되어야 한다. 실제로 유럽연합은 CSRD를 통해 ESG 공시를 의무화하였으며, 이는 기업의 비재무적 성과를 정형화된 기준에 따라 보고하도록 강제함으로써 ESG 경영의 제도화를 선도하고 있다. 이러한 제도적 변화는 기업의 자발적 ESG 수용을 넘어 국가 차원의 지속가능경영 표준을 형성하게 한다. 회계·경영 컨설팅을 제공하는 다국적 기업 KPMG의 2022년 분석에 따르면 ESG 공시 관련 규제가 글로벌 차원에서 확산되고 있으며, 특히 유럽과 북미 시장에서는 의무 공시 체계가 자본시장에 결정적 영향을 미치고 있다.[1]

여러 가지 유인을 통한 ESG 확산도 중요한 전략적 수단이다. 예컨대 기후위기 대응과 관련하여 탄소 배출권 거래제, 탄소세, 재생에너지 인센티브 등은 기업이 환경 성과를 향상시키도록 유도하는 대표적 정책 수단으로 기능한다. 이러한 유인 장치는 환경적 측면뿐 아니라 사회적 책임이나 지배구조 개선과 같은 ESG의 다른 축에도 효과적으로 적용될 수 있는 제도적 가능성을 내포한다. 2020년에 OECD가 발표한 정책 연구 결과도 ESG 유인 정책이 시장 실패를 보완하고 기업들이 사회적 가치 창출에 실질적으로 참여하게 만드는 핵심 기제로 기능한다는 점을 체계적으로 규명하였다.

한편 ESG의 제도화를 위해서는 이해관계자 간 합의와 사회적 정당성 확보가 필수적이다. ESG 규제는 경영 자율성과 충돌할 가능성이 있기 때문에 정책 설계 과정에서 투명성과 예측 가능성을 확보하는 것이 중요하며, 기업과 투자자, 시민사회 간의 협치가 반드시 병행되어야 한다.

16.2 이해관계자 중심의 경영 재편

ESG 경영의 지속가능성 확보를 위해서는 기업의 근본적 운영 원칙이 기존의 주주 중심 모델에서 이해관계자 중심 모델로 완전히 전환되어야 한다. 전통적 주주 중심 기업관에서는 기업의 궁극적 목적이 주주 이익의 극대화에 있다고 간주하였으나 ESG 경영은 고객·직원·협력업체·지역사회·환경 등 다양한 이해관계자의 권리와 이익을 균형적으로 고려하는 다원적 경영 원칙을 요구하기 때문이다.

이해관계자 중심 경영으로의 재편은 기업의 지배구조와 의사결정 프로세스의 근본적 재구성을 의미한다. 예를 들어 이사회에 노동자나 지역사회 대표가 참여하는 것을 보장하고 공급망 전반의 윤리적 조달 기준을 강화하며 소비자 안전과 다양성 지표를 의무적으로 검토하도록 하는 것이 이에 해당된다.

앞서 7장에서 다룬 이해관계자이론을 통해 프리먼이 이러한 다원적 기업 목적의 정당성을 이론적으로 확립하였으며 ESG 담론의 철학적·윤리적 기반을 제공했음을 살펴본 바 있다. 프리먼은 기업이 사회 내 다양한 집단과 복합적 상호 작용을 수행하는 존재이며 이들과의 관계에서 발생하는 다층적 책임을 간과해서는 안 된다는 규범적 관점을 제시하였다.

또한 제프리 해리슨Jeffrey Harrison과 앤드류 윅스Andrew Wicks는 2013년에 발표한 논문을 통해 이해관계자 가치를 효과적으로 고려하는 기업이 장기적 재무 성과에서도 유의미한 우위를 확보한다는 실증적 증거를 제시하였다.[2] 연구진은 이해관계자에게 창출되는 가치의 범위를 제품·서비스의 효용뿐만 아니라 공정성(분배·절차)과 존중·소속감 등 관계적 경험까지 포함하는 4가지 요소 모델을 제시하고, 행복·웰빙 연구에서 사용하는 지표로 이를 측정할 수 있음을 논증하였다. 이들은 기업이 여러 이해관계자에게 동시적 가치를 제공하면 장기 재무 성과를 개선할 가능성이 커진다는 점을 밝히며, 이해관계자 가치와 관련하여 '무엇을, 어떻게, 누구에게 제공하느냐'를 성과 설계의 핵심 축으로 삼아야 한다고 제안하였다.

이와 더불어 2019년 미국 경영자협회Business Roundtable가 '기업의 목적은 이해관계자 모두의 이익을 균형적으로 고려하는 것'이라는 선언을 공식 채택한 사례는 글로벌 대기업들이 기존의 주주 중심 경영 패러다임에서 탈피하여 ESG적 관점을 수용하고자 하는 변화의 흐름을 명확히 반영한다. 이러한 전략적 변화는 ESG 경영의 제도적 정착과 상호 작용하며 기업의 사회적 정당성을 강화하고 외부 비판으로부터 방어 가능한 조직 구조를 형성하는 데 기여한다.

16.3 ESG 가치의 재무적 통합: 지속가능성과 수익성의 연결

최근 ESG 요소가 기업의 재무적 성과와 장기적 수익성에 미치는 긍정적 영향에 관한 실증적 증거가 축적됨에 따라 그 전략적 가치가 재조명되고 있다. ESG를 재무 성과에 전략적으로 통합하는 기업은 지속가능성뿐 아니라 경쟁 우위와 장기적 수익성까지 확보할 수 있는 구조적 기반을 형성할 수 있다.

ESG의 재무적 통합financial integration은 ESG 활동이 전략적 리스크 관리와 가치 창출의 수단이 될 수 있음을 보여 준다. 예컨대 탄소 배출 감축을 위한 전략적 투자는 미래 규제 리스크를 사전적으로 완화하고 에너지 효율성 향상을 통한 운영비용 절감 효과를 창출하는 방식으로 재무 성과에 기여할 수 있다. 2장에서 소개했듯이 칸, 세라페임, 윤의 2016년 연구는 재무적 중요성이 높은 ESG 이슈에 집중적으로 투자하고 관리한 기업이 장기적 관점에서 유의미한 초과수익을 실현했음을 규명한 바 있다. 이는 ESG가 전략적으로 선별되고 체계적으로 실행될 때 투자자와 기업 모두 실질적·경제적 가치를 창출할 수 있음을 시사한다.

ESG 성과가 우수한 기업은 자본시장에서도 차별화된 평가를 받는 경향이 있으며, 이는 다시 자금 조달 비용 절감, 투자 유치 확대, 주가 안정성 강화 등 다양한 재무적 이점으로 연결된다. 이 역시 앞서 2장에서 소개한 프리더, 부시, 바센의 메타 분석에서 확인할 수 있다. 이 연구에 따르면 ESG와 재무 성과 간의 상관관계를 분석한 2,000여 편의 학술 연구 중 90퍼센트 이상이 긍정적 또는 중립적 결과를 도출하였으며 부정적 결과는 극히 제한적인 것으로 나타났다.[3] 이러한 연구 결과는 ESG가 기업의 가치 평가와 투자 의사결정의 핵심 지표로 점진적으로 진화하고 있음을 시사한다.

기업 내부 관점에서도 ESG는 우수 인재 유치와 유지, 직원몰입도 제고, 기업 평판 강화 등 비재무적 가치 창출을 통해 장기적으로 수익성에 기여하는 구조적 메커니즘을 형성한다. 이러한 가치 창출 경로는 단기적 이익을 일시적으로 저하시킬 수 있으나 기업이 복합적 이해관계와 불확실한 경영환경 속에서도 회복력을 유지할 수 있는 핵심 전략 자산이 된다. 앞서 소개한 바 있는 에클스, 요아노, 세라페임의 장기 추적 연구도 지속가능경영을 조기에 전략적으로 수용한 기업들이 그렇지 않은 기업에 비해 장기적으로 주가와 회계 기준 이익 모두에서 유의미한 성과를 낸다는 점을 입증하였다.[4]

ESG는 선택적 비용이 아닌 전략적 투자이며 지속가능한 경쟁 우위의 원천이다. ESG를 재무 성과와 체계적으로 연계하여 관리하고 보고하는 조직적 역량은 향후 기업의 장기적 지속가능성과 시장 경쟁력을 결정짓는 중요한 전략적 분기점으로 작용할 것이다.

16.4 데이터 기반 ESG 평가 체계의 확립

ESG 경영이 장기적 지속가능성을 확보하기 위해서는 평가와 정보 공시의 '데이터 기반 체계data-driven system'가 체계적으로 확립되어야 한다. ESG의 실천은 선언적 명제나 철학적 지향만으로 검증될 수 없으며 이를 실증적으로 뒷받침하는 정량적 지표, 데이터 투명성, 평가의 객관성이 필수적으로 요구되는데, 이는 데이터 인프라가 체계적으로 구축돼야만 비로소 확보 가능하기 때문이다.

15.2절에서도 언급했듯이 현행 ESG 평가 체계의 가장 심각한 구조적 한계는 동일 기업에 대해서도 평가기관 간 점수 편차가 현저하게 크고 공시 항목과 기준이 기업의 자율에 맡겨져 있어 정보의 신뢰도와 일관성이 근본적으로 결여되어 있다는 점이다. 버그, 쾰벨, 리고본의 2022년 연구는 주요 ESG 평가기관 간 점수의 상관관계가 매우 낮다는 실증적 증거를 제시한 바 있다. 이는 기업의 실제 ESG 성과보다 평가기관의 방법론적 차이가 평가 결과에 더 지배적 영향을 미친다는 점을 규명한 것이다.[5] 이러한 구조적 모순은 ESG 점수에 대한 시장의 근본적 불신과 투자자의 의사결정 혼란을 초래하는 요인으로 작용한다. ESG 평가와 정보 공시의 데이터 기반 체계가 제대로 확립된다면 이와 같은 문제점을 해결할 수 있을 것이다.

데이터 기반 체계의 핵심 요소는 ESG 정보의 표준화, 구조화된 형태의 체계적 공개, 그리고 제3자 검증을 통한 신뢰성 확보라는 3가지 축으로 구성된다. ISSB는 이러한 시대적 요구를 반영하여 ESG 공시의 국제 회계 기준화를 적극적으로 추진하고 있으며, 특히 TCFD와 함께 지속가능성 관련 위험 공개를 기업 재무보고의 필수 요소에 포함시키려 노력하고 있다. 이는 ESG 데이터를 비재무적 부가정보가 아닌, 재무제표에 직접적 영향을 미치는 '핵심 재무정보'로 재개념화하는 패러다임적 전환을 의미한다.

또한 베이팅 청Beiting Cheng, 요아노, 세라페임의 연구는 2014년 ESG 정보의 투명성과 품질 수준이 높을수록 기업의 자본 비용이 유의미하게 감소하고 투자자와의 관계가 체계적으로 개선된다는 실증적 증거를 제시하였다.[6] 결론적으로 ESG 경영이 신뢰성과 전략적 실효성을 동시에 확보하기 위해서는 객관적이고 표준화된 데이터 기반 평가 체계가 필수적으로 구축되어야 한다. 이를 위해서는 국가 간 공시 기준의 조화, 기업 내부 ESG 데이터 관리 역량 강화, 외부 감사와 인증 시스템 구축이 병행되어야 할 것이다.

16.5 ESG 혁신 생태계와 산업 간 협력 메커니즘 구축

ESG 경영의 지속가능성과 확장가능성을 확보하기 위해서는 구조적 한계가 있는 개별 기업의 독자적 노력을 보완하는 산업 간 협력 체계, 민관 연계 프레임워크, 기술 기반 생태계의 체계적 구축이 필수적이다. ESG는 본질적으로 조직 간 경계를 초월하는 거버넌스와 네트워크 기반의 실천을 요구하는데, 이를 통해 시스템 차원의 혁신이 가능해지기 때문이다.

ESG 혁신 생태계란 기업, 스타트업, 공공기관, 학계, 시민사회 등 다양한 이해관계자들이 ESG 목표를 중심으로 유기적으로 연결되고 상호 작용하는 복합적 시스템을 의미한다. 이러한 생태계는 기술 혁신을 기반으로 ESG 실천을 가속화하고 산업 간 자원과 데이터를 공유함으로써 지속가능성에 대한 집단적 대응 역량을 강화한다.

슈테판 샬테거Stefan Schaltegger, 에릭 한센Erik Hansen, 플로리안 뤼트케-프로인트Florian Lüdeke-Freund도 2016년에 발표한 논문을 통해 지속가능한 비즈니스 모델의 발전이 단일 기업의 개별적 혁신보다는 네트워크 기반의 시스템적 변화에 의해 결정적으로 좌우된다는 점을 강조한 바 있다.[7] 이들에 따르면 지속가능성 지향 비즈니스 모델은 경제적 이익에만 국한하지 않고 환경적·사회적 가치를 명시적으로 제안해야 하며, 이러한 다중 가치가 실제로 거래되고 보상되려면 다음과 같은 네트워크 차원의 거버넌스와 측정·보고 인프라 구축이 필수적이다.

첫째, 기업은 원재료 조달, 설계, 사용, 회수, 재활용을 잇는 순환 흐름을 파트너들과 공동 설계해 외부효과를 내부화해야 하며, 둘째, 산업 공통의 표준과 인증, 데이터 호환 규칙을 마련해 이해관계자 간 가치 교환을 가능하게 해야 한다. 셋째, 공공정책과 민간 금융을 연계한 인센티브 구조를 통해 초기 비용과 전환 리스크를 분담해야 한다. 예를 들어 재생에너지 전환, 순환경제형 포장, 책임 있는 광물 조달과 같은 영역은 제조사 한 곳의 의지로는 성과를 이루기 어렵다. 장기 전력 구매 계약, 역물류·재자원화 컨소시엄, 공급망 실사와 정보 공시 같은 네트워크 기반 장치가 마련될 때라야 비로소 비용·위험·가치가 재배분되어 확산이 가능해진다.

특히 디지털 기술은 ESG 생태계 형성의 핵심 촉매제로 기능한다. 탄소 배출 실시간 모니터링 시스템, 공급망 투명성 확보를 위한 블록체인 기술, ESG 데이터의 효율적 수집과 시각화를 위한 인공지능 기반 플랫폼 등의 기술이 그 예로, 이 기술들은 모두 ESG 실천의 효율성과 신뢰성을 획기적으로 제고하는 기반이 된다.

제라드 조지Gerard George, 라이언 메릴Ryan Merrill, 사이먼 쉴레벡스Simon Schillebeeckx가 2021년에 발표한 연구는 디지털 기술이 기후변화 대응과 지속가능성 증진 영역에서 기업가정신과 결합되어 혁신적 협업 방식과 새로운 비즈니스 기회를 창출한다는 분석 결과를 제시하였다.[8] 연구진은 디지털 지속가능성digital sustainability을 '기술×기업가정신'의 결합으로 정의하며, 디지털 기술이 다음과 같은 3가지 경로로 기후 대응과 지속가능성을 가속한다는 점을 보여 준다.

첫째, 측정과 가시화의 혁신이다. 사물인터넷 센서, 위성 탐사, 클라우드 기반 데이터 저장소는 탄소 배출량, 수자원 사용량, 폐기물 데이터를 실시간으로 수집하고 정리해 ESG 측정과 공개의 정확도를 크게 높인다. 예를 들어 공장별 전력과 열 사용량을 15분 단위로 수집해서 전력 사용량이 많은 시간대에는 전력 사용을 자동으로 줄이는 것이다. 둘째, 협력과 거래의 혁신이다. 디지털 플랫폼과 블록체인, API 표준이 흩어져 있던 다양한 주체들을 연결해 새로운 협력과 시장을 만들어 낸다. 재생에너지 가상발전소, 재활용 원료 거래 시장, 팜오일이나 코발트 같은 원료의 공급망 추적 플랫폼이 대표적인 사례이다. 셋째, 설계와 운영의 혁신이다. 인공지능과 디지털 트윈 기술은 제품과 공정의 에너지 및 자원 사용을 시뮬레이션하고 최적화한다. 또한 예지 보전 기술은 불필요한 폐기와 가동 중단 시간을 줄인다.

이러한 혁신이 실제로 확산되려면 다양한 주체들의 협력이 중요하다. 스타트업은 문제를 구체적으로 나누어 해결책을 만들고 대기업·정부·금융기관은 데이터 신탁, 성과 연동 조달 같은 제도를 통해 확산을 지원한다. 결국 디지털 기술은 무엇을 해야 하는가를 정량화하고 누가 함께 할 것인가를 연결하며 어떻게 더 잘할 것인가를 학습하고 개선하게 만드는 인프라 역할을 한다.

한편 공공–민간 파트너십(PPP)Public Private Partnership은 ESG 혁신 생태계 구축의 또 다른 핵심 요소이다. 정부는 세제 혜택, 인증 제도, ESG 교육 및 인력 양성, 규제 샌드박스 운영 등 다양한 정책 수단을 통해 기업의 ESG 실천을 제도적으로 지원할 수 있다. 특히 중소기업과 스타트업이 ESG 경영에 효과적으로 접근할 수 있도록 민관 협력을 통해 인프라와 전문적 자문을 제공하는 것이 중요하다. 이는 ESG 경영의 양극화를 방지하고 전 산업 영역으로 확산될 수 있게 돕는 전략이다.

산업 간 협력 메커니즘 역시 주목해야 할 중요한 요소이다. 자동차, 에너지, 유통 등 이질적 산업 간 ESG 공동 기준 마련, 공동 탄소 저감 프로젝트 추진, ESG 정보 교류 네트워크 구축 등은 ESG 생태계의 수평적 확장을 가능하게 하는 협력적 기제이다. 예컨대 유럽의 '그린산업 연합체Green Industry Alliance'는 다양한 산업군이 ESG 전략을 공동으로 수립하고 친환경 혁신 기술을 협력적으로 개발하는 선도적 협력 모델로 기능하고 있다.

결론적으로 ESG 경영의 미래 지속가능성은 기업 내부 전략에 국한되지 않고 외부 환경과의 역동적 상호 작용을 통한 생태계적 접근에 의해 결정된다. 혁신 생태계와 산업 간 협력 메커니즘은 ESG를 '개별 기업의 실천'에서 '시스템적 변화'로 확장시키는 구조적 토대가 되며 ESG 경영의 적용 범위와 사회적 영향력을 실질적으로 강화시킬 것이다.

CHAPTER 17 지속가능경영과 ESG를 위한 미시적 실천 전략

17.1 ESG 전략 수립을 위한 조직 내부 역량 강화

ESG 경영이 기업의 실효성 있는 전략으로 채택되려면 외부 규제나 시장 압력만으로는 불충분하며 조직 내부의 구조적 역량과 문화적 기반이 함께 구축되어야 한다. ESG는 단순한 보고서 작성이나 외부 평가에 대비한 대응이 아니라 조직 전체의 운영 원리와 가치 체계에 내재화되어야 하는 총체적 변화 과정이다. 이러한 전환을 위해서는 전사적 전략 수립, 리더십의 역할 정립, 실무 조직의 역량 강화, 내부 의사소통 구조 개선, ESG 관련 교육 체계 구축 등 조직 내부의 다차원적 접근이 필요하다.

첫째, ESG 경영을 체계적으로 수립하기 위해서는 이사회 차원에서 전략적 리더십을 세우고 전담 조직을 구축해야 한다. 앞서 다룬 에클스, 요아노, 세라페임의 연구에 따르면 ESG 관련 의사결정이 경영 최고층에서 주도될 때 그 효과가 유의미하게 증대되었다.[1] 특히 ESG 위원회나 전담 부서의 설치는 ESG 전략을 부서 간 통합적으로 연계하고 실행 책임을 명확히 하는 데 중요한 거버넌스 메커니즘이 된다.

둘째, 조직 내 ESG에 대한 전문성을 확보하고 체계적인 교육 프로그램을 운영해야 한다. ESG는 환경공학, 인권, 법률, 재무 등 다양한 전문 영역을 포괄하는 복합적 개념이므로 구성원들의 다학제적 이해가 요구된다. ESG 이슈 중 재무적으로 중대한material 사안에 전략적으로 집중한 기업이 장기 성과에서 유의미한 우위를 보였음을 밝혔던 칸, 세라페임, 윤의 연구에 따르면 ESG 전략이 실무 수준에서 적절히 해석되고 효과적으로 실행될 수 있는 내부 역량이 구축되어 있을 때 이러한 성과가 창출됐다.[2] 연구진은 기업의 ESG 활동을 중요 이슈와 비중요 이슈로 구분해 성과를 비교했다. 그 결과 중요 이슈에서 성과가 높은 기업만 이후에 위험 조정 주가 수익과 수익성 지표가 통계적으로 유의미하게 개선되었고, 비중요 이슈 성과는 유의미한 차이가 없었음을 밝혔다. 요컨대 'ESG에 적극적이었느냐'가 아니라 '우리 산업에서 중요한 이슈에 제대로 대처했느냐'가 성과를 가른다. 이 연구 결과는 중요 이슈를 선별하고 이를 우선순위에 두어 KPI·예산·보상과 연결하는 실행 역량(데이터 품질, 거버넌스, 현업 협업)이 갖춰질 때 성과를 올릴 수 있다는 점을 강하게 시사한다. 예를 들어 제조업은 에너지 효율·안전, 금융은 사이버보안·데이터 프라이버시처럼 산업별 핵심 리스크 또는 기회와 직결된 과제에 집중할 때 효과가 나타난다는 것이다.

셋째, ESG 전략은 조직의 핵심 성과 지표에 체계적으로 통합되어야 하며, 각 부서별 책무 및 성과 평가 기준에 명시적으로 반영되어야 한다. 이는 ESG를 '별도의 과제'가 아닌 전사적 목표와 유기적으로 연동된 전략적 활동으로 만드는 전제 조건이다.

넷째, 조직 문화의 수용성을 넓혀야 한다. 기업 내에서 ESG가 본질적 가치를 지닌 경영 철학으로 수용되기 위해서는 구성원들의 인식 변화와 공유된 가치관이 동반되어야 한다. 이를 위해 기업은 체계적인 내부 의사소통과 지속적인 ESG 성과 공유를 통해 신뢰 기반의 학습 문화를 적극적으로 조성할 필요가 있다.

17.2 공급망 기반 ESG 통합 전략

ESG 경영이 효과를 발휘하려면 가치사슬 전반에 걸친 ESG 통합이 필수적이다. 현대 기업의 환경적·사회적 영향력은 단일 기업의 개별 활동에 국한되지 않고 대부분 공급망을 통해 파생되는 구조적 특성을 지니므로 ESG 전략의 실효성 확보를 위해서는 공급망 전체를 전략적 관리 대상으로 포괄해야 한다. 특히 환경 영역에서는 원재료 조달, 운송, 제조, 유통, 폐기 과정에서 발생하는 탄소 배출과 자원 소비가 기업 전체 환경 성과에 결정적 영향을 미치는 요인으로 작용한다. 국제적 비영리기구 탄소정보공개프로젝트(CDP)Carbon Disclosure Project의 2020년 글로벌 공급망 보고서는 기업 탄소 배출량의 평균 5.5배에 해당하는 배출이 공급업체로부터 유발된다고 밝히며 공급망 중심 탄소 관리의 시급성을 강조하였다. 이는 조직 내부 탄소 감축을 넘어 공급망을 포괄하는 시스템 수준의 ESG 전략 수립이 필요함을 시사한다.

공급망 기반 ESG 전략은 사회적 책임의 분산을 방지하는 효과적인 메커니즘이 되기도 한다. 글로벌 기업들은 다단계 하청 구조를 통해 사업을 운용하고 있고, 이에 따라 하청기업들의 노동 착취, 아동노동, 산업재해 등의 문제와 구조적으로 연계되어 있으나 이러한 문제들이 기업 본사의 ESG 평가에는 포함되지 않는 경우가 빈번하였다. 그러나 최근에는 주요 ESG 평가 기관들과 국제 투자자들이 공급망 리스크를 핵심 평가 항목으로 체계적으로 편입하고 있으며 공급망과 관련한 EU의 CSDDD와 같은 규제도 확대되는 추세이다.

이러한 가운데 리처드 로크Richard Locke는 2013년에 발간한 저서를 통해 다국적 기업들이 사회적 책임을 공급망 전반으로 확장하지 않는 한 실질적 ESG 성과 개선은 구조적으로 제약되며 형식적 감시 수준에 머무르게 된다는 비판적 시각을 제시하였다.[3] 이는 공급업체에 대한 윤리 기준 설정, 협력적 개선 프로그램 제공, 실시간 모니터링 시스템 구축이 필수적 요소라는 의미다. 또한 ESG 기반의 '지속가능한조달 기준Sustainable Procurement Standard'을 도입하여 협력업체 선정 단계에서부터 지속가능성 기준을 체계적으로 적용하는 것 역시 효과적인 전략이 될 것이다.

이와 함께 공급망 내 중소기업이나 하청기업의 ESG 실행 역량이 구조적으로 취약한 현실적 맥락도 고려해야 하며, 특히 단순한 기준 부과나 규제 강화보다는 공동의 ESG 목표 설정, 역량 강화 교육, ESG 컨설팅 지원, 금융 인센티브 제공과 같은 상생적 접근 방식이 요구된다. 한네스 호프만Hannes Hofmann, 마틴 슐레퍼Martin Schleper, 콘스탄틴 블롬Constantin Blome은 2018년에 발표한 논문을 통해 공급망 ESG 전략이 효과적으로 작동하기 위해서는 강제적 통제 메커니즘보다는 신뢰 기반의 협력적 거버넌스가 중요하다는 점을 규명하기도 했다.[4]

이처럼 공급망 기반 ESG 전략은 위험 관리와 가치 창출을 동시에 실현하는 전략적 시스템으로 이해되어야 하며 공급망을 포함한 이해관계자와의 연계를 체계적으로 구조화하고 ESG 성과를 공동으로 창출하는 협력적 플랫폼을 구축하여 ESG가 조직 전체에 본질적으로 내재화될 수 있게 해야 한다.

17.3 지역사회 및 이해관계자와의 파트너십 구축

지역사회와 다양한 이해관계자와의 파트너십 구축은 ESG 실천에서 아무리 강조해도 지나치지 않다. 이해관계자와의 상호 작용은 ESG의 사회와 지배구조 차원의 핵심적 구성 요소이며, 기업이 공동체와의 유기적 관계 속에서 지속가능한 역할을 수행하는 기반으로 작용한다.

먼저 기업은 공공 문제를 해결하기 위해 지역사회를 '협력적 행위자co-creator'로 재정의할 필요가 있다. 특히 환경 위기, 교육 격차, 디지털 소외, 지역 불균형 등의 복합적 사회 문제는 개별 조직의 제한된 자원만으로는 해결이 어려우므로 공공기관, NGO, 사회적 기업, 시민사회 등과 다중 이해관계자 연합multistakeholder alliance을 구축하여 공동으로 노력해야 한다.

제임스 오스틴James E. Austin과 메이 세이타니디May Seitanidi는 2012년에 발표한 논문을 통해 기업–비영리 간 협력이 상호적 '가치 공동 창출co-creation of value' 과정이라는 점에서 사회혁신의 핵심 경로로 기능한다는 분석을 제시하였다.[5] 연구진은 이 경로를 ① 자선적 단계(기부·후원 중심), ② 거래적 단계(프로그램 위탁·이벤트 공동 수행), ③ 통합적 단계(전략·성과 지표 공동 설계), ④ 변혁적 단계(미션·자원·리스크 공동 소유)라는 4단계의 가치 창출 스펙트럼으로 심화해 제시한다. 단계가 올라갈수록 자원 결합의 깊이, 상호 의존도, 신뢰, 그리고 공동 성과가 커진다.

핵심은 이 과정을 통해 기업–비영리 간 협력이 '공동 문제 정의–공동 KPI–공동 거버넌스' 단계로 발전하는 것이다. 예를 들어 지역 청년 고용 프로젝트에서는 기업이 채용 수요와 직무 표준을, 비영리 단체는 대상자 선발·코칭을, 지자체는 시설·예산을, 대학은 커리큘럼을 제공할 수 있다. 이때 KPI는 6개월 유지 취업률, 결원률(사업)로 잡고 월별 데이터 대시보드를 통해 공동 점검할 수 있다. 이러한 협력으로 브랜드 신뢰와 사회 성과가 함께 축적되면 장기 경쟁력으로 환원될 것이다.

한편 지역사회 기반 ESG 전략을 실행하면 기업이 지역의 구체적 요구(예 고용, 환경 관리, 생활 인프라 개선)를 프로그램에 반영하게 되고, 그 결과 기업의 사회적 정당성과 사회적 수용성이 높아진다. 다만 이 효과가 일회성 캠페인에 그치지 않고 지속되려면 현지 이해관계자와의 지속적 상호 작용 속에서 배우고 조정하는 과정이 전제되어야 한다. 이 지점에서 사이먼 자덱Simon Zadek이 말한 '**사회적 학습**social learning'이 작동 원리로 작용한다.[6] 자덱은 2004년에 발표한 논문에서 사회의 기대는 고정되어 있지 않기 때문에 이해관계자가 의사결정에 실제로 참여할 때 기업은 무엇을 바꾸어야 신뢰를 얻는지를 학습하고 이를 기반으로 전략과 운영을 수정할 수 있다고 밝혔다. 즉, 기업이 지역사회 기반 ESG를 통해 정당성을 높이는 메커니즘이 바로 사회적 학습이라는 것이다.

따라서 기업은 사회적 학습이 항상 일어나도록 이해관계자 참여를 거버넌스로 제도화해야 한다. 이를 위해 시민 참여 플랫폼과 정기 공청회, 이해관계자 자문위원회, 공동 KPI 설정과 피드백 루프(성과 공개→의견 수렴→전략 수정)를 운영해야 한다. 이렇게 제도화하면 '기업의 정당성 제고→수용성 확대→성과 개선→신뢰 강화'의 선순환이 구조적으로 형성된다.

OECD는 지속가능한 기업 거버넌스를 위한 핵심 원칙으로 이해관계자와의 투명한 소통, 체계적 협의, 공동책임 설정을 명시적으로 제시한 바 있다.[7] 지역사회 및 이해관계자와의 파트너십은 ESG 경영의 전략적 외연을 확장시키는 동시에 기업의 신뢰성과 지속가능성을 강화하는 핵심 전략이다. 이는 ESG를 '기업 중심의 일방적 실행'에서 '사회 중심의 연계적 실천'으로 전환시키며 ESG 전략의 제도적·윤리적·실천적 정당성을 구성하는 기반이 된다.

17.4 ESG 실천의 성과 측정과 지속적 개선 전략

ESG는 본질적으로 비재무적 지표들로 구성되어 있기 때문에 평가의 주관성과 불확실성이 내재적으로 존재할 수 있으며 이러한 한계를 극복하기 위해서는 표준화된 지표 설정, 측정 기준의 일관성 확보, 객관적 외부 검증 체계의 구축이 필수적이다.

ESG 성과 측정은 단순한 결과 기록이 아니라 기업의 ESG 전략이 설정된 목표에 얼마나 효과적으로 부합하는지를 진단하고 미흡한 점을 지속적으로 개선하는 데에 활용하는 기초 자료를 얻는 과정이다. 마크 엡스타인Marc Epstein과 아드리아나 레이크 부호박Adriana Rejc Buhovac은 2014년에 발표한 저서 《지속가능성의 실천Making Sustainability Work》을 통해 ESG 경영의 성과를 정량화하기는 어렵지만 KPI를 체계적으로 도출하고 이를 전략 목표와 유기적으로 연동시킬 경우 경영자와 이해관계자가 ESG 추진의 실효성을 명확히 파악할 수 있다고 분석한 바 있다.[8]

ESG 성과 측정은 일반적으로 환경·사회·지배구조의 3가지 영역별로 세분화된 지표 체계를 사용한다. 환경 영역에서는 탄소 배출량, 에너지 사용량, 폐기물 재활용률 등의 정량적 데이터가 핵심 지표로 활용되며 사회 영역에서는 성별 다양성, 산업재해율, 지역사회 기여도 등이 중요한 측정 요소로 포함된다. 지배구조 영역에서는 이사회 독립성, 윤리규정 준수율, 내부 통제 시스템의 효과성 등이 핵심 지표로 제시된다. 더불어 이러한 측정 지표가 앞서 1부에서 알아본 GRI, SASB, TCFD 등의 국제적 기준에 부합하는지도 고려해야 한다.

한편 기업의 ESG 관리는 '프레임워크 선택 → 신뢰받는 공시 시스템 구축 → 피드백 루프 설계'의 선순환 구조로 설계되어야 한다. 먼저 업종과 사업 모델에 맞춰 GRI, TCFD, SASB 등에서 무엇을(중대 이슈), 어떻게(측정 기준, 경계, 데이터 원천), 어디까지(조직, 가치사슬 범위) 측정할지를 정해 일관된 보고 체계의 뼈대를 만들어야 한다. 다음으로 이 뼈대를 데이터 거버넌스, 내부 통제, 제3자 검증이 뒷받침하는 신뢰 가능한 공시 시스템으로 구현해야 한다. 이와 관련하여 코찬토니스, 크리스 피니Chris Pinney, 세라페임은 2016년에 발표한 논문을 통해 ESG 정보의 질적 수준과 투명성이 투자자의 의사결정에 직접적 영향을 미친다는 점을 실증적으로 규명하며 신뢰 가능한 공시 체계 구축의 중요성을 강조한 바 있다.[9]

마지막으로 공시에 그치지 않고 '측정 → 보고 → 의사결정 → 개선'이 반복되는 피드백 루프를 설계해야 한다. 즉, 측정 결과를 바탕으로 전사 전략을 재설정하고 리스크 관리 체계를 강화하며 교육·훈련 프로그램을 보완하고 공급망, 파트너십 구조를 조정한다. 아울러 해당 ESG KPI를 예산, 인센티브, 성과 평가에 연동해 분기/연간 단위로 점검해야 한다. 이렇게 하면 '무엇을 측정할지(프레임워크) → 왜 신뢰받는지(공시 품질) → 어떻게 개선되는지(피드백)'를 한눈에 파악할 수 있다. 결국 '측정 → 공개 → 의사결정 → 개선'의 피드백 루프는 ESG 전략이 고정되지 않고 환경의 변화 및 이해관계자의 요구에 따라 유연하게 조정되는 '동적 적용dynamic alignment'을 가능하게 하며 정체된 실천을 혁신적 개선으로 전환하는 경로로 기능한다.

여기에 ESG 지표에 대한 외부 검증assurance 체계와 비교가능성benchmarking을 확보하면 효과가 더 커진다. 첫째, 회계법인 전문기관이 지표와 산식을 표본검사, 재계산, 현장 확인 등의 절차로 점검해 보증 의견과 개선 권고를 제시(예 ISAE 3000/AA1000AS 준거)하는 외부 검증은 데이터 신뢰도와 내부 학습 효과를 동시에 높인다. 둘째, 비교가능성을 확보하기 위해서는 GRI·TCFD·SASB 등의 공시 기준에 맞춰 ESG 데이터의 정의 및 범위 단위를 통일해야 하고 성과를 단순 총량이 아니라 매출이나 노동 시간을 기준으로 나눠 표준화하는 '강도 지표'(예 tCO2e/매출, LTIFR)로 정규화해야 하며 이를 동종 업계 내 다른 기업들과 동일 기간을 기준으로 상대평가해야 한다. 아울러 KPI 산식, 데이터 출처, 책임 부서에 관해 정리한 설명서인 'KPI 사전'을 문서화해 해마다 같은 규칙으로 계산해야 한다.

DISCUSSION 3부 | 토론 과제

주제 1: ESG의 한계는 기업 전략에 어떤 영향을 미치는가

배경

많은 기업이 ESG를 채택하지만 형식적 선언에 머무르거나 그린워싱으로 비판받는 경우도 많다. 한편 평가·공시의 불일치(기관별 점수 괴리), 데이터 품질·범위의 한계, 자율 규제의 낮은 구속력, 개념의 경계 혼선(ESG·CSR·지속가능경영)은 실행력을 약화시킨다. 비용 부담과 역량 격차(특히 중소기업), 다수 이해관계자 관리로 인한 전략 분산, 단기 실적과의 충돌도 현실적 제약으로 지적된다.

의견 ❶: ESG의 한계는 구조적이므로 현행 방식은 경쟁력을 약화시킬 수 있다

- 측정과 비교가 어렵고(지표·가중치 상이), 자율공시 환경에서는 선택적 공개와 그린워싱이 발생한다.
- 복잡한 이해관계자 요구가 우선순위를 흐려 혁신과 민첩성을 저해하고 초기 데이터·공급망 관리 비용이 과도하게 발생한다.
- 국가별·산업별 기준 불일치로 규제 쇼핑이 가능해 선의의 기업만 비용을 부담하는 역선택 위험이 있다.

의견 ❷: ESG의 한계는 설계 및 운영의 문제이며 조건을 갖추면 전략적 가치를 창출할 수 있다

- ISSB나 CSRD 같은 표준화와 의무화를 통해 공시를 일치시키고 외부 검증과 벤치마킹으로 신뢰도를 높여 ESG의 한계를 극복할 수 있다.
- 중요성에 따른 선택과 집중, 성과 지표와 보상 연계를 통해 ESG를 '제대로 하는 것'으로 전환해야 한다.
- 사물인터넷, 인공지능, 블록체인 같은 디지털 기술로 데이터 관리 비용을 낮추고 실행 효율을 높일 수 있으며 공급망 공동 거버넌스와 정책 인센티브로 초기 부담을 나눠 가질 수도 있다.
- '측정 → 공개 → 의사결정 → 개선'의 피드백 루프를 조직 내부에 뿌리내려 단기 성과와 장기 목표의 균형을 맞추면 ESG의 한계를 극복할 수 있다.

생각의 확장

ESG의 한계가 기업 전략을 약화시키는지 강화하는지는 시대에 따라, 각자의 입장에 따라 다르게 해석할 수 있다. 예를 들어 유니레버가 '지속가능한 생활 브랜드' 전략을 추진할 때 ESG 한계론자들은 복잡한 지속가능성 기준 때문에 제품 개발이 느려지고 비용이 상승해 경쟁력이 약화된다고 보았다. 실제로 유니레버는 친환경 포장재 개발과 공급망 관리에 상당한 투자를 해야 했다. 반면 ESG 가치론자들은 이런 노력이 MZ 소비자들의 브랜드 충성도를 높여 장기적으로 시장 점유율 확대로 이어진다고 주장한다. 실제로 유니레버의 지속가능 브랜드들이 충성도 덕분에 더 빠른 성장을 보인 것도 사실이다. 어떤 의견이 타당하다고 생각하는가? 두 의견을 조화시킬 방법은 없는가?

주제 2: ESG 글로벌 표준화와 지역별·산업별 맞춤화 중 무엇이 우선인가

배경

ESG가 확산되면서 ISSB나 CSRD 같은 글로벌 공시 기준들이 등장했다. 하지만 국가별 규제와 문화, 산업별 핵심 이슈가 다르기 때문에 하나의 기준으로는 현실을 제대로 반영하지 못한다는 문제가 있다. 반대로 각국과 각 산업이 서로 다른 기준을 사용하면 비교가능성과 신뢰성이 떨어지고 기업들이 유리한 기준을 찾아다니는 규제 쇼핑이나 그린워싱 위험이 커진다. 표준화의 장점(비교와 감시가 쉬움)과 맥락 반영의 장점(현실 적합성) 사이에 근본적인 긴장이 존재하는 것이다.

의견 ❶: 글로벌 단일 기준을 우선시해야 한다

- 투자자와 이해관계자는 비교 가능한 숫자를 원하며, 단일 기준은 정보비대칭과 선택적 공시를 줄이고 자본비용을 낮춘다.
- 단일 기준은 규제 쇼핑을 막고, 국경을 넘는 공급망 리스크를 관리하는 공통 언어로 작용한다.
- 산업별·지역별 특수성은 부속 지표(섹터별 탑업, 추가 공시)로 보완하면 된다.

의견 ❷: 지역별·산업별 맥락 적합성을 우선시해야 한다

- 모든 기업에 동일한 잣대를 적용하면 각 산업의 핵심 리스크를 놓치거나 불필요한 비용을 발생시켜 실제 효과를 떨어뜨릴 수 있다.
- 이중 중요성 개념과 계층형 표준(핵심 지표 + 선택 지표)을 활용하여 유연성을 확보해야 한다.

- 모든 기업에 같은 기준을 요구하는 것보다 각 기업에게 중요한 정보를 정확히 공개하도록 만드는 것이 중요하다.

생각의 확장

ESG 기준을 전 세계가 통일해야 하는지, 아니면 각 지역과 산업의 특성에 맞게 다르게 세워야 하는지는 시대에 따라, 각자의 입장에 따라 다르게 해석할 수 있다. 현대차가 전기차 비율 목표를 설정하는 경우가 이에 해당한다. 글로벌 통일 기준에 따르면 모든 지역에 '2030년까지 전기차 30퍼센트'라는 동일한 목표를 적용해야 한다. 이렇게 하면 투자자들이 성과를 쉽게 비교할 수 있고 기업도 일관된 전략을 세울 수 있다. 반면 지역별 맞춤 기준에 따르면 '전기차 충전 인프라가 잘 갖춰진 노르웨이는 70퍼센트', '인프라가 부족한 동남아시아는 10퍼센트'처럼 현실을 반영한 서로 다른 목표를 설정해야 한다. 어떤 의견이 타당하다고 생각하는가? 두 의견을 조화시킬 방법은 없는가?

3부 연습문제

01. ESG 평가 점수 불일치가 발생하는 구조적 이유 두 가지를 설명하고 비교가능성을 높이기 위한 개선책(표준화·구조화 공시, 제3자 검증 등) 중 하나를 선택하여 그 과정을 구체적으로 설명하시오.

02. ESG 접근법에서 규제 중심 접근법과 자율 중심 접근법 중 하나를 선택하여 해당 접근법의 장점과 위험을 논증하고 중소기업에 미치는 영향을 서술하시오.

03. ESG의 정체성 혼란 문제(ESG·CSR·지속가능경영 간 경계 모호성)를 요약하고 산업별 중대 사안materiality에 기반한 우선순위 설정 원리를 제시하시오.

04. 그린워싱이 발생하는 메커니즘을 설명하고 이를 예방하기 위한 공시 거버넌스 체계(데이터 품질 관리, 외부 보증, 선택적 공시 억제 장치)를 설계하시오.

참고문헌

Acciona. (n.d.). *Sustainability*. Retrieved May 4, 2025.

Adams, C. A. (2017). *The Sustainable Development Goals, integrated thinking and the integrated report*. Institute of Chartered Accountants of Scotland.

Adler, P. S., & Kwon, S. W. (2002). Social capital: Prospects for a new concept. *Academy of Management Review*, 27(1), 17-40.

Aguilera, R. V., Rupp, D. E., Williams, C. A., & Ganapathi, J. (2007). Putting the S back in corporate social responsibility: A multilevel theory of social change in organizations. *Academy of Management Review*, 32(3), 836-863.

Aguilera, R. V., Williams, C. A., Conley, J. M., & Rupp, D. E. (2006). Corporate governance and social responsibility: A comparative analysis of the UK and the US. *Corporate Governance: An International Review*, 14(3), 147-158.

Akbari, M., & McClelland, R. (2020). Corporate social responsibility and corporate citizenship in sustainable supply chain: A structured literature review. *Benchmarking An International Journal* 27(6):1799-1841.

Alvarez, S. A., & Barney, J. B. (2001). How entrepreneurial firms can benefit from alliances with large partners. *Academy of Management Executive*, 15(1), 139-148.

Amiraslani, H., Lins, K. V., Servaes, H., & Tamayo, A. (2023). Trust, social capital, and the bond market benefits of ESG performance. *Review of Accounting Studies*, 28(2), 421-462.

Amorepacific. (2021). *A MORE Beautiful Promise: Sustainability Vision 2030*.

Anderson, R. C. (2009). *Confessions of a Radical Industrialist: Profits, People, Purpose—Doing Business by Respecting the Earth*. St. Martin's Press.

Apple. (2022). *Environmental progress report 2022*. Apple Inc. https://www.apple.com/environment/pdf/Apple_Environmental_Progress_Report_2022.pdf.

Austin, J. E., & Seitanidi, M. M. (2012). Collaborative value creation: A review of partnering between nonprofits and businesses: Part I. Value creation spectrum and collaboration stages. *Nonprofit and Voluntary Sector Quarterly*, 41(5), 726-758.

Banerjee, A. V., & Duflo, E. (2011). *Poor Economics: A Radical Rethinking of the Way to Fight Global Poverty*. PublicAffairs.

Bansal, P., &DesJardine, M. R. (2014). Business sustainability: It is about time. *Strategic Organization*, 12(1), 70-78.

Bansal, P., &Roth, K. (2000). Why companies go green: A model of ecological responsiveness. *Academy of Management Journal*, 43(4), 717-736.

Barley, S. R. (2010). Building an institutional field to corral a government: A case to set an agenda for organization studies. *Organization Studies*, 31(6), 777-805.

Bartlett, L., Mohr-Schroeder, M., & Ritter, B. (2021). Blockchain for sustainable and responsible business: Emerging practices and lessons learned. *Sustainability*, 13(3), 1522.

참고문헌

Battilana, J., & Dorado, S. (2010). Building sustainable hybrid organizations: The case of commercial microfinance organizations. *Academy of Management Journal*, 53(6), 1419-1440. https://doi.org/10.5465/amj.2010.57318391.

Battilana, J., & Lee, M. (2014). Advancing research on hybrid organizing: Insights from the study of social enterprises. *Academy of Management Annals*, 8(1), 397-441. https://doi.org/10.1080/19416520.2014.893615.

Battilana, J., Leca, B., & Boxenbaum, E. (2009). How actors change institutions: Towards a theory of institutional entrepreneurship. *Academy of Management Annals*, 3(1), 65-107.

Battilana, J., Lee, M., Walker, J., & Dorsey, C. (2012). In search of the hybrid ideal. *Stanford Social Innovation Review*, 10(3), 51-55.

Berg, F., Koelbel, J. F., &Rigobon, R. (2022). Aggregate confusion: The divergence of ESG ratings. *Review of Finance*, 26(6), 1315-1344.

Besharov, M. L., & Smith, W. K. (2014). Multiple institutional logics in organizations: Explaining their varied nature and implications. *Academy of Management Review*, 39(3), 364-381.

BlackRock. (2020). *Sustainability as BlackRock's New Standard for Investing*. Retrieved from https://www.blackrock.com.

Blengini, G. A., Mathieux, F., Mancini, L., Nyberg, M., & Viegas, H. M. (2020). Recovery of critical and other raw materials from mining waste and landfills: state-of-play on existing practices. Resources, *Conservation and Recycling*, 155, 104681.

Bocken, N. M. P., Short, S. W., Rana, P., & Evans, S. (2014). A literature and practice review to develop sustainable business model archetypes. *Journal of Cleaner Production*, 65, 42-56. https://doi.org/10.1016/j.jclepro.2013.11.039.

Boffo, R., &Patalano, R. (2020). *ESG Investing: Practices, Progress and Challenges*. OECD Publishing.

Bourdieu, P. (1986). The forms of capital. In J. Richardson (Ed.), *Handbook of theory and research for the sociology of education*(pp. 241-258). Greenwood Press.

Bowen, F., Newenham-Kahindi, A., & Herremans, I. (2013). When suits meet roots: The antecedents and consequences of community engagement strategy. *Journal of Business Ethics*, 118(2), 297-317.

Bowen, H. R. (2013). *Social responsibilities of the businessman*. University of Iowa Press. (원서 초판은 1953년 출간)

Boyd, B. K. (1990). Corporate linkages and organizational environment: A test of the resource dependence model. *Strategic Management Journal*, 11(6), 419-430.

Brynjolfsson, E., & McAfee, A. (2014). *The second machine age: Work, progress, and prosperity in a time of brilliant technologies*. W. W. Norton & Company.

Bugg-Levine, A., Kogut, B., & Kulatilaka, N. (2012). A new approach to funding social enterprises. *Harvard Business Review*, 90(1-2), 118-123.

Burke, L., & Logsdon, J. M. (1996). How corporate social responsibility pays off. *Long Range Planning*, 29(4), 495-502.

Burt, R. S. (2000). The network structure of social capital. *Research in Organizational Behavior*, 22, 345-423.

Business Roundtable. (2019). *Statement on the Purpose of a Corporation*. Retrieved from https://www.businessroundtable.org/business-roundtable-redefines-the-purpose-of-a-corporation-to-promote-an-economy-that-serves-all-americans

Canales, R. (2014). Weaving straw into gold: Managing organizational tensions between standardization and flexibility in microfinance. *Organization Science*, 25(1), 1-28.

Carrefour. (2022). *Sustainable agriculture commitments*. Carrefour Group. https://www.carrefour.com/en/commitments/sustainable-agriculture.

Carroll, A. B. (1998). The four faces of corporate citizenship. *Business and Society Review*, 100(1), 1-7.

Carroll, A. B. (1999). Corporate social responsibility: Evolution of a definitional construct. *Business &Society*, 38(3), 268-295.

CDP. (2020). *Changing the Chain: Global Supply Chain Report 2020*. Retrieved from https://www.cdp.net/en.

Chatterji, A. K., Levine, D. I., &Toffel, M. W. (2009). How well do social ratings actually measure corporate social responsibility? *Journal of Economics &Management Strategy*, 18(1), 125-169.

Cheng, B., Ioannou, I., & Serafeim, G. (2014). Corporate social responsibility and access to finance. *Strategic Management Journal*, 35(1), 1-23.

Chesbrough, H. W. (2003). *Open innovation: The new imperative for creating and profiting from technology*. Harvard Business Press.

Chouinard, Y., & Stanley, V. (2012). *The responsible company: What we've learned from Patagonia's first 40 years*. Patagonia Books.

Clark, G. L., Feiner, A., & Viehs, M. (2015). *From the stockholder to the stakeholder: How sustainability can drive financial outperformance*. University of Oxford; Arabesque Partners.

Coase, R. H. (1937). The nature of the firm. *Economica*, 4(16), 386-405.

Coleman, J. S. (1988). Social capital in the creation of human capital. *American Journal of Sociology*, 94(Supplement), S95-S120.

Crane, A., Matten, D., & Moon, J. (2008). *Corporations and citizenship*. Cambridge University Press.

Crane, A., Palazzo, G., Spence, L. J., & Matten, D. (2014). Contesting the value of "creating shared value". *California Management Review*, 56(2), 130-153.

Delmas, M. A., & Toffel, M. W. (2008). Organizational responses to environmental demands: Opening the black box. *Strategic Management Journal*, 29(10), 1027-1055.

Delmas, M. A., &Burbano, V. C. (2011). The drivers of greenwashing. *California Management Review*, 54(1), 64-87.

참고문헌

Dembek, K., Singh, P., & Bhakoo, V. (2016). Literature review of shared value: A theoretical concept or a management buzzword? *Journal of Business Ethics*, 137(2), 231-267.

Dichter, T. (2003). *Despite Good Intentions: Why Development Assistance to the Third World Has Failed.* University of Massachusetts Press.

DiMaggio, P. J., & Powell, W. W. (1983). The iron cage revisited: Institutional isomorphism and collective rationality in organizational fields. *American Sociological Review*, 48(2), 147-160.

Doh, J. P., Tashman, P., & Benischke, M. H. (2019). Adapting to grand challenges in ecosystems: The role of collective bridging organizations. *Academy of Management Perspectives*, 33(4)

Doherty, B., Haugh, H., & Lyon, F. (2014). Social enterprises as hybrid organizations: A review and research agenda. *International Journal of Management Reviews*, 16(4), 417-436.

Donaldson, T., & Preston, L. E. (1995). The stakeholder theory of the corporation: Concepts, evidence, and implications. *Academy of Management Review*, 20(1), 65-91.

Drayton, W. (2002). The citizen sector: Becoming as entrepreneurial and competitive as business. *California Management Review*, 44(3), 120-132.

Drees, J. M., & Heugens, P. P. M. A. R. (2013). Synthesizing and extending resource dependence theory: A meta-analysis. *Journal of Management*, 39(6), 1666-1698.

Dyllick, T., &Hockerts, K. (2002). Beyond the business case for corporate sustainability. *Business Strategy and the Environment*, 11(2), 130-141.

Ebrahim, A., Battilana, J., & Mair, J. (2014). The governance of social enterprises: Mission drift and accountability challenges in hybrid organizations. *Research in Organizational Behavior*, 34, 81-100. https://doi.org/10.1016/j.riob.2014.09.001.

Eccles, R. G., Ioannou, I., & Serafeim, G. (2014). The impact of corporate sustainability on organizational processes and performance. *Management Science*, 60(11), 2835-2857. https://doi.org/10.1287/mnsc.2014.1984.

Eccles, R. G., Krzus, M. P., Rogers, J., &Serafeim, G. (2012). The need for sector-specific materiality and sustainability reporting standards. *Journal of Applied Corporate Finance*, 24(2), 65-71.

Elkington, J. (1994). Towards the sustainable corporation: Win-win-win business strategies for sustainable development. *California Management Review*, 36(2), 90-100.

Elkington, J. (1997). *Cannibals with forks: The triple bottom line of 21st century business.* Capstone Publishing.

Elkington, J. (2018, June 25). 25 years ago I coined the phrase "Triple Bottom Line." Here's why it's time to rethink it. *Harvard Business Review*. https://hbr.org/2018/06/25-years-ago-i-coined-the-phrase-triple-bottom-line-heres-why-im-giving-up-on-it.

Emerson, J. (2003). The blended value proposition: Integrating social and financial returns. *California Management Review*, 45(4), 35-51.

Epstein, M. J., & Buhovac, A. R. (2014). *Making sustainability work: Best practices in managing and measuring corporate social, environmental and economic impacts*(2nd ed.). Greenleaf Publishing.

European Commission. (2022). *Critical Raw Materials Act: Securing a sustainable supply of raw materials in Europe*. Retrieved from https://ec.europa.eu.

European Commission. (2023). *Carbon Border Adjustment Mechanism (CBAM)*. Retrieved April 13, 2025, from https://taxation-customs.ec.europa.eu/carbon-border-adjustment-mechanism_en.

Fei, Y., Fang, L., Luo, Z., & Liang, W. (2024). Resource dependence and enterprise ESG performance: An empirical study based on A-share listed companies. *Frontiers in Ecology and Evolution*, 12, Article 1344318. https://doi.org/10.3389/fevo.2024.1344318.

Fernando, G. D., Sharfman, M. P., &Uysal, V. B. (2021). Corporate environmental policy and shareholder value: Following the smart money. *Journal of Financial and Quantitative Analysis, 56*(3), 1085-1116.

Fernando, S., & Lawrence, S. (2014). A theoretical framework for CSR practices: Integrating legitimacy theory, stakeholder theory and institutional theory. *Journal of Theoretical Accounting Research*, 10(1), 149-178.

Financial Services Commission (FSC). (2021). *Plan to institutionalize ESG disclosure*. https://www.fsc.go.kr.

Flammer, C., Hong, B., & Minor, D. (2019). Corporate governance and the rise of integrating corporate social responsibility criteria in executive compensation: Effectiveness and implications for firm outcomes. *Strategic Management Journal*, 40(7), 1097-1122.

Fobbe, L., & Hilletofth, P. (2021). The role of stakeholder interaction in sustainable business models: A systematic literature review. *Journal of Cleaner Production*, 327, 129510.

Folke, C., Carpenter, S. R., Walker, B., Scheffer, M., Chapin, T., &Rockström, J. (2010). Resilience thinking: Integrating resilience, adaptability and transformability. *Ecology and Society*, 15(4), 20.

Freeman, R. E. (1984). *Strategic Management: A Stakeholder Approach*. Boston: Pitman.

Freeman, R. E., &Reed, D. L. (2020). Stockholder and stakeholder interpretations of business' social role. In *Business Ethics* (pp. 153-163). Routledge.

Freeman, R. E., Harrison, J. S., & Wicks, A. C. (2007). *Managing for stakeholders: Survival, reputation, and success*. Yale University Press.

Freeman, R. E., Harrison, J. S., Wicks, A. C., Parmar, B. L., & de Colle, S. (2010). *Stakeholder theory: The state of the art*. Cambridge University Press.

Friede, G., Busch, T., &Bassen, A. (2015). ESG and financial performance: Aggregated evidence from more than 2000 empirical studies. *Journal of Sustainable Finance &Investment*, 5(4), 210-233.

Friedman, M. (1970, September 13). The social responsibility of business is to increase its profits. *The New York Times Magazine*. Retrieved from https://www.nytimes.com.

Fukuyama, F. (1995). *Trust: The social virtues and the creation of prosperity*. Free Press.

Gaines, L. (2014). The future of automotive lithium-ion battery recycling: Charting a sustainable course. *Sustainable Materials and Technologies*, 1-2, 2-7.

참고문헌

Geissdoerfer, M., Savaget, P., Bocken, N. M. P., & Hultink, E. J. (2017). The Circular Economy-A new sustainability paradigm?. *Journal of Cleaner Production*, 143, 757-768.

Gelles, D. (2022, September 14). Billionaire no more: Patagonia founder gives away the company. *The New York Times*. https://www.nytimes.com/2022/09/14/climate/patagonia-climate-philanthropy-chouinard.html.

George, G., Merrill, R. K., & Schillebeeckx, S. J. D. (2021). Digital sustainability and entrepreneurship: How digital innovations are helping tackle climate change and sustainable development. *Entrepreneurship Theory and Practice*, 45(5), 999-1027.

Gibson, R., Krueger, P., & Schmidt, P. S. (2019). ESG rating disagreement and stock returns. *Swiss Finance Institute Research Paper*, (19-67).

Giordino, D., Sestino, A., Zàmek, D., & Yahiaoui, D. (2025). The impact of institutional ownership structure on corporate ESG performance: Empirical evidence for the European capital market. *Review of Managerial Science*, 19(3), 1047-1077. https://doi.org/10.1007/s11846-025-00879-w.

Global Reporting Initiative [GRI]. (2023). *GRI Standards*. Retrieved from https://www.globalreporting.org

Granovetter, M. (1973). The strength of weak ties. *American Journal of Sociology*, 78(6), 1360-1380.

Greening, D. W., & Gray, B. (1994). Testing a model of organizational response to social and political issues. *Academy of Management Journal*, 37(3), 467-498.

Gulbrandsen, L. H., & Moe, E. (2023). Critical minerals and supply security: Policy dilemmas in the green transition. *Energy Research & Social Science*, 96, 102975.

Gunningham, N., Kagan, R. A., & Thornton, D. (2003). *Shades of green: Business, regulation, and environment*. Stanford University Press.

Hafenbrädl, S., & Waeger, D. (2017). Ideology and the micro-foundations of CSR: Why executives believe in the business case for CSR and how this affects their firms' CSR investments. *Academy of Management Journal*, 60(4), 1582-1606.

Haigh, N., & Hoffman, A. J. (2012). Hybrid organizations: The next chapter of sustainable business. *Organizational Dynamics*, 41(2), 126-134.

Hansen, M. T. (1999). The search-transfer problem: The role of weak ties in sharing knowledge across organization subunits. *Administrative Science Quarterly*, 44(1), 82-111.

Harrison, J. S., & Wicks, A. C. (2013). Stakeholder theory, value, and firm performance. *Business Ethics Quarterly*, 23(1), 97-124.

Hart, S. L., &Milstein, M. B. (2003). Creating sustainable value. *Academy of Management Executive*, 17(2), 56-69.

Hartmann, J., & Moeller, S. (2014). Chain liability in multitier supply chains? Responsibility attributions for unsustainable supplier behavior. *Journal of Operations Management*, 32(5), 281-294.

Hennart, J. F. (1991). The transaction costs theory of joint ventures: An empirical study of Japanese subsidiaries in the United States. *Management Science*, 37(4), 483-497.

Hestad, D., Tabara, J. D., & Thornton, T. F. (2021). The three logics of sustainability-oriented hybrid organisations: A multi-disciplinary review. *Sustainability Science*, 16, 647-661.

Heugens, P. P. M. A. R., & Lander, M. W. (2009). Structure! Agency! (And other quarrels): A meta-analysis of institutional theories of organization. *Academy of Management Journal*, 52(1), 61-85.

Hielscher, S., Wiek, A., & Lang, D. J. (2020). The three logics of sustainability-oriented hybrid organisations: A multi-level framework. *Sustainability Science*, 15(2), 645-659.

Hillier, J., Moulaert, F., & Vicari Haddock, S. (2013). Social innovation: Collective action, social learning and transdisciplinary research. In Moulaert, F., MacCallum, D., Mehmood, A., & Hamdouch, A. (Eds.), *The International Handbook on Social Innovation: Collective Action, Social Learning and Transdisciplinary Research*(pp. 169-183). Edward Elgar.

Hillman, A. J., Withers, M. C., & Collins, B. J. (2009). Resource dependence theory: A review. *Journal of Management*, 35(6), 1404-1427.

Hockerts, K. (2006). Entrepreneurial opportunity in social purpose business ventures. In J. Mair, J. Robinson, & K. Hockerts (Eds.), *Social entrepreneurship*(pp. 142-154). Palgrave Macmillan.

Hockerts, K. (2015). How hybrid organizations turn antagonistic assets into complementarities. *California Management Review*, 57(3), 83-106.

Hoffman, A. J. (2007). *Carbon strategies: How leading companies are reducing their climate change footprint*. University of Michigan Press.

Hoffman, A. J. (2011). The culture and discourse of climate skepticism. *Strategic Organization*, 9(1), 77-84.

Hoffman, A. J. (2018). The next phase of business sustainability: The corporate disclosure of environmental and social issues. In *Business and the Natural Environment: A Research Overview*(pp. 87-100). Routledge.

Hofmann, H., Schleper, M. C., & Blome, C. (2018). Conflict minerals and supply chain due diligence: An exploratory study of multi-tier supply chains. *Journal of Business Ethics*, 147(1), 115-141.

Horrigan, B. (2010). *Corporate social responsibility in the 21st century: Debates, models and practices across government, law and business*. Edward Elgar Publishing.

IEA. (2021). *The Role of Critical Minerals in Clean Energy Transitions*. International Energy Agency.

IEA. (2022). *Hydrogen in steel production: Challenges and opportunities*. Retrieved from https://www.iea.org.

IFRS Foundation. (2023). *IFRS S1 and S2: Sustainability and Climate-related Disclosures*. Retrieved from https://www.ifrs.org.

IKEA. (2022). *IKEA Sustainability Report FY2021*. Retrieved from https://www.ikea.com.

Intel. (2022). *Conflict Minerals Report*. Retrieved from https://www.intel.com.

Ioannou, I., & Serafeim, G. (2015). The impact of corporate social responsibility on investment recommendations: Analysts' perceptions and shifting institutional logics. *Strategic Management*

참고문헌

Journal, 36(7), 1053-1081.

Ioannou, I., & Serafeim, G. (2017). The consequences of mandatory corporate sustainability reporting: Evidence from four countries. *Harvard Business School Research Working Paper*(11-100). https://www.hbs.edu.

Ivanov, D. (2020). Predicting the impacts of epidemic outbreaks on global supply chains: A simulation-based analysis on the coronavirus outbreak (COVID-19/SARS-CoV-2) case. *Transportation Research Part E: Logistics and Transportation Review*, 136, 101922.

Jensen, M. C. (2001). Value maximization, stakeholder theory, and the corporate objective function. *Journal of Applied Corporate Finance*, 14(3), 8-21.

Jia, F., Xu, Y., Chen, L., & Fernandes, K. (2023). Does supply chain concentration improve sustainability performance? The role of operational slack and information transparency. *International Journal of Operations & Production Management*, 45(1), 269-300.

John, D. R. (2015). *Arunachalam Muruganantham: A Social Entrepreneur Innovating in a Woman's World*. Amity Research Centers.

Khan, M., Serafeim, G., &Yoon, A. (2016). Corporate sustainability: First evidence on materiality. *The Accounting Review*, 91(6), 1697-1724.

Kickul, J., &Lyons, T. S. (2012). *Understanding social entrepreneurship: The relentless pursuit of mission in an ever changing world*.

Kim, E. H., & Lyon, T. P. (2015). Greenwash vs. brownwash: Exaggeration and undue modesty in corporate sustainability disclosure. *Organization Science*, 26(3), 705-723.

Klein, B., Crawford, R. G., & Alchian, A. A. (1978). Vertical integration, appropriable rents, and the competitive contracting process. *Journal of Law and Economics*, 21(2), 297-326.

Kogut, B., & Zander, U. (1992). Knowledge of the firm, combinative capabilities, and the replication of technology. *Organization Science*, 3(3), 383-397.

Kölbel, J. F., Heeb, F., Paetzold, F., &Busch, T. (2020). Can sustainable investing save the world? Reviewing the mechanisms of investor impact. *Organization &Environment*, 33(4), 554-574.

Korea Corporate Governance Service. (2022). *K-ESG Guidelines*. https://www.cgs.or.kr.

Korea Exchange. (2023). *ESG Disclosure Roadmap*. https://kind.krx.co.kr.

Kotsantonis, S., &Serafeim, G. (2019). Four things no one will tell you about ESG data. *Journal of Applied Corporate Finance*, 31(2), 50-58.

Kotsantonis, S., Pinney, C., &Serafeim, G. (2016). ESG integration in investment management: Myths and realities. *Journal of Applied Corporate Finance*, 28(2), 10-16.

KPMG. (2021). ESG 금융과 ESG의 공존: 지속가능한 금융회사의 경영전략. KPMG Korea Insight Report.

KPMG. (2022). *The KPMG Survey of Sustainability Reporting 2022*. Retrieved from https://home.kpmg/xx/en/home/insights/2022/11/the-kpmg-survey-of-sustainability-reporting-2022.html.

Kramer, R. M., & Lewicki, R. J. (2010). Repairing and enhancing trust: Approaches to reducing organizational trust deficits. *Academy of Management Annals*, 4(1), 245-277.

Krueger, P., Sautner, Z., & Starks, L. T. (2020). The importance of climate risks for institutional investors. *Review of Financial Studies*, 33(3), 1067-1111.

Kshetri, N. (2018). Blockchain's roles in meeting key supply chain management objectives. *International Journal of Information Management*, 39, 80-89.

Kummitha, R. K. R. (2022). Blended value creation: The mediating role of competences. *California Management Review*, 65(1), 147-170.

L'Oréal. (n.d.). Sustainability commitments. Retrieved May 4, 2025, from https://www.loreal.com/en/commitments-and-responsibilities/for-the-planet/.

Leadbeater, C. (1997). *The Rise of the Social Entrepreneur*. London: Demos.

Lebsund, E., & Samuelsson, F. (2022). *Social Investments: "It's going slow, but it's happening": A study on the feasibility and future of Social Bonds and Social Outcome Contracts in Sweden* (Master's thesis, Linköping University, Department of Management and Engineering).

Lee, H. L., & Tang, C. S. (2018). Socially and environmentally responsible value chain innovations: New operations management research opportunities. *Management Science*, 64(3), 983-996.

Lee, M. (2014). Mission and markets? The viability of hybrid social ventures. *Stanford Social Innovation Review*, 12(3), 32-37.

Lee, M. T., Raschke, R. L., &Krishen, A. S. (2023). Understanding ESG scores and firm performance: Are high-performing firms E, S, and G-balanced? *Technological Forecasting and Social Change*, 195, 122779.

Lee, M., & Battilana, J. (2018). How the zebra got its stripes: Imprinting of individuals and hybrid social ventures. *Academy of Management Journal*, 61(6), 2233-2268.

Linden, G., Dedrick, J., & Kraemer, K. L. (2009). Innovation and job creation in a global economy: The case of Apple's iPod. *Journal of International Commerce and Economics*, 3(1), 223-239.

Lins, K. V., Servaes, H., & Tamayo, A. (2017). Social capital, trust, and firm performance: The value of corporate social responsibility during the financial crisis. *Journal of Finance*, 72(4), 1785-1824.

Linton, J. D., Klassen, R., & Jayaraman, V. (2007). Sustainable supply chains: An introduction. *Journal of Operations Management*, 25(6), 1075-1082.

Locke, R. M. (2013). *The promise and limits of private power: Promoting labor standards in a global economy*. Cambridge University Press.

Lyon, T. P., & Montgomery, A. W. (2015). The means and end of greenwash. *Organization & Environment*, 28(2), 223-249.

Ma, Z., Yin, H., & Xu, T. (2024). Local Identity and Social Capital: Do They Matter for ESG? *Journal of Business Ethics*.

참고문헌

Maak, T. (2007). Responsible leadership, stakeholder engagement, and the emergence of social capital. *Journal of Business Ethics*, 74(4), 329-343.

Mahmood, Z., & Uddin, S. (2021). Institutional logics and practice variations in sustainability reporting: Evidence from an emerging field. *Accounting, Auditing & Accountability Journal*, 34(5), 1163-1189. https://doi.org/10.1108/AAAJ-07-2019-4086.

Mahoney, J. T. (1992). The choice of organizational form: Vertical financial ownership versus other methods of vertical integration. *Strategic Management Journal*, 13(8), 559-584.

Maignan, I., & Ferrell, O. C. (2001). Corporate citizenship as a marketing instrument—Concepts, evidence and research directions. *European Journal of Marketing*, 35(3/4), 457-484.

Maignan, I., & Ferrell, O. C. (2004). Corporate social responsibility and marketing: An integrative framework. *Journal of the Academy of Marketing Science*, 32(1), 3-19.

Maine, J., Samuelsson, E. F., & Uman, T. (2022). Ambidextrous sustainability, organisational structure and performance in hybrid organisations. *Accounting, Auditing & Accountability Journal*, 35(3), 734-769.

Mair, J., &Martí, I. (2006). Social entrepreneurship research: A source of explanation, prediction, and delight. *Journal of World Business*, 41(1), 36-44.

Mair, J., Mayer, J., & Lutz, E. (2015). Navigating institutional plurality: Organizational governance in hybrid organizations. *Organization Studies*, 36(6), 713-739.

Manetti, G. (2011). The quality of stakeholder engagement in sustainability reporting: Empirical evidence and critical points. *Corporate Social Responsibility and Environmental Management*, 18(2), 110-122.

Markman, G. D., Waldron, T. L., & Panagopoulos, A. (2016). Organizational hostility: Why and how nonmarket actors engage in attacks on corporations. *Academy of Management Perspectives*, 30(1), 59-75.

Matten, D., & Crane, A. (2005). Corporate citizenship: Toward an extended theoretical conceptualization. *Academy of Management Review*, 30(1), 166-179. https://doi.org/10.5465/amr.2005.15281448.

Mehmood, A., & Parra, C. (2013). Social innovation in an unsustainable world. *Cities*, 35, 1-2. https://doi.org/10.1016/j.cities.2013.03.005.

Meyer, J. W., & Rowan, B. (1977). Institutionalized organizations: Formal structure as myth and ceremony. *American Journal of Sociology*, 83(2), 340-363.

Michelini, L., & Fiorentino, D. (2012). *New business models for creating shared value. Social Responsibility Journal*, 8(4), 561-577.

Microsoft. (2023). *Sustainability report 2023*. Microsoft Corporation. https://www.microsoft.com/en-us/corporate-responsibility/sustainability.

Milgrom, P., & Roberts, J. (1992). *Economics, organization and management*. Prentice Hall.

Miller, D. (1993). The architecture of simplicity. *Academy of Management Review*, 18(1), 116-138.

Milosevic, I., Bass, A. E., & Schulte, B. (2023). The interplay of conflicting and complementing institutional logics in sustainability practices. *Management International Review*, 63(3), 469-506. https://doi.org/10.1007/s11575-023-00503-7.

Mitchell, R. K., Agle, B. R., & Wood, D. J. (1997). Toward a theory of stakeholder identification and salience: Defining the principle of who and what really counts. *Academy of Management Review*, 22(4), 853-886.

Moon, J., Crane, A., & Matten, D. (2005). Can corporations be citizens? Corporate citizenship as a metaphor for business participation in society. *Business Ethics Quarterly*, 15(3), 429-453.

Moulaert, F., MacCallum, D., Mehmood, A., & Hamdouch, A. (Eds.). (2013). *The International Handbook on Social Innovation: Collective Action, Social Learning and Transdisciplinary Research*. Cheltenham: Edward Elgar Publishing.

Mulgan, G. (2006). The process of social innovation. *Innovations: Technology, Governance, Globalization*, 1(2), 145-162. https://doi.org/10.1162/itgg.2006.1.2.145.

Murray, A., Skene, K., & Haynes, K. (2017). The circular economy: An interdisciplinary exploration of the concept and application in a global context. *Journal of Business Ethics*, 140(3), 369-380.

Murray, R., Caulier-Grice, J., & Mulgan, G. (2010). *The Open Book of Social Innovation*. London: Nesta & The Young Foundation.

Nahapiet, J., & Ghoshal, S. (1998). Social capital, intellectual capital, and the organizational advantage. *Academy of Management Review*, 23(2), 242-266.

Nestlé. (2018). *Creating Shared Value: Progress Report 2018*. https://www.nestle.com/sites/default/files/2020-03/creating-shared-value-full-report-2018-en.pdf.

Nestlé. (2018). *Nestlé in Society: Creating Shared Value and Meeting Our Commitments 2018*. Retrieved from https://www.nestle.com/csv.

Nestlé. (2024). Nestlé's plastic neutrality commitment towards a waste-free future.

Nguyen, T. N., Do, T. H., &Nguyen, T. T. H. (2022). Sustainable consumption and green marketing strategies: Evidence from Gen Z. *Journal of Cleaner Production*, 362, 132405.

Nicholls, A. (2009). "We do good things, don't we?": 'Blended value accounting' in social entrepreneurship. *Accounting, Organizations and Society*, 34(6-7), 755-769.

Nicholls, A. (2010). The legitimacy of social entrepreneurship: Reflexive isomorphism in a pre-paradigmatic field. *Entrepreneurship Theory and Practice*, 34(4), 611-633. https://doi.org/10.1111/j.1540-6520.2010.00397.x.

Nicholls, A., & Huybrechts, B. (2016). Sustaining inter-organizational relationships across institutional logics and power asymmetries: The case of Fair Trade. *Journal of Business Ethics*, 135(3), 537-552.

Nicholls, A., & Murdock, A. (2012). *Social Innovation: Blurring Boundaries to Reconfigure Markets*. London: Palgrave Macmillan.

Nidumolu, R., Prahalad, C. K., &Rangaswami, M. R. (2009). Why sustainability is now the key driver of

참고문헌

innovation. *Harvard Business Review*, 87(9), 56-64.

Nygaard, A. (2022). From linear to circular economy: A transaction cost approach to the ecological transformation of the firm. *Circular Economy and Sustainability*, 2, 1127-1142.

OECD. (2017). *G20/OECD Principles of Corporate Governance*. Paris: OECD Publishing.

OECD. (2020). *OECD Business and Finance Outlook 2020: Sustainable and Resilient Finance*. Paris: OECD Publishing.

Ørsted. (n.d.). Sustainability at Ørsted. Retrieved May 4, 2025, from https://orsted.com/en/sustainability.

Ortas, E., Gallego-Álvarez, I., & Álvarez, I. (2019). National institutions, stakeholder engagement, and firms' environmental, social, and governance performance. *Corporate Social Responsibility and Environmental Management*, 26(3), 598-611.

Pache, A. C., & Santos, F. (2013). Inside the hybrid organization: Selective coupling as a response to competing institutional logics. *Academy of Management Journal*, 56(4), 972-1001.

Painter-Morland, M. (2006). Redefining accountability as relational responsiveness. *Journal of Business Ethics*, 66(1), 89-98.

Parida, V., Wincent, J., & Oghazi, P. (2016). Transaction costs theory and coordinated safeguards investment in R&D offshoring. *Journal of Business Research*, 69(5), 1823-1828.

Park, J. G., Park, K., Noh, H., & Kim, Y. G. (2023). Characterization of CSR, ESG, and corporate citizenship through a text mining-based review of literature. *Sustainability*, 15(5), 3892. https://doi.org/10.3390/su15053892.

Patagonia. (n.d.). *Environmental &Social Responsibility*. Retrieved April 19, 2025, from https://www.patagonia.com/our-footprint/.

Pfeffer, J., & Salancik, G. R. (1978). *The external control of organizations: A resource dependence perspective*. Harper & Row.

Phelps, C., Heidl, R., & Wadhwa, A. (2012). Knowledge, networks, and knowledge networks: A review and research agenda. *Journal of Management*, 38(4), 1115-1166.

Phillips, R. (2003). *Stakeholder theory and organizational ethics*. Berrett-Koehler Publishers.

Phills, J. A., Deiglmeier, K., & Miller, D. T. (2008). Rediscovering social innovation. *Stanford Social Innovation Review*, 6(4), 34-43.

Porter, M. E., & Kramer, M. R. (2006). Strategy and society: The link between competitive advantage and corporate social responsibility. *Harvard Business Review*, 84(12), 78-92.

Porter, M. E., & Kramer, M. R. (2011). Creating shared value: How to reinvent capitalism—and unleash a wave of innovation and growth. *Harvard Business Review*, 89(1/2), 62-77.

Portes, A. (1998). Social capital: Its origins and applications in modern sociology. *Annual Review of Sociology*, 24(1), 1-24.

Powell, W. W., Koput, K. W., & Smith-Doerr, L. (1996). Interorganizational collaboration and the locus of innovation: Networks of learning in biotechnology. *Administrative Science Quarterly*, 41(1), 116-145.

Prahalad, C. K. (2006). *The Fortune at the Bottom of the Pyramid: Eradicating Poverty Through Profits*. Wharton School Publishing.

Putnam, R. D. (1993). *Making democracy work: Civic traditions in modern Italy*. Princeton University Press.

Putnam, R. D. (2000). *Bowling alone: The collapse and revival of American community*. Simon & Schuster.

Ramus, T., Vaccaro, A., &Brusoni, S. (2017). Institutional complexity in turbulent times: Formalization, collaboration, and the emergence of blended logics. *Academy of Management Journal*, 60(4), 1253-1284.

Reagans, R., & Zuckerman, E. W. (2001). Networks, diversity, and productivity: The social capital of corporate R&D teams. *Organization Science*, 12(4), 502-517.

Rendtorff, J. D. (2020). Corporate citizenship, stakeholder management and Sustainable Development Goals (SDGs) in financial institutions and capital markets. *Journal of Capital Markets Studies*, 4(1). 47-59.

Samsung Electronics. (2022). *Environmental Report 2022*. https://www.samsung.com/global/sustainability/.

Santos, F. M., Pache, A. C., & Birkholz, C. (2015). Making hybrids work: Aligning business models and organizational design for social enterprises. *California Management Review*, 57(3), 36-58.

Saxenian, A. (1994). *Regional advantage: Culture and competition in Silicon Valley and Route 128*. Harvard University Press.

Schaltegger, S., & Burritt, R. (2018). Business cases and corporate engagement with sustainability: Differentiating ethical motivations. *Journal of Business Ethics*, 147(2), 241-259.

Schaltegger, S., Burritt, R., &Petersen, H. (2017). *An introduction to corporate environmental management: Striving for sustainability*. Routledge.

Schaltegger, S., Hansen, E. G., & Lüdeke-Freund, F. (2016). Business models for sustainability: Origins, present research, and future avenues. *Organization &Environment*, 29(1), 3-10.

Schaltegger, S., Hörisch, J., & Freeman, R. E. (2019). Business Cases for Sustainability: A Stakeholder Theory Perspective. *Organization &Environment*, 32(3), 191-212.

Schramade, W. (2016). Integrating ESG into valuation models and investment decisions: The value-driver adjustment approach. *Journal of Sustainable Finance &Investment*, 6(2), 95-111.

Schwarz, L. (2022). Global supply chains: Rethinking risk, resilience and reliability. *MIT Sloan Management Review*, 63(3), 34-41.

Scott, W. R. (2008). *Institutions and organizations: Ideas and interests*(3rd ed.). Sage Publications.

Scott, W. R. (2014). *Institutions and organizations: Ideas, interests, and identities*(4th ed.). Sage Publications.

Serafeim, G. (2020). *Social-Impact Efforts That Create Real Value. Harvard Business Review*, 98(5), 38-48.

Shih, W. C. (2020). Is it time to rethink globalized supply chains? *MIT Sloan Management Review*, 61(4), 1-5.

Smith, A., Voß, J. P., & Grin, J. (2010). Innovation studies and sustainability transitions: The allure of the

참고문헌

multi-level perspective and its challenges. *Research Policy*, 39(4), 435-448. https://doi.org/10.1016/j.respol.2010.01.023.

Smith, W. K., & Besharov, M. L. (2019). Bowing before dual gods: How structured flexibility sustains organizational hybridity. *Administrative Science Quarterly*, 64(1), 1-44.

Smith, W. K., & Lewis, M. W. (2011). Toward a theory of paradox: A dynamic equilibrium model of organizing. *Academy of Management Review*, 36(2), 381-403. https://doi.org/10.5465/amr.2009.0223

Smith, W. K., Gonin, M., & Besharov, M. L. (2013). Managing social-business tensions: A review and research agenda for social enterprise. *Business Ethics Quarterly*, 23(3), 407-442.

Sørensen, E., & Torfing, J. (2017). Metagoverning collaborative innovation in governance networks. *Public Management Review*, 19(1), 86-107.

Starbucks. (2023). *Ethical Sourcing: Coffee*. https://www.starbucks.com/responsibility/sourcing/coffee.

Stella McCartney. (n.d.). Sustainability. Retrieved May 4, 2025, from https://www.stellamccartney.com/experience/en/sustainability/.

Suchman, M. C. (1995). Managing legitimacy: Strategic and institutional approaches. *Academy of Management Review*, 20(3), 571-610.

Sun, X., Li, J., & Wang, M. (2019). Recycling and reuse of lithium-ion battery materials for sustainable development. *Nature Sustainability*, 2(4), 277-280.

Szaky, T. (2009). *Revolution in a bottle: How TerraCycle is redefining green business*. Portfolio.

Siying Quan, Peng Cheng, Jia Zhai. (2025). Supply network centrality and ESG performance: A resource dependence perspective. *Finance Research Letters*, 79.

Sørensen, E., & Torfing, J. (2017). Metagoverning collaborative innovation in governance networks. *Public Management Review*, 19(1), 86-107.

Task Force on Climate-related Financial Disclosures(TCFD). (2017). *Final Report: Recommendations of the Task Force on Climate-related Financial Disclosures*. https://www.fsb-tcfd.org/publications.

Teece, D. J. (1986). Profiting from technological innovation: Implications for integration, collaboration, licensing and public policy. *Research Policy*, 15(6), 285-305.

Thompson, J. D. (1967). *Organizations in action: Social science bases of administrative theory*. McGraw-Hill.

Tsai, W., & Ghoshal, S. (1998). Social capital and value creation: The role of intrafirm networks. *Academy of Management Journal*, 41(4), 464-476.

U.S. Securities and Exchange Commission (SEC). (2024). *SEC final rule on climate-related disclosures*. Retrieved April 13, 2025, from https://www.sec.gov/news/press-release/2024-31.

UN Global Compact. (2004). *Who Cares Wins: Connecting Financial Markets to a Changing World*. Retrieved from https://www.unglobalcompact.org.

UN PRI. (2006). *Principles for Responsible Investment*. Retrieved from https://www.unpri.org.

Unilever. (2022). *Enhancing livelihoods for millions*. Retrieved from https://www.unilever.com/sustainability/

livelihoods/.

Unilever. (2023). *Sustainable Living Brands Performance Report*. Retrieved from https://www.unilever.com.

United Nations Global Compact. (2022). *Business and human rights: Navigating a changing legal landscape*. https://www.unglobalcompact.org/library/6044.

United Nations. (2015). *Transforming our world: the 2030 agenda for sustainable development*. United Nations General Assembly.

Van der Have, R. P., & Rubalcaba, L. (2016). Social innovation research: An emerging area of innovation studies? *Research Policy*, 45(9), 1923-1935.

Visser, W. (2011). The age of responsibility: CSR 2.0 and the new DNA of business. *Journal of Business Systems, Governance and Ethics*, 5(3), 7-22. https://doi.org/10.15209/jbsge.v5i3.185.

Waddock, S. (2004). Parallel universes: Companies, academics, and the progress of corporate citizenship. *Business and Society Review*, 109(1), 5-42.

Walker, G., & Weber, D. (1984). A transaction cost approach to make-or-buy decisions. *Administrative Science Quarterly*, 29(3), 373-391.

Westley, F., & Antadze, N. (2010). Making a difference: Strategies for scaling social innovation for greater impact. *The Innovation Journal: The Public Sector Innovation Journal*, 15(2), Article 2.

Westley, F., Olsson, P., Folke, C., Homer-Dixon, T., Vredenburg, H., Loorbach, D., ··· & van der Leeuw, S. (2011). Tipping toward sustainability: Emerging pathways of transformation. *AMBIO*, 40(7), 762-780. https://doi.org/10.1007/s13280-011-0186-9.

Westley, F., Zimmerman, B., & Patton, M. Q. (2006). *Getting to Maybe: How the World Is Changed*. Toronto: Vintage Canada.

Williamson, O. E. (1975). *Markets and hierarchies: Analysis and antitrust implications*. Free Press.

Williamson, O. E. (1981). The economics of organization: The transaction cost approach. *American Journal of Sociology*, 87(3), 548-577.

Williamson, O. E. (1985). *The economic institutions of capitalism: Firms, markets, relational contracting*. Free Press.

Withers, M. C., Hillman, A. J., & Cannella, A. A. (2012). A multidisciplinary review of the director selection literature. *Journal of Management*, 38(1), 243-277.

Wood, D. J., & Logsdon, J. M. (2002). Business citizenship: From domestic to global level of analysis. *Business Ethics Quarterly*, 12(2), 155-187.

Woolcock, M., & Narayan, D. (2000). Social capital: Implications for development theory, research, and policy. *World Bank Research Observer*, 15(2), 225-249.

World Commission on Environment and Development. (1987). *Our Common Future*. Oxford University Press.

World Economic Forum. (2020). *Measuring Stakeholder Capitalism: Towards Common Metrics and Consistent*

참고문헌

Reporting of Sustainable Value Creation.

Wu W, Tian Z, Wang G (2024) Does CEO social capital affect corporate ESG performance? PLoS ONE 19(11): e0300211.

Yang, Shoufu & Kong, Dongmin & He, Jiaqiong (2025). Social identity or social capital: Local CEOs and corporate ESG performance, *International Review of Economics & Finance*, vol. 98(C).

Yunus, M., Moingeon, B., &Lehmann-Ortega, L. (2010). Building social business models: Lessons from the Grameen experience. *Long Range Planning*, 43(2-3), 308-325.

Zadek, S. (2004). The path to corporate responsibility. *Harvard Business Review*, 82(12), 125-132.

Zucker, L. G. (1977). The role of institutionalization in cultural persistence. *American Sociological Review*, 42(5), 726-743.

주석

PART 01 지속가능경영과 ESG의 필요성

Chapter 01 지속가능경영이란 무엇인가

1 Elkington, 1997.
2 Folke et al., 2010.
3 Freeman, 1984.
4 United Nations, 2015.

Chapter 02 ESG 경영이란 무엇인가

1 UN Global Compact, 2004.
2 UN PRI, 2006.
3 Kotsantonis, Pinney, Serafeim, 2016.
4 Khan, Serafeim, Yoon, 2016.
5 Task Force on Climate-related Financial Disclosures(TFCD), 2017.
6 Unilever, 2023.
7 Starbucks, 2023.
8 KPMG, 2021.
9 Friede, Busch, Bassen, 2015.
10 Carroll, 1999.
11 Khan, Serafeim, Yoon, 2016.
12 UN Global Compact, 2004; TCFD, 2017.
13 Kotsantonis, Pinney, Serafeim, 2016.
14 Friede, Busch, and Bassen, 2015.
15 Eccles, Ioannou, Serafeim, 2014.
16 Unilever, 2023.
17 BlackRock, 2020.

Chapter 03 지속가능경영과 ESG의 관계

1 UN Global Compact, 2004.
2 Task Force on Climate-related Financial Disclosures(TFCD), 2017.
3 Porter, Kramer, 2011.
4 Nguyen, Do, Nguyen, 2022.

주석

5 Kotsantonis, Pinney, Serafeim, 2016.
6 Fernando et al., 2021.
7 Clark, Feiner, Viehs, 2015.
8 Kölbel et al., 2020.
9 Hart, Milstein, 2003.
10 Porter, Kramer, 2011.
11 Serafeim, 2020.
12 Eccles, Ioannou, Serafeim, 2014.
13 IFRS 지속가능성 공시 기준 제1호: 지속가능성과 관련된 재무정보 공시에 대한 일반 요구사항(IFRS Sustainability Disclosure Standard S1: General Requirements for Disclosure of Sustainability-related Financial Information).
14 IFRS 지속가능성 공시 기준 제2호: 기후 관련 공시(IFRS Sustainability Disclosure Standard S2: Climate-related Disclosures).
15 Christensen, Hail, Leuz, 2021.
16 Berg, Koelbel, Rigobon, 2022.
17 Serafeim, 2020.

PART 02 지속가능경영과 ESG를 바라보는 이론적 프레임

Chapter 05 혼합가치이론

1 Emerson, 2003.
2 Friedman, 1970.
3 Emerson, 2003.
4 Mair, Martí, 2006.
5 Eccles, Ioannou, Serafeim, 2014.
6 Mair, Martí, 2006.
7 Eccles, Ioannou, Serafeim, 2014.
8 Mair, Martí, 2006.
9 Bansal, Roth, 2000.
10 Eccles, Ioannou, Serafeim, 2014.
11 Eccles, Ioannou, Serafeim, 2014.
12 Clark, Feiner, Viehs, 2015.

13 Mair, Martí, 2006.
14 Mair, Martí, 2006.
15 Yunus, Moingeon, Lehmann-Ortega, 2010.
16 Porter, Kramer, 2011.
17 Elkington, 1994.
18 Elkington, 2018.
19 Emerson, 2003.
20 Mair, Martí, 2006.
21 Friede, Busch, Bassen, 2015.
22 Chouinard, Stanley, 2012.
23 Gelles, 2022.
24 Nidumolu, Prahalad, Rangaswami, 2009.

Chapter 06 공유가치이론

1 Porter, Kramer, 2011.
2 Porter, Kramer, 2011.
3 Porter, Kramer, 2011.
4 Dembek, Singh, Bhakoo, 2016.
5 Porter, Kramer, 2011.
6 Michelini, Fiorentino, 2012.
7 Porter, Kramer, 2011.
8 Crane, Palazzo, Spence, Matten, 2014.
9 Dembek, Singh, Bhakoo, 2016.
10 Michelini, Fiorentino, 2012.
11 Michelini, Fiorentino, 2012.
12 Crane, Palazzo, Spence, Matten, 2014.
13 Porter, Kramer, 2011.
14 Crane, Palazzo, Spence, Matten, 2014.
15 Dembek, Singh, Bhakoo, 2016.
16 Porter, Kramer, 2011.
17 Porter, Kramer, 2011.
18 Crane, Palazzo, Spence, Matten, 2014.
19 Dembek, Singh, Bhakoo, 2016.
20 Porter, Kramer, 2011.

주석

21 Porter, Kramer, 2006.
22 Crane, Palazzo, Spence, Matten, 2014.
23 Dembek, Singh, Bhakoo, 2016.
24 Dembek, Singh, Bhakoo, 2016.
25 Dembek, Singh, Bhakoo, 2016.
26 Michelini, Fiorentino, 2012.
27 Nestlé. 2018.
28 Nestlé, 2018.
29 Michelini, Fiorentino, 2012.
30 Nestlé. 2024.

Chapter 07 이해관계자이론

1 Freeman, 1984.
2 Freeman, Harrison, Wicks, Parmar, de Colle, 2010.
3 Freeman, Harrison, Wicks, Parmar, de Colle, 2010.
4 Donaldson, Preston, 1995.
5 Eccles, Ioannou, Serafeim, 2014.
6 Pfeffer, Salancik, 1978.
7 Freeman, Harrison, Wicks, Parmar, de Colle, 2010.
8 Eccles, Ioannou, Serafeim, 2014.
9 Donaldson Preston, 1995.
10 Freeman, Harrison, Wicks, Parmar, de Colle, 2010.
11 Suchman, 1995.
12 Eccles, Ioannou, Serafeim, 2014.
13 Donaldson, Preston, 1995.
14 Phillips, 2003.
15 Freeman, Harrison, Wicks, Parmar, de Colle, 2010.
16 Eccles, Ioannou, Serafeim, 2014.
17 Suchman, 1995.
18 Freeman, 1984.
19 Donaldson, Preston, 1995.
20 Mitchell, Agle, Wood, 1997.
21 Jensen, 2001.
22 Phillips, 2003.

23 Bowen, 2013.
24 Burke, Logsdon, 1996.

Chapter 08 기업시민이론

1 Matten, Crane, 2005.
2 Bansal, DesJardine, 2014.
3 UN Global Compact, 2022.
4 Horrigan, 2010.
5 Carroll, Shabana, 2010.
6 Porter, Kramer, 2011; Friede, Busch, Bassen, 2015.
7 Zadek, 2004.
8 Matten, Crane, 2005.
9 UN Global Compact, 2015.
10 Painter-Morland, 2006.
11 Matten, Crane, 2005.
12 Scherer, Palazzo, 2011.
13 UN Global Compact, 2015.
14 Aguilera et al., 2007.
15 Wood, 1991.
16 Matten, Crane, 2005.
17 Waddock, 2004.
18 Vogel, 2005.
19 Eccles, Ioannou, Serafeim, 2014.
20 Bocken et al., 2016.
21 Hess, Rogovsky, Dunfee, 2002.
22 Porter, Kramer, 2011.
23 Grewatsch, Kleindienst, 2017.
24 Matten, Crane, 2005.
25 Aguilera et al., 2006.
26 Eccles, Ioannou, Serafeim, 2014.
27 Matten, Crane, 2005.

주석

Chapter 09 사회자본이론

1 Coleman, 1988; Putnam, 1993.
2 Nahapiet, Ghoshal, 1998.
3 Nahapiet, Ghoshal, 1998.
4 Adler, Kwon, 2002.
5 Tsa, Ghoshal, 1998.
6 Coleman, 1988; Putnam, 1993.
7 Fukuyama, 1995.
8 Nahapiet, Ghoshal, 1998.
9 Lins, Servaes, Tamayo, 2017.
10 Adler, Kwon, 2002.
11 Fukuyama, 1995.
12 Nahapiet, Ghoshal, 1998.
13 Powell et al., 1996.
14 Burt, 2000.
15 Saxenian, 1994.
16 Hansen, 1999.
17 Granovetter, 1973; Reagans, Zuckerman, 2001.
18 Chesbrough, 2003.
19 Adler, Kwon, 2002; Fukuyama, 1995.
20 Nahapiet, Ghoshal, 1998.
21 Lins, Servaes, Tamayo, 2017.
22 Kramer, Lewicki, 2010.
23 Porter, Kramer, 2011.
24 Aguilera et al., 2007.
25 Nahapiet, Ghoshal, 1998.
26 Adler, Kwon, 2002; Putnam, 1993.
27 Nahapiet, Ghoshal, 1998.
28 Fukuyama, 1995.
29 Lins, Servaes, Tamayo, 2017.
30 Portes, 1998.
31 Adler, Kwon, 2002.
32 Lins, Servaes, Tamayo, 2017.
33 Putnam, 2000; Woolcock, Narayan, 2000.

34 Coleman, 1988.
35 Coleman, 1988.
36 Coleman, 1988.
37 Coleman, 1988.
38 Bourdieu, 1986.
39 Bourdieu, 1986.
40 Bourdieu, 1986.
41 Putnam, 1993.
42 Putnam, 1993.
43 Fukuyama, 1995.
44 Fukuyama, 1995.
45 Granovetter, 1973.
46 Granovetter, 1973.
47 Putnam, 1993.

Chapter 10 제도이론

1 Meyer, Rowan, 1977; DiMaggio, Powell, 1983; Scott, 2008.
2 Suchman, 1995.
3 Meyer, Rowan, 1977.
4 DiMaggio, Powell, 1983.
5 Scott, 2008.
6 Scott, 2008.
7 DiMaggio, Powell, 1983; Scott, 2008.
8 DiMaggio, Powell, 1983.
9 Meyer, Rowan, 1977.
10 Meyer, Rowan, 1977.
11 Meyer, Rowan, 1977.
12 Zucker, 1977.
13 Scott, 2008.
14 DiMaggio, Powell, 1983.

Chapter 11 자원의존이론

1 Pfeffer, Salancik, 1978; Hillman, Withers, Collins, 2009.

주석

2 Drees, Heugens, 2013.
3 Hillman, Withers, Collins, 2009.
4 IEA, 2021.
5 Gulbrandsen, Moe, 2023.
6 Gaines, 2014; Alves Dias et al., 2020.
7 Shih, 2020.
8 Lee, Tang, 2018.
9 Parmigiani, Rivera-Santos, 2011.
10 Gulbrandsen, Moe, 2023.
11 Schwarz, 2022.
12 Linton, Klassen, Jayaraman, 2007.
13 Blengini et al., 2020.
14 Gaines, 2014.
15 European Commission, 2023.
16 Linton et al., 2007.
17 Miller, 1993.
18 Pfeffer, Salancik, 1978.
19 European Commission, 2022.
20 Hillman, Withers, Collins, 2009.
21 Thompson, 1967.
22 Pfeffer, Salancik, 1978.
23 Hillman, Withers, Collins, 2009.
24 Drees, Heugens, 2013.
25 Alvarez, Barney, 2001.
26 Delmas, Toffel, 2008.
27 IEA, 2022.
28 Henderson, Mitchell, 1997.
29 Pfeffer, Salancik, 1978; Hillman et al., 2009
30 Heugens, Lander, 2009.
31 Barley, 2010.
32 Unilever, 2022.
33 Pfeffer, Salancik, 1978; Hillman et al., 2009.
34 Hillman, Withers, Collins, 2009.
35 Intel, 2022.
36 Hillman et al., 2009.

37 Withers, Hillman, Cannella, 2012.
38 Greening, Gray, 1994.
39 IKEA, 2022.
40 Markman, Waldron, Panagopoulos, 2016.
41 Withers, Hillman, Cannella, 2012.
42 Hoffman, 2007.

Chapter 12 거래비용이론

1 Coase, 1937.
2 Williamson, 1985.
3 Williamson, 1975; Williamson, 1985.
4 Coase, 1937; Williamson, 1985.
5 Hennart, 1991.
6 Brynjolfsson, McAfee, 2014.
7 Williamson, 1985.
8 Walker, Weber, 1984.
9 Coase, 1937; Williamson, 1985.
10 Hennart, 1991.
11 Ivanov, 2020.
12 Williamson, 1985.
13 Walker, Weber, 1984.
14 Williamson, 1975.
15 Williamson, 1985.
16 Kogut, Zander, 1992.
17 Coase, 1937; Williamson, 1985.
18 Linden, Dedrick, Kraemer, 2009.
19 Microsoft, 2023.
20 Coase, 1937.
21 Williamson, 1985.
22 Klein, Crawford, Alchian, 1978.
23 Milgrom, Roberts, 1992.
24 Teece, 1986.
25 Williamson, 1985.
26 Coase, 1937.

주석

27 Carrefour, 2022.
28 Walker, Weber, 1984.
29 Porter, Kramer, 2011.
30 Apple, 2022.

Chapter 13 사회혁신이론

1 Phills, Deiglmeier, Miller, 2008.
2 Murray, Caulier-Grice, Mulgan, 2010.
3 Hillier, Moulaert, Vicari Haddock, 2013.
4 Moulaert, MacCallum, Mehmood, Hamdouch, 2013.
5 Hillier, Moulaert, Vicari Haddock, 2013.
6 Murray, Caulier-Grice, Mulgan, 2010.
7 Mulgan, 2006.
8 Phills, Deiglmeier, Miller, 2008.
9 Moulaert, MacCallum, Mehmood, Hamdouch, 2013.
10 Mulgan, 2006.
11 Phills, Deiglmeier, Miller, 2008.
12 Murray, Caulier-Grice, Mulgan, 2010.
13 Mulgan, 2006.
14 Phills, Deiglmeier, Miller, 2008.
15 Murray, Caulier-Grice, Mulgan, 2010.
16 Phills, Deiglmeier, Miller, 2008.
17 Mulgan, 2006.
18 Mulgan, 2006.
19 Murray, Caulier-Grice, Mulgan, 2010.
20 Phills, Deiglmeier, Miller, 2008.
21 Mulgan, 2006.
22 Westley, Zimmerman, Patton, 2006.
23 Westley, Antadze, 2010.
24 Leadbeater, 1997.
25 Leadbeater, 1997.
26 Moulaert, MacCallum, Mehmood, Hamdouch, 2013.
27 Phills, Deiglmeier, Miller, 2008.
28 Mulgan, 2006.

29 Moulaert, MacCallum, Mehmood, Hamdouch, 2013.
30 Van der Have, Rubalcaba, 2016.
31 Prahalad, 2006.
32 Kshetri, 2018.
33 Moulaert, MacCallum, Mehmood, Hamdouch, 2013.
34 Nestlé, 2018.
35 무루가난탐이 출연한 TED 동영상 참고. https://www.ted.com/talks/arunachalam_muruganantham_how_i_started_a_sanitary_napkin_revolution?utm_campaign=tedspread&utm_medium=referral&utm_source=tedcomshare
36 Banerjee, Duflo, 2011.
37 John, 2015.
38 Dichter, 2003.
39 Moulaert, MacCallum, Mehmood, Hamdouch, 2013.

Chapter 14 하이브리드조직이론

1 Battilana, Dorado, 2010.
2 Battilana, Lee, 2014.
3 Mair, Mayer, Lutz, 2015.
4 Ebrahim, Battilana, Mair, 2014.
5 Smith, Lewis, 2011.
6 Battilana, Lee, 2014.
7 Santos, Pache, Birkholz, 2015.
8 Bugg-Levine, Kogut, Kulatilaka, 2012.
9 Ebrahim et al., 2014.
10 Freeman, Harrison, Wicks, 2007.
11 Battilana, Lee, Walker, Dorsey, 2012.
12 Smith, Besharov, 2019.
13 Besharov, Smith, 2014.
14 Pache, Santos, 2013.
15 Battilana, Lee, 2014.
16 Bocken, Short, Rana, Evans, 2014.
17 Adams, 2017.
18 Battilana, Dorado, 2010.
19 Battilana, Lee, 2014.

주석

20 Hockerts, 2015.
21 Hockerts, 2015.
22 Hockerts, 2006.
23 Haigh, Hoffman, 2012.
24 Haigh, Hoffman, 2012.
25 Haigh, Hoffman, 2012.
26 Hoffman, 2018.
27 Hoffman, 2018.
28 Battilana, Lee, 2014.
29 Lee, Battilana, 2018.
30 Lee, 2014.
31 Geissdoerfer, Savaget, Bocken, Hultink, 2017.
32 Lee, Battilana, 2018.
33 Doherty, Haugh, Lyon, 2014.
34 Battilana, Lee, 2014.
35 Besharov, Smith, 2014.
36 Adams, 2017.
37 Adams, 2017.
38 Battilana, Dorado, 2010.
39 Szaky, 2009.
40 Battilana, Lee, 2014.
41 Ebrahim, Battilana, Mair, 2014.
42 Battilana, Dorado, 2010.
43 Ebrahim et al., 2014.

PART 03 지속가능경영과 ESG, 그 미래와 전망

Chapter 15 지속가능경영과 ESG의 한계, 그리고 도전

1 Meyer, Rowan, 1977.
2 Freeman, Reed, 2020.
3 Kotsantonis, Pinney, Serafeim, 2016.
4 Eccles, Ioannou, Serafeim, 2014.

5 Berg, Koelbel, Rigobon, 2022.
6 Gunningham, Kagan, Thornton, 2003.
7 Krueger, Sautner, Starks, 2020.
8 Khan, Serafeim, Yoon, 2016.
9 Ioannou, Serafeim, 2015.
10 Lyon, Montgomery, 2015.
11 Kim, Lyon, 2015.

Chapter 16 지속가능경영과 ESG를 위한 거시적 과제

1 KPMG, 2022.
2 Harrison, Wicks, 2013.
3 Friede, Bassen, 2015.
4 Eccles, Ioannou, Serafeim, 2014.
5 Berg, Koelbel, Rigobon, 2022.
6 Cheng, Ioannou, Serafeim, 2014.
7 Schaltegger, Hansen, Lüdeke-Freund, 2016.
8 George, Merrill, Schillebeeckx, 2021.

Chapter 17 지속가능경영과 ESG를 위한 미시적 실천 전략

1 Eccles, Ioannou, Serafeim, 2014.
2 Khan, Serafeim, Yoon, 2016.
3 Locke, 2013.
4 Hofmann, Schleper, Blome, 2018.
5 Austin, Seitanidi, 2012.
6 Zadek, 2004.
7 OECD, 2017.
8 Epstein, Rejc Buhovac, 2014.
9 Kotsantonis, Pinney, Serafeim, 2016.

찾아보기

찾아보기